enVisionmath 2.0 en español

Volumen 2 Temas 8 a 16

Autores

Randall I. Charles
Professor Emeritus
Department of Mathematics
San Jose State University
San Jose, California

Jennifer Bay-Williams
Professor of Mathematics
Education
College of Education and Human
Development
University of Louisville
Louisville, Kentucky

Robert Q. Berry, III
Associate Professor of
Mathematics Education
Department of Curriculum,
Instruction and Special Education
University of Virginia
Charlottesville, Virginia

Janet H. Caldwell
Professor of Mathematics
Rowan University
Glassboro, New Jersey

Zachary Champagne
Assistant in Research
Florida Center for Research in
Science, Technology, Engineering,
and Mathematics (FCR-STEM)
Jacksonville, Florida

Juanita Copley
Professor Emerita, College
of Education
University of Houston
Houston, Texas

Warren Crown
Professor Emeritus of Mathematics
Education
Graduate School of Education
Rutgers University
New Brunswick, New Jersey

Francis (Skip) Fennell
L. Stanley Bowlsbey Professor
of Education and Graduate and
Professional Studies
McDaniel College
Westminster, Maryland

Karen Karp
Professor of Mathematics
Education
Department of Early Childhood
and Elementary Education
University of Louisville
Louisville, Kentucky

Stuart J. Murphy
Visual Learning Specialist
Boston, Massachusetts

Jane F. Schielack
Professor of Mathematics
Associate Dean for Assessment
and Pre K-12 Education,
College of Science
Texas A&M University
College Station, Texas

Jennifer M. Suh
Associate Professor for
Mathematics Education
George Mason University
Fairfax, Virginia

Jonathan A. Wray
Mathematics Instructional
Facilitator
Howard County Public Schools
Ellicott City, Maryland

PEARSON

Glenview, Illinois   Boston, Massachusetts   Chandler, Arizona   Nueva York, Nueva York

Matemáticos

Roger Howe
Professor of Mathematics
Yale University
New Haven, Connecticut

Gary Lippman
Professor of Mathematics and Computer Science
California State University, East Bay
Hayward, California

Revisoras

Debbie Crisco
Math Coach
Beebe Public Schools
Beebe, Arkansas

Kathleen A. Cuff
Teacher
Kings Park Central School District
Kings Park, New York

Erika Doyle
Math and Science Coordinator
Richland School District
Richland, Washington

Susan Jarvis
Math and Science Curriculum Coordinator
Ocean Springs Schools
Ocean Springs, Mississippi

Copyright © 2017 by Pearson Education, Inc., or its affiliates. All Rights Reserved. Printed in the United States of America. This publication is protected by copyright, and permission should be obtained from the publisher prior to any prohibited reproduction, storage in a retrieval system, or transmission in any form or by any means, electronic, mechanical, photocopying, recording, or otherwise. For information regarding permissions, request forms from the appropriate contacts within the Pearson Education Global Rights & Permissions Department. Please visit www.pearsoned.com/permissions/.

PEARSON, ALWAYS LEARNING, SCOTT FORESMAN, PEARSON SCOTT FORESMAN, and **enVision**math are exclusive trademarks owned by Pearson Education, Inc. or its affiliates in the U.S. and/or other countries.

Unless otherwise indicated herein, any third-party trademarks that may appear in this work are the property of their respective owners and any references to third-party trademarks, logos or other trade dress are for demonstrative or descriptive purposes only. Such references are not intended to imply any sponsorship, endorsement, authorization, or promotion of Pearson's products by the owners of such marks, or any relationship between the owner and Pearson Education, Inc. or its affiliates, authors, licensees or distributors.

ISBN-13: 978-0-328-90927-8
ISBN-10:   0-328-90927-0

Recursos digitales

Visita PearsonRealize.com

¡Usarás estos recursos digitales a lo largo del año escolar!

PM
Animaciones de Prácticas matemáticas que se pueden ver en cualquier momento

Resuelve
Resuélvelo y coméntalo, problemas y herramientas matemáticas

Aprende
Más aprendizaje visual animado con animaciones, interacción y herramientas matemáticas

Glosario
Glosario animado en español e inglés

Herramientas
Herramientas matemáticas que te ayudan a entender mejor

Amigo de práctica
Práctica personalizada en línea para cada lección

Evaluación
Comprobación rápida para cada lección

Ayuda
Video de tareas ¡Revisemos!, como apoyo adicional

Juegos
Juegos de Matemáticas que te ayudan a aprender mejor

eText
Libro del estudiante en línea

ACTIVe-book
Libro del estudiante en línea, para mostrar tu trabajo

PEARSON realize™ Todo lo que necesitas para Matemáticas, en cualquier momento y en cualquier lugar.

CLAVE

- 🟢 Operaciones y Álgebra
- 🔵 Números y cálculos
- 🔴 Medición y datos
- 🟡 Geometría

Recursos digitales en PearsonRealize.com

¡Y recuerda que tu *eText* está disponible en PearsonRealize.com!

Contenido

TEMAS

1. **Hacer generalizaciones sobre el valor de posición**
2. **Sumar y restar números enteros de varios dígitos con facilidad**
3. **Usar estrategias y propiedades para multiplicar por números de 1 dígito**
4. **Usar estrategias y propiedades para multiplicar por números de 2 dígitos**
5. **Usar estrategias y propiedades para dividir por números de 1 dígito**
6. **Usar operaciones con números enteros para resolver problemas**
7. **Factores y múltiplos**
8. **Ampliar el conocimiento de la equivalencia y del orden de las fracciones**
9. **Suma y resta de fracciones**
10. **Aplicar los conceptos de la multiplicación a las fracciones**
11. **Representar e interpretar datos en diagramas de puntos**
12. **Comprender y comparar números decimales**
13. **Medición: Hallar equivalencias en las unidades de medida**
14. **Álgebra: Generar y analizar patrones**
15. **Medición geométrica: Conceptos y medición de ángulos**
16. **Rectas, ángulos y figuras**

TEMA 8 Ampliar el conocimiento de la equivalencia y del orden de las fracciones

Proyecto de Matemáticas y Ciencias................................407
Repasa lo que sabes 408
Tarjetas de vocabulario 409

8-1 Fracciones equivalentes: Modelos de área....................411

8-2 Fracciones equivalentes: Rectas numéricas 417

8-3 Generar fracciones equivalentes: Multiplicación..............423

8-4 Generar fracciones equivalentes: División 429

8-5 Usar puntos de referencia para comparar fracciones 435

8-6 Comparar fracciones 441

8-7 RESOLUCIÓN DE PROBLEMAS
Construir argumentos..447

Actividad de práctica de fluidez.....................................453
Repaso del vocabulario 454
Refuerzo 455
Evaluación del tema 457
Evaluación del rendimiento en este tema............................459

Aquí se muestra de qué manera las tiras de fracciones se pueden usar para hallar fracciones equivalentes.

TEMA 9 Sumar y restar números enteros de varios dígitos con facilidad

Proyecto de Matemáticas y Ciencias...................................461
Repasa lo que sabes 462
Tarjetas de vocabulario 463

9-1 Representar la suma de fracciones 465

9-2 Descomponer fracciones 471

9-3 Sumar fracciones con el mismo denominador 477

9-4 Representar la resta de fracciones..........................483

9-5 Restar fracciones con el mismo denominador 489

9-6 Sumar y restar fracciones con el mismo denominador 495

9-7 Estimar sumas y restas de fracciones 501

9-8 Representar la suma y la resta de números mixtos...........507

9-9 Sumar números mixtos.....................................513

9-10 Restar números mixtos....................................519

9-11 RESOLUCIÓN DE PROBLEMAS
Representar con modelos matemáticos 525

Actividad de práctica de fluidez..531
Repaso del vocabulario 532
Refuerzo 533
Evaluación del tema 535
Evaluación del rendimiento en este tema............................537

Aquí se muestra cómo puedes usar tiras de fracciones para representar la suma de fracciones.

TEMA 10 Aplicar los conceptos de la multiplicación a las fracciones

Proyecto de Matemáticas y Ciencias...................................539
Repasa lo que sabes 540
Tarjetas de vocabulario 541

10-1 Fracciones como múltiplos de fracciones unitarias: Usar modelos 543

10-2 Multiplicar una fracción por un número entero: Usar modelos 549

10-3 Multiplicar una fracción por un número entero: Usar signos o símbolos.....555

10-4 Multiplicar un número entero por un número mixto 561

10-5 Resolver problemas sobre la hora 567

10-6 RESOLUCIÓN DE PROBLEMAS
Representar con modelos matemáticos 573

Actividad de práctica de fluidez......................................579
Repaso del vocabulario 580
Refuerzo 581
Evaluación del tema 583
Evaluación del rendimiento en este tema............................585

Puedes usar una recta numérica como ayuda para multiplicar una fracción por un número entero.

$\frac{1}{3} \times 4 = \frac{4}{3}$

TEMA 11 Representar e interpretar datos en diagramas de puntos

Proyecto de Matemáticas y Ciencias..................................587
Repasa lo que sabes 588
Tarjetas de vocabulario 589

11-1 Leer diagramas de puntos....................................591

11-2 Crear diagramas de puntos...................................597

11-3 Usar diagramas de puntos para resolver problemas 603

11-4 RESOLUCIÓN DE PROBLEMAS
Evaluar el razonamiento....................................609

Actividad de práctica de fluidez.......................................615
Repaso del vocabulario 616
Refuerzo 617
Evaluación del tema 619
Evaluación del rendimiento en este tema............................621

Aquí se muestra cómo crear y usar un diagrama de puntos para resolver problemas.

TEMA 12 Comprender y comparar números decimales

Proyecto de Matemáticas y Ciencias....................................623
Repasa lo que sabes 624
Tarjetas de vocabulario 625

12-1 Fracciones y números decimales 627

12-2 Fracciones y números decimales en la recta numérica..........633

12-3 Comparar números decimales 639

12-4 Sumar fracciones que tienen 10 y 100 como denominador 645

12-5 Resolver problemas verbales sobre dinero....................651

12-6 RESOLUCIÓN DE PROBLEMAS
Buscar y usar la estructura 657

Actividad de práctica de fluidez..663
Repaso del vocabulario 664
Refuerzo 665
Evaluación del tema 667
Evaluación del rendimiento en este tema............................669

Aquí se muestra cómo representar 1.64 o $1\frac{64}{100}$ usando cuadrículas.

$1.64 = 1\frac{64}{100}$

TEMA 13 Medición: Hallar equivalencias en las unidades de medida

Proyecto de Matemáticas y Ciencias..................................671
Repasa lo que sabes 672
Tarjetas de vocabulario 673

13-1 Equivalencia de las unidades usuales de longitud 679

13-2 Equivalencia de las unidades usuales de capacidad...........685

13-3 Equivalencia de las unidades usuales de peso 691

13-4 Equivalencia de las unidades métricas de longitud 697

13-5 Equivalencia de las unidades métricas de capacidad y masa 703

13-6 Resolver problemas sobre perímetro y área 709

13-7 RESOLUCIÓN DE PROBLEMAS
Precisión 715

Actividad de práctica de fluidez.....................................721
Repaso del vocabulario 722
Refuerzo 723
Evaluación del tema 725
Evaluación del rendimiento en este tema..........................727

Aquí se muestra cómo se relacionan las unidades métricas.

DATOS

Unidades métricas de longitud
1 m = 1,000 mm
1 cm = 10 mm
1 m = 100 cm
1 km = 1,000 m

TEMA 14 Álgebra: Generar y analizar patrones

Proyecto de Matemáticas y Ciencias...................................729
Repasa lo que sabes 730
Tarjetas de vocabulario 731

14-1 Progresiones numéricas......................................733

14-2 Patrones: Reglas numéricas 739

14-3 Patrones: Figuras que se repiten 745

14-4 RESOLUCIÓN DE PROBLEMAS
Buscar y usar la estructura....................................751

Actividad de práctica de fluidez....................................757
Repaso del vocabulario 758
Refuerzo 759
Evaluación del tema 761
Evaluación del rendimiento en este tema.............................763

TEMA 15 Medición geométrica: Conceptos y medición de ángulos

Proyecto de Matemáticas y Ciencias..................................... 765
Repasa lo que sabes 766
Tarjetas de vocabulario 767

15-1 Rectas, semirrectas y ángulos................................. 771

15-2 Ángulos y ángulos de un grado sexagesimal 777

15-3 Medir con ángulos de un grado sexagesimal................. 783

15-4 Medir y dibujar ángulos..................................... 789

15-5 Sumar y restar medidas de ángulos 795

15-6 RESOLUCIÓN DE PROBLEMAS
Usar herramientas apropiadas 801

Actividad de práctica de fluidez... 807
Repaso del vocabulario 808
Refuerzo 809
Evaluación del tema 811
Evaluación del rendimiento en este tema............................. 813

Aquí se muestra cómo medir y dibujar ángulos.

TEMA 16 Rectas, ángulos y figuras

Proyecto de Matemáticas y Ciencias...................................815
Repasa lo que sabes 816
Tarjetas de vocabulario 817

16-1 Rectas 821

16-2 Clasificar triángulos 827

16-3 Clasificar cuadriláteros.....................................833

16-4 Simetría axial 839

16-5 Dibujar figuras que tengan simetría axial 845

16-6 RESOLUCIÓN DE PROBLEMAS
Evaluar el razonamiento..851

Actividad de práctica de fluidez.....................................857
Repaso del vocabulario 858
Refuerzo 859
Evaluación del tema 861
Evaluación del rendimiento en este tema.............................863

Aquí se muestra cómo trazar ejes de simetría en una figura.

UN PASO ADELANTE HACIA EL GRADO 5 en volumen 2

Un paso adelante.. 865

1. Valor de posición decimal 867
2. Comparar números decimales 871
3. Usar modelos para sumar y restar números decimales 875
4. Estimar el producto de un número decimal y un número entero 879
5. Hallar denominadores comunes 883
6. Sumar fracciones con denominadores distintos 887
7. Restar fracciones con denominadores distintos 891
8. Multiplicar fracciones por números enteros 895
9. Dividir números enteros por fracciones unitarias 899
10. Representar volumen 903

Estas lecciones te ayudan a prepararte para el Grado 5.

Glosario G1

Manual de resolución de problemas

Prácticas matemáticas

1. Entender problemas y perseverar en resolverlos.

2. Razonar de manera abstracta y cuantitativa.

3. Construir argumentos viables y evaluar el razonamiento de otros.

4. Representar con modelos matemáticos.

5. Usar herramientas apropiadas de manera estratégica.

6. Prestar atención a la precisión.

7. Buscar y usar la estructura.

8. Buscar y expresar uniformidad en los razonamientos repetidos.

Existen buenos Hábitos de razonamiento para cada una de estas prácticas matemáticas.

1. Entender problemas y perseverar en resolverlos.

Los que razonan correctamente en matemáticas entienden los problemas y piensan en maneras de resolverlos.

Si se encuentran en aprietos, no se dan por vencidos.

Aquí hice una lista de lo que sé y de lo que intento hallar.

María compró 2 camisetas a $7 cada una y un vestido que cuesta $15. Usó un cupón de descuento de $4 y pagó con $40. ¿Cuánto cambio recibió María?

Lo que sé:
- María tiene $40 y un cupón de descuento de $4.
- María compró 2 camisetas a $7 cada una.
- María compró un vestido por $15.

Lo que necesito hallar:
- La cantidad de cambio que recibió María.

Hábitos de razonamiento

¡Razona correctamente! Estas preguntas te pueden ayudar.

- ¿Qué necesito hallar?
- ¿Qué sé?
- ¿Cuál es mi plan para resolver el problema?
- ¿Qué más puedo intentar si no puedo seguir adelante?
- ¿Cómo puedo comprobar si mi solución tiene sentido?

Manual de resolución de problemas

Razonar de manera abstracta y cuantitativa.

Los que razonan correctamente en matemáticas saben cómo pensar en las palabras y los números del problema para resolverlo.

Dibujé un diagrama de barras que muestra cómo se relacionan las cantidades del problema.

Sam compró una caja de 6 tarjetas de agradecimiento que cuesta $12. ¿Cuánto cuesta cada tarjeta?

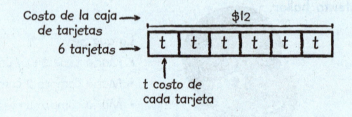

$$\$12 \div 6 = t$$
Cada tarjeta cuesta $2.

Hábitos de razonamiento

¡Razona correctamente! Estas preguntas te pueden ayudar.

- ¿Qué significan los números y los signos o símbolos del problema?
- ¿Cómo están relacionados los números o las cantidades?
- ¿Cómo puedo representar un problema verbal usando dibujos, números o ecuaciones?

3. Construir argumentos viables y evaluar el razonamiento de otros.

Los que razonan correctamente en matemáticas usan las matemáticas para explicar por qué tienen razón. También pueden opinar sobre los problemas de matemáticas hechos por otras personas.

Escribí un argumento claro usando palabras, números y signos o símbolos.

Jackie dibujó una recta numérica y ubicó un punto en $\frac{2}{3}$. Bonnie dibujó una recta numérica y también ubicó un punto en $\frac{2}{3}$. ¿Qué estudiante marcó el punto correctamente?

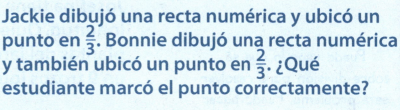

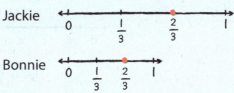

$\frac{2}{3}$ está marcado correctamente en las dos rectas numéricas. Las rectas numéricas tienen longitudes diferentes pero ambas muestran tres partes iguales.

Hábitos de razonamiento

¡Razona correctamente! Estas preguntas te pueden ayudar.

- ¿Cómo puedo usar números, objetos, dibujos o acciones para justificar mi argumento?
- ¿Estoy usando los números y los signos o símbolos correctamente?
- ¿Es mi explicación clara y completa?
- ¿Qué preguntas puedo hacer para entender el razonamiento de otros?
- ¿Hay errores en el razonamiento de otros?
- ¿Puedo mejorar el razonamiento de otros?

Manual de resolución de problemas

Representar con modelos matemáticos.

Los que razonan correctamente en matemáticas escogen y aplican lo que saben de matemáticas para mostrar y resolver problemas de la vida diaria.

Josefina tiene un cordel que mide 45 pies de longitud. Quiere usar el cordel para atar las plantas del jardín. Si Josefina corta el cordel en 9 trozos iguales, ¿cuánto mide cada trozo?

Puedo usar lo que sé sobre división para resolver este problema. Puedo hacer un dibujo como ayuda.

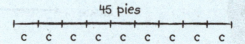

$45 \div 9 = c$

Cada trozo de cordel mide 5 pies de longitud.

Hábitos de razonamiento

¡Razona correctamente! Estas preguntas te pueden ayudar.

- ¿Cómo puedo usar lo que sé de matemáticas para resolver este problema?
- ¿Cómo puedo usar dibujos, objetos y ecuaciones para representar el problema?
- ¿Cómo puedo usar números, palabras y símbolos para resolver este problema?

Usar herramientas apropiadas de manera estratégica.

Los que razonan correctamente en matemáticas saben cómo escoger las herramientas adecuadas para resolver problemas matemáticos.

Decidí usar fichas porque así puedo hacer una matriz para resolver el problema.

Hank tiene $13 en la billetera y gana $15 cortando el césped. Hank quiere descargar películas que cuestan $7 cada una. ¿Cuántas películas puede descargar Hank? Escoge una herramienta para representar y resolver el problema.

$13 + $15 = $28
$28 ÷ $7 = 4
Hank puede descargar 4 películas.

Hábitos de razonamiento

¡Razona correctamente! Estas preguntas te pueden ayudar.

- ¿Qué herramientas puedo usar?
- ¿Por qué debo usar esta herramienta como ayuda para resolver el problema?
- ¿Hay alguna otra herramienta que podría usar?
- ¿Estoy usando la herramienta correctamente?

Manual de resolución de problemas

6 Prestar atención a la precisión.

Los que razonan correctamente en matemáticas prestan atención a lo que escriben y dicen, para así poder expresar con claridad sus ideas sobre matemáticas.

Fui preciso con mi trabajo y con la manera en que escribí la solución.

Escribe tres pistas para describir un cuadrado.

Pista 1: Tengo 4 ángulos rectos.

Pista 2: Tengo cuatro lados que tienen la misma longitud.

Pista 3: Tengo 2 conjuntos de lados paralelos.

Un cuadrado tiene 4 ángulos rectos, 4 lados de la misma longitud y 2 conjuntos de lados paralelos.

Hábitos de razonamiento

¡Razona correctamente! Estas preguntas te pueden ayudar.

- ¿Estoy usando los números, las unidades y los signos o símbolos correctamente?
- ¿Estoy usando las definiciones correctas?
- ¿Estoy haciendo los cálculos con precisión?
- ¿Es clara mi respuesta?

7 Buscar y usar la estructura.

Los que razonan correctamente en matemáticas buscan relaciones matemáticas como ayuda para resolver problemas.

Usé lo que sé sobre operaciones básicas para resolver el problema.

Usa <, > o = para comparar las expresiones sin hacer el cálculo.

3 × 6 ◯ 3 × 9

3 × 6 < 3 × 9 porque 6 < 9.

Hábitos de razonamiento

¡Razona correctamente! Estas preguntas te pueden ayudar.

- ¿Qué patrones puedo ver y describir?
- ¿Cómo puedo usar los patrones para resolver el problema?
- ¿Puedo ver las expresiones y los objetos de una manera diferente?

Manual de resolución de problemas

Buscar y expresar uniformidad en los razonamientos repetidos.

Los que razonan correctamente en matemáticas buscan cosas que se repiten y hacen generalizaciones.

Usé el razonamiento para hacer generalizaciones sobre los cálculos.

Cathy ordenó algunas conchas marinas de dos maneras. Una matriz tiene 2 filas de 6 conchas marinas cada una. La otra matriz tiene 6 filas de 2 conchas marinas cada una. ¿Las dos matrices tienen la misma cantidad de conchas marinas? Explícalo.

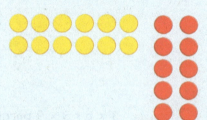

Sí, las dos matrices tienen la misma cantidad de fichas. Las matrices son iguales excepto en que las cantidades de conchas marinas de las filas y de las columnas están invertidas.

Hábitos de razonamiento

¡Razona correctamente! Estas preguntas te pueden ayudar.

- ¿Se repiten algunos cálculos?
- ¿Puedo hacer generalizaciones a partir de los ejemplos?
- ¿Qué métodos cortos puedo ver en el problema?

Manual de resolución de problemas
Guía para la resolución de problemas

Estas preguntas te pueden ayudar a resolver problemas.

Entender el problema

Razonar de manera abstracta y cuantitativa
- ¿Qué necesito hallar?
- ¿Qué información conocida puedo usar?
- ¿Cuál es la relación entre las cantidades?

Pensar en problemas similares
- ¿He resuelto antes problemas como este?

Perseverar en resolver el problema

Representar con modelos matemáticos
- ¿Cómo puedo usar lo que sé de matemáticas?
- ¿Cómo puedo representar el problema?
- ¿Hay un patrón o estructura que pueda usar?

Usar herramientas apropiadas de manera estratégica
- ¿Qué herramientas matemáticas puedo usar?
- ¿Cómo puedo usar esas herramientas de manera estratégica?

Comprobar la respuesta

Entender la respuesta
- ¿Es razonable mi respuesta?

Verificar la precisión
- ¿Revisé mi trabajo?
- ¿Es clara mi respuesta?
- ¿Construí un argumento viable?
- ¿Hice generalizaciones correctamente?

Algunas maneras de representar problemas
- Hacer un dibujo
- Hacer un diagrama de barras
- Hacer una tabla o gráfica
- Escribir una ecuación

Algunas herramientas matemáticas
- Objetos
- Papel cuadriculado
- Reglas
- Tecnología
- Papel y lápiz

Manual de resolución de problemas

Resolución de problemas: Hoja de anotaciones

Esta página te ayuda a organizar tu trabajo.

Nombre **Carlos**

Elemento didáctico **1**

Resolución de problemas: Hoja de anotaciones

Problema
Linda quiere comprar una bicicleta que cuesta $80. Su papá la ayudará pagando $20. Linda ganará el resto paseando perros. Gana $6 por cada perro que pasea. ¿Cuántos perros debe pasear Linda para tener dinero suficiente para la bicicleta?

ENTIENDE EL PROBLEMA

Necesito hallar
La cantidad de perros que hay que pasear

Puesto que...
Linda gana $6 por perro.
La bicicleta cuesta $80.
La parte del papá es $20.

PERSEVERA EN RESOLVER EL PROBLEMA

Algunas maneras de representar problemas
- ☐ Hacer un dibujo
- ☑ Hacer un diagrama de barras
- ☐ Hacer una tabla o una gráfica
- ☑ Escribir una ecuación

Algunas herramientas matemáticas
- ☐ Objetos
- ☐ Papel cuadriculado
- ☐ Reglas
- ☐ Tecnología
- ☑ Papel y lápiz

Solución y respuesta

$80	
$20	d dólares

↑ Dinero del papá ↑ Dinero de Linda

$20 + d = 80$
Linda debe ganar $60.

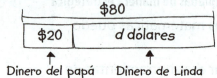

Dinero ganado → $60
Perros paseados → $6 p

$60 \div \$6 = 10$
Linda debe pasear 10 perros.

COMPRUEBA LA RESPUESTA

Usé operaciones que se cancelan mutuamente para comprobar mi respuesta.
$10 \times \$6 = \$60$ $\$60 + \$20 = \$80$
Mi respuesta es razonable.

Manual de resolución de problemas
Diagramas de barras

Puedes dibujar un **diagrama de barras** para mostrar cómo se relacionan las cantidades de un problema. Luego puedes escribir una ecuación para resolver el problema.

Sumar

Dibuja este **diagrama de barras** para situaciones en las que se necesita *sumar* algo a una cantidad.

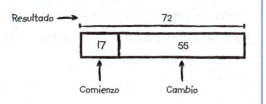

Cambio desconocido

Mónica compró el siguiente escritorio usado en una venta de patio. También compró un sofá. Mónica gastó $153 en total. ¿Cuánto gastó en el sofá?

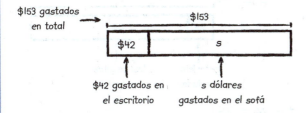

$42 + s = $153

Mónica gastó $111 en el sofá.

Comienzo desconocido

Avery tenía algunos lápices de colores. Luego su hermano le dio los siguientes lápices. Después de eso, Avery tenía 98 lápices. ¿Cuántos lápices de colores tenía Avery al comienzo?

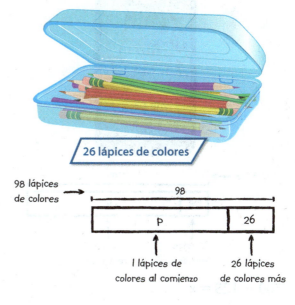

$l + 26 = 98$

Avery tenía 72 lápices de colores al comienzo.

Manual de resolución de problemas
Diagramas de barras

Puedes usar diagramas de barras para entender mejor los problemas de suma y resta.

Restar

Dibuja este **diagrama de barras** en situaciones en las cuales se necesita *restar* de una cantidad.

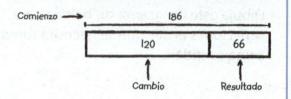

Resultado desconocido

La cantidad de fotos que hay en el teléfono de Jenna se muestra abajo. Jenna borró 128 fotos. ¿Cuántas fotos quedan?

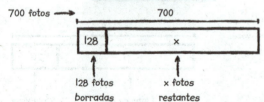

$700 - 128 = x$

Quedan 572 fotos en el teléfono de Jenna.

Comienzo desconocido

Alex tenía una colección de tarjetas de beisbol. Alex le regaló las siguientes tarjetas a su hermano. Ahora tiene 251 tarjetas. ¿Cuántas tarjetas tenía Alex antes de regalarle las tarjetas a su hermano?

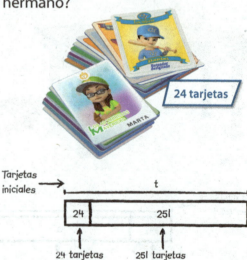

$t - 24 = 251$

Alex tenía 275 tarjetas de beisbol antes de regalarle las tarjetas a su hermano.

Los **diagramas de barras** de esta página te pueden ayudar a entender otras situaciones de suma y resta.

Unir/Separar

Dibuja este **diagrama de barras** en situaciones en las que haya que *unir* o *separar* cantidades.

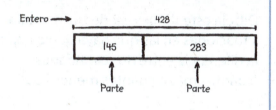

Entero desconocido

Tanner manejó para ir de su casa a Providence, Rhode Island, y volver durante dos días. Cada vez viajó 27 millas. ¿Cuánto manejó Tanner?

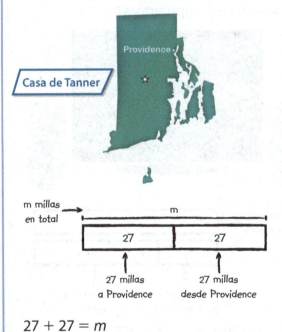

$27 + 27 = m$

Tanner manejó 54 millas en total.

Parte desconocida

La clase de la Sra. Addy reunió un total de 128 latas entre el martes y el miércoles. ¿Cuántas latas se reunieron el miércoles?

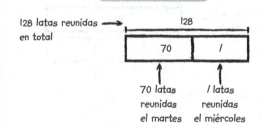

$70 + l = 128$, o $128 - 70 = l$

La clase de la Sra. Addy reunió 58 latas el miércoles.

Manual de resolución de problemas

Manual de resolución de problemas
Diagramas de barras

Los dibujos te ayudan a entender un problema.

Comparar: Suma y resta

Dibuja este **diagrama de barras** para situaciones en las que haya que *comparar* la diferencia entre dos cantidades (cuántos más o cuántos menos hay).

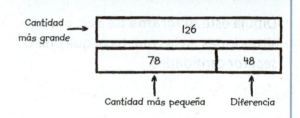

Diferencia desconocida

Perri leyó todo el siguiente libro. Jay leyó 221 datos del libro. ¿Cuántos datos más leyó Perri que Jay?

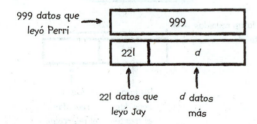

$221 + d = 999$, o $999 - 221 = d$

Perri leyó 778 datos más que Jay.

Cantidad más pequeña desconocida

Stanley tiene en su computadora 234 canciones menos que Joanne. Joanne tiene 362 canciones en su computadora. ¿Cuántas canciones tiene Stanley en su computadora?

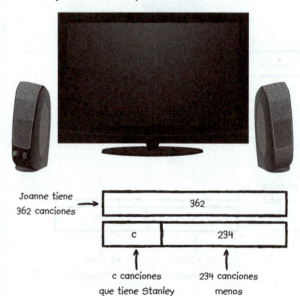

$362 - c = 234$, o $c + 234 = 362$

Stanley tiene 128 canciones en su computadora.

Los **diagramas de barras** de esta página te pueden ayudar a resolver problemas de multiplicación y división.

Grupos iguales: Multiplicación y división

Dibuja este **diagrama de barras** para situaciones en las que haya *grupos iguales*.

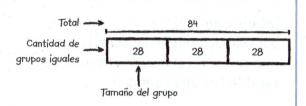

Cantidad de grupos desconocida

Malik gastó $27 en viajes en tren esta semana. ¿Cuántas veces viajó en tren Malik?

Viaje en tren: $3 cada viaje

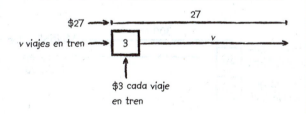

$v \times 3 = 27$, o $27 \div 3 = v$

Malik viajó en tren 9 veces.

Tamaño de grupo desconocido

Si se empaquetan 36 galletas en cantidades iguales en las siguientes cajas, ¿cuántas galletas habrá en cada caja?

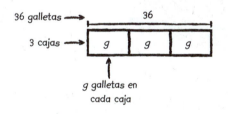

$3 \times g = 36$, o $36 \div 3 = g$

Habrá 12 galletas en cada caja.

Manual de resolución de problemas

Manual de resolución de problemas
Diagramas de barras

Los diagramas de barras se pueden usar para mostrar la relación entre las cantidades que se están comparando.

Comparar: Multiplicación y división

Dibuja este **diagrama de barras** para situaciones en las que haya que *comparar* cuántas veces una cantidad es otra cantidad.

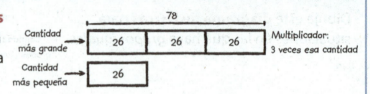

Cantidad más grande desconocida

El sábado, una salchichonería vendió 8 veces la cantidad de sándwiches que la cantidad de *wraps*. Vendió 14 *wraps*. ¿Cuántos sándwiches vendió?

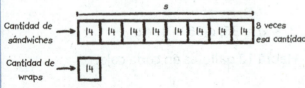

$14 \times 8 = s$

La salchichonería vendió 112 sándwiches.

Multiplicador desconocido

Alicia corrió 300 yardas. Uri corrió 50 yardas. ¿Cuántas veces la distancia que corrió Uri es la distancia que corrió Alicia?

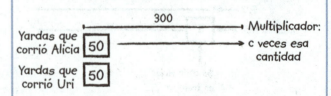

$c \times 50 = 300$, o $300 \div 50 = c$

Alicia corrió 6 veces la distancia que corrió Uri.

TEMA 8

Ampliar el conocimiento de la equivalencia y del orden de las fracciones

Preguntas esenciales: ¿Cuáles son algunas maneras de nombrar las mismas partes de un todo? ¿Cómo se comparan fracciones con distintos denominadores?

Recursos digitales: Resuelve, Aprende, Glosario, Amigo de práctica, Herramientas, Evaluación, Ayuda, Juegos

Algunos animales usan los sentidos de manera diferente que los seres humanos. Todo el cuerpo de un bagre está recubierto de células gustativas.

El bagre usa el sentido del gusto para localizar alimento que está lejos.

Muchos animales tienen maneras especiales de recibir información. Este es un proyecto sobre los sentidos.

Proyecto de Matemáticas y Ciencias: Los sentidos

Investigar Usa la Internet u otros recursos para hallar información sobre cómo los animales usan sentidos especiales, como la ecolocación, la electricidad o el magnetismo. Incluye información sobre el lugar en que vive el animal y cómo usa el sentido especial.

Diario: Escribir un informe Incluye lo que averiguaste. En tu informe, también:

- haz un dibujo: algunas arañas se valen de la vista para recibir información sobre el alimento. Las arañas pueden tener hasta 8 ojos. Dibuja una araña con muchos ojos. Haz círculos para los ojos, colorea algunos y deja otros en blanco.

- escribe una fracción que represente los ojos de la araña coloreados en relación con el total de ojos de la araña. Escribe tres fracciones equivalentes.

Tema 8

Nombre _____

Repasa lo que sabes

Vocabulario

Escoge el mejor término del recuadro.
Escríbelo en el espacio en blanco.

- denominador
- fracción unitaria
- fracción
- numerador

1. Un símbolo, como $\frac{2}{3}$ o $\frac{1}{2}$, que se usa para nombrar parte de un entero, parte de un conjunto o una ubicación en una recta numérica se llama _____.

2. El número que está arriba de la barra de fracción en una fracción se llama _____.

3. Una fracción que tiene un 1 como numerador se llama _____.

Fracciones unitarias

Escribe una fracción para los enunciados.

4. 2 copias de $\frac{1}{6}$ es _____.

5. 3 copias de $\frac{1}{3}$ es _____.

6. 4 copias de $\frac{1}{5}$ es _____.

7. 2 copias de $\frac{1}{10}$ es _____.

8. 7 copias de $\frac{1}{12}$ es _____.

9. 3 copias de $\frac{1}{8}$ es _____.

Conceptos de fracciones

Escribe la fracción que muestran las figuras.

10.

11.

12.

13.

14.

15.

Partes de enteros

16. **Construir argumentos** ¿Es $\frac{1}{4}$ de la siguiente figura verde? Explícalo.

17. Este dibujo muestra un cuadrado. Colorea $\frac{3}{4}$ del cuadrado.

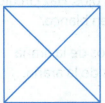

Mis tarjetas de palabras

Usa los ejemplos de las palabras de las tarjetas para ayudarte a completar las definiciones que están al reverso.

fracciones equivalentes

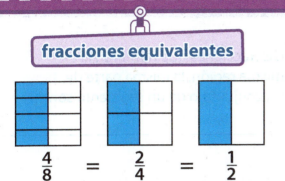

fracción

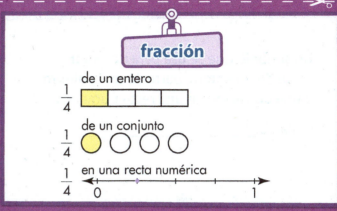

numerador

$\frac{1}{4}$ ←numerador

denominador

$\frac{4}{1}$ ←denominador

factor común

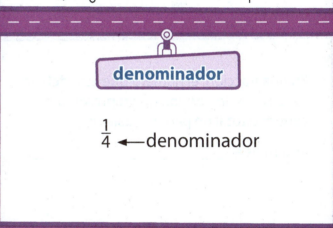

fracción de referencia

$\frac{1}{4}, \frac{1}{2}, \frac{3}{4}$

Tema 8 | Mis tarjetas de palabras

Mis tarjetas de palabras

Completa cada definición. Para ampliar lo que aprendiste, escribe tus propias definiciones.

Un símbolo que se usa para nombrar parte de un entero, parte de un conjunto o una ubicación en una recta numérica se llama _____.

Las fracciones que nombran la misma región, la misma parte de un conjunto o de un segmento son _____.

En una fracción, el número que está debajo de la barra de fracción que representa la cantidad total de partes iguales de un entero es el _____.

En una fracción, el número que está arriba de la barra de fracción que representa la parte del entero es el _____.

Una fracción conocida que se usa comúnmente para hacer estimaciones se llama _____.

Un _____ es un número que es un factor de dos o más números dados.

Nombre _____

Resuélvelo y coméntalo

Lena tiene baldosas amarillas en $\frac{1}{4}$ del piso de su cocina. Escribe una fracción equivalente a $\frac{1}{4}$. **Resuelve este problema de la manera que prefieras.**

Lección 8-1
Fracciones equivalentes: Modelos de área

Puedo...
reconocer y generar fracciones equivalentes.

También puedo escoger y usar una herramienta matemática para resolver problemas.

Escoge *herramientas apropiadas* estratégicamente. Puedes usar modelos de área o tiras de fracciones para resolver este problema.

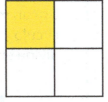

¡Vuelve atrás! **Razonar** ¿Cómo sabes que tu fracción es equivalente a $\frac{1}{4}$?

Pregunta esencial: ¿Cuáles pueden ser algunas maneras de representar la misma parte de un entero?

A

James comió la parte de la pizza que se muestra en el dibujo de la derecha. Dijo que quedan $\frac{5}{6}$ de la pizza. Cardell dijo que quedan $\frac{10}{12}$ de la pizza. ¿Quién tiene razón?

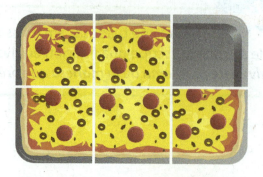

Las **fracciones equivalentes** representan la misma parte del mismo entero.

fracción $\begin{cases} 5 \\ 6 \end{cases}$ ← numerador / ← denominador

B Una manera

Usa un modelo de área. Dibuja un rectángulo y divídelo en sextos. Colorea $\frac{5}{6}$. Luego, divide el rectángulo en doceavos.

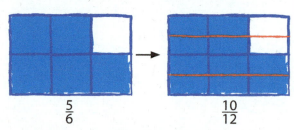

$\frac{5}{6}$ $\frac{10}{12}$

La cantidad y el tamaño de las partes cambian, pero la parte coloreada de cada rectángulo es la misma. $\frac{5}{6}$ y $\frac{10}{12}$ son fracciones equivalentes.

C Otra manera

Usa un modelo de área diferente. Dibuja un círculo y divídelo en sextos. Colorea $\frac{5}{6}$. Luego, divide el círculo en doceavos.

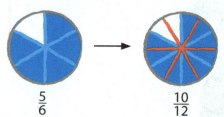

$\frac{5}{6}$ $\frac{10}{12}$

La cantidad y el tamaño de las partes cambian, pero la parte coloreada de cada círculo es la misma. $\frac{5}{6}$ y $\frac{10}{12}$ son fracciones equivalentes.

James y Cardell tienen razón porque $\frac{5}{6} = \frac{10}{12}$.

¡Convénceme! **Razonar** María comió $\frac{1}{4}$ de una pizza. Matt comió $\frac{2}{8}$ de otra pizza. ¿Comieron María y Matt la misma cantidad de pizza? Explícalo.

Nombre _____

Práctica guiada

¿Lo entiendes?

1. **Razonar** Usa el modelo de área para explicar por qué $\frac{3}{4}$ y $\frac{9}{12}$ son equivalentes.

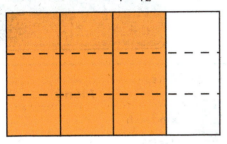

2. **Razonar** ¿Son $\frac{4}{5}$ y $\frac{4}{10}$ fracciones equivalentes? Explícalo.

¿Cómo hacerlo?

Dibuja un modelo de área o usa tiras de fracciones para resolver los problemas en los Ejercicios **3** y **4**.

3. Escribe una fracción equivalente a $\frac{2}{3}$.

4. Escribe una fracción equivalente a $\frac{6}{8}$.

5. Halla el número que falta.

$\frac{2}{4} = \frac{\square}{8}$

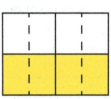

6. Halla el número que falta.

$\frac{1}{3} = \frac{\square}{6}$

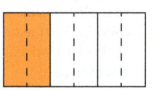

Práctica independiente

7. Escribe una fracción equivalente a $\frac{1}{5}$.

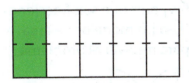

8. Escribe dos fracciones equivalentes a $\frac{4}{12}$.

Dibuja un modelo de área o usa tiras de fracciones para resolver los problemas en los Ejercicios **9** a **16**.

9. $\frac{2}{8} = \frac{\square}{4}$

10. $\frac{2}{4} = \frac{\square}{8}$

11. $\frac{1}{2} = \frac{\square}{6}$

12. $\frac{3}{3} = \frac{6}{\square}$

13. $\frac{1}{5} = \frac{\square}{10}$

14. $\frac{5}{6} = \frac{10}{\square}$

15. $\frac{8}{12} = \frac{2}{\square}$

16. $\frac{4}{5} = \frac{8}{\square}$

*Puedes encontrar otro ejemplo en el Grupo A, página 455.

Resolución de problemas

17. **Matemáticas y Ciencias** Las mariposas monarca migran cuando sienten que las horas de luz solar son más cortas, las temperaturas son más frías y la vida vegetal decae. Escribe dos fracciones equivalentes que representen la parte de la migración que puede completar una mariposa monarca en 1 semana.

Recorre $\frac{1}{5}$ del total de la migración en 1 semana.

18. **Entender y perseverar** Garrett compra un almuerzo para él y su amigo. Compra 2 sándwiches, 2 paquetes de papas fritas y 2 batidos de malta. ¿Cuánto gastó Garret en el almuerzo? Usa monedas y billetes como ayuda para resolver el problema.

DATOS	Menú	
	Sándwich	$8
	Hot Dog	$2
	Papas fritas	$2.75
	Gaseosa	$2
	Batido de malta	$3.50

19. Connor dijo: "Si redondeo a la centena más cercana, fui a la escuela 800 días de mi vida". Escribe tres números que puedan ser la cantidad real de días que Connor fue a la escuela.

20. **Razonamiento de orden superior** Josh, Lisa y Vicki comieron cada uno $\frac{1}{4}$ de sus pizzas individuales. Todas las pizzas tenían el mismo tamaño, pero Josh comió 1 porción, Lisa comió 2 porciones y Vicki comió 3 porciones. ¿Cómo es posible?

✓ **Evaluación**

21. Marca todas las fracciones que son equivalentes a $\frac{2}{3}$. Usa los modelos de área como ayuda para resolver el problema.

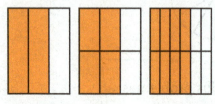

- ☐ $\frac{3}{6}$
- ☐ $\frac{8}{12}$
- ☐ $\frac{4}{8}$
- ☐ $\frac{4}{6}$
- ☐ $\frac{1}{2}$

22. Marca todos los pares que son fracciones equivalentes. Usa los modelos de área como ayuda para resolver el problema.

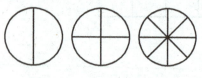

- ☐ $\frac{1}{4}, \frac{2}{8}$
- ☐ $\frac{3}{4}, \frac{6}{8}$
- ☐ $\frac{7}{8}, \frac{3}{4}$
- ☐ $\frac{8}{8}, \frac{4}{4}$
- ☐ $\frac{1}{2}, \frac{2}{2}$

Nombre _____

¡Revisemos!
Usa un modelo de área para hallar dos fracciones equivalentes a $\frac{1}{2}$.

Hay muchas fracciones equivalentes a $\frac{1}{2}$.

Tarea y práctica 8-1
Fracciones equivalentes: Modelos de área

El círculo está dividido en 2 partes iguales. La parte coloreada representa $\frac{1}{2}$.

Divide el círculo en 4 partes iguales. La parte coloreada representa $\frac{2}{4}$.

Divide el círculo en 8 partes iguales. La parte coloreada representa $\frac{4}{8}$.

$\frac{1}{2}$, $\frac{2}{4}$ y $\frac{4}{8}$ son fracciones equivalentes.

1. Escribe una fracción equivalente a $\frac{3}{5}$.

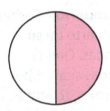

2. Escribe dos fracciones equivalentes a $\frac{9}{12}$.

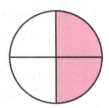

Dibuja un modelo de área o usa tiras de fracciones para resolver los problemas en los Ejercicios **3** a **10**.

3. $\frac{3}{5} = \frac{\square}{10}$

4. $\frac{3}{6} = \frac{\square}{12}$

5. $\frac{4}{10} = \frac{\square}{5}$

6. $\frac{3}{4} = \frac{\square}{8}$

7. $\frac{5}{10} = \frac{1}{\square}$

8. $\frac{4}{6} = \frac{\square}{12}$

9. $\frac{5}{5} = \frac{\square}{10}$

10. $\frac{1}{2} = \frac{6}{\square}$

11. Escribe dos fracciones equivalentes para describir la parte de huevos colorados.

Usa la tabla de la derecha en los Ejercicios **12** y **13**.

12. A la derecha se muestran los resultados de una elección para alcalde. ¿Qué candidato recibió la mayor cantidad de votos y quién recibió la menor cantidad?

Candidato	Cantidad de votos
Leonard Hansen	12,409
Margaret O'Connor	12,926
Jillian García	12,904

13. ¿Cuántas personas votaron por estos tres candidatos?

14. **Razonar** Indica qué operaciones se necesitan para resolver el siguiente problema. Luego, resuelve el problema.

    El auditorio de la escuela tiene 22 filas con 28 asientos cada una. En un concierto de la escuela quedan 19 asientos vacíos. ¿Cuántos asientos se ocuparon?

15. **Razonamiento de orden superior** Bárbara está cubriendo el piso del cuarto de su maqueta con fichas cuadradas. Quiere que $\frac{6}{10}$ de las fichas cuadradas sean rojas. Si usa 18 fichas cuadradas rojas, ¿cuántas fichas cuadradas usará para cubrir el piso? Dibuja un modelo de área para resolver el problema.

✓ Evaluación

16. Marca todas las fracciones que son equivalentes a $\frac{3}{4}$. Usa los modelos de área como ayuda para resolver el problema.

    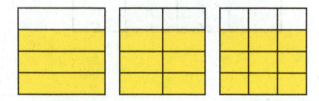

    ☐ $\frac{6}{6}$
    ☐ $\frac{2}{8}$
    ☐ $\frac{9}{12}$
    ☐ $\frac{6}{8}$
    ☐ $\frac{1}{2}$

17. Marca todos los pares que son fracciones equivalentes. Usa los modelos de área como ayuda para resolver el problema.

    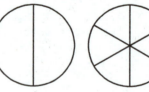

    ☐ $\frac{1}{6}, \frac{3}{12}$
    ☐ $\frac{2}{6}, \frac{4}{12}$
    ☐ $\frac{3}{6}, \frac{1}{2}$
    ☐ $\frac{1}{6}, \frac{6}{12}$
    ☐ $\frac{6}{6}, \frac{12}{12}$

Nombre _____

Resuélvelo y coméntalo

Supón que tienes una regla que muestra cuartos. Usa esa regla para nombrar una fracción que sea equivalente a $\frac{2}{4}$. Indica cómo sabes que la fracción es equivalente.

Lección 8-2
Fracciones equivalentes: Rectas numéricas

Puedo...
representar la misma cantidad en una recta numérica usando fracciones equivalentes.

También puedo escoger y usar una herramienta matemática para resolver problemas.

Puedes usar herramientas apropiadas como reglas o rectas numéricas como ayuda para resolver problemas.

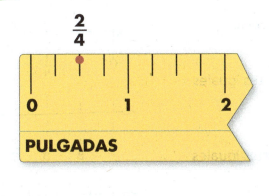

¡Vuelve atrás! **Representar con modelos matemáticos** ¿Piensas que hay más de una fracción equivalente a $\frac{2}{4}$? Haz un dibujo para explicarlo.

Tema 8 | Lección 8-2 417

Pregunta esencial: ¿Cómo se puede usar una recta numérica para explicar por qué las fracciones son equivalentes?

A

Silvio montó en su bicicleta $\frac{3}{4}$ de milla a la escuela. Identifica dos fracciones que sean equivalentes a $\frac{3}{4}$.

Una recta numérica es otra **herramienta** apropiada para hallar fracciones equivalentes.

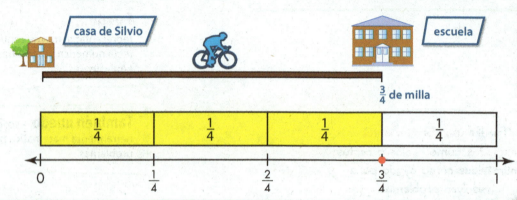

B Representa $\frac{3}{4}$ en la recta numérica.

Divide cada cuarto en dos partes iguales para representar octavos.

Divide cada cuarto en tres partes iguales para representar doceavos.

$\frac{3}{4}$, $\frac{6}{8}$ y $\frac{9}{12}$ están en el mismo punto de las rectas numéricas, que tienen el mismo tamaño. $\frac{6}{8}$ y $\frac{9}{12}$ son equivalentes a $\frac{3}{4}$.

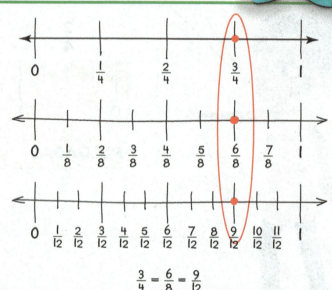

$$\frac{3}{4} = \frac{6}{8} = \frac{9}{12}$$

¡Convénceme! Usar la estructura La cantidad de partes y el tamaño de cada parte son diferentes en dos rectas numéricas. ¿Pueden las rectas numéricas mostrar fracciones equivalentes? Usa las rectas numéricas de arriba para explicarlo.

Nombre _____

Otro ejemplo

Puedes usar una recta numérica para hallar fracciones equivalentes que sean mayores o iguales que 1.

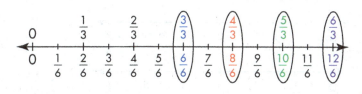

Práctica guiada

¿Lo entiendes?

1. **Construir argumentos** Usa las rectas numéricas de la página anterior para escribir una fracción equivalente a $\frac{2}{8}$. ¿Por qué son equivalentes las fracciones? Explícalo.

¿Cómo hacerlo?

Usa la siguiente recta numérica en los Ejercicios **2** y **3**.

2. Escribe una fracción equivalente a $\frac{1}{3}$.

3. Escribe una fracción equivalente a $\frac{1}{2}$.

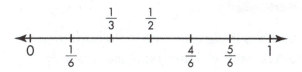

Práctica independiente

Usa la recta numérica para hallar fracciones equivalentes en los Ejercicios **4** y **5**. Encierra en un círculo la respuesta correcta.

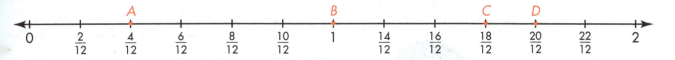

4. ¿Qué opción es una fracción equivalente para el punto C?

   $\frac{8}{6}$ $\frac{2}{3}$ $\frac{1}{2}$ $\frac{3}{2}$

5. ¿Qué opción es una fracción equivalente para el punto D?

   $\frac{6}{5}$ $\frac{3}{2}$ $\frac{6}{10}$ $\frac{5}{3}$

Escribe dos fracciones para el punto marcado en las rectas numéricas en los Ejercicios **6** y **7**.

6.

7.

Tema 8 | Lección 8-2   419

Resolución de problemas

8. ¿Qué fracciones equivalentes observas en estas dos rectas numéricas?

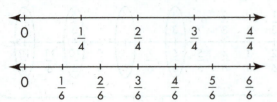

9. Entender y perseverar A Randy y a Carla les gusta caminar por el sendero que rodea el parque de su ciudad. El sendero mide 2 millas de largo. El mes pasado, Randy caminó alrededor del parque 13 veces y Carla caminó alrededor del parque 22 veces. ¿Cuántas millas más que Randy caminó Carla el mes pasado?

10. Razonamiento de orden superior Jarred dice que estas rectas numéricas muestran que $\frac{3}{4}$ es equivalente a $\frac{2}{3}$. ¿Tiene razón Jarred? Explícalo.

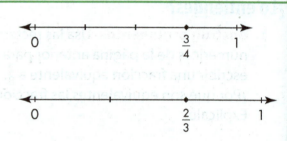

 Evaluación

11. Kevin y Gabbie usan una recta numérica para hallar fracciones equivalentes a $\frac{4}{10}$.

Kevin dice que puede hallar una fracción equivalente con un denominador mayor que 10. Gabbie dice que puede hallar una fracción equivalente con un denominador menor que 10.

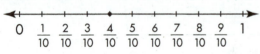

Parte A

Explica cómo puede Kevin usar la recta numérica para hallar su fracción equivalente.

Parte B

Explica cómo puede Gabbie usar la recta numérica para hallar su fracción equivalente.

Muchas fracciones pueden representar el mismo punto en una recta numérica.

Nombre _____

¡Revisemos!

Puedes escribir fracciones equivalentes para un punto que se muestra en una recta numérica.

Rotula la recta numérica de dos maneras diferentes.

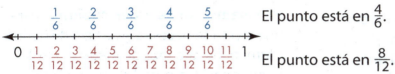

El punto está en $\frac{4}{6}$.

El punto está en $\frac{8}{12}$.

$\frac{4}{6} = \frac{8}{12}$

$\frac{4}{6}$ y $\frac{8}{12}$ son fracciones equivalentes.

Tarea y práctica 8-2

Fracciones equivalentes: Rectas numéricas

Las fracciones equivalentes representan la misma cantidad fraccionaria del mismo entero o de enteros del mismo tamaño.

Escribe dos fracciones para el punto marcado en las rectas numéricas en los Ejercicios **1** a **6**.

1.

2.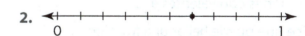

3.

4.

5.

6.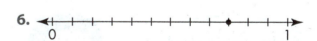

7. ¿Son $\frac{3}{8}$ y $\frac{3}{4}$ fracciones equivalentes? Dibuja una recta numérica para decidirlo.

8. Dibuja una recta numérica para demostrar que $\frac{1}{4}$ y $\frac{2}{8}$ son equivalentes.

9. **Evaluar el razonamiento** Mike dice que puede hallar una fracción equivalente a $\frac{1}{10}$, aunque $\frac{1}{10}$ es una fracción unitaria. ¿Tiene razón Mike? Explícalo.

10. **Álgebra** 267 estudiantes y 21 adultos irán a una excursión de la escuela. En cada autobús viajará la misma cantidad de personas. Si hay 9 autobuses, ¿cuántas personas viajarán en cada uno? Escribe ecuaciones y resuélvelas.

11. El punto X está ubicado en $\frac{2}{3}$ sobre una recta numérica. En la misma recta numérica, el punto Y está a la misma distancia de 0 que el punto X, pero tiene un numerador de 8. ¿Cuál es el denominador de la fracción que está en el punto Y? Dibuja una recta numérica para representar el problema.

12. **Razonamiento de orden superior** Para una receta se necesita $\frac{1}{4}$ de taza de harina. Carter tiene una taza de medir que solo tiene capacidad para $\frac{1}{8}$ de taza. ¿Cómo puede Carter medir la harina que necesita para su receta?

✓ Evaluación

13. Monty usa una recta numérica para hallar fracciones equivalentes a $\frac{4}{6}$.

    Dice que puede hallar una fracción equivalente con un denominador mayor que 6 y una fracción equivalente con un denominador menor que 6.

    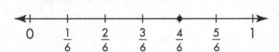

    Puedes seguir dividiendo o volver a rotular la recta numérica para hallar fracciones equivalentes.

Parte A

Escribe para explicar cómo puede usar Monty la recta numérica para hallar una fracción equivalente con un denominador mayor que 6.

Parte B

Escribe para explicar cómo puede usar Monty la recta numérica para hallar una fracción equivalente con un denominador menor que 6.

Nombre _____

Resuélvelo y coméntalo

Wayne compró una caja de pastelitos. Cuatro sextos de los pastelitos son de arándanos. Escribe una fracción equivalente a $\frac{4}{6}$. *Resuelve este problema de la manera que prefieras.*

Lección 8-3
Generar fracciones equivalentes: Multiplicación

Puedo...
usar la multiplicación para hallar fracciones equivalentes.

También puedo representar con modelos matemáticos para resolver problemas.

¿Qué puedes dibujar para representar con modelos matemáticos el problema? *Muestra tu trabajo en el espacio de abajo.*

¡Vuelve atrás! **Razonar** ¿Cómo se relacionan el numerador y el denominador de tu fracción con el numerador y el denominador de $\frac{4}{6}$?

Pregunta esencial: ¿Cómo se puede usar la multiplicación para hallar fracciones equivalentes?

A

Un bibliotecario dijo que $\frac{1}{2}$ de los libros que se prestaron ayer eran de no ficción. ¿Cuáles son algunas de las fracciones equivalentes a $\frac{1}{2}$?

Para hallar fracciones equivalentes, multiplica por una fracción que sea igual a uno.

$\frac{1}{2}$ de los libros prestados eran de no ficción.

B Multiplica por $\frac{2}{2}$.

Multiplica el numerador y el denominador por 2.

$$\frac{1}{2} \times \frac{2}{2} = \frac{2}{4}$$

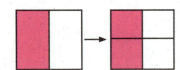

C Multiplica por $\frac{3}{3}$.

Multiplica el numerador y el denominador por 3.

$$\frac{1}{2} \times \frac{3}{3} = \frac{3}{6}$$

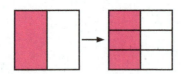

D Multiplica por $\frac{4}{4}$.

Multiplica el numerador y el denominador por 4.

$$\frac{1}{2} \times \frac{4}{4} = \frac{4}{8}$$

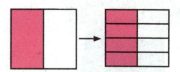

Las fracciones $\frac{2}{2}$, $\frac{3}{3}$ y $\frac{4}{4}$ son equivalentes a 1. Multiplicar por 1 da el mismo número.

$\frac{1}{2}$, $\frac{2}{4}$, $\frac{3}{6}$ y $\frac{4}{8}$ son fracciones equivalentes.

¡Convénceme! **Evaluar el razonamiento** Kevin dijo: "En cada uno de los ejemplos de arriba, lo único que se hace es multiplicar por uno. Cuando se multiplica por 1, el valor no cambia". ¿Tiene razón Kevin? Explícalo.

Práctica guiada

¿Lo entiendes?

1. Usa un modelo de área y multiplica para demostrar por qué $\frac{5}{6}$ y $\frac{10}{12}$ son fracciones equivalentes.

2. **Razonar** Usa la multiplicación para explicar por qué $\frac{3}{4}$ y $\frac{8}{12}$ **NO** son fracciones equivalentes.

¿Cómo hacerlo?

Multiplica para hallar fracciones equivalentes en los Ejercicios **3** a **7**.

3. 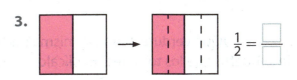 $\frac{1}{2} = \frac{\square}{\square}$

4. $\frac{3}{4} = \frac{\square}{12}$

5. $\frac{5}{5} = \frac{10}{\square}$

6. $\frac{3}{2} = \frac{6}{\square}$

7. $\frac{1}{6} = \frac{\square}{12}$

Práctica independiente

Práctica al nivel Multiplica para hallar fracciones equivalentes en los Ejercicios **8** a **13**.

8. 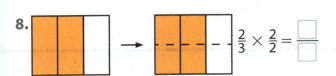 $\frac{2}{3} \times \frac{2}{2} = \frac{\square}{\square}$

9. 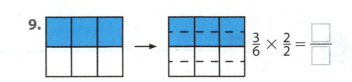 $\frac{3}{6} \times \frac{2}{2} = \frac{\square}{\square}$

10. $\frac{1}{5} \times \frac{\square}{\square} = \frac{\square}{10}$

11. $\frac{5}{4} \times \frac{\square}{\square} = \frac{\square}{100}$

12. $\frac{7}{4} \times \frac{\square}{\square} = \frac{\square}{12}$

13. $\frac{3}{4} \times \frac{\square}{\square} = \frac{9}{\square}$

Escribe dos fracciones equivalentes para las fracciones dadas en los Ejercicios **14** a **21**.

14. $\frac{1}{10}$

15. $\frac{4}{2}$

16. $\frac{5}{6}$

17. $\frac{1}{3}$

18. $\frac{2}{5}$

19. $\frac{3}{4}$

20. $\frac{9}{2}$

21. $\frac{7}{12}$

*Puedes encontrar otro ejemplo en el Grupo B, página 455.

Resolución de problemas

Usa la tabla de la derecha para los Ejercicios **22** y **23**.

22. Escribe tres fracciones equivalentes para describir la porción de la huerta plantada con zanahorias.

23. Razonar ¿Qué verdura ocupa la misma parte de la huerta que los tomates? Explícalo.

Verdura	Fracción de la huerta plantada
Zanahorias	$\frac{1}{6}$
Tomates	$\frac{1}{4}$
Pimientos	$\frac{4}{12}$
Habichuelas	$\frac{3}{12}$

24. Jeena tiene 5 paquetes de semillas. Cada paquete tiene 12 semillas. Jeena quiere dividir las semillas en partes iguales para plantarlas en 10 macetas. ¿Cuántas semillas puede plantar en cada maceta?

25. Razonamiento de orden superior Jenny dijo: "Estoy pensando en una fracción que es equivalente a $\frac{2}{6}$. El numerador es 8 menos que el denominador". ¿En qué fracción está pensando Jenny?

Evaluación

26. Usa las fracciones del recuadro una sola vez para completar las tablas.

$\frac{2}{8}$ $\frac{3}{12}$ $\frac{4}{6}$ $\frac{8}{12}$

Fracciones equivalentes a $\frac{2}{3}$

Fracciones equivalentes a $\frac{1}{4}$

27. Usa los números del recuadro una sola vez para completar las ecuaciones.

2   4   6   8   10   12

$\frac{1}{2} = \frac{\square}{\square}$

$\frac{5}{6} = \frac{\square}{\square}$

$\frac{3}{4} = \frac{\square}{\square}$

Nombre _____

Tarea y práctica 8-3
Generar fracciones equivalentes: Multiplicación

¡Revisemos!

Halla dos fracciones que sean equivalentes a $\frac{3}{4}$.

Multiplica la fracción dada por una fracción igual a uno para hallar fracciones equivalentes.

$$\frac{3}{4} \times \frac{2}{2} = \frac{6}{8} \qquad \frac{3}{4} \times \frac{3}{3} = \frac{9}{12}$$

$\frac{2}{2}$ y $\frac{3}{3}$ son equivalentes a uno.

$\frac{3}{4}, \frac{6}{8}$ y $\frac{9}{12}$ son fracciones equivalentes. Por tanto, $\frac{3}{4} = \frac{6}{8} = \frac{9}{12}$.

Multiplica para hallar fracciones equivalentes en los Ejercicios 1 a 6.

1. $\frac{5}{6} \times \frac{2}{2} = \frac{\square}{\square}$

2. $\frac{2}{2} \times \frac{3}{3} = \frac{\square}{\square}$

3. $\frac{3}{5} \times \frac{\square}{\square} = \frac{\square}{10}$

4. $\frac{1}{6} \times \frac{\square}{\square} = \frac{2}{\square}$

5. $\frac{1}{4} \times \frac{\square}{\square} = \frac{\square}{100}$

6. $\frac{2}{3} \times \frac{\square}{\square} = \frac{8}{\square}$

Escribe una fracción equivalente para las fracciones dadas en los Ejercicios 7 a 14.

7. $\frac{10}{2}$

8. $\frac{4}{5}$

9. $\frac{9}{3}$

10. $\frac{3}{12}$

11. $\frac{5}{8}$

12. $\frac{5}{100}$

13. $\frac{7}{12}$

14. $\frac{9}{5}$

Escribe dos fracciones equivalentes para las fracciones dadas en los Ejercicios 15 a 18.

15. $\frac{10}{12}$

16. $\frac{4}{10}$

17. $\frac{4}{6}$

18. $\frac{3}{8}$

19. Escribe tres fracciones equivalentes para describir las partes del vitral que son doradas.

20. **Matemáticas y Ciencias** Durante los meses de invierno, los peces de agua dulce perciben que el agua se vuelve más fría y nadan hacia el fondo de los lagos y los ríos para hallar aguas más cálidas. Si un pez nadó $\frac{7}{8}$ de un lago que tiene una profundidad de 32 pies, ¿a cuántos pies de profundidad nadó el pez?

21. **Vocabulario** Usa *numerador* y *denominador* para completar las oraciones.

El _____ es el número que está arriba de la barra de fracción en una fracción.

El _____ es el número que está debajo de la barra de fracción y representa la cantidad de partes iguales del entero.

22. **Razonar** ¿Qué cuesta más, comprar 8 impresoras a un precio de $145 cada una o 3 computadoras portátiles a un precio de $439 cada una? Explícalo.

23. **Razonamiento de orden superior** Tres octavos de los estudiantes de la clase de la Sra. Mull toman el autobús. Si hay 24 estudiantes en la clase, ¿cuántos estudiantes toman el autobús? Explica cómo usar fracciones equivalentes para resolver el problema.

Evaluación

24. Usa las fracciones del recuadro una sola vez para completar las tablas.

$\frac{2}{6}$ $\frac{4}{12}$ $\frac{6}{10}$ $\frac{60}{100}$

Fracciones equivalentes a $\frac{1}{3}$	Fracciones equivalentes a $\frac{3}{5}$

25. Usa los números del recuadro una sola vez para completar las ecuaciones.

2   6   8   10   12   18

$\frac{5}{6} = \frac{\square}{\square}$

$\frac{1}{3} = \frac{\square}{\square}$

$\frac{9}{4} = \frac{\square}{\square}$

Nombre _____

Resuélvelo y coméntalo

Sara compró un trozo de cinta. La longitud de la cinta se da en décimos. Escribe la longitud como otras dos fracciones equivalentes. *Resuelve este problema de la manera que prefieras.*

Lección 8-4
Generar fracciones equivalentes: División

Puedo... usar la división para hallar fracciones equivalentes.

También puedo hacer mi trabajo con precisión.

Recuerda que cuando respondes la pregunta, debes hacerlo con precisión. Usa rótulos apropiados.

$\frac{6}{10}$ de metro

¡Vuelve atrás! **Entender y perseverar** Sara escribió las siguientes fracciones equivalentes: $\frac{6}{10} = \frac{3}{5}$. ¿Qué dos operaciones pudo haber usado Sara para hallar las fracciones equivalentes? Explícalo.

Pregunta esencial: ¿Cómo se puede usar la división para hallar fracciones equivalentes?

A

A comienzos de mayo, en Fairbanks, Alaska, hay luz solar $\frac{18}{24}$ del día. ¿Cuáles son algunas fracciones equivalentes a $\frac{18}{24}$?

Para hallar fracciones equivalentes, divide el numerador y el denominador por un factor común mayor que 1.

Un **factor común** es un factor que dos o más números tienen en común.

18 horas de luz solar en mayo

B Dos factores comunes de 18 y 24 son 2 y 3.

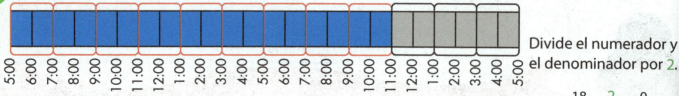

$\frac{18}{24}$ del día equivalen a $\frac{9}{12}$ del día.

Divide el numerador y el denominador por 2.

$\frac{18}{24} \div \frac{2}{2} = \frac{9}{12}$

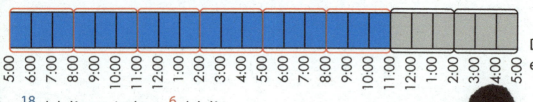

$\frac{18}{24}$ del día equivalen a $\frac{6}{8}$ del día.

Divide el numerador y el denominador por 3.

$\frac{18}{24} \div \frac{3}{3} = \frac{6}{8}$

$\frac{18}{24}$, $\frac{9}{12}$ y $\frac{6}{8}$ son fracciones equivalentes.

¡Convénceme! **Representar con modelos matemáticos** Dibuja una recta numérica y rotúlala con fracciones equivalentes para demostrar que $\frac{18}{24} = \frac{9}{12} = \frac{6}{8} = \frac{3}{4}$.

Nombre _____

Práctica guiada

¿Lo entiendes?

1. Usa la división para demostrar que $\frac{9}{12}$ y $\frac{3}{4}$ son fracciones equivalentes.

2. Razonar ¿Existe una fracción equivalente a $\frac{4}{12}$ con un numerador y un denominador más pequeños? Explícalo.

¿Cómo hacerlo?

Divide para hallar fracciones equivalentes en los Ejercicios **3** a **8**.

3. $\frac{6}{10} = \frac{\square}{\square}$ **4.** $\frac{8}{12} = \frac{\square}{\square}$

5. $\frac{8}{12} = \frac{\square}{3}$ **6.** $\frac{10}{12} = \frac{5}{\square}$

7. $\frac{2}{10} = \frac{\square}{5}$ **8.** $\frac{10}{100} = \frac{\square}{10}$

Práctica independiente

Práctica al nivel Divide para hallar fracciones equivalentes en los Ejercicios **9** a **16**.

9. $\frac{6}{12} \div \frac{6}{6} = \frac{\square}{\square}$ **10.** $\frac{70}{10} \div \frac{5}{5} = \frac{\square}{\square}$ **11.** $\frac{2}{6} \div \frac{2}{2} = \frac{\square}{\square}$ **12.** $\frac{50}{100} \div \frac{10}{10} = \frac{\square}{\square}$

13. $\frac{9}{6} \div \frac{\square}{\square} = \frac{3}{\square}$ **14.** $\frac{10}{4} \div \frac{\square}{\square} = \frac{\square}{2}$ **15.** $\frac{4}{12} \div \frac{\square}{\square} = \frac{\square}{6}$ **16.** $\frac{2}{8} \div \frac{\square}{\square} = \frac{\square}{4}$

Divide para hallar dos fracciones equivalentes en los Ejercicios **17** a **24**.

17. $\frac{20}{100}$ **18.** $\frac{40}{10}$ **19.** $\frac{16}{12}$ **20.** $\frac{12}{8}$

21. $\frac{24}{12}$ **22.** $\frac{10}{100}$ **23.** $\frac{90}{10}$ **24.** $\frac{80}{100}$

Puedes encontrar otro ejemplo en el Grupo B, página 455.

Resolución de problemas

Usa la tabla de la derecha en los Ejercicios **25** a **27**.

25. Completa la tabla de la derecha escribiendo la fracción del día que duermen los animales y una fracción equivalente. Recuerda que un día tiene 24 horas.

26. Supón que la vaca durmiera 4 horas más. ¿Qué fracción del día pasaría durmiendo la vaca?

27. ¿Cuántas horas duerme un tigre en 7 días?

Animal	Cantidad de horas que duerme	Fracción del día que duerme	Fracción equivalente
Gato	12		
Vaca	4		
Ardilla	15		
Tigre	16		

28. **Entender y perseverar** Ethan comió $\frac{4}{8}$ de un sándwich. Andy comió la $\frac{1}{2}$ de otro sándwich. Los dos sándwiches tenían el mismo tamaño.

   a. ¿De quién era el sándwich que tenía más partes iguales?

   b. ¿De quién era el sándwich que tenía partes iguales más grandes?

   c. ¿Quién comió más? Explícalo.

29. **Razonamiento de orden superior** Si el numerador y el denominador de una fracción son números impares, ¿puedes escribir una fracción equivalente con un numerador y un denominador menores? Explícalo.

Evaluación

30. ¿Qué ecuación **NO** es verdadera?

   Ⓐ $\frac{12}{10} = \frac{6}{5}$

   Ⓑ $\frac{3}{1} = \frac{30}{10}$

   Ⓒ $\frac{6}{12} = \frac{2}{3}$

   Ⓓ $\frac{8}{6} = \frac{16}{12}$

31. Hay 12 estudiantes en la clase de DeLynn. Ocho estudiantes tienen mascotas. ¿Qué opción muestra la fracción de la clase que tiene mascotas?

   Ⓐ $\frac{8}{12}$

   Ⓑ $\frac{1}{2}$

   Ⓒ $\frac{6}{4}$

   Ⓓ $\frac{12}{8}$

Tarea y práctica 8-4
Generar fracciones equivalentes: División

¡Revisemos!

Usa la división para hallar dos fracciones equivalentes a $\frac{8}{12}$.

Para hallar una fracción equivalente, divide el numerador y el denominador por cualquier factor común distinto de 1.

$\frac{8}{12} \div \frac{2}{2} = \frac{4}{6}$ $\frac{8}{12} \div \frac{4}{4} = \frac{2}{3}$

$\frac{8}{12}$, $\frac{4}{6}$ y $\frac{2}{3}$ son fracciones equivalentes.

Divide para hallar fracciones equivalentes en los Ejercicios 1 a 8.

1. $\frac{5}{10} \div \frac{5}{5} = \frac{\Box}{\Box}$
2. $\frac{2}{12} \div \frac{2}{2} = \frac{\Box}{\Box}$
3. $\frac{12}{6} \div \frac{3}{3} = \frac{\Box}{\Box}$
4. $\frac{40}{100} \div \frac{10}{10} = \frac{\Box}{\Box}$
5. $\frac{25}{100} \div \frac{\Box}{\Box} = \frac{\Box}{4}$
6. $\frac{8}{12} \div \frac{\Box}{\Box} = \frac{2}{\Box}$
7. $\frac{70}{100} \div \frac{\Box}{\Box} = \frac{7}{\Box}$
8. $\frac{18}{10} \div \frac{\Box}{\Box} = \frac{9}{\Box}$

Halla una fracción equivalente para las fracciones dadas en los Ejercicios 9 a 16.

9. $\frac{75}{100}$
10. $\frac{4}{10}$
11. $\frac{10}{12}$
12. $\frac{200}{100}$

13. $\frac{24}{100}$
14. $\frac{60}{12}$
15. $\frac{84}{100}$
16. $\frac{70}{10}$

Divide para hallar dos fracciones equivalentes en los Ejercicios 17 a 24.

17. $\frac{500}{100}$
18. $\frac{4}{12}$
19. $\frac{30}{10}$
20. $\frac{60}{100}$

21. $\frac{50}{10}$
22. $\frac{6}{12}$
23. $\frac{12}{8}$
24. $\frac{18}{6}$

Tema 8 | Lección 8-4   433

25. ¿Qué fracción de la rueda es roja? Escribe dos fracciones equivalentes.

26. Resuelve el siguiente acertijo numérico:
Soy un número impar.
Soy menor que 100.
La suma de mis dígitos da 12.
Soy múltiplo de 15.

¿Qué número soy?

27. Bob tardó 55 minutos en limpiar el garaje. ¿Cuántos segundos tardó Bob? Un minuto tiene 60 segundos.

28. Betty está envasando 104 peras y 126 manzanas por separado. En cada frasco caben 8 peras o 6 manzanas. ¿Cuántos frascos necesita Betty?

29. **Evaluar el razonamiento** Laurie dice que el verano dura $\frac{1}{4}$ del año. María dice que el verano dura $\frac{3}{12}$ del año. ¿Quién tiene razón? Explícalo.

30. **Razonamiento de orden superior** Cindy usa la división para escribir una fracción equivalente a $\frac{30}{100}$. Intentó dividir el numerador y el denominador por 3. No pudo seguir adelante. ¿Qué consejo le darías?

Evaluación

31. ¿Qué ecuación **NO** es verdadera?

    Ⓐ $\frac{10}{12} = \frac{5}{6}$

    Ⓑ $\frac{69}{100} = \frac{6}{10}$

    Ⓒ $\frac{10}{5} = \frac{200}{100}$

    Ⓓ $\frac{12}{4} = \frac{6}{2}$

32. Hay 100 frutas en una canasta. Doce de las frutas son manzanas. ¿Qué opción muestra la fracción de las frutas que son manzanas?

    Ⓐ $\frac{12}{12}$

    Ⓑ $\frac{12}{100}$

    Ⓒ $\frac{100}{12}$

    Ⓓ $\frac{100}{100}$

Nombre _____

Resuélvelo y coméntalo

Colorea una parte de cada una de las siguientes tiras de papel. Estima qué fracción de papel está coloreada. Explica cómo hiciste la estimación. *Resuelve este problema de la manera que prefieras.*

Lección 8-5
Usar puntos de referencia para comparar fracciones

Puedo...
usar puntos de referencia, modelos de área y rectas numéricas para comparar fracciones.

También puedo razonar sobre las matemáticas.

Puedes razonar. Usa $\frac{1}{4}$, $\frac{1}{2}$ y $\frac{3}{4}$ para comparar. ¿Coloreaste más o menos de $\frac{1}{2}$ de la tira? ¿Más o menos de $\frac{1}{4}$? ¿Más o menos de $\frac{3}{4}$?

¡Vuelve atrás! **Generalizar** ¿Cómo puedes saber si una fracción es mayor que, menor que o igual a $\frac{1}{2}$ con solo mirar el numerador y el denominador?

Recursos digitales en PearsonRealize.com Tema 8 | Lección 8-5 435

Pregunta esencial: ¿Cómo se pueden usar puntos de referencia para comparar fracciones?

A

Robert necesita $\frac{3}{8}$ de barra de mantequilla para hacer pastelitos y $\frac{2}{3}$ de barra de mantequilla para hacer galletas. ¿Qué receta lleva más mantequilla?

Puedes usar fracciones de referencia para comparar fracciones. Las **fracciones de referencia** son fracciones que se usan con frecuencia como $\frac{1}{4}$, $\frac{1}{3}$, $\frac{1}{2}$, $\frac{2}{3}$ y $\frac{3}{4}$.

MANTEQUILLA

B Compara $\frac{3}{8}$ con la fracción de referencia $\frac{1}{2}$.

Pastelitos

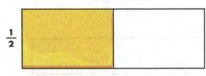
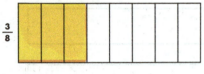

$$\frac{3}{8} < \frac{1}{2}$$

Puedes comparar estas fracciones porque se refieren al mismo entero, una barra de mantequilla.

C Compara $\frac{2}{3}$ con la fracción de referencia $\frac{1}{2}$.

Galletas

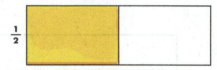

$$\frac{2}{3} > \frac{1}{2}$$

$\frac{3}{8} < \frac{1}{2}$ y $\frac{2}{3} > \frac{1}{2}$; por tanto, $\frac{3}{8} < \frac{2}{3}$.

La receta de galletas lleva más mantequilla.

¡Convénceme! **Evaluar el razonamiento** Ernesto dijo: "Sé que $\frac{3}{8}$ es menos de $\frac{2}{3}$ porque $\frac{3}{8}$ está más cerca de 0 y $\frac{2}{3}$ está más cerca de 1". ¿Tiene sentido el razonamiento de Ernesto? Dibuja dos rectas numéricas para apoyar tu respuesta.

Nombre _____

Otro ejemplo

Compara $\frac{9}{10}$ y $\frac{7}{6}$. Usa 1 entero como punto de referencia.

$\frac{9}{10} < 1$ y $\frac{7}{6} > 1$; por tanto, $\frac{9}{10} < \frac{7}{6}$.

Práctica guiada

¿Lo entiendes?

1. **Razonar** Carl halló que $\frac{4}{8}$ es igual a $\frac{1}{2}$ y que $\frac{1}{3}$ es menor que $\frac{1}{2}$. ¿Cómo puede comparar Carl $\frac{4}{8}$ con $\frac{1}{3}$? Explícalo.

2. Escribe una fracción que esté más cerca de 0 que de 1. Escribe otra fracción que esté más cerca de 1 que de 0. Usa tus fracciones para completar la comparación.

$\frac{\square}{\square} < \frac{\square}{\square}$

¿Cómo hacerlo?

Compara en los Ejercicios **3** y **4**. Escribe <, > o =.

3. $\frac{2}{6} \bigcirc \frac{4}{5}$

4. $\frac{11}{12} \bigcirc \frac{9}{8}$

5. Encierra en un círculo las fracciones que sean menores que $\frac{1}{2}$.

$\frac{5}{4}$ $\frac{1}{4}$ $\frac{1}{5}$ $\frac{2}{3}$ $\frac{2}{12}$ $\frac{51}{100}$

6. Encierra en un círculo las fracciones que sean mayores que 1.

$\frac{99}{100}$ $\frac{6}{5}$ $\frac{7}{8}$ $\frac{14}{8}$ $\frac{11}{10}$ $\frac{11}{12}$

Práctica independiente

Encierra en un círculo todas las fracciones que coincidan con los enunciados en los Ejercicios **7** a **10**.

7. Fracciones menores que $\frac{1}{2}$

$\frac{3}{4}$ $\frac{1}{6}$ $\frac{6}{12}$ $\frac{4}{10}$ $\frac{5}{8}$ $\frac{5}{2}$

8. Fracciones mayores que $\frac{1}{2}$

$\frac{5}{8}$ $\frac{1}{4}$ $\frac{6}{3}$ $\frac{7}{10}$ $\frac{5}{12}$ $\frac{6}{12}$

9. Fracciones mayores que 1

$\frac{5}{4}$ $\frac{2}{3}$ $\frac{6}{6}$ $\frac{1}{10}$ $\frac{15}{12}$ $\frac{7}{8}$

10. Fracciones más cerca de 0 que de 1

$\frac{3}{4}$ $\frac{1}{8}$ $\frac{1}{4}$ $\frac{7}{5}$ $\frac{2}{4}$ $\frac{3}{10}$

Compara usando fracciones de referencia o 1 en los Ejercicios **11** a **18**. Luego, escribe <, > o =.

11. $\frac{1}{3} \bigcirc \frac{4}{6}$

12. $\frac{4}{8} \bigcirc \frac{2}{4}$

13. $\frac{7}{5} \bigcirc \frac{7}{8}$

14. $\frac{6}{12} \bigcirc \frac{4}{5}$

15. $\frac{4}{5} \bigcirc \frac{2}{5}$

16. $\frac{6}{6} \bigcirc \frac{13}{12}$

17. $\frac{8}{10} \bigcirc \frac{1}{8}$

18. $\frac{4}{4} \bigcirc \frac{10}{10}$

Puedes encontrar otro ejemplo en el Grupo C, página 456.

Tema 8 | Lección 8-5

Resolución de problemas

19. Razonar Jordan tiene $\frac{5}{8}$ de lata de pintura verde y $\frac{3}{6}$ de lata de pintura azul. Si las latas tienen el mismo tamaño, ¿Jordan tiene más pintura verde o más pintura azul? Explícalo.

20. Vocabulario Escribe dos ejemplos de una *fracción de referencia*.

21. Cuatro vecinos tienen huertos del mismo tamaño.

   a. ¿Qué vecinos plantaron verduras en menos de la mitad de sus huertos?

   b. ¿Qué parte de las verduras en los huertos es más grande, la de Margaret o la de Wayne?

Vecino	Fracción del huerto plantado con verduras
James	$\frac{5}{12}$
Margaret	$\frac{5}{10}$
Claudia	$\frac{1}{6}$
Wayne	$\frac{2}{3}$

22. Entender y perseverar Gavin compró 3 pizzas para una fiesta. Cada pizza tenía 8 porciones. Había 8 personas más en la fiesta. Todos comieron la misma cantidad de porciones. ¿Cuál es la mayor cantidad de porciones que comió cada uno? ¿Cuántas porciones quedaron?

23. Razonamiento de orden superior ¿Cómo puedes saber con solo mirar el numerador y el denominador si una fracción está más cerca de 0 o de 1? Da algunos ejemplos en tu explicación.

Evaluación

24. Donna comió $\frac{7}{12}$ de una caja de palomitas de maíz. Jack comió $\frac{4}{10}$ de una caja de palomitas de maíz. Las cajas de palomitas de maíz tienen el mismo tamaño. Explica cómo usar una fracción de referencia para determinar quién comió más palomitas de maíz.

Nombre _____

Tarea y práctica 8-5
Usar puntos de referencia para comparar fracciones

¡Revisemos!
Compara $\frac{6}{8}$ y $\frac{5}{12}$.

Una manera

Compara las fracciones con $\frac{1}{2}$.

$\frac{6}{8} > \frac{1}{2}$ $\frac{5}{12} < \frac{1}{2}$

$\frac{6}{8} > \frac{5}{12}$

Otra manera

Compara las fracciones con 0 y con 1.

$\frac{6}{8}$ está más cerca de 1 que de 0.

$\frac{5}{12}$ está más cerca de 0 que de 1.

$\frac{6}{8} > \frac{5}{12}$

Los puntos de referencia te pueden ayudar a comparar fracciones.

Escribe tres fracciones que coincidan con los enunciados en los Ejercicios **1** a **6**.

1. Fracciones iguales a $\frac{1}{2}$

2. Fracciones menores que $\frac{1}{2}$

3. Fracciones mayores que 1

4. Fracciones más cerca de 1 que de 0

5. Fracciones más cerca de 0 que de 1

6. Fracciones mayores que $\frac{1}{2}$

Compara usando fracciones de referencia o 1 en los Ejercicios **7** a **18**. Luego, escribe $<$, $>$ o $=$.

7. $\frac{3}{4} \bigcirc \frac{2}{10}$ 8. $\frac{4}{12} \bigcirc \frac{7}{10}$ 9. $\frac{5}{10} \bigcirc \frac{1}{2}$ 10. $\frac{3}{8} \bigcirc \frac{6}{12}$

11. $\frac{7}{8} \bigcirc \frac{2}{5}$ 12. $\frac{15}{12} \bigcirc \frac{5}{6}$ 13. $\frac{5}{5} \bigcirc \frac{4}{4}$ 14. $\frac{4}{6} \bigcirc \frac{1}{3}$

15. $\frac{8}{10} \bigcirc \frac{3}{5}$ 16. $\frac{5}{8} \bigcirc \frac{6}{12}$ 17. $\frac{48}{12} \bigcirc \frac{10}{5}$ 18. $\frac{9}{12} \bigcirc \frac{5}{6}$

19. Escribe tres fracciones que sean mayores que $\frac{1}{2}$ y menores que 1.

20. **Evaluar el razonamiento** Mary vive a $\frac{6}{10}$ de milla de la escuela. Thad vive a $\frac{9}{8}$ millas de la escuela. Mary dice que Thad vive más lejos de la escuela. ¿Tiene razón? Explícalo.

21. El Sr. Phillips mezcla pintura para su clase de arte. ¿Cuántas botellas de 6 onzas puede llenar con las cantidades de pintura que se muestran a la derecha? Explícalo.

   Pintura
   64 onzas de azul
   12 onzas de amarillo
   32 onzas de blanco

22. Sandra usó fracciones de referencia para describir algunos insectos que recogió. Dijo que la mariquita mide alrededor de $\frac{1}{4}$ de pulgada de largo y que el grillo mide alrededor de $\frac{2}{3}$ de pulgada de largo. ¿Qué insecto es más largo?

23. **Razonamiento de orden superior** Austin dijo: "Sé que $\frac{1}{4}$ es menor que $\frac{1}{2}$; por tanto, eso quiere decir que $\frac{3}{12}$ es menor que $\frac{1}{2}$". ¿Tiene sentido el razonamiento de Austin? Explícalo.

Evaluación

24. Kiyo y Steven colocan baldosas en los pisos de un edificio de oficinas. Kiyo colocó baldosas en $\frac{3}{6}$ del piso de una oficina y Steven colocó baldosas en $\frac{5}{12}$ del piso de otra oficina.

   Explica cómo usar una fracción de referencia para determinar quién colocó baldosas en una porción más grande del piso.

   Puedes comparar estas fracciones porque los pisos de las oficinas tienen el mismo tamaño.

Nombre _____

Lección 8-6
Comparar fracciones

Resuélvelo y coméntalo

Juan leyó $\frac{5}{6}$ de una hora. Larissa leyó $\frac{10}{12}$ de una hora. ¿Quién leyó más tiempo? Explícalo. *Resuelve este problema de la manera que prefieras.*

Puedo... usar fracciones equivalentes para comparar fracciones.

También puedo escoger y usar una herramienta matemática para resolver problemas.

Puedes seleccionar y usar herramientas apropiadas como dibujos, rectas numéricas o tiras de fracciones para resolver el problema. ¡Muestra tu trabajo en el espacio de abajo!

¡Vuelve atrás! **Razonar** Carlos leyó $\frac{8}{10}$ de una hora. ¿Leyó más o menos tiempo que Juan? Escribe tu respuesta como una oración numérica usando $>$, $<$ o $=$.

Pregunta esencial: ¿Cómo se pueden comparar fracciones con distinto denominador?

A

El padre de Isabella construye un modelo de dinosaurio con pequeñas piezas de madera. Compara las longitudes de las piezas. Compara $\frac{1}{4}$ de pulgada y $\frac{5}{6}$ de pulgada. Luego, compara $\frac{4}{5}$ de pulgada y $\frac{4}{10}$ de pulgada.

Puedes comparar estas fracciones porque se refieren al mismo entero, una pulgada.

$\frac{4}{10}$ de pulgada

$\frac{1}{4}$ de pulgada

$\frac{5}{6}$ de pulgada

$\frac{4}{5}$ de pulgada

B Compara $\frac{1}{4}$ y $\frac{5}{6}$ volviendo a expresar las fracciones de modo que las dos tengan el mismo denominador.

$\frac{1}{4} = \frac{1}{4} \times \frac{3}{3} = \frac{3}{12}$ $\frac{5}{6} = \frac{5}{6} \times \frac{2}{2} = \frac{10}{12}$

Compara los numeradores de las fracciones que volviste a expresar.

$\frac{3}{12} < \frac{10}{12}$

Por tanto, $\frac{1}{4} < \frac{5}{6}$.

C Compara $\frac{4}{5}$ y $\frac{4}{10}$ en una recta numérica.

La fracción que está más a la derecha en una recta numérica es mayor.

Por tanto, $\frac{4}{5} > \frac{4}{10}$.

¡Convénceme! **Evaluar el razonamiento** Kelly observó las fracciones de la derecha y dijo: "Es fácil comparar estas fracciones. Solo pienso en $\frac{1}{8}$ y $\frac{1}{6}$". Encierra en un círculo la fracción mayor. Explica lo que pensó Kelly.

$\frac{5}{8}$ $\frac{5}{6}$

Nombre _____

Otro ejemplo

Compara $\frac{3}{4}$ y $\frac{6}{10}$.

Busca una fracción equivalente a $\frac{3}{4}$ que tenga 6 como denominador.

$\frac{3}{4} \times \frac{2}{2} = \frac{6}{8}$

$\frac{6}{8} > \frac{6}{10}$ porque las 8 partes iguales son más grandes que una de las 10 partes iguales del mismo entero.

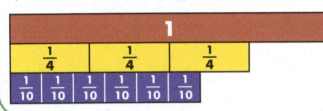

> Cuando dos fracciones tienen distinto denominador pero el mismo numerador, la fracción que tiene el mayor denominador es menor.

⭐ Práctica guiada

¿Lo entiendes?

1. **Evaluar el razonamiento** Mary dice que $\frac{1}{8}$ es mayor que $\frac{1}{4}$ porque 8 es mayor que 4. ¿Es correcto el razonamiento de Mary? Explícalo.

¿Cómo hacerlo?

Escribe <, > o = en los Ejercicios **2** a **5**. Usa rectas numéricas, tiras de fracciones o fracciones equivalentes.

2. $\frac{3}{4}$ ◯ $\frac{6}{8}$ 3. $\frac{1}{4}$ ◯ $\frac{1}{10}$

4. $\frac{3}{5}$ ◯ $\frac{5}{10}$ 5. $\frac{1}{2}$ ◯ $\frac{4}{5}$

⭐ Práctica independiente

Práctica al nivel Halla fracciones equivalentes para comparar en los Ejercicios **6** a **15**. Luego, escribe <, > o =.

6. $\frac{7}{8}$ ◯ $\frac{3}{4}$ 7. $\frac{5}{6}$ ◯ $\frac{10}{12}$

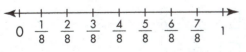   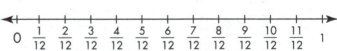

8. $\frac{7}{10}$ ◯ $\frac{11}{12}$ 9. $\frac{7}{12}$ ◯ $\frac{4}{12}$ 10. $\frac{5}{12}$ ◯ $\frac{4}{5}$ 11. $\frac{2}{6}$ ◯ $\frac{3}{12}$

12. $\frac{6}{8}$ ◯ $\frac{8}{10}$ 13. $\frac{3}{5}$ ◯ $\frac{3}{6}$ 14. $\frac{2}{10}$ ◯ $\frac{2}{12}$ 15. $\frac{5}{6}$ ◯ $\frac{4}{5}$

*Puedes encontrar otro ejemplo en el Grupo C, página 456.

Resolución de problemas

16. Felicia hizo los dibujos de la derecha para mostrar que $\frac{3}{8}$ es más grande que $\frac{3}{4}$. ¿Cuál fue el error de Felicia?

17. Evaluar el razonamiento Jake dijo que se pueden comparar dos fracciones con el mismo denominador comparando solamente los numeradores. ¿Tiene razón Jake? Explícalo.

18. Nati terminó $\frac{2}{3}$ de su tarea. George terminó $\frac{7}{8}$ de su tarea. Nati y George tienen la misma cantidad de tarea. ¿Quién terminó una fracción mayor de la tarea?

19. Si $34 \times 2 = 68$, entonces ¿a qué es igual 34×20?

20. ¿Qué conclusión puedes sacar sobre $\frac{3}{5}$ y $\frac{60}{100}$ si sabes que $\frac{3}{5}$ es equivalente a $\frac{6}{10}$ y que $\frac{6}{10}$ es equivalente a $\frac{60}{100}$?

21. Jackson jugó un videojuego $\frac{1}{6}$ de hora. Hailey jugó un videojuego $\frac{1}{3}$ de hora. ¿Quién jugó más tiempo al videojuego? Explícalo.

22. Razonamiento de orden superior Cuatro clases de cuarto grado de una escuela primaria hicieron un viaje al Capitolio de los Estados Unidos. Había 25 estudiantes en cada clase. En el capitolio, 40 estudiantes como máximo podían hacer la visita guiada al mismo tiempo. ¿Cuál fue la menor cantidad de visitas guiadas necesarias para que todos los estudiantes participaran?

✓ Evaluación

23. Marca todas las opciones de respuesta que muestran una comparación correcta.

- ☐ $\frac{3}{8} > \frac{3}{6}$
- ☐ $\frac{5}{5} > \frac{5}{8}$
- ☐ $\frac{1}{5} < \frac{1}{2}$
- ☐ $\frac{2}{3} < \frac{2}{10}$
- ☐ $\frac{1}{6} > \frac{2}{6}$

24. Marca todas las opciones de respuesta que muestran una comparación correcta.

- ☐ $\frac{5}{6} > \frac{7}{12}$
- ☐ $\frac{1}{2} > \frac{10}{10}$
- ☐ $\frac{4}{10} > \frac{2}{6}$
- ☐ $\frac{1}{5} < \frac{2}{3}$
- ☐ $\frac{2}{3} > \frac{9}{12}$

Nombre _____

Tarea y práctica 8-6
Comparar fracciones

¡Revisemos!

Compara $\frac{2}{3}$ y $\frac{1}{2}$.

Una manera

Expresa una o las dos fracciones de otra manera para que las dos tengan el mismo denominador.

Expresa $\frac{2}{3}$ y $\frac{1}{2}$ de otra manera.

$\frac{2}{3} = \frac{2}{3} \times \frac{2}{2} = \frac{4}{6}$

$\frac{1}{2} = \frac{1}{2} \times \frac{3}{3} = \frac{3}{6}$

$\frac{4}{6} > \frac{3}{6}$; por tanto, $\frac{2}{3} > \frac{1}{2}$.

Otra manera

Expresa una o las dos fracciones de otra manera para que las dos tengan el mismo denominador.

Separa $\frac{2}{3}$. Expresa $\frac{1}{2}$ de otra manera.

$\frac{1}{2} = \frac{1}{2} \times \frac{2}{2} = \frac{2}{4}$

$\frac{2}{3} > \frac{2}{4}$; por tanto, $\frac{2}{3} > \frac{1}{2}$.

Usa tiras de fracciones, rectas numéricas o fracciones de referencia para justificar tus comparaciones.

Halla fracciones equivalentes para comparar en los Ejercicios 1 a 16. Luego, escribe <, > o =. Usa tiras de fracciones o rectas numéricas.

1. $\frac{5}{6} \bigcirc \frac{2}{3}$
2. $\frac{1}{5} \bigcirc \frac{2}{8}$
3. $\frac{9}{10} \bigcirc \frac{6}{8}$
4. $\frac{3}{4} \bigcirc \frac{1}{4}$

5. $\frac{7}{8} \bigcirc \frac{5}{10}$
6. $\frac{2}{5} \bigcirc \frac{2}{6}$
7. $\frac{1}{3} \bigcirc \frac{3}{8}$
8. $\frac{2}{10} \bigcirc \frac{3}{5}$

9. $\frac{8}{10} \bigcirc \frac{3}{4}$
10. $\frac{3}{8} \bigcirc \frac{11}{12}$
11. $\frac{2}{3} \bigcirc \frac{10}{12}$
12. $\frac{7}{8} \bigcirc \frac{1}{6}$

13. $\frac{3}{8} \bigcirc \frac{7}{8}$
14. $\frac{2}{4} \bigcirc \frac{4}{8}$
15. $\frac{6}{8} \bigcirc \frac{8}{12}$
16. $\frac{1}{3} \bigcirc \frac{4}{8}$

Usa la tabla de la derecha en los Ejercicios 17 y 18. La misma cantidad de estudiantes fue a la escuela todos los días.

Día	Fracción de estudiantes que compraron almuerzo
Lunes	$\frac{1}{2}$
Martes	$\frac{2}{5}$
Miércoles	$\frac{3}{4}$
Jueves	$\frac{5}{8}$
Viernes	$\frac{4}{6}$

17. ¿Cuándo compraron el almuerzo más estudiantes, el martes o el miércoles?

18. ¿Cuándo compraron el almuerzo más estudiantes, el jueves o el viernes?

19. **Sentido numérico** Explica cómo sabes que $\frac{21}{100}$ es mayor que $\frac{1}{5}$.

20. Se dividió una naranja en 10 partes iguales. Lily comió 4 partes. Manny y Emma comieron las partes que quedaban. ¿Qué fracción de la naranja comieron Manny y Emma?

21. ¿Qué parte es más larga, $\frac{1}{4}$ de la recta A o $\frac{1}{4}$ de la recta B? Explícalo.

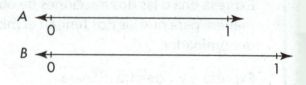

22. **Evaluar el razonamiento** James dice que $\frac{5}{5}$ es mayor que $\frac{9}{10}$. ¿Tiene razón James? Explícalo.

23. Escribe 3 fracciones con distinto denominador que sean mayores que la siguiente fracción.

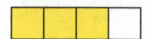

24. Ann trabaja en una tienda del centro comercial y gana un salario de $8 por hora. Gana $10 por hora si trabaja los fines de semana. La semana pasada, trabajó 24 horas durante la semana y 16 horas el fin de semana. ¿Cuánto ganó Ann la semana pasada?

25. **Razonamiento de orden superior** Cuatro amigos pidieron una pizza individual para cada uno en un restaurante. Suzy comió $\frac{3}{8}$ de su pizza. Ethan comió $\frac{3}{5}$ de su pizza. Tenaya comió $\frac{4}{6}$ de su pizza. Sam comió $\frac{1}{3}$ de su pizza. ¿Quiénes comieron más de la mitad de su pizza? ¿Y menos de la mitad?

Evaluación

26. Marca todas las opciones de respuesta que muestran una comparación correcta.

- ☐ $\frac{10}{12} > \frac{5}{6}$
- ☐ $\frac{6}{8} = \frac{3}{4}$
- ☐ $\frac{1}{8} > \frac{1}{10}$
- ☐ $\frac{9}{10} < \frac{4}{5}$
- ☐ $\frac{1}{100} > \frac{1}{10}$

27. Marca todas las opciones de respuesta que muestran una comparación correcta.

- ☐ $\frac{4}{12} < \frac{2}{5}$
- ☐ $\frac{6}{10} > \frac{60}{100}$
- ☐ $\frac{1}{4} < \frac{1}{10}$
- ☐ $\frac{3}{10} < \frac{1}{2}$
- ☐ $\frac{3}{5} < \frac{6}{12}$

Nombre _____

Resolución de problemas
Lección 8-7
Construir argumentos

Resuélvelo y coméntalo

Sherry y Karl empezaron su caminata con una botella pequeña llena de agua cada uno. Nati comenzó su caminata con una botella grande llena hasta $\frac{1}{2}$. Al final de la caminata, las botellas de Sherry y Nati estaban llenas de agua hasta la mitad. La botella de Karl estaba $\frac{1}{3}$ llena de agua. ¿A quién le queda más agua? Construye un argumento matemático para apoyar tu respuesta.

Puedo... construir argumentos matemáticos usando lo que sé sobre fracciones.

También puedo usar fracciones equivalentes para resolver problemas.

Sherry   Karl   Nati

Hábitos de razonamiento

¡Razona correctamente! Estas preguntas te pueden ayudar.

- ¿Cómo puedo usar números, objetos, dibujos o acciones para justificar mi argumento?
- ¿Estoy usando los números y los símbolos correctamente?
- ¿Es mi explicación clara y completa?

¡Vuelve atrás! **Construir argumentos** Si la botella de Nati estuviera llena de agua hasta $\frac{1}{3}$ al final de la caminata, ¿podrías determinar a quién le quedaría más agua? Construye un argumento para apoyar tu respuesta.

Pregunta esencial: ¿Cómo se pueden construir argumentos?

A

Erin dijo que $\frac{1}{2}$ es la misma cantidad que $\frac{2}{4}$.

Matt dijo que $\frac{1}{2}$ y $\frac{2}{4}$ pueden ser distintas cantidades.

¿Qué estudiante tiene razón?

Un buen **argumento** matemático es correcto, simple, completo y fácil de entender.

¿Qué tengo que hacer para resolver este problema?

Tengo que construir un argumento con lo que sé sobre modelos de fracciones y las maneras de representar $\frac{1}{2}$ y $\frac{2}{4}$.

B **¿Cómo puedo construir un argumento?**

Puedo

- usar números, objetos, dibujos o modelos para justificar mis argumentos.
- usar un contraejemplo en mi argumento.
- dar una explicación de mi argumento que sea clara y completa.

C

Este es mi razonamiento...

Voy a usar dibujos para mostrar qué estudiante tiene razón.

$\frac{1}{2}$ $\frac{2}{4}$

Los dos enteros tienen el mismo tamaño. Las fracciones $\frac{1}{2}$ y $\frac{2}{4}$ representan la misma parte del entero.

$\frac{2}{4}$ $\frac{1}{2}$

Estos enteros no son del mismo tamaño. Por tanto, $\frac{2}{4}$ del círculo grande representa más que $\frac{1}{2}$ del círculo pequeño.

Los dos estudiantes tienen razón. $\frac{1}{2}$ y $\frac{2}{4}$ de enteros del mismo tamaño son la misma cantidad. $\frac{1}{2}$ y $\frac{2}{4}$ de enteros de distinto tamaño son diferentes cantidades.

¡Convénceme! **Evaluar el razonamiento** Erin también dijo que $\frac{3}{6}$ y $\frac{5}{10}$ **NO** tienen el mismo tamaño porque los denominadores no son factores entre sí. ¿Es correcto el argumento de Erin? Explícalo.

Nombre _____

Práctica guiada

Construir argumentos

Margie y Parker pidieron burritos del mismo tamaño. Margie comió $\frac{4}{6}$ de su burrito. Parker comió $\frac{4}{5}$ de su burrito. Margie sacó la conclusión de que comió más que Parker porque la fracción del burrito que comió ella tiene un denominador mayor.

1. ¿Cuál es el argumento de Margie? ¿Cómo apoya ella su argumento?

2. ¿Tiene sentido la conclusión de Margie?

Práctica independiente

Construir argumentos

En el club después de clases, Dena, Shawn y Amanda tejieron bufandas del mismo tamaño con lana amarilla, blanca y azul. La bufanda de Dena tiene $\frac{3}{5}$ amarillos, la bufanda de Shawn tiene $\frac{2}{5}$ amarillos y la bufanda de Amanda tiene $\frac{3}{4}$ amarillos. El resto de cada bufanda tiene una cantidad igual de blanco y azul.

Cuando construyes un argumento, te tienes que asegurar de que tu explicación esté completa.

3. Describe cómo puede Amanda construir un argumento para justificar que su bufanda tiene la mayor cantidad de amarillo.

4. ¿Qué parte de la bufanda de Dena es azul?

5. En su casa, Dena tiene una bufanda de la misma longitud que la que hizo en el club. La bufanda que tiene en su casa tiene $\frac{6}{8}$ de amarillo. Dena dijo que la bufanda que tiene en su casa es la que tiene más amarillo. ¿Tiene razón?

Puedes encontrar otro ejemplo en el Grupo D, página 456.

Resolución de problemas

✓ Evaluación del rendimiento

Carrera de caracoles
La clase de Ciencias del Sr. Aydin hizo una carrera de caracoles para ver qué caracol avanzaba más rápidamente en dos minutos desde una línea de partida. En la tabla se muestran las distancias que avanzaron los caracoles.

DATOS	Caracol	Baboso	Furtivo	Remolino	Casita	Rotulador	Trepador
	Distancia en pies	$\frac{3}{12}$	$\frac{2}{12}$	$\frac{1}{5}$	$\frac{3}{10}$	$\frac{2}{10}$	$\frac{3}{8}$

6. **Usar herramientas apropiadas** Remolino y Rotulador avanzaron la misma distancia. Justifica esta conjetura usando una recta numérica o tiras de fracciones.

7. **Construir argumentos** ¿Quién avanzó más, Baboso o Furtivo? Explícalo.

Cuando construyo argumentos, doy una explicación completa.

8. **Razonar** ¿Quién avanzó más, Trepador o Baboso? Explícalo.

9. **Entender y perseverar** ¿Quién ganó la carrera?

Nombre _____

Tarea y práctica 8-7
Construir argumentos

¡Revisemos!

Gina y su hermano Dante hicieron pan de maíz en fuentes del mismo tamaño. Gina comió $\frac{1}{4}$ de la fuente de pan de maíz. Dante comió $\frac{3}{8}$ de la fuente.

Indica cómo puedes construir un argumento para justificar la conjetura de que Dante comió más pan de maíz.

- Puedo decidir si la conjetura tiene sentido para mí.
- Puedo usar dibujos y números para explicar mi razonamiento.

> Cuando **construyes argumentos**, usas dibujos y números para explicar.

Una manera

Puedo hacer un dibujo de dos enteros del mismo tamaño para demostrar que Dante comió más pan de maíz.

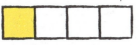

$\frac{1}{4} < \frac{3}{8}$

Dante comió más pan de maíz.

Otra manera

Puedo usar denominadores comunes para comparar $\frac{1}{4}$ y $\frac{3}{8}$. $\frac{1}{4}$ es equivalente a $\frac{2}{8}$.

Luego, puedo comparar los numeradores de $\frac{2}{8}$ y $\frac{3}{8}$. Como los denominadores son iguales y $\frac{3}{8}$ tiene el numerador mayor, $\frac{3}{8} > \frac{2}{8}$.

Dante comió más pan de maíz.

1. **Construir argumentos** Un ser humano tiene en general 20 dientes de leche que son reemplazados por 32 dientes definitivos. A Raúl se le cayeron 8 de sus dientes de leche. Dijo que se le cayeron $\frac{4}{10}$ de sus dientes de leche. Ana dijo que a Raúl se le cayeron $\frac{2}{5}$ de sus dientes de leche. ¿Cuáles de estas conjeturas son verdaderas? Construye un argumento para justificar tu respuesta.

> Recuerda que un buen argumento es correcto, simple, completo y fácil de entender.

2. **Construir argumentos** Trip tiene 15 monedas que valen 95 centavos. Cuatro de las monedas valen cada una dos veces lo que vale cada una de las demás monedas. Construye un argumento matemático para justificar la conjetura de que Trip tiene 11 monedas de 5¢ y 4 monedas de 10¢.

Evaluación del rendimiento

Peso y alimento de los animales

Molly afirma que si un animal pesa más que otro animal, el animal más pesado siempre come más que el otro animal. También afirma que cuando un animal pesa menos que otro, el animal más liviano siempre come menos. Molly apoya sus afirmaciones con la información que se muestra en la tabla.

Animal	Peso	Cantidad de alimento
Caribú	$\frac{3}{5}$ de tonelada	12 libras por día
Jirafa	$\frac{7}{8}$ de tonelada	100 libras por día
Panda	$\frac{1}{4}$ de tonelada	301 libras por semana
Tigre de Siberia	$\frac{1}{3}$ de tonelada	55 libras por día

3. Entender y perseverar ¿Qué animal come más? Explícalo.

4. Razonar ¿El animal que come más pesa más que los otros animales? Explícalo.

5. Evaluar el razonamiento Explica si estás de acuerdo con la afirmación de Molly.

Recuerda que puedes usar palabras, objetos, dibujos o diagramas cuando *construyes un argumento*.

6. Entender y perseverar ¿Qué animal come menos? Explícalo.

7. Razonar ¿El animal que menos come pesa menos que los otros animales? Explícalo.

452 Tema 8 | Lección 8-7

Nombre _____

TEMA 8 — **Actividad de práctica de fluidez**

Trabaja con un compañero. Necesitan papel y lápiz. Cada uno escoge un color diferente: celeste o azul.

El Compañero 1 y el Compañero 2 apuntan a uno de los números negros al mismo tiempo. Ambos restan los dos números.

Si la respuesta está en el color que escogiste, puedes anotar una marca de conteo. Sigan la actividad hasta que uno de los compañeros tenga doce marcas de conteo.

Puedo... restar números de varios dígitos.

Compañero 1
- 510
- 608
- 701
- 850
- 909

93	362	322	267
714	607	191	421
433	229	213	471
365	530	315	655
131	492	284	413
458	120	22	506

Compañero 2
- 195
- 243
- 379
- 488
- 417

Marcas de conteo del Compañero 1

Marcas de conteo del Compañero 2

Tema 8 | Actividad de práctica de fluidez   453

TEMA 8 — Repaso del vocabulario

Lista de palabras
- denominador
- factor común
- fracción
- fracción de referencia
- fracciones equivalentes
- numerador

Comprender el vocabulario

Escoge el mejor término de la Lista de palabras. Escríbelo en el espacio en blanco.

1. Un número que representa una parte de un todo, una parte de un conjunto o una ubicación en una recta numérica es una _____.

2. Una fracción que se usa con frecuencia y que te ayuda a comprender un tamaño o cantidad diferente se llama _____.

3. El número que está debajo de la barra de fracción en una fracción y que muestra la cantidad total de partes iguales es el _____.

4. Las fracciones que representan la misma parte de un entero o la misma ubicación en una recta numérica se llaman _____.

5. El número que está arriba de la barra de fracción y que representa una parte del entero se llama _____.

Para los siguientes términos, da un ejemplo y un contraejemplo.

	Ejemplo	Contraejemplo
6. Fracción	_____	_____
7. Fracciones equivalentes	_____	_____
8. Una fracción con un factor común para su numerador y su denominador	_____	_____

Usar el vocabulario al escribir

9. Explica cómo comparar $\frac{5}{8}$ y $\frac{3}{8}$. Usa al menos 3 términos de la Lista de palabras en tu explicación.

Nombre _____

Grupo A páginas 411 a 422

Refuerzo

TEMA 8

Usa un modelo de área para escribir una fracción equivalente a $\frac{1}{2}$.

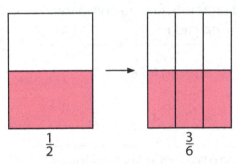

$\frac{1}{2}$ y $\frac{3}{6}$ representan la misma parte del entero.
$\frac{1}{2}$ y $\frac{3}{6}$ son fracciones equivalentes.

Usa una recta numérica para escribir una fracción equivalente a $\frac{1}{3}$.

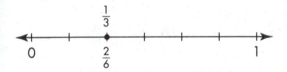

$\frac{1}{3}$ y $\frac{2}{6}$ representan la misma parte del entero.
$\frac{1}{3}$ y $\frac{2}{6}$ son fracciones equivalentes.

Recuerda que las fracciones equivalentes representan la misma parte de un entero.

Escribe una fracción equivalente para las fracciones dadas.

1. $\frac{2}{8}$
2. $\frac{2}{3}$
3. $\frac{1}{4}$
4. $\frac{3}{5}$

Dibuja una recta numérica para mostrar las fracciones y escribe una fracción equivalente.

5. $\frac{4}{6}$

6. $\frac{4}{10}$

Grupo B páginas 423 a 434

Halla dos fracciones equivalentes a $\frac{1}{2}$.

$\frac{1}{2} \times \frac{2}{2} = \frac{2}{4}$ $\frac{1}{2} \times \frac{3}{3} = \frac{3}{6}$

$\frac{1}{2}, \frac{2}{4}$ y $\frac{3}{6}$ son fracciones equivalentes.

Halla dos fracciones equivalentes a $\frac{8}{12}$.

$\frac{8}{12} \div \frac{2}{2} = \frac{4}{6}$ $\frac{8}{12} \div \frac{4}{4} = \frac{2}{3}$

$\frac{8}{12}, \frac{4}{6}$ y $\frac{2}{3}$ son fracciones equivalentes.

Recuerda que puedes multiplicar o dividir para hallar fracciones equivalentes.

Multiplica o divide para hallar fracciones equivalentes.

1. $\frac{2}{3} = \frac{8}{\square}$
2. $\frac{1}{4} = \frac{\square}{8}$
3. $\frac{1}{6} = \frac{2}{\square}$
4. $\frac{3}{5} = \frac{\square}{10}$
5. $\frac{10}{12} = \frac{5}{\square}$
6. $\frac{4}{10} = \frac{\square}{5}$
7. $\frac{2}{6} = \frac{1}{\square}$
8. $\frac{6}{10} = \frac{\square}{5}$

Tema 8 | Refuerzo   455

Grupo C — páginas 435 a 446

Compara $\frac{5}{8}$ y $\frac{4}{10}$. Usa fracciones de referencia.

$\frac{5}{8} > \frac{1}{2}$

$\frac{4}{10} < \frac{1}{2}$

Por tanto, $\frac{5}{8} > \frac{4}{10}$.

Compara $\frac{4}{6}$ y $\frac{3}{4}$. Vuelve a escribir las fracciones.

$\frac{4}{6} = \frac{4}{6} \times \frac{2}{2} = \frac{8}{12}$ $\quad$ $\frac{3}{4} = \frac{3}{4} \times \frac{3}{3} = \frac{9}{12}$

$\frac{8}{12}$ es menor que $\frac{9}{12}$; por tanto, $\frac{4}{6}$ es menor que $\frac{3}{4}$.

Recuerda que las fracciones de referencia son fracciones que se usan comúnmente como $\frac{1}{4}$, $\frac{1}{2}$ y $\frac{3}{4}$.

Usa fracciones de referencia para comparar. Escribe >, < o = en cada ◯.

1. $\frac{5}{5}$ ◯ $\frac{4}{6}$
2. $\frac{4}{8}$ ◯ $\frac{1}{2}$
3. $\frac{4}{5}$ ◯ $\frac{7}{8}$
4. $\frac{2}{3}$ ◯ $\frac{4}{6}$

Compara volviendo a escribir las fracciones. Escribe >, < o = en cada ◯.

5. $\frac{3}{4}$ ◯ $\frac{5}{8}$
6. $\frac{1}{5}$ ◯ $\frac{2}{10}$
7. $\frac{2}{5}$ ◯ $\frac{1}{4}$
8. $\frac{3}{6}$ ◯ $\frac{3}{4}$
9. $\frac{2}{4}$ ◯ $\frac{2}{3}$
10. $\frac{8}{10}$ ◯ $\frac{4}{6}$

Grupo D — páginas 447 a 452

Piensa en tus respuestas a estas preguntas como ayuda para **construir argumentos**.

Hábitos de razonamiento

- ¿Cómo puedo usar números, objetos, dibujos o acciones para justificar mi argumento?
- ¿Estoy usando los números y los símbolos correctamente?
- ¿Es mi explicación clara y completa?

Recuerda que cuando construyes argumentos, usas dibujos y números para explicar.

Peter dice que $\frac{3}{4}$ de una pizza siempre es lo mismo que $\frac{6}{8}$ de una pizza. Nadia dice que si bien $\frac{3}{4}$ y $\frac{6}{8}$ son fracciones equivalentes, $\frac{3}{4}$ y $\frac{6}{8}$ de una pizza podrían representar cantidades diferentes.

1. ¿Quién tiene razón? Explícalo. Usa un dibujo para justificar tu argumento.

2. Usa un contraejemplo para explicar quién tiene razón.

Nombre _____

1. Después de una venta de pasteles, solo quedaron $\frac{2}{3}$ de un pastel. ¿Qué fracción es equivalente a $\frac{2}{3}$?

   Ⓐ $\frac{1}{3}$
   Ⓑ $\frac{3}{3}$
   Ⓒ $\frac{2}{6}$
   Ⓓ $\frac{4}{6}$

2. Leslie usará más de $\frac{1}{2}$ taza pero menos de 1 tasa entera de harina para una receta. ¿Qué fracción de una taza podría usar Leslie? Explícalo.

3. Danielle dijo que leyó $\frac{1}{2}$ de un libro. Marca todas las fracciones que sean equivalentes a $\frac{1}{2}$.

   ☐ $\frac{3}{6}$
   ☐ $\frac{5}{10}$
   ☐ $\frac{6}{12}$
   ☐ $\frac{3}{5}$
   ☐ $\frac{6}{8}$

4. Explica cómo usar la división para hallar una fracción equivalente a $\frac{9}{12}$.

5. Traza líneas para unir las fracciones de la izquierda con una fracción equivalente de la derecha.

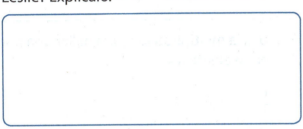

6. Compara las fracciones con $\frac{1}{2}$. Escribe las fracciones en el espacio para respuestas que corresponda.

Menor que $\frac{1}{2}$	Igual a $\frac{1}{2}$	Mayor que $\frac{1}{2}$

7. Escoge Sí o No para indicar si la fracción es mayor que $\frac{3}{5}$ en las preguntas 7a a 7d.

7a. $\frac{3}{10}$ ○ Sí   ○ No

7b. $\frac{3}{8}$ ○ Sí   ○ No

7c. $\frac{5}{3}$ ○ Sí   ○ No

7d. $\frac{6}{6}$ ○ Sí   ○ No

Tema 8 | Evaluación   457

8. Los integrantes de la familia Saha leyeron juntos una novela de las más vendidas. Después de la primera semana, compararon qué parte del libro había leído cada uno.

Fracción leída	
Sr. Saha	$\frac{2}{6}$
Sra. Saha	$\frac{1}{3}$
Maddie	$\frac{3}{4}$
George	$\frac{2}{3}$

Parte A

¿Quién leyó la fracción más grande del libro?

Parte B

Identifica los dos miembros de la familia que leyeron la misma fracción del libro. Explícalo.

9. Johnny halló una fracción equivalente a la que muestra el punto en la recta numérica. ¿Qué fracción pudo haber hallado Johnny?

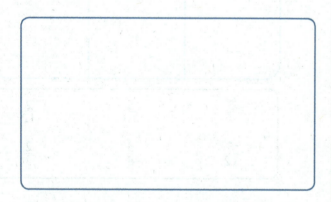

Ⓐ $\frac{1}{4}$ Ⓒ $\frac{1}{2}$

Ⓑ $\frac{1}{3}$ Ⓓ $\frac{2}{3}$

10. Bill y Gina comieron $\frac{1}{2}$ de la pizza de cada uno. Bill comió más pizza que Gina. Haz un dibujo para explicar cómo es posible esta situación.

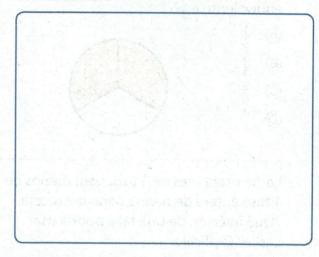

11. Usa la multiplicación para hallar una fracción equivalente a $\frac{1}{3}$.

$$\frac{1}{3} \times \frac{\square}{\square} = \frac{\square}{\square}$$

12. Solo una de las siguientes comparaciones es correcta. ¿Cuál es?

Ⓐ $\frac{2}{3} < \frac{1}{2}$

Ⓑ $\frac{1}{2} = \frac{3}{5}$

Ⓒ $\frac{3}{4} < \frac{4}{5}$

Ⓓ $\frac{3}{4} < \frac{2}{3}$

13. Usa 1 como punto de referencia para comparar $\frac{6}{5}$ y $\frac{5}{6}$.

Nombre _____

Comparaciones de saltamontes

La clase de la Sra. Rakin midió las longitudes de algunos saltamontes. La tabla **Longitudes de saltamontes** muestra las longitudes que hallaron.

Evaluación del rendimiento

1. La Sra. Rakin pidió a los estudiantes que escogieran dos saltamontes y compararan sus longitudes.

   Parte A

   Henry usó fracciones de referencia para comparar las longitudes de los saltamontes A y C. ¿Qué saltamontes es más largo? Explícalo.

Longitudes de saltamontes	
Saltamontes	Longitud (pulgada)
A	$\frac{5}{8}$
B	$\frac{3}{2}$
C	$\frac{7}{4}$
D	$\frac{7}{8}$
E	$\frac{3}{4}$
F	$\frac{3}{8}$

   Parte B

   Riley usó una recta numérica para comparar las longitudes de los saltamontes A y E. ¿Qué saltamontes es más largo? Usa la recta numérica para mostrar la comparación.

   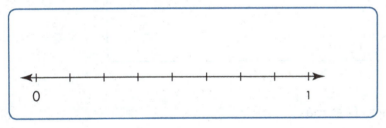

   Parte C

   Jack comparó las longitudes de los saltamontes D y E. Dijo que el saltamontes D es más largo. ¿Tiene razón Jack? Justifica la comparación usando tiras de fracciones.

Tema 8 | Evaluación del rendimiento 459

2. Un grupo de estudiantes midió las longitudes de los saltamontes en centímetros, en lugar de hacerlo en pulgadas. La tabla **Más longitudes de saltamontes** muestra las longitudes que hallaron.

| Más longitudes de saltamontes ||
Saltamontes	Longitud (centímetro)
G	$\frac{7}{10}$
H	$\frac{4}{5}$
I	$\frac{6}{10}$

Parte A

Tommy comparó las longitudes de los saltamontes G y H. ¿Qué saltamontes es más largo? Explica cómo volver a escribir las fracciones usando la multiplicación para que tengan el mismo denominador y se las pueda comparar.

Parte B

Venon comparó las longitudes de los saltamontes H e I. ¿Qué saltamontes es más largo? Explica cómo volver a escribir las fracciones usando la división para que tengan el mismo denominador y se las pueda comparar.

Parte C

Rina quiere determinar si el saltamontes D es más largo o más corto que el saltamontes G. Explica cómo puede Rina comparar las fracciones.

TEMA 9: Suma y resta de fracciones

Preguntas esenciales: ¿Cómo se suman y restan fracciones y números mixtos que tienen el mismo denominador? ¿Cómo se pueden sumar y restar fracciones en una recta numérica?

Recursos digitales: Resuelve, Aprende, Glosario, Amigo de práctica, Herramientas, Evaluación, Ayuda, Juegos

Para transmitir información con el código Morse se usa una máquina especial que produce una serie de tonos.

Las letras, los números e incluso algunas palabras enteras se representan con una combinación de puntos y rayas.

¿Cómo se escribe "Amo las matemáticas" en código Morse? Este es un proyecto sobre las fracciones y la información.

Proyecto de Matemáticas y Ciencias: Fracciones y transmisión de información

Investigar El código Morse usa patrones para transmitir información. Se puede escribir cualquier palabra con el código Morse. Usa la Internet u otras fuentes para hallar cómo se escribe *cuarto*, *grado* y *escuela* en código Morse.

Diario: Escribir un informe Incluye lo que averiguaste. En tu informe, también:

- escribe *uno* en código Morse. Escribe una fracción que indique qué parte del código para representar *uno* son rayas.
- escribe *tres* en código Morse. Escribe una fracción para indicar qué parte del código para representar *tres* son puntos.
- escribe y resuelve una ecuación para hallar cuánto mayor que la fracción de rayas es la fracción de puntos en la palabra *tres*.

Tema 9

Nombre_____

Repasa lo que sabes

Vocabulario

Escoge el mejor término del recuadro. Escríbelo en el espacio en blanco.

- denominador
- fracciones de referencia
- fracciones equivalentes
- numerador

1. En $\frac{2}{3}$, 2 es el _____ de la fracción y 3 es el _____ de la fracción.

2. Las fracciones que representan la misma región, parte de un conjunto o parte de un segmento se llaman _____.

Fracciones equivalentes

Escribe los valores que faltan para mostrar pares de fracciones equivalentes.

3. $\frac{2}{3} = \frac{\square}{6}$

4. $\frac{\square}{4} = \frac{3}{12}$

5. $\frac{6}{5} = \frac{\square}{10}$

6. $\frac{1}{2} = \frac{50}{\square}$

7. $\frac{1}{5} = \frac{\square}{10}$

8. $\frac{3}{\square} = \frac{30}{100}$

Fracciones de referencia

Usa la recta numérica para hallar una fracción de referencia o un número entero para las fracciones dadas.

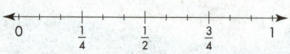

9. $\frac{7}{8}$ está cerca de _____.

10. $\frac{8}{12}$ está cerca de _____.

11. $\frac{2}{6}$ está cerca de _____.

Resolución de problemas

12. El boleto para adultos para el espectáculo de perros cuesta $16. El boleto para niños cuesta $9. ¿Cuánto costarán 3 boletos para adultos y 2 boletos para niños para el espectáculo de perros?

13. Meg ahorró las monedas que encontró durante un año. En total encontró 95 monedas de 1¢, 13 monedas de 5¢, 41 monedas de 10¢ y 11 monedas de 25¢. Quiere dividir las monedas en partes iguales en 4 alcancías. ¿Cuántas monedas pondrá en cada alcancía?

Mis tarjetas de palabras

Usa los ejemplos de las palabras de las tarjetas para ayudarte a completar las definiciones que están al reverso.

descomponer

$\frac{4}{5} = \frac{1}{5} + \frac{2}{5} + \frac{1}{5}$

componer

$\frac{1}{4} + \frac{1}{4} + \frac{1}{4} = \frac{3}{4}$

número mixto

$1\frac{1}{3}, 4\frac{1}{2}, 6\frac{5}{8}$

Mis tarjetas de palabras

Completa cada definición. Para ampliar lo que aprendiste, escribe tus propias definiciones.

_____ significa combinar partes.

_____ significa separar en partes.

Un número que tiene una parte de número entero y una parte fraccionaria es un _____.

Nombre _____

Resuélvelo y coméntalo

Kyle y Jillian trabajan en un banderín deportivo. Pintaron $\frac{3}{8}$ del banderín de verde y $\frac{4}{8}$ de morado. ¿Qué parte del banderín pintaron? *Resuelve este problema de la manera que prefieras.*

Lección 9-1
Representar la suma de fracciones

Puedo...
usar herramientas como tiras de fracciones o modelos de área para sumar fracciones.

También puedo escoger y usar una herramienta matemática para resolver problemas.

Puedes *usar herramientas apropiadas*. Puedes usar dibujos, modelos de área o tiras de fracciones para resolver este problema. ¡Muestra tu trabajo en el espacio que sigue!

¡Vuelve atrás! **Usar herramientas apropiadas** Kyle dice que $\frac{1}{8} + \frac{1}{8} + \frac{1}{8} = \frac{3}{8}$. Jillian dice que $\frac{1}{8} + \frac{1}{8} + \frac{1}{8} = \frac{3}{24}$. Usa tiras de fracciones para decidir quién tiene razón.

Pregunta esencial: ¿Cómo se pueden usar herramientas para sumar fracciones?

A

Diez equipos de canotaje juegan una carrera río abajo. Cinco equipos tienen canoas plateadas y dos equipos tienen canoas cafés. ¿Qué fracción de las canoas son plateadas o cafés?

Puedes usar herramientas como tiras de fracciones para sumar dos o más fracciones.

B

Halla $\frac{5}{10} + \frac{2}{10}$. Usa cinco tiras de fracciones de $\frac{1}{10}$ para representar $\frac{5}{10}$ y dos tiras de $\frac{1}{10}$ para representar $\frac{2}{10}$.

Cinco tiras de $\frac{1}{10}$ unidas con dos tiras de $\frac{1}{10}$ son siete tiras de $\frac{1}{10}$.

Suma los numeradores. Luego, escribe la suma sobre el mismo denominador.

$$\frac{5}{10} + \frac{2}{10} = \frac{7}{10}$$

C

Halla $\frac{5}{10} + \frac{2}{10}$. Marca cinco segmentos de $\frac{1}{10}$ para representar $\frac{5}{10}$ y dos segmentos de $\frac{1}{10}$ para representar $\frac{2}{10}$.

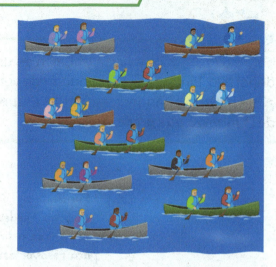

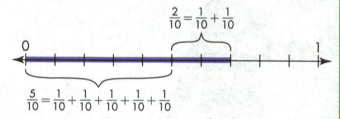

Sumar $\frac{5}{10}$ y $\frac{2}{10}$ significa unir cinco segmentos de $\frac{1}{10}$ y dos segmentos de $\frac{1}{10}$.

$\frac{7}{10}$ de las canoas son plateadas o cafés.

¡Convénceme! **Entender y perseverar** ¿Qué dos fracciones sumarías para hallar la fracción de las canoas que son verdes o cafés? ¿Cuál es la suma? ¿Cómo sabes que tu suma es correcta?

Nombre _____

Práctica guiada

¿Lo entiendes?

1. **Razonar** En el problema de la página anterior, ¿por qué las tiras moradas de $\frac{1}{10}$ no tienen la misma longitud que la tira roja?

2. ¿Qué dos fracciones se suman a continuación? ¿Cuál es la suma?

¿Cómo hacerlo?

Halla las sumas en los Ejercicios **3** y **4**.

3. $\frac{2}{5} + \frac{1}{5}$

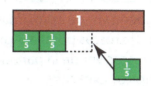

4. $\frac{1}{6} + \frac{1}{6}$

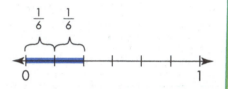

Práctica independiente

Práctica al nivel Halla las sumas en los Ejercicios **5** a **16**. Usa tiras de fracciones u otras herramientas.

5. $\frac{3}{12} + \frac{4}{12}$

6. $\frac{4}{10} + \frac{1}{10}$

7. $\frac{2}{12} + \frac{4}{12}$

8. $\frac{1}{6} + \frac{2}{6} + \frac{3}{6}$

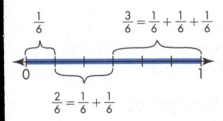

9. $\frac{1}{4} + \frac{2}{4}$

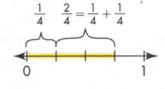

10. $\frac{1}{3} + \frac{1}{3}$

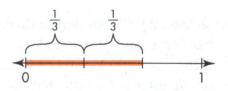

11. $\frac{5}{8} + \frac{1}{8}$

12. $\frac{1}{4} + \frac{3}{4}$

13. $\frac{7}{12} + \frac{2}{12}$

14. $\frac{1}{4} + \frac{1}{4}$

15. $\frac{2}{5} + \frac{2}{5}$

16. $\frac{1}{10} + \frac{2}{10} + \frac{1}{10}$

*Puedes encontrar otro ejemplo en el Grupo A, página 533.

Tema 9 | Lección 9-1   467

Resolución de problemas

17. Sentido numérico Usando tres numeradores diferentes, escribe una ecuación en la cual la suma de tres fracciones dé 1.

18. Representar con modelos matemáticos Se divide una cuerda en 8 partes iguales. Haz un dibujo para representar $\frac{1}{8} + \frac{3}{8} = \frac{4}{8}$.

19. Una panadería vende aproximadamente 9 docenas de roscas por día. Aproximadamente, ¿cuántas roscas vende la panadería en una semana típica? Explícalo.

Una docena tiene 12 roscas.

20. ¿Qué problema de suma representan las siguientes tiras de fracciones?

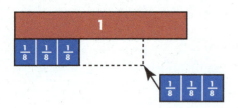

21. Razonamiento de orden superior Terry corrió $\frac{1}{10}$ de la distancia de la escuela a su casa. Caminó otros $\frac{3}{10}$ de la distancia y, luego, dio saltitos otros $\frac{2}{10}$ de la distancia. ¿Qué fracción de la distancia a casa aún le falta recorrer a Terry?

Vuelve atrás para ver si respondiste a la pregunta que te hicieron.

✓ Evaluación

22. Jackson dijo: "Estoy pensando en dos fracciones que cuando se las suma dan como resultado 1". ¿En qué fracciones puede estar pensando Jackson?

Ⓐ $\frac{5}{3}$ y $\frac{5}{3}$

Ⓑ $\frac{1}{4}$ y $\frac{3}{4}$

Ⓒ $\frac{2}{5}$ y $\frac{4}{5}$

Ⓓ $\frac{3}{8}$ y $\frac{4}{8}$

23. Lindsay tiene 5 sombreros rojos, 2 sombreros azules y 3 sombreros negros. ¿Qué enunciado es verdadero?

Ⓐ $\frac{8}{10}$ de los sombreros son rojos o negros.

Ⓑ $\frac{5}{3}$ de los sombreros son rojos o negros.

Ⓒ $\frac{5}{10}$ de los sombreros son rojos o negros.

Ⓓ $\frac{3}{10}$ de los sombreros son rojos o negros.

Nombre _____

Tarea y práctica 9-1
Representar la suma de fracciones

¡Revisemos!

Ocho amigos salieron a almorzar. Cuatro de ellos comieron pizza. Dos comieron hamburguesas y dos tomaron sopa. ¿Qué fracción del grupo pidió pizza o sopa?

Puedes usar un modelo de fracciones circular para sumar las fracciones.

| Divide un círculo en octavos para representar a las 8 personas del grupo. | Cuatro personas comieron pizza. Colorea 4 de las secciones para representar $\frac{4}{8}$. Dos personas tomaron sopa. Colorea otras 2 secciones para representar $\frac{2}{8}$. | Cuenta la cantidad de secciones de $\frac{1}{8}$. Hay seis secciones de $\frac{1}{8}$ coloreadas. Por tanto, $\frac{6}{8}$ del grupo pidieron pizza o sopa. $\frac{4}{8} + \frac{2}{8} = \frac{6}{8}$ |

Halla las sumas en los Ejercicios **1** a **12**. Usa tiras de fracciones u otras herramientas.

1. $\frac{1}{5} + \frac{1}{5}$

2. $\frac{4}{6} + \frac{1}{6}$

3. $\frac{5}{8} + \frac{2}{8}$

4. $\frac{2}{12} + \frac{2}{12}$

5. $\frac{2}{5} + \frac{3}{5}$

6. $\frac{2}{10} + \frac{3}{10}$

7. $\frac{5}{8} + \frac{3}{8}$

8. $\frac{3}{10} + \frac{1}{10}$

9. $\frac{3}{4} + \frac{1}{4}$

10. $\frac{5}{10} + \frac{4}{10}$

11. $\frac{1}{6} + \frac{1}{6} + \frac{1}{6}$

12. $\frac{1}{12} + \frac{5}{12} + \frac{2}{12}$

13. **Evaluar el razonamiento** Cuando Jared halló $\frac{1}{5} + \frac{2}{5}$, escribió que la suma es $\frac{3}{10}$. ¿Tiene razón Jared? Explícalo.

14. **Sentido numérico** Leah escribió 2 fracciones diferentes con el mismo denominador. Las dos fracciones eran menores que 1. ¿Puede la suma ser igual a 1? ¿Puede la suma ser mayor que 1? Explícalo.

15. Sasha tiene una caja de cartas antiguas. Quiere darle la misma cantidad de cartas a cada una de sus 5 amigas. ¿Cuántas cartas antiguas recibirá cada amiga?

Hay 130 cartas antiguas en la caja.

16. **Representar con modelos matemáticos** Sandy hizo 8 pulseras de la amistad. Les dio 1 pulsera a su mejor amiga y 5 pulseras a sus amigas del equipo de tenis. Usa el modelo para hallar la fracción que representa la cantidad total de pulseras que regaló Sandy.

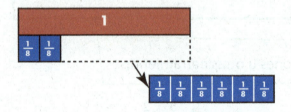

17. **Razonamiento de orden superior** Julia escribe 2 fracciones con el mismo denominador que tienen como numeradores 5 y 7. ¿Cuál puede ser el denominador si la suma es menor que 1? ¿Y si la suma es igual a 1? ¿Y si es mayor que 1?

✓ Evaluación

18. Billy hizo $\frac{1}{6}$ de su tarea el viernes. Hizo $\frac{1}{6}$ más el sábado. A Billy le queda hacer $\frac{4}{6}$ para terminar. ¿Qué parte de su tarea hizo Billy el viernes y el sábado?

   Ⓐ $\frac{2}{6}$ Ⓒ $\frac{4}{6}$

   Ⓑ $\frac{3}{6}$ Ⓓ $\frac{5}{6}$

19. Roberto comparte una bolsa de almendras con 2 amigos. Comparte $\frac{1}{8}$ de la bolsa con Jeremy y $\frac{2}{8}$ de la bolsa con Emily. Él come $\frac{3}{8}$ de las almendras. ¿Qué fracción de las almendras comieron Roberto y sus amigos?

   Ⓐ $\frac{1}{12}$ Ⓒ $\frac{6}{8}$

   Ⓑ $\frac{3}{8}$ Ⓓ $\frac{7}{8}$

Nombre _____

Resuélvelo y coméntalo

Karyn tiene $\frac{11}{8}$ libras de *chili* para colocar en tres tazones. La cantidad de *chili* que hay en cada tazón no necesariamente debe ser igual. ¿Cuánto *chili* puede poner Karyn en cada tazón? *Resuelve este problema de la manera que prefieras.*

Resuelve

Lección 9-2
Descomponer fracciones

Puedo...
usar tiras de fracciones, modelos de área o dibujos para descomponer fracciones.

También puedo representar con modelos matemáticos para resolver problemas.

¿Cómo puedes representar la cantidad de *chili* que Karyn coloca en cada tazón? ¡Muestra tu trabajo en el espacio que sigue!

¡Vuelve atrás! **Usar herramientas apropiadas** Usa un dibujo o tiras de fracciones como ayuda para escribir fracciones equivalentes para la cantidad de *chili* que hay en uno de los tazones.

Pregunta esencial: ¿Cómo se puede representar una fracción de distintas maneras?

A

Charlene quiere dejar $\frac{1}{6}$ de su huerta sin plantar. ¿Cuáles son algunas de las maneras en que Charlene puede plantar el resto de su huerta?

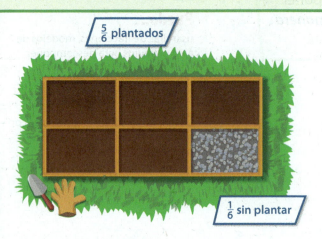

$\frac{5}{6}$ plantados

$\frac{1}{6}$ sin plantar

Descomponer significa separar en partes. **Componer** significa combinar partes. La fracción de la huerta que Charlene plantará se puede descomponer de más de una manera.

B **Una manera**

Charlene puede plantar cuatro secciones de $\frac{1}{6}$ con flores azules y una sección de $\frac{1}{6}$ con pimientos rojos.

$\frac{5}{6}$ es $\frac{4}{6}$ y $\frac{1}{6}$.

$\frac{5}{6} = \frac{4}{6} + \frac{1}{6}$

C **Otra manera**

Charlene puede plantar una sección de $\frac{1}{6}$ con habichuelas verdes, una sección de $\frac{1}{6}$ con calabaza amarilla, una sección de $\frac{1}{6}$ con pimientos rojos, y dos secciones de $\frac{1}{6}$ con flores azules.

$\frac{5}{6}$ es $\frac{1}{6}$ y $\frac{1}{6}$ y $\frac{1}{6}$ y $\frac{2}{6}$.

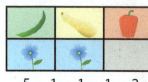

$\frac{5}{6} = \frac{1}{6} + \frac{1}{6} + \frac{1}{6} + \frac{2}{6}$

¡Convénceme! **Usar herramientas apropiadas** Haz dibujos o usa tiras de fracciones para demostrar por qué estas ecuaciones son verdaderas.

$\frac{5}{6} = \frac{3}{6} + \frac{2}{6}$ $\frac{5}{6} = \frac{1}{6} + \frac{2}{6} + \frac{2}{6}$

Nombre _____

Otro ejemplo
¿Cómo puedes descomponer $3\frac{1}{8}$?

$3\frac{1}{8}$ es 1 entero + 1 entero + 1 entero + $\frac{1}{8}$.

Cada entero también se puede representar como ocho partes iguales.

> Un **número mixto** tiene una parte de número entero y una parte fraccionaria.

$3\frac{1}{8} = 1 + 1 + 1 + \frac{1}{8}$

$3\frac{1}{8} = \frac{8}{8} + \frac{8}{8} + \frac{8}{8} + \frac{1}{8}$

☆ Práctica guiada

¿Lo entiendes?

1. **Representar con modelos matemáticos** Dibuja un modelo para representar una manera de descomponer $\frac{7}{8}$.

2. Paul dijo que la suma de $\frac{1}{10} + \frac{7}{10} + \frac{4}{10}$ es igual que la suma de $\frac{5}{10} + \frac{5}{10} + \frac{2}{10}$. ¿Tiene razón Paul? Explícalo.

¿Cómo hacerlo?

Descompón las fracciones o los números mixtos de dos maneras diferentes en los Ejercicios **3** y **4**. Usa dibujos o tiras de fracciones, si es necesario.

3. $\frac{3}{5} = \frac{\square}{\square} + \frac{\square}{\square}$ $\frac{3}{5} = \frac{\square}{\square} + \frac{\square}{\square} + \frac{\square}{\square}$

4. $1\frac{3}{4} = \frac{\square}{\square} + \frac{\square}{\square}$ $1\frac{3}{4} = \frac{\square}{\square} + \frac{\square}{\square}$

☆ Práctica independiente

Práctica al nivel Descompón las fracciones o los números mixtos de dos maneras diferentes en los Ejercicios **5** a **10**. Usa dibujos o tiras de fracciones, si es necesario.

5. $\frac{4}{6} = \frac{\square}{\square} + \frac{\square}{\square}$ $\frac{4}{6} = \frac{\square}{\square} + \frac{\square}{\square} + \frac{\square}{\square}$

6. $\frac{7}{8} = \frac{\square}{\square} + \frac{\square}{\square}$ $\frac{7}{8} = \frac{\square}{\square} + \frac{\square}{\square} + \frac{\square}{\square}$

7. $1\frac{3}{5} = \frac{\square}{\square} + \frac{\square}{\square}$ $1\frac{3}{5} = \frac{\square}{\square} + \frac{\square}{\square} + \frac{\square}{\square}$

8. $2\frac{1}{2} = \frac{\square}{\square} + \frac{\square}{\square}$ $2\frac{1}{2} = \frac{\square}{\square} + \frac{\square}{\square} + \frac{\square}{\square}$

9. $\frac{9}{12} = \frac{\square}{\square} + \frac{\square}{\square}$ $\frac{9}{12} = \frac{\square}{\square} + \frac{\square}{\square} + \frac{\square}{\square}$

10. $1\frac{1}{3} = \frac{\square}{\square} + \frac{\square}{\square}$ $1\frac{1}{3} = \frac{\square}{\square} + \frac{\square}{\square} + \frac{\square}{\square}$

*Puedes encontrar otro ejemplo en el Grupo A, página 533.

Resolución de problemas

11. Jackie comió $\frac{1}{5}$ de una bolsa de palomitas de maíz. Compartió el resto con Enrique. Haz una lista de tres maneras en que pudieron haber compartido las palomitas de maíz que quedaban.

12. Representar con modelos matemáticos Dibuja un modelo de área para representar $\frac{4}{10} + \frac{3}{10} + \frac{2}{10} = \frac{9}{10}$.

13. En una clase de 12 estudiantes, 8 estudiantes son niños. Escribe dos fracciones equivalentes que indiquen qué parte de la clase son niños.

El modelo de área muestra 12 secciones. Cada sección es $\frac{1}{12}$ de la clase.

14. Había 45 niñas y 67 niños en una función para la que se agotaron los boletos. Cada boleto cuesta $9. ¿Cuánto costaron todos los boletos para la función?

15. Razonamiento de orden superior Jason escribió $1\frac{1}{3}$ como la suma de tres fracciones. Ninguna de las fracciones tenía un denominador de 3. ¿Qué fracciones pudo haber usado Jason?

✓ Evaluación

16. Una maestra distribuye una pila de hojas de papel en 3 grupos. En cada grupo hay una cantidad diferente de papel. Marca todas las maneras en que la maestra puede distribuir el papel descomponiendo $1\frac{2}{3}$ pulgadas. Usa tiras de fracciones, si es necesario.

$1\frac{2}{3}$ pulgadas

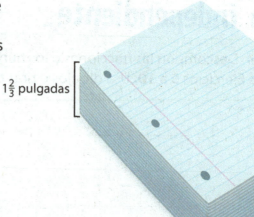

☐ $1 + \frac{1}{3} + \frac{1}{3}$

☐ $\frac{2}{3} + \frac{1}{3} + \frac{1}{3}$

☐ $\frac{2}{3} + \frac{2}{3} + \frac{1}{3}$

☐ $\frac{1}{3} + \frac{1}{3} + \frac{1}{3} + \frac{1}{3} + \frac{1}{3}$

☐ $1 + \frac{2}{3}$

Nombre _____

Tarea y práctica 9-2
Descomponer fracciones

¡Revisemos!

Shannon quiere usar $\frac{5}{8}$ del espacio de su jardín para plantar petunias y caléndulas. ¿Cómo puede usar Shannon el espacio disponible?

Hay más de dos soluciones para este problema.

Escribe $\frac{5}{8}$ como la suma de fracciones de dos maneras diferentes.

$\frac{5}{8} = \frac{1}{8} + \frac{4}{8}$ $\frac{5}{8} = \frac{2}{8} + \frac{3}{8}$

Shannon puede usar $\frac{1}{8}$ del espacio para petunias y $\frac{4}{8}$ para caléndulas, o puede usar $\frac{2}{8}$ del espacio para petunias y $\frac{3}{8}$ para caléndulas.

Descompón las fracciones o los números mixtos de dos maneras diferentes en los Ejercicios **1** a **8**. Usa dibujos o tiras de fracciones, si es necesario.

1. $\frac{4}{8} = \frac{\square}{\square} + \frac{\square}{\square}$

    $\frac{4}{8} = \frac{\square}{\square} + \frac{\square}{\square} + \frac{\square}{\square}$

2. $\frac{7}{10} = \frac{\square}{\square} + \frac{\square}{\square}$

    $\frac{7}{10} = \frac{\square}{\square} + \frac{\square}{\square} + \frac{\square}{\square}$

3. $\frac{4}{5} =$

    $\frac{4}{5} =$

4. $\frac{3}{10} =$

    $\frac{3}{10} =$

5. $1\frac{1}{4} =$

    $1\frac{1}{4} =$

6. $2\frac{2}{3} =$

    $2\frac{2}{3} =$

¡Acepta un desafío! Incluye maneras de descomponer una fracción o un número mixto en más de dos partes.

7. $1\frac{3}{5} =$

    $1\frac{3}{5} =$

8. $1\frac{1}{2} =$

    $1\frac{1}{2} =$

Tema 9 | Lección 9-2

9. Yvonne corrió $\frac{3}{8}$ de la carrera antes de detenerse a beber agua. Quiere detenerse a beber agua una vez más antes de terminar la carrera. Haz una lista de dos maneras en que Yvonne puede hacerlo.

| $\frac{1}{8}$ | $\frac{1}{8}$ | $\frac{1}{8}$ | $\frac{1}{8}$ | $\frac{1}{8}$ | $\frac{1}{8}$ | $\frac{1}{8}$ | $\frac{1}{8}$ |

10. **Razonar** Un maestro observó que $\frac{5}{8}$ de los estudiantes usaban pantalones cortos azules o blancos. Escribe dos maneras diferentes en que se puede obtener este resultado.

11. Connie preparó $1\frac{1}{3}$ libras de mezcla de nueces y frutas secas para una caminata. ¿Puede Connie separar de alguna manera la mezcla en cuatro bolsas? Explícalo.

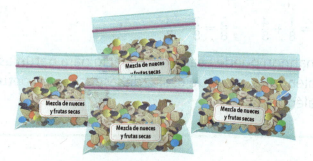

12. La tienda de Joseph, Roscas Express, ganó $4,378 en un festival vendiendo roscas de chocolate o vainilla a $2 cada una. Si vendieron 978 roscas de chocolate, ¿cuántas roscas de vainilla vendieron?

13. **Razonamiento de orden superior** Mark dice que puede descomponer $\frac{5}{6}$ en tres fracciones con tres numeradores diferentes y el mismo denominador. ¿Es posible? Explícalo. Recuerda que puedes usar fracciones equivalentes.

✓ Evaluación

14. La Sra. Evans pidió a la clase que descomponga $1\frac{3}{4}$. ¿Qué opciones **NO** son maneras de descomponer $1\frac{3}{4}$? Marca todas las que apliquen. Usa modelos de área, si es necesario.

☐ $1 + \frac{3}{4}$
☐ $\frac{1}{4} + \frac{1}{4} + \frac{1}{4} + \frac{1}{4} + \frac{1}{4} + \frac{1}{4} + \frac{1}{4}$
☐ $\frac{4}{4} + \frac{3}{4}$
☐ $\frac{3}{4} + \frac{5}{4}$
☐ $1 + \frac{1}{2} + \frac{2}{2}$

15. La Sra. Anderson le mostró a su clase cómo descomponer $1\frac{3}{8}$. Marca todas las maneras en que la Sra. Anderson pudo haber descompuesto $1\frac{3}{8}$. Usa tiras de fracciones, si es necesario.

☐ $\frac{3}{8} + \frac{3}{8} + \frac{3}{8} + \frac{2}{8}$
☐ $1 + \frac{3}{8}$
☐ $\frac{8}{8} + \frac{3}{8}$
☐ $\frac{5}{8} + \frac{5}{8} + \frac{1}{8}$
☐ $1 + \frac{1}{4} + \frac{2}{4}$

Nombre _____

Resuélvelo y coméntalo

Jonás está preparando nachos y tacos para una fiesta familiar. Usa $\frac{2}{5}$ de una bolsa de queso en hebras para los nachos y $\frac{1}{5}$ de bolsa para los tacos. ¿Qué parte de la bolsa de queso en hebras usa Jonás? *Resuelve este problema de la manera que prefieras.*

Lección 9-3
Sumar fracciones con el mismo denominador

Puedo...
usar lo que entiendo de sumar, como unir partes del mismo entero, para sumar fracciones con el mismo denominador.

También puedo representar con modelos matemáticos para resolver problemas.

Puedes representar con modelos matemáticos. ¿Qué ecuación puedes escribir para representar este problema?

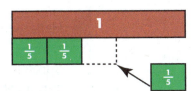

¡Vuelve atrás! **Buscar relaciones** ¿Qué observas acerca de los denominadores de tu ecuación?

Pregunta esencial: ¿Cómo se pueden sumar fracciones con el mismo denominador?

A

En la tabla se muestran los resultados de una encuesta del Club de Mascotas de cuarto grado. ¿Qué fracción de los miembros del club eligieron un hámster o un perro como su mascota favorita?

Mascota favorita	
gato	$\frac{5}{12}$
perro	$\frac{4}{12}$
hámster	$\frac{2}{12}$
loro	$\frac{1}{12}$

Suma las fracciones de los hámsteres y los perros para hallar el resultado.

B Halla $\frac{2}{12} + \frac{4}{12}$ usando un modelo.

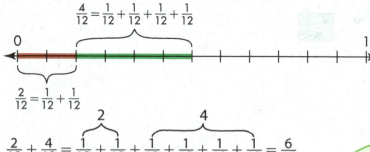

$\frac{2}{12} + \frac{4}{12} = \frac{1}{12} + \frac{1}{12} + \frac{1}{12} + \frac{1}{12} + \frac{1}{12} + \frac{1}{12} = \frac{6}{12}$

C Halla $\frac{2}{12} + \frac{4}{12}$ uniendo partes.

Suma los numeradores. Escribe la suma sobre el **mismo denominador**.

$\frac{2}{12} + \frac{4}{12} = \frac{6}{12}$

$\frac{6}{12}$ es equivalente a $\frac{1}{2}$. La mitad de los miembros del club escogieron un hámster o un perro como su mascota favorita.

¡Convénceme! Evaluar el razonamiento Frank resolvió el problema anterior y halló que $\frac{2}{12} + \frac{4}{12} = \frac{6}{24}$. ¿Qué error cometió Frank? Explícalo.

478 Tema 9 | Lección 9-3

Nombre _____

Otro ejemplo

Halla $\frac{4}{5} + \frac{3}{5}$.

$\frac{4}{5} + \frac{3}{5} = \overbrace{\frac{1}{5} + \frac{1}{5} + \frac{1}{5} + \frac{1}{5}}^{4} + \overbrace{\frac{1}{5} + \frac{1}{5} + \frac{1}{5}}^{3} = \frac{7}{5}$

Escribe la fracción como un número mixto. $\frac{7}{5} = \frac{5}{5} + \frac{2}{5} = 1\frac{2}{5}$

Puedes escribir la suma como una fracción o como un número mixto.

Práctica guiada

¿Lo entiendes?

1. Usando la encuesta de la página anterior, ¿qué fracción de los miembros del club escogieron un pájaro o un gato?

2. **Evaluar el razonamiento** Greg halló $\frac{1}{3} + \frac{2}{3} = \frac{3}{6}$. ¿Qué error cometió Greg?

¿Cómo hacerlo?

Halla las sumas en los Ejercicios 3 a 6. Usa dibujos o tiras de fracciones, si es necesario.

3. $\frac{2}{4} + \frac{1}{4}$ 4. $\frac{1}{3} + \frac{2}{3}$

5. $\frac{2}{12} + \frac{11}{12}$ 6. $\frac{1}{10} + \frac{4}{10}$

Práctica independiente

Halla las sumas en los Ejercicios 7 a 18. Usa dibujos o tiras de fracciones, si es necesario.

7. $\frac{2}{8} + \frac{1}{8}$ 8. $\frac{3}{6} + \frac{2}{6}$ 9. $\frac{1}{8} + \frac{4}{8}$

10. $\frac{3}{10} + \frac{2}{10}$ 11. $\frac{3}{10} + \frac{5}{10}$ 12. $\frac{5}{12} + \frac{4}{12}$

13. $\frac{4}{5} + \frac{3}{5} + \frac{2}{5}$ 14. $\frac{3}{10} + \frac{2}{10} + \frac{6}{10}$ 15. $\frac{2}{6} + \frac{5}{6}$

16. $\frac{3}{6} + \frac{9}{6}$ 17. $\frac{11}{10} + \frac{11}{10}$ 18. $\frac{7}{8} + \frac{1}{8}$

*Puedes encontrar otro ejemplo en el Grupo A, página 533.

Resolución de problemas

Usa la tabla de la derecha en los Ejercicios **19** a **21**.

Figuras del conjunto

Figura	Fracción
triángulo morado	$\frac{2}{10}$
rectángulo verde	$\frac{4}{10}$
hexágono naranja	$\frac{1}{10}$
círculo rojo	$\frac{3}{10}$

19. ¿Qué fracción del conjunto son triángulos o rectángulos?

20. ¿Qué dos figuras representan $\frac{7}{10}$ de las figuras del conjunto?

21. ¿Qué dos figuras representan la mitad del conjunto? Halla dos respuestas posibles.

22. Entender y perseverar Una escuela compró 25 cajas de crayones para las clases de arte. En cada caja hay 64 crayones. Si los crayones se distribuyen en partes iguales entre 5 clases, ¿cuántos crayones recibirá cada clase? Explícalo.

23. Razonamiento de orden superior Tres décimos de los botones de Ken son azules, $\frac{4}{10}$ son verdes y el resto son negros. ¿Qué fracción de los botones de Ken son negros?

✓ Evaluación

24. Une las fracciones o los números mixtos de la izquierda con la expresión correcta de la derecha.

$\frac{3}{4}$	$\frac{3}{8} + \frac{2}{8} + \frac{32}{8}$
$4\frac{5}{8}$	$\frac{2}{6} + \frac{4}{6}$
$\frac{7}{6}$	$\frac{2}{4} + \frac{1}{4}$
1	$\frac{6}{6} + \frac{1}{6}$

25. Une las fracciones o los números mixtos de la izquierda con la expresión correcta de la derecha.

$1\frac{1}{10}$	$\frac{1}{4} + \frac{2}{4} + \frac{8}{4}$
2	$\frac{1}{10} + \frac{0}{10} + \frac{10}{10}$
$\frac{6}{12}$	$\frac{3}{12} + \frac{3}{12}$
$2\frac{3}{4}$	$\frac{5}{4} + \frac{3}{4}$

Tarea y práctica 9-3
Sumar fracciones con el mismo denominador

¡Revisemos!

Halla $\frac{4}{8} + \frac{2}{8}$.

Cuando sumas fracciones con el mismo denominador, suma los numeradores y mantén los denominadores iguales.

$\frac{4}{8} = \frac{1}{8} + \frac{1}{8} + \frac{1}{8} + \frac{1}{8}$ $\frac{2}{8} = \frac{1}{8} + \frac{1}{8}$

$\frac{4}{8} + \frac{2}{8} = \frac{6}{8}$

Halla las sumas en los Ejercicios **1** a **18**. Usa dibujos o tiras de fracciones, si es necesario.

1. $\frac{1}{3} + \frac{1}{3}$

2. $\frac{3}{10} + \frac{6}{10}$

3. $\frac{5}{12} + \frac{2}{12}$

4. $\frac{3}{12} + \frac{7}{12}$

5. $\frac{5}{10} + \frac{3}{10}$

6. $\frac{2}{8} + \frac{4}{8}$

7. $\frac{7}{10} + \frac{3}{10}$

8. $\frac{1}{8} + \frac{6}{8}$

9. $\frac{1}{10} + \frac{5}{10}$

10. $\frac{4}{5} + \frac{1}{5}$

11. $\frac{2}{8} + \frac{6}{8}$

12. $\frac{6}{10} + 0$

13. $\frac{1}{5} + \frac{2}{5} + \frac{4}{5}$

14. $\frac{2}{8} + \frac{1}{8} + \frac{12}{8}$

15. $\frac{2}{6} + \frac{10}{6}$

16. $\frac{20}{100} + \frac{25}{100} + \frac{25}{100}$

17. $\frac{2}{10} + \frac{6}{10} + \frac{1}{10}$

18. $\frac{10}{10} + \frac{10}{10} + \frac{10}{10}$

Usa la tabla de la derecha en los Ejercicios **19** a **21**.

19. ¿Qué fracción de los estudiantes votaron por jugo de frutas o gaseosa?

20. ¿Qué dos bebidas tienen una suma de $\frac{5}{8}$ de los votos de los estudiantes?

21. ¿Qué combinación de bebidas suma $\frac{6}{8}$ de los votos de los estudiantes?

Bebida favorita	Fracción de votos de los estudiantes
Té helado	$\frac{3}{8}$
Jugo de frutas	$\frac{2}{8}$
Agua	$\frac{1}{8}$
Gaseosa	$\frac{2}{8}$

22. Entender y perseverar Un autobús viajó 336 millas en 7 horas. Viajó la misma cantidad de millas por hora. Si el autobús sigue viajando la misma cantidad de millas por hora, ¿cuántas millas viajará el autobús en 15 horas? Explícalo.

23. Razonamiento de orden superior ¿Cómo puedes sumar $\frac{3}{10}$ y $\frac{2}{5}$? Explícalo.

Piensa en cómo puedes volver a escribir fracciones para que tengan el mismo denominador.

✓ **Evaluación**

24. En la tienda de mascotas de Martha, $\frac{6}{6}$ de los hámsteres son color café, $\frac{3}{6}$ de los ratones son blancos, $\frac{2}{6}$ de los peces son azules y $\frac{5}{6}$ de los pájaros son amarillos. Une las fracciones con la expresión correcta.

$\frac{6}{6}$	$\frac{2}{6} + \frac{0}{6}$
$\frac{3}{6}$	$\frac{3}{6} + \frac{1}{6} + \frac{1}{6}$
$\frac{2}{6}$	$\frac{2}{6} + \frac{1}{6}$
$\frac{5}{6}$	$\frac{1}{6} + \frac{1}{6} + \frac{1}{6} + \frac{3}{6}$

25. En el pedido de servicio de banquetes que hizo Fred, $\frac{5}{12}$ de los almuerzos son sándwiches, $\frac{2}{12}$ son ensaladas, $\frac{4}{12}$ son pastas y $\frac{1}{12}$ es sopa. Une las fracciones con la expresión correcta.

$\frac{5}{12}$	$\frac{0}{12} + \frac{1}{12}$
$\frac{2}{12}$	$\frac{1}{12} + \frac{2}{12} + \frac{1}{12}$
$\frac{4}{12}$	$\frac{3}{12} + \frac{2}{12}$
$\frac{1}{12}$	$\frac{1}{12} + \frac{1}{12}$

Nombre _____

Lección 9-4
Representar la resta de fracciones

Resuélvelo y coméntalo

El Sr. Yetkin usa $\frac{4}{6}$ de una plancha de madera prensada para sellar una ventana. ¿Qué parte de la madera prensada le queda? *Resuelve este problema de la manera que prefieras.*

Puedo... usar herramientas como tiras de fracciones o modelos de área para restar fracciones con el mismo denominador.

También puedo escoger y usar una herramienta matemática para resolver problemas.

Puedes seleccionar **herramientas** como tiras de fracciones, dibujos o modelos de área para resolver este problema. ¡Muestra tu trabajo en el espacio que sigue!

¡Vuelve atrás! **Hacerlo con precisión** Explica por qué se resta $\frac{4}{6}$ a $\frac{6}{6}$ para hallar qué parte de la madera prensada queda.

Tema 9 | Lección 9-4   483

Pregunta esencial: ¿Cómo se pueden usar herramientas para restar fracciones?

A

Un jardín está dividido en octavos. Si $\frac{2}{8}$ del jardín se usan para cultivar rosas amarillas, ¿qué fracción queda para cultivar otras flores?

Puedes usar herramientas como tiras de fracciones para representar la resta.

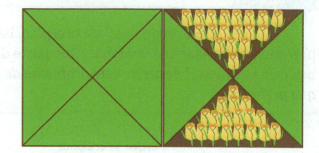

B Una manera

Halla $\frac{8}{8} - \frac{2}{8}$.

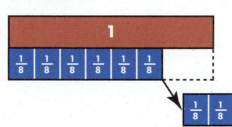

$\frac{8}{8} = \frac{1}{8} + \frac{1}{8} + \frac{1}{8} + \frac{1}{8} + \frac{1}{8} + \frac{1}{8} + \frac{1}{8} + \frac{1}{8}$

$\frac{2}{8} = \frac{1}{8} + \frac{1}{8}$

Quitar $\frac{2}{8}$ de $\frac{8}{8}$ deja $\frac{6}{8}$.

$\frac{8}{8} - \frac{2}{8} = \frac{1}{8} + \frac{1}{8} + \frac{1}{8} + \frac{1}{8} + \frac{1}{8} + \frac{1}{8} + \cancel{\frac{1}{8}} + \cancel{\frac{1}{8}} = \frac{6}{8}$

C Otra manera

Halla $\frac{8}{8} - \frac{2}{8}$.

$\frac{8}{8} = \frac{1}{8} + \frac{1}{8} + \frac{1}{8} + \frac{1}{8} + \frac{1}{8} + \frac{1}{8} + \frac{1}{8} + \frac{1}{8}$

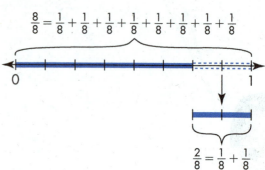

$\frac{2}{8} = \frac{1}{8} + \frac{1}{8}$

Quitar $\frac{2}{8}$ de $\frac{8}{8}$ deja $\frac{6}{8}$.

$\frac{8}{8} - \frac{2}{8} = \frac{1}{8} + \frac{1}{8} + \frac{1}{8} + \frac{1}{8} + \frac{1}{8}$
$\phantom{\frac{8}{8} - \frac{2}{8} =} + \frac{1}{8} + \cancel{\frac{1}{8}} + \cancel{\frac{1}{8}} = \frac{6}{8}$

Seis octavos del jardín quedan libres para cultivar otras flores.

¡Convénceme! **Usar herramientas apropiadas** En el problema anterior, supón que seis secciones del jardín se usan para rosas amarillas y otras dos secciones se usan para petunias. ¿Cuánto más del jardín se usa para rosas amarillas que para petunias? Usa tiras de fracciones u otra herramienta como ayuda. Escribe tu respuesta como una fracción.

Nombre _____

Otro ejemplo

Halla $\frac{11}{8} - \frac{2}{8}$.

Usa once tiras de fracción de $\frac{1}{8}$ para representar $\frac{11}{8}$. Quita 2 tiras.

$\frac{11}{8} - \frac{2}{8} = \frac{9}{8}$

$\frac{9}{8} = \frac{8}{8} + \frac{1}{8} = 1\frac{1}{8}$

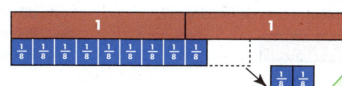

Puedes escribir la diferencia como una fracción o como un número mixto.

Práctica guiada

¿Lo entiendes?

1. **Razonar** En el problema de la parte superior de la página anterior, supón que se usara otra sección de $\frac{1}{8}$ para cultivar peonías. ¿Qué fracción del jardín está disponible ahora para flores?

¿Cómo hacerlo?

Usa tiras de fracciones u otras herramientas para restar en los Ejercicios 2 a 5.

2. $\frac{1}{3} - \frac{1}{3}$

3. $\frac{5}{5} - \frac{2}{5}$

4. $\frac{7}{12} - \frac{3}{12}$

5. $\frac{7}{8} - \frac{1}{8}$

Práctica independiente

Práctica al nivel Halla las restas en los Ejercicios 6 a 14. Usa tiras de fracciones u otras herramientas, si es necesario.

6. $\frac{11}{12} - \frac{5}{12}$

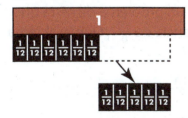

7. $\frac{2}{2} - \frac{1}{2}$ $\frac{2}{2} = \frac{1}{2} + \frac{1}{2}$

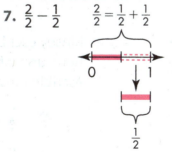

8. $\frac{2}{3} - \frac{1}{3}$

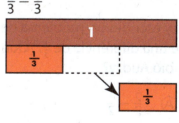

9. $\frac{4}{5} - \frac{2}{5}$

10. $\frac{17}{10} - \frac{3}{10}$

11. $\frac{8}{6} - \frac{2}{6}$

12. $\frac{9}{6} - \frac{1}{6}$

13. $\frac{21}{10} - \frac{1}{10}$

14. $\frac{1}{5} - \frac{1}{5}$

*Puedes encontrar otro ejemplo en el Grupo B, página 533.

Tema 9 | Lección 9-4

Representar con modelos matemáticos

15. ¿Qué problema de resta representó Miles usando las siguientes tiras de fracciones?

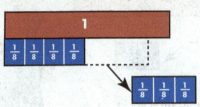

16. Usando solo números impares como numeradores, escribe dos problemas de resta diferentes que tengan una diferencia de $\frac{1}{2}$. Recuerda que puedes hallar fracciones equivalentes para $\frac{1}{2}$.

17. En la clase de Kayla, algunos de los estudiantes usan camisetas azules. $\frac{6}{8}$ de los estudiantes **NO** usan camisetas azules. ¿Qué fracción de los estudiantes usan camisetas azules? Muestra tu trabajo.

18. **Razonar** ¿Qué número representa a toda la clase en el Ejercicio 17? ¿Cómo sabes qué fracción usar para representar este número?

19. Rick compartió su bolsa de uvas con amigos. Dio $\frac{2}{10}$ de la bolsa a Melissa y $\frac{4}{10}$ de la bolsa a Ryan. ¿Qué fracción de la bolsa de uvas le queda a Rick? Muestra tu trabajo.

20. **Razonamiento de orden superior** Teresa regaló 8 tarjetas de beisbol y le quedan 4 tarjetas de beisbol. Escribe un problema de resta para representar la fracción de las tarjetas de beisbol que le quedan a Teresa.

✓ Evaluación

21. Audry escribió un problema de resta que tiene una diferencia de $\frac{1}{3}$. ¿Qué problema escribió Audry?

    Ⓐ $\frac{2}{2} - \frac{1}{2}$
    Ⓑ $\frac{5}{3} - \frac{3}{3}$
    Ⓒ $\frac{4}{3} - \frac{3}{3}$
    Ⓓ $\frac{5}{3} - \frac{1}{3}$

22. Kinsey escribió un problema de resta que tiene una diferencia de $\frac{10}{8}$. ¿Qué problema escribió Kinsey?

    Ⓐ $\frac{20}{8} - \frac{10}{8}$
    Ⓑ $\frac{8}{10} + \frac{2}{10}$
    Ⓒ $\frac{10}{8} - \frac{4}{8}$
    Ⓓ $\frac{6}{8} - \frac{1}{4}$

Nombre _____

Tarea y práctica 9-4
Representar la resta de fracciones

¡Revisemos!

Kimberly cortó una pizza en 10 porciones iguales. Comió 2 porciones. ¿Qué fracción de la pizza quedó? Recuerda que $\frac{10}{10} = 1$ pizza entera.

Paso 1

Divide un círculo en décimos para representar la pizza cortada en 10 porciones.

Paso 2

Quita las 2 porciones, o $\frac{2}{10}$ de la pizza que comió Kimberly.

Paso 3

Cuenta las porciones que quedan y escribe la resta.

$$\frac{10}{10} - \frac{2}{10} = \frac{8}{10}$$

Quedan $\frac{8}{10}$ de la pizza.

Halla las diferencias en los Ejercicios **1** a **12**. Usa tiras de fracciones u otras herramientas, si es necesario.

1. $\frac{3}{5} - \frac{2}{5}$

2. $\frac{7}{10} - \frac{3}{10}$

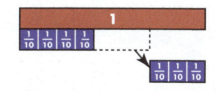

3. $\frac{4}{4} - \frac{2}{4}$

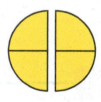

4. $\frac{8}{10} - \frac{5}{10}$

5. $\frac{6}{6} - \frac{3}{6}$

6. $\frac{11}{12} - \frac{7}{12}$

7. $\frac{5}{6} - \frac{2}{6}$

8. $\frac{4}{8} - \frac{2}{8}$

9. $\frac{11}{12} - \frac{8}{12}$

10. $\frac{9}{8} - \frac{2}{8}$

11. $\frac{24}{4} - \frac{18}{4}$

12. $\frac{30}{10} - \frac{20}{10}$

que de 10 estudiantes, uno
zapatos color café y siete llevaban
atos negros. ¿Qué fracción de los
estudiantes **NO** llevaban zapatos cafés
o negros?

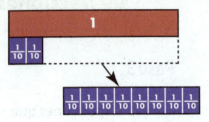

14. **Entender y perseverar** Un maratón es una carrera de aproximadamente 26 millas. Cindy corrió 5 millas antes de hacer el primer descanso para beber agua. Luego, corrió otras 7 millas y se detuvo nuevamente para beber agua. Después de otras 6 millas, hizo su último descanso para tomar agua. Aproximadamente, ¿qué distancia le falta a Cindy para llegar a la línea de meta?

---

15. **Álgebra** Jeffrey ya corrió $\frac{3}{8}$ de la carrera. ¿Qué fracción de la carrera le falta correr a Jeffrey? Escribe y resuelve una ecuación.

16. **Razonamiento de orden superior** La tableta de Rob tiene la batería totalmente cargada. Rob usa $\frac{1}{12}$ de la carga jugando videojuegos, $\frac{5}{12}$ de la carga leyendo y $\frac{3}{12}$ haciendo tarea. ¿Qué fracción de la carga queda en la tableta de Rob?

Puedes usar tiras de fracciones para resolver el problema.

Evaluación

17. Roger halló que le quedaban $\frac{2}{5}$ de sus monedas de 25¢ para usar en la sala de videojuegos. ¿Qué problema de resta **NO** se puede usar para hallar la fracción de monedas de 25¢ que le quedan a Roger?

    Ⓐ $\frac{4}{5} - \frac{2}{5}$

    Ⓑ $\frac{3}{6} - \frac{1}{2}$

    Ⓒ $\frac{3}{5} - \frac{1}{5}$

    Ⓓ $\frac{5}{5} - \frac{3}{5}$

18. Krys terminó $\frac{2}{3}$ de su tarea. ¿Qué opción **NO** da una diferencia de $\frac{2}{3}$?

    Ⓐ $\frac{7}{3} - \frac{3}{3}$

    Ⓑ $\frac{4}{3} - \frac{2}{3}$

    Ⓒ $\frac{3}{3} - \frac{1}{3}$

    Ⓓ $\frac{9}{3} - \frac{7}{3}$

Nombre

Resuélvelo y coméntalo

Leah y Josh viven en la misma dirección desde la escuela y del mismo lado de la calle Forest. La casa de Leah queda a $\frac{8}{10}$ de milla de la escuela. La casa de Josh queda a $\frac{5}{10}$ de milla desde la escuela. ¿Cuánto más tiene que caminar Leah cuando llega a la casa de Josh? *Resuelve este problema de la manera que prefieras.*

Lección 9-5
Restar fracciones con el mismo denominador

Puedo...
usar lo que sé sobre la resta, como separar partes del mismo entero, para restar fracciones con el mismo denominador.

También puedo representar con modelos matemáticos para resolver problemas.

Puedes representar con modelos matemáticos. ¿Qué expresión puedes usar para representar este problema?

¡Vuelve atrás! **Evaluar el razonamiento** Sarah escribió la expresión $\frac{8}{10} - \frac{5}{10}$ para resolver el problema. Jared escribió la expresión $\frac{10}{10} - \frac{8}{10}$, $\frac{10}{10} - \frac{5}{10}$ y $\frac{5}{10} - \frac{2}{10}$ para resolver el problema. ¿Quién tiene razón? Explícalo.

Pregunta esencial: ¿Cómo se pueden restar fracciones con el mismo denominador?

A

Tania exprime limones para hacer limonada. La receta lleva $\frac{5}{8}$ de taza de jugo de limón. A la derecha se muestra la cantidad que exprimió Tania. ¿Qué fracción de una taza de jugo de limón le falta exprimir a Tania?

$\frac{3}{8}$ de taza

Resta las fracciones para hallar la diferencia.

B Una manera

Halla $\frac{5}{8} - \frac{3}{8}$ usando una relación entre la suma y la resta.

Descompón $\frac{5}{8}$ en partes.
Escribe una ecuación de suma relacionada:
$\frac{5}{8} = \frac{2}{8} + \frac{3}{8}$.

Escribe una ecuación de resta relacionada:
$\frac{5}{8} - \frac{3}{8} = \frac{2}{8}$.

C Otra manera

Halla $\frac{5}{8} - \frac{3}{8}$ usando un método general.

$$\frac{5}{8} - \frac{3}{8} = n$$

Resta los numeradores. Escribe la diferencia sobre el mismo denominador.

$$\frac{5}{8} - \frac{3}{8} = \frac{5-3}{8} = \frac{2}{8}$$

$\frac{2}{8}$ es equivalente a $\frac{1}{4}$. Tania necesita exprimir $\frac{1}{4}$ de taza más de jugo limón.

¡Convénceme! Razonar En el problema anterior, supón que Tania decidió duplicar la cantidad de limonada que quiere preparar. ¿Cuánto jugo de limón más necesita exprimir Tania entonces?

Nombre _____

Práctica guiada

¿Lo entiendes?

1. **Evaluar el razonamiento** Jesse tiene una botella que contiene $\frac{7}{10}$ de litro de agua. Bebe $\frac{2}{10}$ de litro. Jesse dice que le queda $\frac{1}{2}$ litro. ¿Tiene razón? Explícalo.

2. Resta $\frac{4}{10}$ a $\frac{9}{10}$. ¿Qué oración de suma puedes usar para comprobar tu respuesta?

¿Cómo hacerlo?

Resta las fracciones en los Ejercicios **3** a **10**.

3. $\frac{2}{3} - \frac{1}{3}$ 4. $\frac{3}{4} - \frac{2}{4}$

5. $\frac{5}{6} - \frac{2}{6}$ 6. $\frac{9}{12} - \frac{3}{12}$

7. $\frac{9}{8} - \frac{3}{8}$ 8. $\frac{17}{10} - \frac{9}{10}$

9. $\frac{4}{8} - \frac{1}{8}$ 10. $\frac{1}{2} - \frac{1}{2}$

Práctica independiente

Práctica al nivel Resta las fracciones en los Ejercicios **11** a **18**.

11. $\frac{5}{6} - \frac{1}{6}$

12. $\frac{8}{100} - \frac{3}{100}$

13. $\frac{3}{4} - \frac{1}{4}$

14. $\frac{6}{8} - \frac{4}{8}$

15. $\frac{5}{6} - \frac{4}{6}$

16. $\frac{40}{10} - \frac{20}{10}$

17. $\frac{80}{100} - \frac{40}{100}$

18. $\frac{19}{10} - \frac{8}{10}$

*Puedes encontrar otro ejemplo en el Grupo B, página 533.

Resolución de problemas

19. Joey corrió $\frac{1}{4}$ de milla en la mañana y $\frac{1}{4}$ de milla más de lo que corrió a la mañana por la tarde. Si quiere correr una milla completa, ¿cuánto más tiene que correr Joey? Escribe ecuaciones para explicarlo.

20. Razonar Escribe para explicar en qué se parece restar $\frac{4}{5} - \frac{3}{5}$ a restar $4 - 3$.

21. Razonamiento de orden superior Se muestran las banderas de los 5 países nórdicos. ¿Qué fracción describe cuántas banderas más tienen 2 colores en lugar de 3?

Primero, halla cuántas banderas hay en total, luego, halla cuántas banderas de 2 colores y de 3 colores hay.

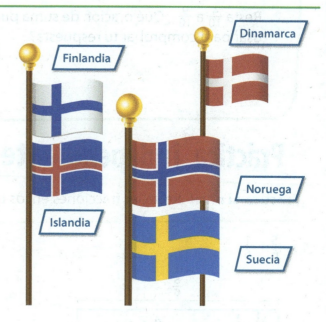

✓ Evaluación

22. Una tiza mide $\frac{9}{10}$ de centímetro de longitud. Brian corta un trozo de $\frac{6}{10}$ de centímetro de longitud. ¿Cuánto mide el trozo de tiza que queda? Escribe y resuelve una ecuación.

$\frac{9}{10}$ de centímetro

| n | $\frac{6}{10}$ |

23. Marietta horneó un pastel de pollo. Sirve $\frac{2}{3}$ del pastel en una cena. ¿Cuánto queda del pastel? Escribe y resuelve una ecuación.

$\frac{3}{3}$

| $\frac{2}{3}$ | n |

Nombre _____

Tarea y práctica 9-5
Restar fracciones con el mismo denominador

¡Revisemos!

Flora necesita $\frac{2}{8}$ de taza de harina más para preparar una masa. La receta de la masa lleva $\frac{6}{8}$ de taza de harina. ¿Cuántas tazas de harina ya tiene Flora?

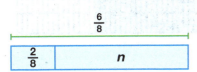

Resta los numeradores. Escribe la diferencia sobre el mismo denominador.

$\frac{6}{8} - \frac{2}{8} = \frac{4}{8}$

Flora tiene $\frac{4}{8}$ de taza de harina.

Los diagramas de barras te pueden ayudar a representar el problema.

Resta las fracciones en los Ejercicios 1 a 10.

1. $\frac{6}{8} - \frac{3}{8}$

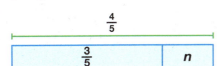

2. $\frac{4}{6} - \frac{1}{6}$

3. $\frac{4}{5} - \frac{3}{5}$

4. $\frac{3}{6} - \frac{1}{6}$

5. $\frac{97}{100} - \frac{40}{100}$

6. $\frac{5}{8} - \frac{1}{8}$

7. $\frac{10}{10} - \frac{9}{10}$

8. $\frac{17}{12} - \frac{5}{12}$

9. $\frac{33}{100} - \frac{4}{100}$

10. $\frac{50}{100} - \frac{10}{100}$

11. **Representar con modelos matemáticos** Un ingeniero debía trazar una línea recta de exactamente $\frac{7}{10}$ de centímetro de longitud. Cometió un error y trazó la línea de $\frac{9}{10}$ de centímetro de longitud. ¿Cuánto más larga de lo necesario es la línea que trazó el ingeniero? Escribe una ecuación.

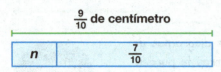

12. Un mural con mosaicos está dividido en 100 secciones iguales. Si 30 secciones están reservadas para azulejos anaranjados y 40 secciones están reservadas para azulejos azules, ¿qué fracción de la pared queda para otros colores?

13. **Sentido numérico** Jonah piensa en un número de 2 dígitos. Es un múltiplo de 6 y de 12. Es un factor de 108. La suma de sus dígitos es 9. ¿En qué número piensa Jonah?

14. En una bolsa de 100 globos, 12 son rojos y 13 son verdes. ¿Qué fracción de los globos de la bolsa **NO** son rojos o verdes?

15. **Matemáticas y Ciencias** El código Morse es una manera de transmitir texto usando una serie de puntos o rayas. Se muestra la palabra "Suma" en inglés, escrita en código Morse. ¿Qué fracción de las figuras son puntos en esa palabra en código Morse?

16. **Razonamiento de orden superior** Diego comparó las diferencias de $\frac{10}{10} - \frac{1}{10}$ y $\frac{100}{100} - \frac{10}{100}$. Dice que las dos diferencias son $\frac{9}{10}$. ¿Diego tiene razón? Explícalo.

Evaluación

17. $\frac{5}{8}$ de las canicas de Marie son rojas y $\frac{2}{8}$ son azules. El resto de las canicas son blancas. Dibuja un modelo para representar las canicas de Marie. Escribe y resuelve ecuaciones para hallar la fracción de las canicas que son blancas.

Nombre _____

Resuélvelo y coméntalo

A Sebastián le quedan $\frac{6}{8}$ de la carga completa de su teléfono. Usa $\frac{2}{8}$ de la carga completa jugando un juego. ¿Qué fracción de la carga completa le queda? *Resuelve este problema de la manera que prefieras.*

Lección 9-6
Sumar y restar fracciones con el mismo denominador

Puedo...
usar una recta numérica para sumar y restar fracciones cuando las fracciones se refieren al mismo entero.

También puedo escoger y usar una herramienta matemática para resolver problemas.

Puedes usar herramientas apropiadas, como una recta numérica, para representar este problema.

¡Vuelve atrás! **Razonar** Escribe una fracción que sea equivalente a la cantidad de la carga completa que usó Sebastián al jugar el juego.

¿Cómo se suman y restan fracciones en una recta numérica?

A

Mary monta su bicicleta $\frac{2}{10}$ de milla para acompañar a su amiga Marcy a la práctica de futbol. Juntas recorren $\frac{5}{10}$ de milla hasta el campo de futbol. ¿Cuál es la distancia desde la casa de Mary hasta el campo de futbol?

Puedes usar saltos en una recta numérica para sumar y restar fracciones.

casa de Mary — casa de Marcy — campo de futbol

$\frac{2}{10}$ de milla $\frac{5}{10}$ de milla

B Usa una recta numérica para mostrar $\frac{2}{10} + \frac{5}{10}$.

Dibuja una recta numérica de décimos. Halla $\frac{2}{10}$ en la recta numérica.

Para sumar, muévete $\frac{5}{10}$ hacia la derecha.

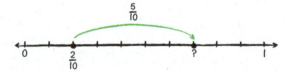

Cuando sumas, debes moverte hacia la derecha en la recta numérica.

C Escribe la ecuación de la suma.

Suma los numeradores. Escribe la suma sobre el mismo denominador.

$$\frac{2}{10} + \frac{5}{10} = \frac{2+5}{10} = \frac{7}{10}$$

La distancia desde la casa de Mary hasta el campo de futbol es $\frac{7}{10}$ de milla.

¡Convénceme! **Usar herramientas apropiadas** Usa la siguiente recta numérica para hallar $\frac{5}{8} + \frac{2}{8}$. ¿Puedes también usar la recta numérica para hallar $\frac{5}{8} - \frac{2}{8}$? Explícalo.

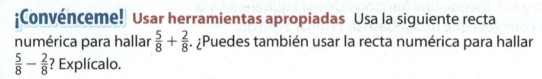

Nombre _____

Otro ejemplo

Halla $\frac{6}{8} - \frac{4}{8}$.

Empieza en $\frac{6}{8}$. Para restar, muévete $\frac{4}{8}$ hacia la izquierda. El punto final es $\frac{2}{8}$.

Por tanto, $\frac{6}{8} - \frac{4}{8} = \frac{2}{8}$.

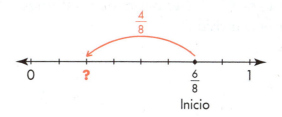

Práctica guiada

¿Lo entiendes?

1. En el ejemplo anterior, ¿cómo se ilustra el denominador en la recta numérica?

2. **Representar con modelos matemáticos** Dibuja una recta numérica para representar $\frac{3}{12} + \frac{5}{12}$.

¿Cómo hacerlo?

Escribe la ecuación que se muestra en la recta numérica en los Ejercicios **3** y **4**.

3.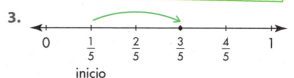

4.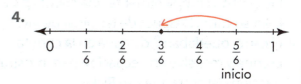

Práctica independiente

Escribe la ecuación que se muestra en las rectas numéricas en los Ejercicios **5** a **8**.

5.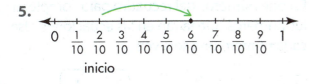

6.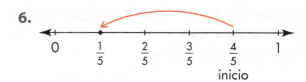

7.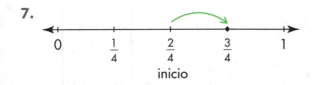

8.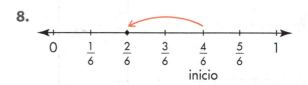

*Puedes encontrar otro ejemplo en el Grupo C, página 533.

Resolución de problemas

9. Sentido numérico ¿Cómo sabes que el cociente de 639 ÷ 6 es mayor que 100 antes de hacer la división?

10. Razonar María ahorró $\frac{1}{4}$ de su mesada. Tomás ahorró $\frac{1}{6}$ de su mesada. ¿Quién ahorró una mayor parte de su mesada? Explica tu razonamiento.

11. Isaac comenzó su recorrido en bicicleta en el inicio de la ruta. Llegó al área de picnic y siguió hacia la torre de observación. Si Isaac recorrió un total de $\frac{10}{4}$ millas, ¿cuánto más recorrió pasando la torre de observación?

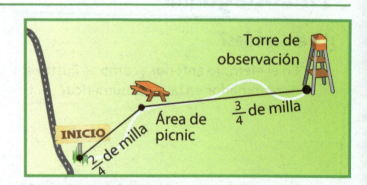

12. Representar con modelos matemáticos Ricky llenó completamente una cubeta para lavar su carro. Después de terminar de lavar el carro, quedaban $\frac{5}{8}$ de agua en la cubeta. Escribe y resuelve una ecuación para mostrar la fracción del agua que usó Ricky.

13. Razonamiento de orden superior Sarah y Jenny corren una carrera de resistencia de una hora. Sarah corrió $\frac{2}{6}$ de hora antes de pasarle el testigo a Jenny. Jenny corrió $\frac{3}{6}$ de hora y luego le pasó el testigo de vuelta a Sarah. ¿Qué fracción de hora le falta correr a Sarah para completar la carrera?

Evaluación

14. Escoge números del recuadro para completar los números que faltan en las ecuaciones. Usa cada número una sola vez.

a. $\frac{\square}{4} + \frac{2}{\square} = \frac{3}{4}$

b. $\frac{8}{12} - \frac{\square}{12} = \frac{2}{\square}$

c. $\frac{\square}{8} + \frac{2}{\square} = \frac{5}{8}$

1	3
4	6
8	12

15. Escoge números del recuadro para completar los números que faltan en las ecuaciones. Usa cada número una sola vez.

a. $\frac{3}{10} + \frac{\square}{10} = \frac{9}{\square}$

b. $\frac{9}{12} - \frac{6}{\square} = \frac{\square}{12}$

c. $\frac{1}{4} + \frac{\square}{4} = \frac{3}{\square}$

2	3
4	6
10	12

Nombre _____

Tarea y práctica 9-6
Sumar y restar fracciones con el mismo denominador

¡Revisemos!

Quedaban 7 porciones de un pastel de manzana dividido en octavos. Katie y 3 de sus amigos comieron una porción cada uno de lo que quedaba del pastel. Calcula $\frac{7}{8} - \frac{4}{8}$ para hallar cuánto queda del pastel ahora.

Resta para hallar cuánto queda del pastel.

Lo que muestras

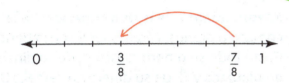

Lo que escribes

$$\frac{7}{8} - \frac{4}{8} = \frac{3}{8}$$

Queda $\frac{3}{8}$ del pastel.

Escribe la ecuación que se muestra en la recta numérica en los Ejercicios **1** a **4**.

1.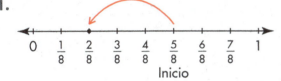

2.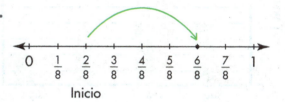

3.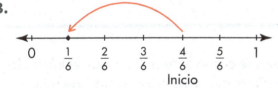

4.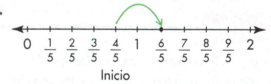

Suma o resta las fracciones en los Ejercicios **5** a **13**. Usa una recta numérica, si es necesario.

5. $\frac{2}{6} + \frac{1}{6}$

6. $\frac{7}{12} - \frac{2}{12}$

7. $\frac{1}{8} + \frac{5}{8}$

8. $\frac{1}{4} + \frac{3}{4}$

9. $\frac{9}{10} - \frac{3}{10}$

10. $\frac{2}{3} + \frac{3}{3}$

11. $\frac{4}{5} + \frac{3}{5}$

12. $\frac{9}{8} - \frac{6}{8}$

13. $\frac{1}{3} + \frac{5}{3}$

14. Robbie dibujó la siguiente recta numérica para hallar $\frac{4}{5} - \frac{1}{5}$. Explica por qué no tiene razón.

15. **Razonar** Kayla usó $\frac{4}{10}$ de su mesada para comprar yogur y $\frac{5}{10}$ de su mesada para ir a patinar. ¿Qué fracción de su mesada le queda? Explícalo.

16. ¿Qué niño bebió más jugo en total? ¿Cuánto jugo bebió ese niño?

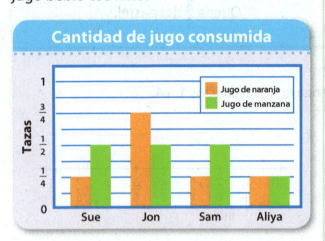

17. **Razonamiento de orden superior** Sofía compró plátanos, cereal y leche en la tienda. Gastó todo su dinero. Gastó $\frac{3}{10}$ de su dinero en plátanos y $\frac{4}{10}$ de su dinero en cereal. ¿Qué fracción de dinero gastó en leche? Escribe ecuaciones y resuélvelas.

✓ Evaluación

18. El equipo de construcción de Val tenía que construir un marco de $\frac{7}{10}$ de metro de longitud. Construyeron el marco con $\frac{2}{10}$ de metro de longitud de más. ¿Qué longitud del marco construyó el equipo de Val? Usa cada fracción del recuadro una sola vez para completar los números que faltan en la recta numérica.

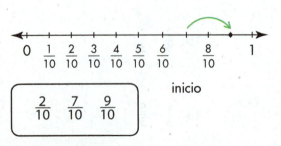

19. Corinne corrió $\frac{5}{6}$ de milla desde el inicio del sendero, dio la vuelta y corrió $\frac{3}{6}$ de milla de regreso. ¿Qué tan lejos está Corinne del inicio del sendero? Usa cada fracción del recuadro una sola vez para completar los números que faltan en la recta numérica.

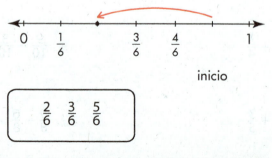

Nombre _____

Resuélvelo y coméntalo

Usa las rectas numéricas para decidir si las sumas son mayores o menores que 1 en los Ejercicios **1** y **2**. Indica cómo lo decidiste.

Usa las rectas numéricas para decidir si las restas son menores que $\frac{1}{2}$ o mayores que $\frac{1}{2}$ en los Ejercicios **3** y **4**. Indica cómo lo decidiste.

Lección 9-7
Estimar sumas y restas de fracciones

Resuelve

Puedo...
usar rectas numéricas y fracciones de referencia para estimar sumas y restas de fracciones.

También puedo razonar sobre las matemáticas.

1. $\frac{5}{8} + \frac{8}{10}$

2. $\frac{1}{8} + \frac{1}{5} + \frac{1}{10}$

3. $\frac{7}{8} - \frac{1}{10}$

4. $\frac{9}{10} - \frac{5}{8}$

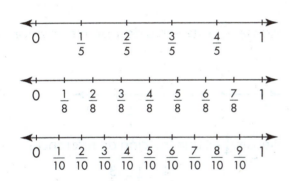

Puedes razonar para pensar en cómo se relacionan las fracciones con 0, $\frac{1}{2}$ y 1.

¡Vuelve atrás! Generalizar ¿Qué fracción de los ejercicios de arriba está cerca de $\frac{1}{2}$? ¿Cómo puedes usar números enteros y fracciones de referencia como $\frac{1}{2}$ para estimar sumas y restas de fracciones?

¿Cómo se puede decidir si una suma o resta de fracciones es razonable?

A

¿Son razonables los siguientes enunciados?

Juntos, Randy y Martha compraron aproximadamente 1 libra de nueces. Fana compró aproximadamente $\frac{1}{4}$ de libra menos que Chuck.

Puedes usar números enteros y fracciones de referencia como $\frac{1}{4}$ y $\frac{1}{2}$ para decidir si una suma o resta de fracciones es razonable.

B ¿Es $\frac{2}{3} + \frac{1}{5}$ aproximadamente 1?

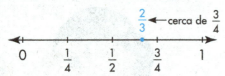

Piensa: $\frac{2}{3}$ está cerca de $\frac{3}{4}$ pero es menor.

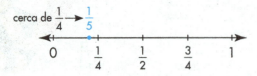

Piensa: $\frac{1}{5}$ está cerca de $\frac{1}{4}$ pero es menor.

$$\frac{3}{4} + \frac{1}{4} = \frac{4}{4}, \text{ o } 1$$

Por tanto, $\frac{2}{3} + \frac{1}{5}$ está cerca de 1 pero es menor. El enunciado es razonable.

C ¿Es $\frac{9}{10} - \frac{1}{4}$ aproximadamente $\frac{1}{4}$?

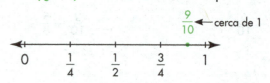

Piensa: $\frac{9}{10}$ está cerca de 1 pero es menor.

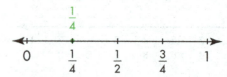

Piensa: $\frac{1}{4}$ es una fracción de referencia.

$$\frac{4}{4} - \frac{1}{4} = \frac{3}{4}$$

Por tanto, $\frac{9}{10} - \frac{1}{4}$ está cerca de $\frac{3}{4}$ pero es menor. El enunciado **NO** es razonable.

¡Convénceme! **Evaluar el razonamiento** Cammy dijo: "Cada uno de estos pasteles es aproximadamente $\frac{1}{2}$. Por tanto, si los junto, tengo aproximadamente 1 pastel entero". ¿Estás de acuerdo con este razonamiento? Explícalo.

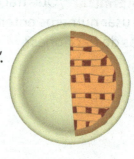
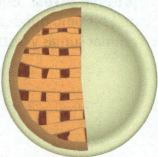

Nombre _____

Práctica guiada

¿Lo entiendes?

1. **Construir argumentos** Usa fracciones de referencia para estimar $\frac{4}{10} + \frac{3}{8}$. Explícalo.

2. **Evaluar el razonamiento** Charlie dijo que $\frac{8}{10} - \frac{1}{5}$ es aproximadamente $\frac{1}{4}$. ¿Estás de acuerdo? Explícalo.

¿Cómo hacerlo?

Usa < o > para completar las ecuaciones en los Ejercicios **3** a **6**. Usa las rectas numéricas, si es necesario.

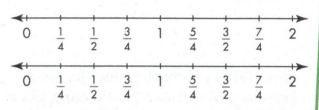

3. $\frac{1}{3} + \frac{1}{2} \bigcirc 1$ 4. $\frac{5}{4} + \frac{2}{4} \bigcirc 2$

5. $\frac{3}{4} - \frac{1}{8} \bigcirc \frac{1}{2}$ 6. $\frac{3}{2} - \frac{1}{4} \bigcirc \frac{1}{2}$

Práctica independiente

Estima si las sumas o restas son razonables en los Ejercicios **7** a **12**. Si **NO** son razonables, estima la suma o la resta.

7. $\frac{1}{10} + \frac{3}{5}$ es aproximadamente 1.

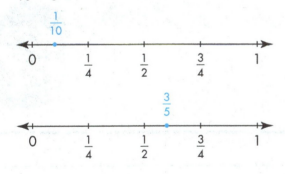

8. $\frac{7}{10} - \frac{2}{5}$ es aproximadamente $\frac{1}{4}$.

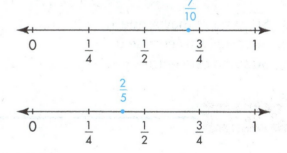

9. $\frac{1}{2} + \frac{2}{3} > 1$

10. $\frac{7}{10} + \frac{2}{3} > 1$

11. $\frac{9}{10} - \frac{1}{8} < \frac{1}{2}$

12. $\frac{4}{5} - \frac{2}{3} < \frac{1}{2}$

Dibuja rectas numéricas para identificar fracciones de referencia, si es necesario.

*Puedes encontrar otro ejemplo en el Grupo D, página 534.

Resolución de problemas

13. Lucy comió $\frac{2}{8}$ de una sandía, Lily comió $\frac{1}{10}$ y Madelyn comió $\frac{1}{5}$. Estima qué parte de la sandía comieron. Explícalo.

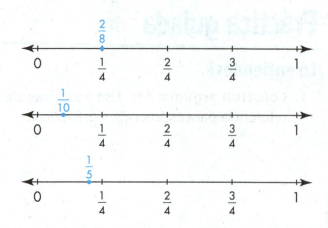

14. Gavin, Olivia y Michael escriben juntos un informe. Gavin escribió $\frac{2}{5}$ del informe, Olivia escribió $\frac{1}{8}$ y Michael escribió $\frac{2}{10}$. Usa rectas numéricas o fracciones de referencia para estimar si aún deben escribir más o menos que $\frac{1}{2}$ de su informe.

15. Entender y perseverar El año pasado la familia Levitz vendió 16 cajas de nueces a $6 la caja. Este año, tienen solo 8 cajas para vender. ¿Cuánto deben cobrar por cada caja para obtener el mismo ingreso que el año pasado? Explícalo.

16. Razonamiento de orden superior Escoge dos fracciones de la lista que cumplan con todas las condiciones.

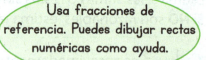

a. Su suma es mayor que 1.
b. Su resta está cerca de 0.
c. Su suma está entre $\frac{1}{2}$ y 1.

Usa fracciones de referencia. Puedes dibujar rectas numéricas como ayuda.

✓ Evaluación

17. Harry llenó $\frac{1}{5}$ de una jarra con agua. Luego, llenó otros $\frac{6}{10}$ de la jarra con agua. Estima qué fracción de la jarra está llena de agua. Usa las rectas numéricas para explicarlo.

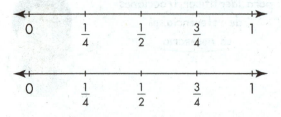

Nombre _____

Tarea y práctica 9-7
Estimar sumas y restas de fracciones

¡Revisemos!

Jake corrió $\frac{1}{10}$ de la distancia a la escuela y caminó $\frac{2}{6}$ de la distancia. Estima qué fracción de la distancia le queda por recorrer a Jake para llegar a la escuela.

Piensa: $\frac{1}{10}$ está cerca pero es mayor que 0.

$\frac{2}{6}$ está cerca pero es mayor que $\frac{1}{4}$.

Usa las fracciones de referencia de las rectas numéricas como ayuda.

$\frac{1}{10} + \frac{2}{6}$ está cerca pero es mayor que $0 + \frac{1}{4} = \frac{1}{4}$.

La distancia total a la escuela es $\frac{4}{4}$, o 1.

$\frac{4}{4} - \frac{1}{4} = \frac{3}{4}$

A Jake aún le falta recorrer cerca, pero menos de $\frac{3}{4}$ de la distancia para llegar a la escuela.

Estima si las sumas o restas son razonables en los Ejercicios **1** a **8**.
Si **NO** son razonables, estima la suma o la resta.

1. $\frac{1}{5} + \frac{5}{8}$ es aproximadamente $\frac{3}{4}$.

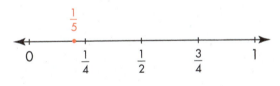

2. $\frac{9}{10} - \frac{2}{5}$ es aproximadamente $\frac{1}{4}$.

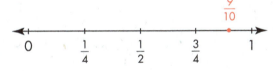
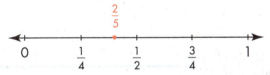

3. $\frac{1}{5} + \frac{1}{2} > 1$

4. $\frac{2}{5} + \frac{2}{3} > 1$

5. $\frac{3}{3} + \frac{4}{3} < 2$

6. $\frac{7}{10} - \frac{2}{5} < \frac{1}{2}$

7. $\frac{9}{10} - \frac{1}{3} < \frac{1}{2}$

8. $\frac{7}{6} - \frac{1}{2} > 1$

9. **Representar con modelos matemáticos** Elena comió $\frac{2}{8}$ de una pizza y Dylan comió $\frac{1}{5}$. Usa las rectas numéricas y fracciones de referencia para estimar cuánta pizza comieron. Explícalo.

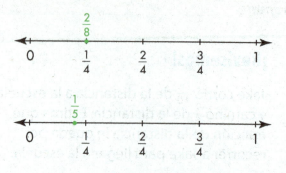

10. La abuela de Kayla está tejiendo una gorrita para un bebé. Tejió $\frac{1}{5}$ de la gorra ayer por la mañana. Para la noche, había tejido $\frac{7}{10}$ de la gorra. Estima qué parte de la gorra tejió durante la tarde.

11. **Matemáticas y Ciencias** Se pueden usar tambores para comunicarse. Si alguien toca el tambor 240 veces en un mensaje, ¿cuántos golpes de tambor dará si transmite dos veces el mensaje?

12. En un collar con cuentas, $\frac{3}{12}$ de las cuentas son azules y $\frac{1}{3}$ es verde. Usa fracciones de referencia para estimar aproximadamente qué fracción de las cuentas son azules o verdes. Explícalo.

13. **Razonamiento de orden superior** Jonathan gasta $\frac{2}{8}$ de su dinero en alimentos, $\frac{1}{5}$ de su dinero en combustible y $\frac{2}{10}$ de su dinero en ropa. Estima qué fracción de su dinero le queda a Jonathan. Explícalo.

✓ Evaluación

14. La botella de champú de Margaret está llena hasta $\frac{7}{8}$. Margaret usa $\frac{1}{3}$ del champú que hay en la botella para bañar al perro. Estima qué fracción del champú queda. Usa números enteros y fracciones de referencia para explicarlo.

Puedes dibujar una recta numérica para hallar fracciones de referencia.

Nombre _____

Resuélvelo y coméntalo

Tory está cortando panes en cuartos. Necesita envolver $3\frac{3}{4}$ panes para llevar a una comida y $1\frac{2}{4}$ panes para una venta de pasteles. ¿Cuántos panes necesita envolver Tory para la comida y la venta de pasteles? *Resuelve este problema de la manera que prefieras*.

Lección 9-8
Representar la suma y la resta de números mixtos

Puedo...
usar modelos y fracciones equivalentes como ayuda para sumar y restar números mixtos.

También puedo escoger y usar una herramienta matemática para resolver problemas.

Puedes seleccionar herramientas como tiras de fracciones o rectas numéricas para sumar números mixtos.

¡Vuelve atrás! **Razonar** ¿Cómo puedes estimar la suma del ejercicio anterior?

Pregunta esencial: ¿Cómo se pueden sumar o restar números mixtos?

A

Bill tiene 2 tablas para hacer marcos para fotos. ¿Cuál es la longitud total de las dos tablas? ¿Cuánto más larga es una tabla que la otra?

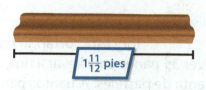

Puedes usar la suma para hallar la longitud total de las dos tablas.

Puedes usar la resta para hallar cuánto más larga es una tabla que la otra.

B

Usa tiras de fracciones para representar $2\frac{5}{12} + 1\frac{11}{12}$.

Suma las partes fraccionarias: $\frac{5}{12} + \frac{11}{12} = \frac{16}{12}$.

Vuelve a expresar $\frac{16}{12}$ como $1\frac{4}{12}$.

Suma las partes de los números enteros: $2 + 1 = 3$.

Luego, suma la suma de las partes de los números enteros y la suma de las partes fraccionarias.

$3 + 1\frac{4}{12} = 4\frac{4}{12}$

Por tanto, $2\frac{5}{12} + 1\frac{11}{12} = 4\frac{4}{12}$ pies.

C

Usa una recta numérica para representar $2\frac{5}{12} - 1\frac{11}{12}$.

Marca el número al que le restas, $2\frac{5}{12}$.

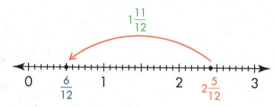

Para restar, muévete $1\frac{11}{12}$ a la izquierda en la recta numérica.

Escribe la diferencia como una fracción: $\frac{6}{12}$.

Por tanto, $2\frac{5}{12} - 1\frac{11}{12} = \frac{6}{12}$ de pie.

¡Convénceme! **Usar herramientas apropiadas** Supón que las tablas de Bill miden $2\frac{11}{12}$ pies y $1\frac{5}{12}$ pies. ¿Cuál sería la longitud total de las dos tablas? ¿Cuánto más larga sería una tabla que la otra? Usa tiras de fracciones o dibuja rectas numéricas para mostrar tu trabajo.

Nombre _____

★ Práctica guiada

¿Lo entiendes?

1. **Construir argumentos** Cuando sumas números mixtos, ¿siempre es necesario volver a expresar la suma fraccionaria? Explícalo.

¿Cómo hacerlo?

Usa tiras de fracciones o rectas numéricas para hallar las sumas o las restas en los Ejercicios **2** a **5**.

2. $1\frac{2}{5} + 2\frac{4}{5}$ 3. $1\frac{1}{4} + 2\frac{3}{4}$

4. $4\frac{2}{3} - 2\frac{1}{3}$ 5. $4\frac{1}{4} - 3\frac{3}{4}$

★ Práctica independiente

Usa los modelos para hallar la suma o la diferencia en los Ejercicios **6** a **9**.

6. $2\frac{1}{4} - 1\frac{3}{4}$

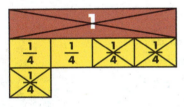

7. $1\frac{2}{3} + 2\frac{2}{3}$

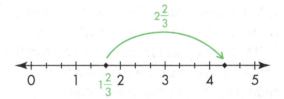

8. $2\frac{3}{4} - 1\frac{3}{4}$

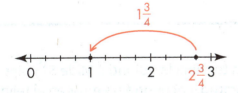

9. $1\frac{3}{6} + 1\frac{3}{6}$

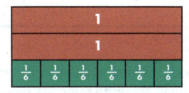

Usa tiras de fracciones o rectas numéricas para hallar las sumas o las restas en los Ejercicios **10** a **17**.

10. $2\frac{3}{5} + 1\frac{3}{5}$ 11. $4\frac{5}{12} + 1\frac{7}{12}$ 12. $4\frac{9}{10} + 3\frac{7}{10}$ 13. $5\frac{3}{4} + 2\frac{3}{4}$

14. $12\frac{3}{8} - 9\frac{5}{8}$ 15. $8\frac{1}{3} - 7\frac{2}{3}$ 16. $13\frac{7}{8} - 10\frac{7}{8}$ 17. $3\frac{1}{4} - 2\frac{3}{4}$

*Puedes encontrar otro ejemplo en el Grupo E, página 534.

Resolución de problemas

18. Usar herramientas apropiadas Kit dijo: "En las vacaciones de verano, pasé $1\frac{1}{2}$ semanas con mi abuela y una semana más con mi tía que con mi abuela". ¿Cuántas semanas pasó con su abuela y con su tía? Usa tiras de fracciones o rectas numéricas para hallar la suma.

19. Usar herramientas apropiadas Si Kit pasó $3\frac{1}{2}$ semanas en clase de natación, ¿cuánto más tiempo que en clase de natación pasó Kit visitando a la familia? Usa tiras de fracciones o rectas numéricas para hallar la resta.

20. Hannah usó $1\frac{5}{8}$ galones de pintura para el cielorraso y algunos galones de pintura para las paredes. Hannah usó 6 galones de pintura en total. ¿Cuánta pintura usó Hannah para las paredes?

21. Un furlong es una unidad de longitud que aún se usa en las carreras de caballos y en agricultura. Una carrera de 8 furlongs es 1 milla. Un furlong mide 660 pies. ¿Cuántos pies hay en 1 milla?

22. Razonamiento de orden superior Una receta lleva $1\frac{2}{3}$ tazas de azúcar morena para las barras de granola y $1\frac{1}{3}$ tazas de azúcar morena para la cobertura. Dara tiene $3\frac{1}{4}$ tazas de azúcar morena. ¿Tiene suficiente azúcar morena para hacer las barras de granola y la cobertura? Explícalo.

Puedes usar tiras de fracciones o una recta numérica para comparar cantidades.

✓ Evaluación

23. Megan teje una bufanda. Hasta el momento ha tejido $2\frac{7}{12}$ pies. Necesita tejer $2\frac{11}{12}$ pies más. ¿Qué expresión puede usar Megan para hallar la longitud de la bufanda terminada?

Ⓐ $2\frac{7}{12} + 2\frac{11}{12}$

Ⓑ $2\frac{5}{12} + 2\frac{7}{12}$

Ⓒ $7\frac{1}{12} + 11\frac{1}{12}$

Ⓓ $4 + \frac{11}{12}$

24. Megan termina la bufanda. Mide $5\frac{6}{12}$ pies de longitud. Encuentra un error en el tejido y desteje $2\frac{4}{12}$ pies para corregir el error. ¿Cuánto mide ahora la bufanda?

Ⓐ $8\frac{10}{12}$ pies

Ⓑ $5\frac{4}{12}$ pies

Ⓒ $3\frac{2}{12}$ pies

Ⓓ $1\frac{4}{12}$ pies

Nombre _____

Tarea y práctica 9-8
Representar la suma y la resta de números mixtos

¡Revisemos!

Puedes usar tiras de fracciones o rectas numéricas para representar la suma y la resta de números mixtos.

Usa una recta numérica para hallar $1\frac{7}{8} + 2\frac{3}{8}$.

Usa una recta numérica de octavos. Comienza en $1\frac{7}{8}$.

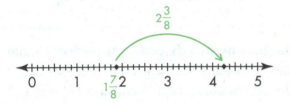

Para sumar, muévete $2\frac{3}{8}$ a la derecha.

Escribe la suma como una fracción o como un número mixto.

Por tanto, $1\frac{7}{8} + 2\frac{3}{8} = 4\frac{2}{8}$.

Usa tiras de fracciones para hallar $2\frac{1}{5} - 1\frac{2}{5}$.

Representa el número al que le restas, $2\frac{1}{5}$.

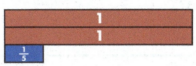

Vuelve a expresar $2\frac{1}{5}$ como $1\frac{6}{5}$. Marca con una X un entero y $\frac{2}{5}$ para representar la resta de $1\frac{2}{5}$.

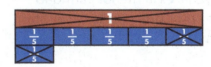

Escribe la diferencia como una fracción.

Por tanto, $2\frac{1}{5} - 1\frac{2}{5} = \frac{4}{5}$.

Usa tiras de fracciones o rectas numéricas para hallar las sumas o las diferencias en los Ejercicios **1** a **9**.

1. $3\frac{1}{2} + 1\frac{1}{2}$

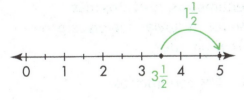

2. $3\frac{3}{4} - 2\frac{1}{4}$

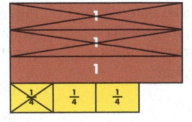

3. $1\frac{3}{4} + 1\frac{3}{4}$

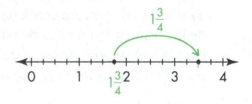

4. $3\frac{4}{5} - 1\frac{2}{5}$

5. $5\frac{2}{6} + 3\frac{5}{6}$

6. $10\frac{2}{8} - 7\frac{5}{8}$

7. $2\frac{5}{12} + 4\frac{3}{12}$

8. $12\frac{1}{3} - 5\frac{2}{3}$

9. $2\frac{2}{4} + 6\frac{3}{4}$

Usa la tabla de la derecha en los Ejercicios **10** a **12**.

10. ¿Cuántas pulgadas más largo es un escarabajo hércules que una mariquita?

11. ¿Cuál es la diferencia entre el escarabajo ciervo volante más largo y el más corto?

12. ¿Cuánto miden un escarabajo hércules y una mariquita juntos?

Escarabajos según la longitud

Escarabajo	Longitud en pulgadas
Escarabajo hércules	$6\frac{3}{4}$
Mariquita	$\frac{1}{4}$
Escarabajo ciervo volante	$1\frac{1}{8}$ a $2\frac{4}{8}$

---

13. Stan necesita 90 puntos para obtener una calificación que le permita aprobar la clase. Ya tiene 6 puntos. Si cada informe de un libro vale 7 puntos, ¿cuál es la menor cantidad de informes de libros que puede hacer Stan para aprobar la clase?

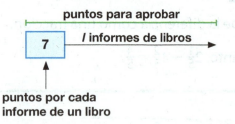

14. Razonamiento de orden superior Nicole, Tasha, María y Joan caminan a la escuela desde sus casas. Nicole camina $1\frac{11}{12}$ millas. Tasha camina $2\frac{1}{12}$ millas. María camina $1\frac{7}{12}$ millas. Joan camina $2\frac{2}{12}$ millas. ¿Cómo puedes hallar cuánto más camina Joan que María para llegar a la escuela?

✓ Evaluación

15. Alyssa usó $1\frac{2}{3}$ galones de pintura blanca para pintar el cielorraso de su cocina y $1\frac{2}{3}$ galones de pintura blanca para su dormitorio. Usó $3\frac{2}{3}$ galones de pintura verde para las paredes de la cocina y $1\frac{2}{3}$ galones de pintura amarilla para las de su dormitorio. ¿Cuánta más pintura blanca que verde usó Alyssa?

Ⓐ $\frac{1}{3}$ de galón
Ⓑ $\frac{2}{3}$ de galón
Ⓒ 1 galón
Ⓓ 2 galones

16. El pluviómetro de Jerome muestra que el mes pasado cayeron $13\frac{9}{10}$ centímetros de lluvia. Este mes, el pluviómetro midió $15\frac{3}{10}$ centímetros. ¿Cuántos más centímetros de lluvia cayeron este mes que el mes pasado?

Ⓐ $29\frac{1}{5}$ centímetros
Ⓑ $15\frac{3}{10}$ centímetros
Ⓒ $2\frac{2}{5}$ centímetros
Ⓓ $1\frac{4}{10}$ centímetros

Nombre

Resuélvelo y coméntalo

Joaquín usó $1\frac{3}{6}$ tazas de jugo de manzana y $1\frac{4}{6}$ tazas de jugo de naranja para una receta de refresco. ¿Cuánto jugo usó Joaquín? *Resuelve este problema de la manera que prefieras.*

Lección 9-9
Sumar números mixtos

Puedo...
usar fracciones equivalentes y las propiedades de las operaciones para sumar números mixtos con el mismo denominador.

También puedo hacer generalizaciones a partir de ejemplos.

$1\frac{3}{6}$ tazas de jugo de manzana

$1\frac{4}{6}$ tazas de jugo de naranja

Haz generalizaciones. Puedes usar lo que sabes sobre sumar fracciones para resolver este problema.

¡Vuelve atrás! Razonar Sin resolver el problema, razona para estimar la suma. ¿Será la suma mayor o menor que 3? ¿Cuánto mayor o menor? Explícalo.

Pregunta esencial: ¿Cómo se pueden sumar números mixtos?

A

Brenda mezcla arena con $2\frac{7}{8}$ tazas de tierra para macetas para preparar tierra para su planta. Una vez mezcladas, ¿cuántas tazas de tierra tendrá Brenda?

$1\frac{3}{8}$ tazas de arena

Puedes usar las propiedades de las operaciones para sumar números mixtos. Cuando descompones un número mixto para sumar, usas las propiedades conmutativa y asociativa.

B Halla $2\frac{7}{8} + 1\frac{3}{8}$ descomponiendo números mixtos.

$$2\frac{7}{8} + 1\frac{3}{8} = (2 + 1) + \left(\frac{7}{8} + \frac{3}{8}\right)$$

Suma las fracciones.   Luego, suma los números enteros.

$2\frac{7}{8}$ $2\frac{7}{8}$
$+1\frac{3}{8}$ $+1\frac{3}{8}$
$\overline{\frac{10}{8}}$ $\overline{3\frac{10}{8}}$

Escribe la fracción como un número mixto.

$3\frac{10}{8} = 3 + \frac{8}{8} + \frac{2}{8} = 4\frac{2}{8}$

C Halla $2\frac{7}{8} + 1\frac{3}{8}$ sumando fracciones equivalentes.

$2\frac{7}{8} = 2 + \frac{7}{8} = \frac{16}{8} + \frac{7}{8} = \frac{23}{8}$

$1\frac{3}{8} = 1 + \frac{3}{8} = \frac{8}{8} + \frac{3}{8} = \frac{11}{8}$

$\frac{23}{8} + \frac{11}{8} = \frac{34}{8}$

Escribe $\frac{34}{8}$ como un número mixto.

$\frac{34}{8} = \frac{8}{8} + \frac{8}{8} + \frac{8}{8} + \frac{8}{8} + \frac{2}{8} = 4\frac{2}{8}$

Brenda tiene $4\frac{2}{8}$ tazas de tierra.

¡Convénceme! **Razonar** ¿En qué se parece sumar números mixtos a sumar fracciones y números enteros?

Nombre _____

Práctica guiada

¿Lo entiendes?

1. Brenda suma $1\frac{1}{8}$ tazas de musgo de turbera a la tierra del problema de la página anterior. ¿Cuánta tierra tiene Brenda ahora? Explícalo.

2. **Entender y perseverar** Usa otra estrategia para hallar la suma de $4\frac{2}{8} + 1\frac{1}{8}$.

¿Cómo hacerlo?

Halla las sumas en los Ejercicios **3** a **8**.

3. $1\frac{7}{8}$
   $+ 1\frac{2}{8}$

4. $2\frac{4}{10}$
   $+ 5\frac{5}{10}$

5. $4\frac{2}{3} + 1\frac{2}{3}$

6. $6\frac{5}{12} + 4\frac{11}{12}$

7. $2\frac{1}{3} + 2\frac{1}{3}$

8. $8\frac{9}{12} + 5\frac{5}{12}$

Práctica independiente

Práctica al nivel Halla las sumas sumando números mixtos o sumando fracciones equivalentes en los Ejercicios **9** a **22**.

9. a. Suma las fracciones.
   b. Suma los números enteros.
   c. Escribe la fracción como un número mixto.

   $1\frac{3}{6}$
   $+ 2\frac{4}{6}$
   $\boxed{} = \boxed{}$

10. a. Escribe los números mixtos como fracciones.
    b. Suma las fracciones.
    c. Escribe la fracción como un número mixto.

    $2\frac{1}{4} = \boxed{}$
    $+ 3\frac{2}{4} = + \boxed{}$
    $\boxed{} = \boxed{}$

11. $2\frac{5}{6}$
    $+ 5\frac{4}{6}$

12. $11\frac{7}{10}$
    $+ 10\frac{9}{10}$

13. $9\frac{7}{8}$
    $+ 7\frac{5}{8}$

14. $5\frac{7}{8}$
    $+ 8\frac{1}{8}$

15. $4\frac{1}{10} + 6\frac{5}{10}$

16. $9\frac{7}{12} + 4\frac{9}{12}$

17. $5 + 3\frac{1}{8}$

18. $8\frac{3}{4} + 7\frac{3}{4}$

19. $2\frac{4}{5} + 7\frac{3}{5}$

20. $3\frac{2}{6} + 8\frac{5}{6}$

21. $1\frac{7}{12} + 2\frac{10}{12}$

22. $3\frac{6}{8} + 9\frac{3}{8}$

Resolución de problemas

> Usa el mapa de la derecha en el Ejercicio 23.

23. a. Halla la distancia desde el comienzo del sendero hasta el final del sendero.

b. Linda caminó desde el inicio del sendero hasta el mirador de aves y volvió. ¿Linda caminó más o menos que si hubiera caminado desde el inicio del sendero hasta el fin?

24. Joe montó en bicicleta $1\frac{9}{12}$ millas desde la casa hasta el lago, luego continuó algunas millas alrededor del lago y regresó a casa. Joe montó en bicicleta $4\frac{9}{12}$ millas en total. ¿Cuántas millas montó Joe en bicicleta alrededor del lago?

25. Razonar El autobús tardó $4\frac{3}{5}$ horas en llegar desde la estación hasta Portland y $3\frac{4}{5}$ horas para llegar desde Portland hasta Seattle. ¿Cuánto tardó el autobús en llegar desde la estación hasta Seattle?

26. Razonamiento de orden superior Un camaleón de Parson macho llega a medir hasta $23\frac{3}{4}$ pulgadas de longitud. Puede extender la lengua hasta $35\frac{1}{4}$ pulgadas. ¿Cuáles son 3 longitudes posibles del camaleón cuando tiene la lengua extendida?

La lengua se puede extender hasta $35\frac{1}{4}$ pulgadas.

✓ Evaluación

27. ¿Cuál es la longitud de un cable alargador que puede hacer Julie uniendo un cable de $22\frac{3}{8}$ pies y un cable de $26\frac{6}{8}$ pies? Marca todas las sumas posibles.

☐ $22\frac{3}{8} + 26\frac{6}{8} = \frac{393}{8}$

☐ $22\frac{3}{8} + 26\frac{6}{8} = 49\frac{9}{12}$

☐ $22\frac{3}{8} + 26\frac{6}{8} = 49\frac{1}{8}$

☐ $22\frac{3}{8} + 26\frac{6}{8} = 48\frac{9}{8}$

☐ $22\frac{3}{8} + 26\frac{6}{8} = 48$

28. Mary da saltos cortos $22\frac{1}{3}$ yardas de un sendero y luego saltos largos $15\frac{2}{3}$ yardas. ¿Qué distancia del sendero hizo Mary? Marca todas las sumas posibles.

☐ $22\frac{1}{3} + 15\frac{2}{3} = 37$

☐ $22\frac{1}{3} + 15\frac{2}{3} = 37\frac{3}{3}$

☐ $22\frac{1}{3} + 15\frac{2}{3} = 38$

☐ $22\frac{1}{3} - 15\frac{2}{3} = 6\frac{2}{3}$

☐ $22\frac{1}{3} + 15\frac{2}{3} = \frac{114}{3}$

Nombre _____

Tarea y práctica 9-9
Sumar números mixtos

¡Revisemos!

Randy jugó al básquetbol $2\frac{5}{6}$ horas el sábado. Jugó $1\frac{3}{6}$ horas el domingo. ¿Cuántas horas jugó Randy al básquetbol el fin de semana?

Sumar números mixtos

a. Suma las fracciones.
b. Suma los números enteros.
c. Escribe la fracción como un número mixto.

$$2\frac{5}{6} + 1\frac{3}{6} = 3\frac{8}{6} = 4\frac{2}{6}$$

Randy jugó al básquetbol $4\frac{2}{6}$ horas el fin de semana.

Sumar fracciones

a. Escribe los números mixtos como fracciones.
b. Suma las fracciones.
c. Escribe la fracción como un número mixto.

$$2\frac{5}{6} = \frac{17}{6}$$
$$+ 1\frac{3}{6} = +\frac{9}{6}$$
$$\frac{26}{6} = 4\frac{2}{6}$$

Puedes sumar números mixtos con el mismo denominador usando las propiedades de las operaciones.

Halla las sumas sumando números mixtos o sumando fracciones equivalentes en los Ejercicios **1** a **12**.

1. $2\frac{10}{12} + 3\frac{3}{12}$

2. $1\frac{3}{8} + 6\frac{6}{8}$

3. $5\frac{4}{10} + 4\frac{2}{10}$

4. $10\frac{2}{6} + \frac{3}{6}$

5. $3\frac{3}{12} + 6\frac{8}{12}$

6. $1\frac{2}{5} + 3\frac{1}{5}$

7. $2\frac{10}{12} + 3\frac{9}{12}$

8. $7\frac{2}{6} + 8\frac{5}{6}$

9. $4\frac{3}{4} + 2\frac{2}{4}$

10. $11\frac{9}{10} + 3\frac{2}{10}$

11. $5\frac{8}{12} + 3\frac{5}{12}$

12. $21\frac{11}{12} + 17\frac{5}{12}$

13. **Vocabulario** Usa las palabras de vocabulario *número mixto* y *fracciones* para completar la oración.

Cuando sumas números mixtos, primero sumas las _____, luego sumas los números enteros. Por último, escribes el

_____.

14. **Evaluar el razonamiento** Alan usó 9 como una estimación de $3\frac{7}{10} + 5\frac{4}{10}$. Sumó y obtuvo $9\frac{1}{10}$ como suma real. ¿Es razonable la respuesta de Alan?

15. Ruth necesita $2\frac{1}{4}$ tazas de harina para una receta de pastel y $2\frac{3}{4}$ tazas de harina para otra receta de pastel. Si prepara los dos pasteles, ¿cuánta harina necesita Ruth en total?

16. Una "piedra" es una antigua unidad de peso que se usaba en Irlanda e Inglaterra para medir las papas. Una piedra son 14 libras y 80 piedras son la mitad de una "tonelada larga". ¿Cuántas libras hay en media tonelada larga?

17. **Razonamiento de orden superior** Tirzah quiere colocar una valla alrededor de su jardín. Tiene 22 yardas de material para vallas. ¿Tiene Tirzah suficiente para dar toda la vuelta alrededor del jardín?

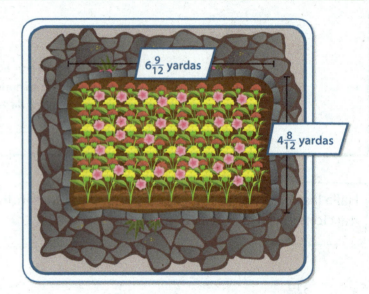

$6\frac{9}{12}$ yardas

$4\frac{8}{12}$ yardas

Evaluación

18. Pookie pesa $12\frac{7}{8}$ libras. Rascal pesa $13\frac{3}{8}$ libras. ¿Cuál es el peso total de los dos gatos? Marca todas las sumas posibles.

    ☐ $26\frac{2}{8}$ libras
    ☐ $26\frac{1}{4}$ libras
    ☐ $\frac{210}{8}$ libras
    ☐ $13\frac{3}{8}$ libras
    ☐ $12\frac{7}{8}$ libras

19. Rex pesa $30\frac{1}{4}$ libras. Buckey pesa $50\frac{2}{4}$ libras. ¿Cuál es el peso total de los dos perros? Marca todas las sumas posibles.

    ☐ $20\frac{1}{4}$ libras
    ☐ 80 libras
    ☐ $80\frac{3}{4}$ libras
    ☐ $\frac{323}{4}$ libras
    ☐ 81 libras

Nombre

Resuélvelo y coméntalo

Evan camina $2\frac{1}{8}$ millas a la casa de su tía. Ya caminó $\frac{6}{8}$ de milla. ¿Cuánto más tiene que caminar Evan? **Resuelve este problema de la manera que prefieras.**

Lección 9-10
Restar números mixtos

Puedo...
usar fracciones equivalentes, las propiedades de las operaciones y la relación entre la suma y la resta para restar números mixtos con el mismo denominador.

También puedo hacer generalizaciones a partir de ejemplos.

Haz generalizaciones. Puedes usar lo que sabes sobre restar fracciones para resolver este problema.

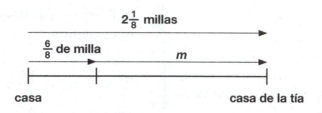

¡Vuelve atrás! **Evaluar el razonamiento** Sarah halló que a Evan le falta caminar $2\frac{7}{8}$ millas. ¿Es razonable la respuesta de Sarah? Haz una estimación para explicarlo.

¿Cómo se pueden restar números mixtos?

A

Una bola de golf mide aproximadamente $1\frac{4}{6}$ pulgadas a través del centro. ¿Cuál es la diferencia entre las distancias a través del centro de una pelota de tenis y una bola de golf?

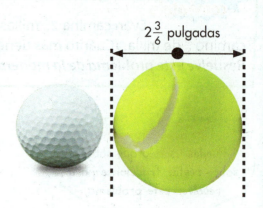

$2\frac{3}{6}$ pulgadas

Puedes usar las propiedades de las operaciones y la relación entre la suma y la resta para restar números mixtos.

B Halla $2\frac{3}{6} - 1\frac{4}{6}$ restando números mixtos.

$$2\frac{3}{6} = 1\frac{9}{6}$$
$$-1\frac{4}{6} = 1\frac{4}{6}$$
$$\overline{\phantom{-1\frac{4}{6}}\,\frac{5}{6}}$$

Para restar $\frac{4}{6}$ a $\frac{3}{6}$, vuelve a expresar $2\frac{3}{6}$. Recuerda que $1 = \frac{6}{6}$.

$2\frac{3}{6} = 2 + \frac{3}{6} = 1 + \frac{6}{6} + \frac{3}{6} = 1\frac{9}{6}$

La pelota de tenis es $\frac{5}{6}$ de pulgada más ancha que la bola de golf.

C Halla $2\frac{3}{6} - 1\frac{4}{6}$ restando fracciones equivalentes.

$2\frac{3}{6} = 2 + \frac{3}{6} = \frac{12}{6} + \frac{3}{6} = \frac{15}{6}$

$1\frac{4}{6} = 1 + \frac{4}{6} = \frac{6}{6} + \frac{4}{6} = \frac{10}{6}$

$\frac{15}{6} - \frac{10}{6} = \frac{5}{6}$

¡Puedes contar para comprobar tu trabajo!
$1\frac{4}{6} + \frac{2}{6} = 2$ y $2 + \frac{3}{6} = 2\frac{3}{6}$
$\frac{2}{6} + \frac{3}{6} = \frac{5}{6}$

¡Convénceme! **Razonar** Explica por qué vuelves a expresar $4\frac{1}{4}$ para hallar $4\frac{1}{4} - \frac{3}{4}$.

520 Tema 9 | Lección 9-10 © Pearson Education, Inc. 4

Nombre _____

Práctica guiada

¿Lo entiendes?

1. Un hoyo en el campo de golf mide $3\frac{3}{6}$ pulgadas de ancho. ¿Cuánto más ancho es el hoyo que la bola de golf?

2. **Construir argumentos** ¿Por qué necesitas volver a expresar algunos números enteros cuando restas?

¿Cómo hacerlo?

Halla las restas en los Ejercicios **3** a **8**.

3. $7\frac{5}{8} - 2\frac{4}{8}$

4. $5 - 2\frac{3}{4}$

5. $6\frac{3}{10} - 1\frac{8}{10}$

6. $9\frac{4}{12} - 4\frac{9}{12}$

7. $4\frac{5}{6} - 2\frac{1}{6}$

8. $1\frac{9}{12} - \frac{10}{12}$

Práctica independiente

Halla las restas restando números mixtos o restando fracciones equivalentes en los Ejercicios **9** a **24**.

9. $8\frac{7}{8} - 2\frac{4}{8}$

10. $4\frac{5}{10} - 1\frac{9}{10}$

11. $4\frac{1}{8} - 1\frac{4}{8}$

12. $6 - 2\frac{4}{5}$

13. $6\frac{1}{3} - 5\frac{2}{3}$

14. $9\frac{2}{4} - 6\frac{3}{4}$

15. $8\frac{3}{8} - 3\frac{5}{8}$

16. $7 - 3\frac{1}{2}$

17. $15\frac{1}{6} - 4\frac{5}{6}$

18. $13\frac{1}{12} - 8\frac{3}{12}$

19. $6\frac{2}{5} - 2\frac{3}{5}$

20. $10\frac{5}{10} - 4\frac{7}{10}$

21. $12\frac{9}{12} - 10\frac{7}{12}$

22. $25\frac{1}{4} - 20$

23. $17 - 2\frac{1}{8}$

24. $26\frac{3}{5} - 13\frac{4}{5}$

*Puedes encontrar otro ejemplo en el Grupo E, página 534.

Resolución de problemas

25. El promedio del peso de una pelota de básquetbol es $21\frac{1}{8}$ onzas. El promedio del peso de una pelota de beisbol es $5\frac{2}{8}$ onzas. ¿Cuántas onzas más pesa la pelota de básquetbol?

26. ¿Cuál es el valor del 4 en 284,612?

27. Dos de los mamíferos más pequeños de la Tierra son el murciélago abejorro y la musaraña pigmea etrusca. ¿Cuánto más corto es el murciélago que la musaraña?

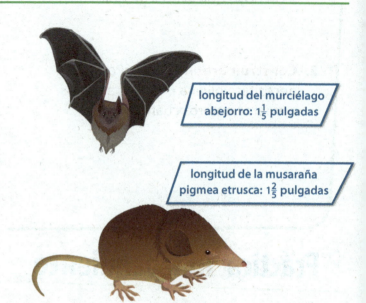

longitud del murciélago abejorro: $1\frac{1}{5}$ pulgadas

longitud de la musaraña pigmea etrusca: $1\frac{2}{5}$ pulgadas

28. Entender y perseverar El promedio de la longitud de una mano femenina adulta es $6\frac{3}{5}$ pulgadas. Aproximadamente, ¿cuánto más larga es la mano que la longitud del murciélago y la musaraña juntos?

29. Jack hizo $5\frac{1}{4}$ docenas de galletas para la venta de pasteles y su hermana hizo $3\frac{3}{4}$ docenas de galletas. ¿Cuántas más docenas de galletas preparó Jack que su hermana?

30. Razonamiento de orden superior Jenna tiene una bobina que contiene $5\frac{3}{4}$ metros de cinta. Usa $3\frac{2}{4}$ metros para un proyecto de la escuela y $1\frac{1}{4}$ metros para un moño. ¿Cuánta cinta queda en la bobina?

Evaluación

31. La semana pasada, en la oficina se usaron $7\frac{1}{12}$ cajas de papel. Esta semana, se usaron $3\frac{5}{12}$ cajas de papel. ¿Cuántas más cajas se usaron la semana pasada que esta semana? Usa fracciones equivalentes para resolver el problema.

Ⓐ $10\frac{1}{2}$ cajas

Ⓑ $4\frac{2}{3}$ cajas

Ⓒ $4\frac{1}{3}$ cajas

Ⓓ $3\frac{8}{12}$ cajas

32. Una tienda vendió $6\frac{1}{5}$ cajas de jugo el viernes y $4\frac{4}{5}$ cajas de jugo el sábado. ¿Cuántas más cajas vendió la tienda el viernes que el sábado?

Ⓐ 11 cajas

Ⓑ $3\frac{1}{5}$ cajas

Ⓒ $2\frac{2}{5}$ cajas

Ⓓ $1\frac{2}{5}$ cajas

Nombre _____

Tarea y práctica 9-10
Restar números mixtos

¡Revisemos!

Janet cultivó una calabaza que pesa $13\frac{3}{4}$ libras y un melón que pesa $8\frac{2}{4}$ libras. ¿Cuánto más pesada es la calabaza que el melón?

Restar números mixtos

$$\begin{array}{r} 13\frac{3}{4} \\ -\ 8\frac{2}{4} \\ \hline 5\frac{1}{4} \end{array}$$

a. Resta las fracciones. Vuelve a expresar los números enteros como fracciones, si es necesario.
b. Resta los números enteros.

Restar fracciones

a. Escribe los números mixtos como fracciones.
b. Resta las fracciones.
c. Escribe la fracción como un número mixto.

$$\begin{array}{r} 13\frac{3}{4} = \frac{55}{4} \\ -\ 8\frac{2}{4} = -\frac{34}{4} \\ \hline \frac{21}{4} = 5\frac{1}{4} \end{array}$$

La calabaza es $5\frac{1}{4}$ libras más pesada que el melón.

> Puedes restar números mixtos con el mismo denominador usando las propiedades de las operaciones.

Halla las restas restando números mixtos o restando fracciones equivalentes en los Ejercicios **1** a **16**.

1. $\begin{array}{r}10\frac{3}{4}\\ -\ 7\frac{1}{4}\\ \hline\end{array}$

2. $\begin{array}{r}7\frac{4}{6}\\ -\ 2\frac{3}{6}\\ \hline\end{array}$

3. $\begin{array}{r}3\\ -\ 2\frac{2}{3}\\ \hline\end{array}$

4. $\begin{array}{r}17\frac{8}{12}\\ -\ 12\frac{3}{12}\\ \hline\end{array}$

5. $9\frac{2}{6} - 6\frac{5}{6}$

6. $4\frac{1}{5} - 2\frac{3}{5}$

7. $6\frac{3}{12} - 3\frac{4}{12}$

8. $5\frac{2}{8} - 3\frac{7}{8}$

9. $8\frac{1}{4} - 7\frac{3}{4}$

10. $2\frac{9}{10} - 2\frac{5}{10}$

11. $6\frac{5}{6} - 5\frac{4}{6}$

12. $3 - 1\frac{3}{4}$

13. $11 - 2\frac{1}{2}$

14. $42\frac{6}{10} - 10$

15. $18\frac{1}{5} - 2\frac{2}{5}$

16. $27\frac{2}{6} - 12\frac{1}{6}$

17. Vocabulario Usa una palabra de vocabulario para completar la oración.

Un número que tiene una parte de número entero y una parte fraccionaria se llama _____.

18. Entre los caballos más pequeños del mundo se encuentran Thumbelina, que mide $17\frac{1}{4}$ pulgadas de altura, Black Beauty, que mide $18\frac{2}{4}$ pulgadas de altura, y Einstein, que mide 14 pulgadas de altura.

a. ¿Cuánto más alto es Black Beauty que Thumbelina?

b. ¿Cuánto más alto es Thumbelina que Einstein?

19. Razonar Si Carol colgó un cuadro usando $\frac{3}{8}$ de yarda de un alambre que mide $1\frac{1}{8}$ yardas de longitud, ¿cuánto alambre le queda a Carol?

20. Escribe 6,219 en forma desarrollada.

21. Razonamiento de orden superior Entre los insectos más grandes del mundo se encuentran el escarabajo rinoceronte, el insecto palo gigante y el escarabajo weta gigante. ¿Cuánto más largo es el insecto palo gigante que el escarabajo rinoceronte y el escarabajo weta gigante juntos?

escarabajo rinoceronte
$16\frac{7}{10}$ cm

insecto palo gigante:
$53\frac{3}{10}$ cm

escarabajo weta gigante $8\frac{5}{10}$ cm

✓ Evaluación

22. Jessie necesita una tabla de $7\frac{9}{12}$ pies de longitud. Tiene una tabla de $9\frac{1}{12}$ pies de longitud. ¿Qué parte de la longitud de la tabla necesita cortar Jessie? Usa fracciones equivalentes para resolver el problema.

Ⓐ $1\frac{1}{3}$ pies
Ⓒ $2\frac{2}{3}$ pies
Ⓑ $2\frac{8}{12}$ pies
Ⓓ $16\frac{10}{12}$ pies

23. Robyn corrió $5\frac{3}{4}$ millas la semana pasada. Corrió $4\frac{1}{4}$ millas esta semana. ¿Cuántas millas más corrió Robyn la semana pasada? Usa fracciones equivalentes para resolver el problema.

Ⓐ $1\frac{1}{4}$ millas
Ⓒ $1\frac{3}{4}$ millas
Ⓑ $1\frac{1}{2}$ millas
Ⓓ 10 millas

Nombre _____

Resuélvelo y coméntalo

En la tabla se muestra cuánto tiempo estudió Jamie para una prueba de matemáticas en 3 días. ¿Cuánto tiempo más estudió Jamie el martes y el miércoles que el jueves?

Resuelve

Resolución de problemas
Lección 9-11
Representar con modelos matemáticos

Puedo...
usar lo que sé de matemáticas para representar y resolver problemas.

También puedo usar la suma y la resta para resolver problemas.

DATOS	Día de la semana	Tiempo que estudió Jamie
	Martes	$1\frac{3}{4}$ horas
	Miércoles	$\frac{3}{4}$ hora
	Jueves	$\frac{2}{4}$ hora

Hábitos de razonamiento

¡Razona correctamente! Estas preguntas te pueden ayudar.

- ¿Cómo puedo usar lo que sé de matemáticas para resolver este problema?
- ¿Cómo puedo usar dibujos, objetos y ecuaciones para representar el problema?
- ¿Cómo puedo usar números, palabras y símbolos para resolver este problema?

¡Vuelve atrás! **Representar con modelos matemáticos** ¿Qué representaciones puedes usar como ayuda para resolver este problema?

¿Cómo se pueden usar modelos matemáticos para representar problemas?

A

Brad y su papá caminaron por el Sendero Gadsen y el Sendero Rosebriar el sábado. Caminaron por el Sendero Eureka el domingo. ¿Cuánto más caminaron el sábado que el domingo?

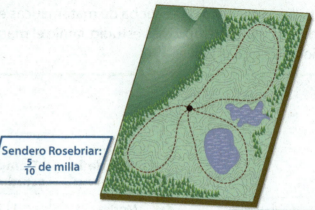

Sendero Gadsen: $1\frac{9}{10}$ millas

Sendero Rosebriar: $\frac{5}{10}$ de milla

Sendero Eureka: $\frac{6}{10}$ de milla

¿Qué tienes que hallar?

Tengo que hallar cuánto caminaron Brad y su papá el sábado y cuánto más caminaron el sábado que el domingo.

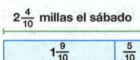

$2\frac{4}{10}$ millas el sábado

| $1\frac{9}{10}$ | $\frac{5}{10}$ |

B ¿Cómo puedo **representar con modelos matemáticos**?

Puedo

- usar conceptos y destrezas que ya aprendí.
- usar diagramas de barras y ecuaciones para representar y resolver este problema.
- decidir si mis resultados tienen sentido.

C Este es mi razonamiento...

Halla $2\frac{4}{10} - \frac{6}{10}$.

Usa un diagrama de barras y escribe una ecuación para resolverlo.

| $2\frac{4}{10}$ millas |
| $\frac{6}{10}$ | d |

$2\frac{4}{10} - \frac{6}{10} = d \qquad d = 1\frac{8}{10}$

Brad y su papá caminaron $1\frac{8}{10}$ millas más el sábado que el domingo.

¡Convénceme! **Representar con modelos matemáticos** ¿Cómo te ayudan los diagramas de barras a decidir si tu respuesta tiene sentido?

526 | Tema 9 | Lección 9-11

Nombre _____

Práctica guiada

Representar con modelos matemáticos

Alicia caminó por un sendero de $\frac{9}{10}$ de milla y Joseph caminó por un sendero de $\frac{5}{10}$ de milla. ¿Cuánto más caminó Alicia que Joseph?

Cuando **representas con modelos matemáticos**, usas las matemáticas para representar y resolver un problema.

1. Dibuja un diagrama de barras para representar el problema y mostrar las relaciones entre las cantidades.

2. ¿Qué ecuación puedes escribir para representar el problema?

3. ¿Cuánto más caminó Alicia que Joseph?

Práctica independiente

Representar con modelos matemáticos

La araña hembra más pequeña mide aproximadamente $\frac{3}{5}$ de milímetro de longitud. La araña macho más pequeña mide aproximadamente $\frac{1}{5}$ de milímetro de longitud. ¿Cuánto más larga es la araña hembra más pequeña que la araña macho más pequeña? Usa los Ejercicios 4 a 6 para responder a la pregunta.

4. Haz un dibujo y escribe una ecuación para representar el problema.

5. ¿Qué concepto matemático que ya aprendiste puedes usar para resolver el problema?

6. ¿Cuánto más larga es la araña hembra más pequeña que la araña macho más pequeña?

*Puedes encontrar otro ejemplo en el Grupo F, página 534.

Resolución de problemas

✓ Evaluación del rendimiento

En un safari
Sandra y Ray hicieron un safari en carro en Tanzania. El diagrama muestra las distancias en millas que recorrieron desde el inicio hasta el fin. ¿Qué distancia hicieron Sandra y Ray desde los leopardos hasta los elefantes?

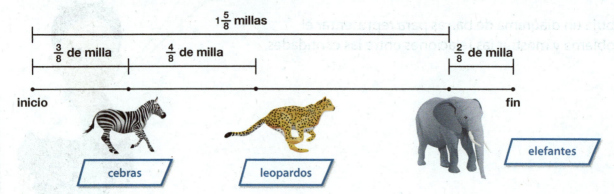

7. **Razonar** ¿Qué cantidades se dan en el problema y qué significan?

8. **Entender y perseverar** ¿Cuál es un buen plan para resolver el problema?

   > Cuando **representas con modelos matemáticos**, usas un dibujo que muestra cómo se relacionan las cantidades del problema.

9. **Representar con modelos matemáticos** Haz dibujos y escribe y resuelve ecuaciones para hallar qué distancia hicieron Sandra y Ray desde los leopardos hasta los elefantes.

528 Tema 9 | Lección 9-11

Nombre _____

Tarea y práctica 9-11
Representar con modelos matemáticos

¡Revisemos!

Nati construyó $\frac{1}{8}$ de un modelo de un avión el sábado y $\frac{4}{8}$ el domingo. Hizo otros $\frac{3}{8}$ el lunes. ¿Cuánto más del modelo del avión hizo durante el fin de semana que el día de semana?

Indica cómo puedes usar las matemáticas para representar el problema.

- Puedo usar los conceptos y destrezas que ya aprendí.
- Puedo usar diagramas de barras y ecuaciones para representar y resolver este problema.
- Puedo decidir si mis resultados tienen sentido.

Dibuja un diagrama de barras y escribe y resuelve ecuaciones.

$\frac{1}{8} + \frac{4}{8} = \frac{5}{8}$ durante el fin de semana

$\frac{5}{8} - \frac{3}{8} = n$

$n = \frac{2}{8}$

Cuando representas con modelos matemáticos, usas lo que ya sabes de matemáticas para resolver un problema.

Nati hizo $\frac{2}{8}$ del modelo del avión más durante el fin de semana que el día de semana.

Representar con modelos matemáticos

En la lista de reproducción de Nick, $\frac{5}{12}$ de las canciones son pop. ¿Qué fracción de las canciones **NO** son pop? Usa los Ejercicios 1 a 3 para responder a la pregunta.

1. ¿Cómo puedes hacer un dibujo y escribir una ecuación para representar el problema?

2. ¿Qué concepto matemático que ya aprendiste puedes usar para resolver el problema?

3. ¿Qué fracción de las canciones de la lista de reproducción de Nick **NO** son pop?

Evaluación del rendimiento

Ian y Rachel prepararon cada uno una mezcla de nueces y frutas secas. Se muestran las cantidades de los ingredientes que tienen. Ian usó todo el coco, los arándanos secos y los plátanos secos para hacer su mezcla. Rachel hizo 2 tazas de mezcla de nueces y frutas secas con todas las almendras, las semillas de calabaza y la granola. ¿Cuánta mezcla preparó Ian? ¿Cuánta más mezcla preparó Rachel que Ian?

Ingredientes para mezcla de nueces y frutas secas

$\frac{3}{4}$ de taza de almendras

$\frac{1}{4}$ de taza de semillas de calabaza

$\frac{2}{4}$ de taza de coco

$\frac{3}{4}$ de taza de arándanos secos

$1\frac{2}{4}$ tazas de nueces

1 taza de granola

$\frac{2}{4}$ de taza de plátanos secos

4. **Entender y perseverar** ¿Qué sabes y qué tienes que hallar?

5. **Usar herramientas apropiadas** ¿Qué herramientas puedes usar para resolver este problema?

6. **Razonar** ¿Cómo puedes usar un diagrama de barras para mostrar cómo se relacionan las cantidades?

Cuando representas con modelos matemáticos, representas las relaciones del problema.

7. **Entender y perseverar** Escribe y resuelve una ecuación para hallar cuánta mezcla de nueces y frutas secas preparó Ian.

8. **Razonar** Explica cómo pudiste calcular cuánta más mezcla de nueces y frutas secas hizo Rachel que Ian.

Nombre _____

TEMA 9 — Actividad de práctica de fluidez

Emparéjalo

Trabaja con un compañero. Señala una pista y léela.

Mira la tabla de la parte de abajo de la página y busca la pareja de esa pista. Escribe la letra de la pista en la casilla al lado de su pareja.

Halla una pareja para cada pista.

Puedo...
sumar y restar números enteros de varios dígitos.

Pistas

A La suma es exactamente 1,000.

B La suma es exactamente 1,001.

C La diferencia es exactamente 371.

D La diferencia está entre 40 y 45.

E La diferencia es exactamente 437.

F La diferencia está entre 150 y 160.

G La suma está entre 995 y 1,000.

H La suma es exactamente 1,899.

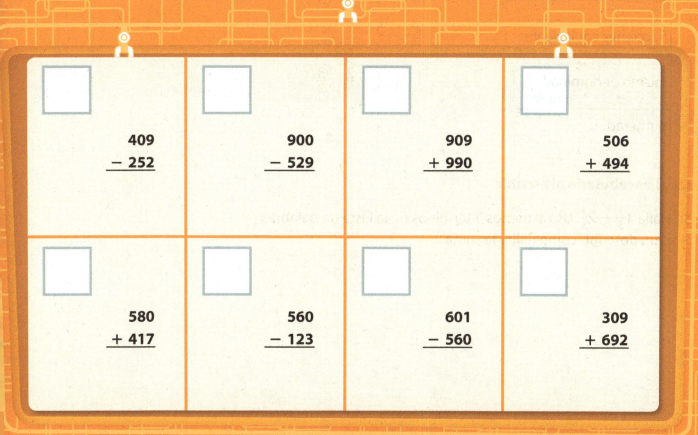

Tema 9 | Actividad de práctica de fluidez | 531

TEMA 9: Repaso del vocabulario

Lista de palabras
- denominador
- descomponer
- fracción
- fracciones equivalentes
- mismo denominador
- numerador
- número entero
- número mixto

Comprender el vocabulario

1. Encierra en un círculo el término que mejor describe $\frac{1}{2}$.

   fracción   número mixto   número entero

2. Encierra en un círculo el término que mejor describe $1\frac{1}{3}$.

   fracción   número mixto   número entero

3. Encierra en un círculo el término que mejor describe 4.

   fracción   número mixto   número entero

4. Une los términos con su ejemplo.

Término	Ejemplo
descomponer	$\frac{1}{2} = \frac{5}{10}$
denominador	$\frac{2}{3} = \frac{1}{3} + \frac{1}{3}$
fracciones equivalentes	$\frac{5}{6}$
mismo denominador	$\frac{1}{3} + \frac{2}{3} = \frac{3}{3}$
numerador	$\frac{7}{8}$

Usar el vocabulario al escribir

5. Halla $1\frac{1}{3} + 2\frac{2}{3}$. Usa al menos 3 términos de la Lista de palabras para describir cómo hallar la suma.

Nombre _____

TEMA 9

Refuerzo

Grupo A — páginas 465 a 482

Halla $\frac{5}{8} + \frac{2}{8}$.

$\frac{5}{8} = \frac{1}{8} + \frac{1}{8} + \frac{1}{8} + \frac{1}{8} + \frac{1}{8}$ $\frac{2}{8} = \frac{1}{8} + \frac{1}{8}$

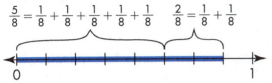

Suma los numeradores.
Mantén el mismo denominador.

$\frac{5}{8} + \frac{2}{8} = \frac{7}{8}$

Recuerda que puedes descomponer las fracciones y usar las propiedades de las operaciones para sumar.

1. $\frac{2}{5} + \frac{2}{5}$
2. $\frac{2}{4} + \frac{1}{4} + \frac{1}{4}$
3. $\frac{3}{8} + \frac{4}{8}$
4. $\frac{4}{10} + \frac{2}{10} + \frac{3}{10}$
5. $\frac{4}{10} + \frac{3}{10}$
6. $\frac{7}{12} + \frac{2}{12}$

Grupo B — páginas 483 a 494

Halla $\frac{5}{8} - \frac{2}{8}$.

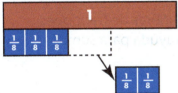

Resta los numeradores.
Mantén el mismo denominador.

$\frac{5}{8} - \frac{2}{8} = \frac{3}{8}$

Recuerda que puedes usar tiras de fracciones y rectas numéricas para representar cómo restar fracciones.

1. $\frac{3}{3} - \frac{1}{3}$
2. $\frac{5}{6} - \frac{2}{6}$
3. $\frac{6}{8} - \frac{3}{8}$
4. $\frac{4}{10} - \frac{3}{10}$
5. $\frac{5}{5} - \frac{3}{5}$
6. $\frac{4}{6} - \frac{2}{6}$

Grupo C — páginas 495 a 500

Halla la suma o la resta que se muestra en las rectas numéricas.

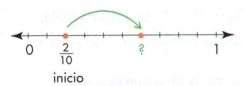

$\frac{2}{10} + \frac{4}{10} = \frac{6}{10}$

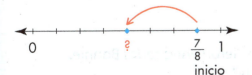

$\frac{7}{8} - \frac{3}{8} = \frac{4}{8}$

Recuerda que cuando sumas o restas fracciones con el mismo denominador en una recta numérica, el denominador no cambia.

> Escribe y resuelve la ecuación que representa la recta numérica.

1.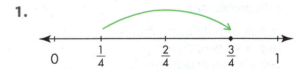

2.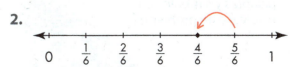

Tema 9 | Refuerzo   **533**

Grupo D   páginas 501 a 506

Estima $\frac{1}{5} + \frac{7}{10}$.

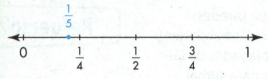

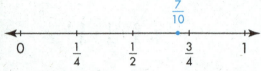

$\frac{1}{5}$ está cerca pero es menor que $\frac{1}{4}$.

$\frac{7}{10}$ está cerca pero es menor que $\frac{3}{4}$.

Dado que $\frac{1}{4} + \frac{3}{4} = 1$, $\frac{1}{5} + \frac{7}{10}$ está cerca pero es menor que 1.

Recuerda que puedes usar fracciones de referencia para hacer estimaciones.

1. ¿Es $\frac{2}{5} + \frac{1}{2}$ aproximadamente 1? Explícalo.

2. ¿Es $\frac{7}{8} - \frac{2}{5}$ aproximadamente 1? Explícalo.

3. ¿Es $\frac{3}{4} + \frac{1}{3}$ aproximadamente 1? Explícalo.

Grupo E   páginas 507 a 524

Halla $5\frac{1}{5} - 3\frac{3}{5}$.

$$5\frac{1}{5} = 4\frac{6}{5}$$
$$-3\frac{3}{5} = 3\frac{3}{5}$$
$$\overline{1\frac{3}{5}}$$

Halla $1\frac{7}{8} + 2\frac{3}{8}$.

$$1\frac{7}{8}$$
$$+ 2\frac{3}{8}$$
$$\overline{3\frac{10}{8} = 4\frac{2}{8}}$$

Recuerda que puedes usar tiras de fracciones y rectas numéricas como ayuda para sumar y restar números mixtos.

1. $5\frac{4}{8} + 2\frac{1}{8}$
2. $3\frac{3}{6} + 1\frac{5}{6}$
3. $5\frac{7}{10} + 4\frac{4}{10}$
4. $9 - 3\frac{3}{8}$

Grupo F   páginas 525 a 530

Piensa en tus respuestas a estas preguntas como ayuda para **representar con modelos matemáticos**.

Hábitos de razonamiento

- ¿Cómo puedo usar lo que sé de matemáticas para resolver este problema?
- ¿Cómo puedo usar dibujos, objetos y ecuaciones para representar el problema?
- ¿Cómo puedo usar números, palabras y símbolos para resolver este problema?

Recuerda que puedes dibujar un diagrama de barras como ayuda para escribir una ecuación.

Bonnie corrió $\frac{1}{4}$ de milla, Olga corrió $\frac{3}{4}$ de milla, Gracie corrió $\frac{5}{4}$ millas y María corrió $\frac{2}{4}$ de milla.

1. ¿Cuánto más corrió Olga que Bonnie?

2. ¿Cuánto corrieron entre todas Bonnie, Olga y María?

Nombre _____

TEMA 9

Evaluación

1. Une las expresiones de la izquierda con la expresión equivalente de la derecha.

$\frac{1}{10} + \frac{1}{10} + \frac{1}{10}$ ⟶ $\frac{5}{10} + \frac{4}{10}$

$\frac{4}{10} + \frac{5}{10}$ ⟶ $\frac{2}{10} + \left(\frac{3}{10} + \frac{6}{10}\right)$

$\left(\frac{2}{10} + \frac{3}{10}\right) + \frac{6}{10}$ ⟶ $\frac{2}{10} + \frac{1}{10}$

$\frac{11}{10} + \frac{4}{10}$ ⟶ $\frac{16}{10} - \frac{1}{10}$

2. El lunes, $\frac{3}{12}$ de los estudiantes se fueron a una excursión. ¿Qué fracción de los estudiantes **NO** fueron a la excursión?

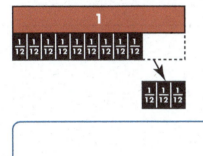

3. Riley plantó flores en una parte de su jardín. Luego, plantó verduras en $\frac{2}{8}$ de su jardín. Ahora, $\frac{7}{8}$ del jardín de Riley está plantado. ¿Qué fracción del jardín de Riley está plantado con flores?

Ⓐ $\frac{2}{8}$ de su jardín

Ⓑ $\frac{3}{8}$ de su jardín

Ⓒ $\frac{4}{8}$ de su jardín

Ⓓ $\frac{5}{8}$ de su jardín

4. Marca todas las expresiones que muestren una manera de descomponer $\frac{7}{8}$.

☐ $\frac{3}{8} + \frac{4}{8}$

☐ $\frac{1}{8} + \frac{1}{8} + \frac{5}{8}$

☐ $\frac{3}{4} + \frac{4}{4}$

☐ $\frac{1}{8} + \frac{3}{8} + \frac{3}{8}$

☐ $\frac{1}{8} + \frac{2}{8} + \frac{3}{8} + \frac{1}{8}$

5. Escoge Sí o No para indicar si $\frac{4}{12}$ hará que las ecuaciones sean verdaderas en las preguntas 5a a 5d.

5a. $\frac{3}{12} + \square = \frac{7}{12}$ ○ Sí   ○ No

5b. $\frac{16}{12} - \square = 1$ ○ Sí   ○ No

5c. $1\frac{1}{12} + \square = 5\frac{1}{12}$ ○ Sí   ○ No

5d. $1\frac{5}{12} - \square = 1\frac{1}{12}$ ○ Sí   ○ No

6. Usa fracciones de referencia para estimar las sumas y restas menores o mayores que 1. Escribe las expresiones en el espacio para respuestas correcto.

Menores que 1	Mayores que 1

$\frac{7}{8} + \frac{5}{10}$ $1\frac{5}{8} - \frac{5}{6}$ $\frac{10}{10} - \frac{2}{3}$

$\frac{1}{2} + \frac{2}{3}$ $\frac{5}{12} + \frac{1}{4}$ $1\frac{1}{6} + \frac{7}{8}$

Tema 9 | Evaluación   535

7. Roger y Sulee descompusieron $1\frac{1}{6}$. Roger escribió $\frac{1}{6} + \frac{1}{6} + \frac{2}{6} + \frac{3}{6}$. Sulee escribió $\frac{3}{6} + \frac{4}{6}$. ¿Quién tiene razón? Explícalo.

10. La familia Jacoby anotó el tiempo que viajó en carro durante su viaje.

Tiempo de viaje en carro	
Día	Horas de viaje en carro
Lunes	$5\frac{3}{4}$
Martes	$4\frac{3}{4}$
Miércoles	$2\frac{1}{4}$
Jueves	$6\frac{3}{4}$

8. Desde la casa de Liz hasta el mercado hay $\frac{8}{10}$ de milla. Liz caminó $\frac{6}{10}$ de milla, se detuvo para descansar y caminó el resto del camino al mercado. ¿Qué ecuación representa cuánto caminó Liz?

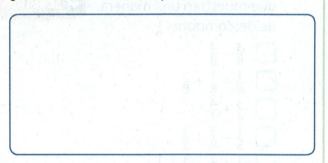

Ⓐ $0 + \frac{6}{10} = \frac{8}{10}$ Ⓒ $\frac{8}{10} - \frac{6}{10} = \frac{2}{10}$

Ⓑ $\frac{6}{10} + \frac{2}{10} = \frac{8}{10}$ Ⓓ $\frac{10}{10} - \frac{8}{10} = \frac{2}{10}$

Parte A

Halla cuántas horas viajó en carro la familia Jacoby el lunes y el martes. Dibuja un diagrama de barras para representar el problema.

9. Ryan anduvo en kayak $1\frac{7}{8}$ millas antes del almuerzo y $2\frac{3}{8}$ millas después del almuerzo. Marca todas las ecuaciones que usarías para hallar cuánto anduvo Ryan en kayak.

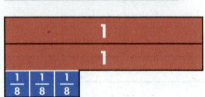

☐ $1\frac{7}{8} + 2\frac{3}{8} = 4\frac{1}{4}$ millas

☐ $\frac{15}{8} + \frac{19}{8} = \frac{34}{8}$ millas

☐ $\frac{15}{8} + \frac{19}{8} = \frac{4}{8}$ de milla

☐ $1\frac{7}{8} + 2\frac{3}{8} = 4\frac{2}{8}$ millas

☐ $1\frac{7}{8} + 2\frac{3}{8} = 3\frac{21}{8}$ millas

Parte B

Halla cuántas horas en total viajó en carro la familia Jacoby. Explica tu trabajo.

Nombre _____

Carrera con agua

En uno de los juegos durante el picnic de la clase, los estudiantes hacían equilibrio con recipientes llenos con agua sobre la cabeza. El objetivo era llevar la mayor cantidad de agua a la línea de llegada. Se muestran los equipos en la tabla **Equipos de la carrera con agua.** La cantidad de agua que llevó cada estudiante se incluye en la tabla **Resultados de la carrera con agua.**

1. María entregará el premio al equipo ganador.

   Parte A

   ¿El Equipo 1 llevó más o menos de 2 tazas de agua? Indica cómo hiciste la estimación.

   Parte B

   ¿Cuántas tazas de agua llevó el Equipo 2? Usa tiras de fracciones para representar la suma.

Equipos de la carrera con agua

Equipo	Miembros
1	Jay y Víctor
2	Abbie y Shawn
3	Suki y Kira

Resultados de la carrera con agua

Estudiante	Tazas de agua
Abbie	$\frac{5}{8}$
Jay	$\frac{6}{8}$
Kira	$\frac{5}{8}$
Shawn	$1\frac{7}{8}$
Suki	$1\frac{6}{8}$
Víctor	$\frac{7}{8}$

Parte C

¿Cuántas tazas de agua llevó el Equipo 3? Usa la recta numérica para representar la suma.

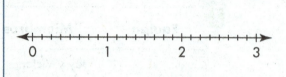

Parte D

¿Qué equipo llevó más agua?

2. El Equipo 1 quería saber cómo le fue en comparación con el Equipo 2.

Parte A

Dibuja diagramas de barras y escribe ecuaciones para mostrar cómo resolver el problema.

Parte B

¿Cuánta más agua llevó el Equipo 2 que el Equipo 1? Explica cómo resolver el problema usando tus ecuaciones de la Parte A. Muestra tu trabajo.

TEMA 10

Aplicar los conceptos de la multiplicación a las fracciones

Preguntas esenciales: ¿Cómo se puede describir una fracción usando una fracción unitaria? ¿Cómo se multiplica un número entero por un número mixto?

Recursos digitales: Resuelve, Aprende, Glosario, Amigo de práctica, Herramientas, Evaluación, Ayuda, Juegos

La luz que se refleja de los objetos entra en el ojo y los hace visibles.

Diferentes tipos de flores reflejan diferentes tipos de luz, por eso se ven de colores.

¡Podría mirar las flores todo el día! Este es un proyecto sobre luz y multiplicación.

Proyecto de Matemáticas y Ciencias: Luz y multiplicación

Investigar Usa la Internet u otras fuentes para investigar las palabras *transparente*, *traslúcido* y *opaco*. Escribe una definición para cada palabra.

Diario: Escribir un informe Incluye lo que averiguaste. En tu informe, también:

- haz una lista de 3 ejemplos de cosas que sean transparentes, traslúcidas u opacas.

- supón que un tercio de cada uno de 5 carteles del mismo tamaño está cubierto de papel opaco. ¿Qué fracción de los carteles **NO** está cubierta de papel opaco? Explica cómo se usa la multiplicación para hallar qué parte de los carteles **NO** está cubierta de papel opaco.

Tema 10   539

Nombre _____

Repasa lo que sabes

Vocabulario

Escoge el mejor término del recuadro.
Escríbelo en el espacio en blanco.

- fracción
- número entero
- fracciones equivalentes
- número mixto

1. Un _____ tiene un número entero y una fracción.

2. Las fracciones que representan la misma región, parte de un conjunto o parte de un segmento se llaman _____.

3. Una _____ tiene un numerador y un denominador.

Identificar fracciones

Escribe la fracción que muestran los modelos.

4.

5.

6.

7.

8.

9.

Fracciones unitarias

Escribe una fracción para los enunciados.

10. 3 copias de $\frac{1}{6}$ es ____.

11. 9 copias de $\frac{1}{12}$ es ____.

12. 5 copias de $\frac{1}{5}$ es ____.

13. 3 copias de $\frac{1}{10}$ es ____.

14. 6 copias de $\frac{1}{8}$ es ____.

15. 7 copias de $\frac{1}{10}$ es ____.

Fracciones equivalentes

16. Dibuja un rectángulo que muestre 8 partes iguales. Sombrea más de $\frac{3}{8}$ del rectángulo pero menos de $\frac{5}{8}$. ¿Qué fracción representaste? Usa la multiplicación y la división para escribir dos fracciones equivalentes para tu modelo.

Mis tarjetas de palabras

Usa los ejemplos de las palabras de las tarjetas para ayudarte a completar las definiciones que están al reverso.

fracción unitaria

$$\frac{1}{2}, \frac{1}{3}, \frac{1}{5}, \frac{1}{10}, \frac{1}{12}, \ldots$$

Mis tarjetas de palabras

Completa cada definición. Para ampliar lo que aprendiste, escribe tus propias definiciones.

Una fracción con un 1 como numerador es una _____.

Nombre _____

Resuélvelo y coméntalo

Kalil y Mara hacen su tarea de matemáticas. Mara escribió $\frac{4}{5}$ como $\frac{1}{5} + \frac{1}{5} + \frac{1}{5} + \frac{1}{5}$. Kalil miró el trabajo de Mara y dijo: "Creo que puedes usar la multiplicación para volver a escribir tu ecuación". ¿Es correcta la observación de Kalil? Explícalo.

Lección 10-1
Fracciones como múltiplos de fracciones unitarias: Usar modelos

Puedo...
usar tiras de fracciones o rectas numéricas para entender una fracción como un múltiplo de una fracción unitaria.

También puedo razonar sobre las matemáticas.

Puedes razonar para comparar el trabajo de Mara con la observación de Kalil.

| $\frac{1}{5}$ | $\frac{1}{5}$ | $\frac{1}{5}$ | $\frac{1}{5}$ |

$$\frac{1}{5} + \frac{1}{5} + \frac{1}{5} + \frac{1}{5} = \frac{4}{5}$$

¡Vuelve atrás! **Representar con modelos matemáticos** Escribe una ecuación para mostrar la relación entre el trabajo de Mara y la observación de Kalil.

A

¿Pregunta esencial: ¿Cómo se puede describir una fracción usando una fracción unitaria?

Courtney corrió $\frac{3}{4}$ del camino a la escuela. Describe $\frac{3}{4}$ usando fracciones unitarias.

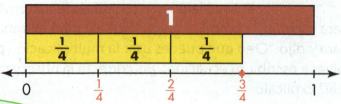

Una **fracción unitaria** es una fracción que describe una parte del entero. Las fracciones unitarias siempre tienen un 1 como numerador.

B Cuando un entero se divide en cuatro partes iguales, cada parte se describe como $\frac{1}{4}$.

Tres de esas partes se describen como $\frac{3}{4}$.

$\frac{3}{4} = 3 \times \frac{1}{4}$, o tres partes de $\frac{1}{4}$.

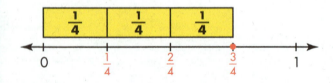

C Tres partes de $\frac{1}{4}$ son $\frac{3}{4}$.

$$3 \times \frac{1}{4} = \frac{1}{4} + \frac{1}{4} + \frac{1}{4}$$
$$= \frac{3 \times 1}{4}$$
$$= \frac{3}{4}$$

Por tanto, $\frac{3}{4}$ es múltiplo de $\frac{1}{4}$.

Recuerda que un múltiplo es el resultado de multiplicar un número por un número entero.

¡Convénceme! Razonar ¿Qué número de $\frac{5}{8}$ te indica cuántas partes iguales hay en un entero? ¿Qué número te indica cuántas partes iguales se describen? ¿Cuántas partes de $\frac{1}{8}$ hay en $\frac{5}{8}$?

Nombre _____

Otro ejemplo

Describe $\frac{5}{4}$ como múltiplo de una fracción unitaria.

$\frac{5}{4}$ es 5 partes de $\frac{1}{4}$.

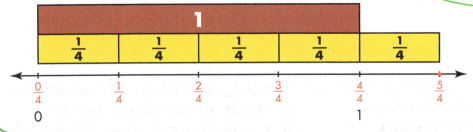

Algunas fracciones son mayores que 1.

$5 \times \frac{1}{4} = \frac{1}{4} + \frac{1}{4} + \frac{1}{4} + \frac{1}{4} + \frac{1}{4}$

$= \frac{5 \times 1}{4}$

$= \frac{5}{4}$

Práctica guiada

¿Lo entiendes?

1. **Representar con modelos matemáticos** Haz un dibujo para explicar por qué $\frac{3}{5} = 3 \times \frac{1}{5}$.

2. Escribe una ecuación de multiplicación para mostrar las partes del siguiente relato. La familia de Mark comió $\frac{7}{4}$ pasteles de pollo en la cena. Hay 7 personas en la familia de Mark. Cada una comió $\frac{1}{4}$ de pastel.

¿Cómo hacerlo?

Escribe las fracciones como múltiplos de una fracción unitaria en los Ejercicios **3** a **6**. Usa tiras de fracciones o rectas numéricas como ayuda para resolverlos.

3. $\frac{2}{3} = \square \times \frac{1}{3}$

4. $\frac{5}{6} = 5 \times \frac{1}{\square}$

5. $\frac{4}{2}$

6. $\frac{6}{5}$

Práctica independiente

Práctica al nivel Escribe las fracciones como múltiplos de una fracción unitaria en los Ejercicios **7** a **18**. Usa tiras de fracciones o rectas numéricas como ayuda para resolverlos.

7. $\frac{3}{4} = \square \times \frac{1}{4}$

8. $\frac{3}{6} = 3 \times \frac{1}{\square}$

9. $\frac{2}{5} = \square \times \frac{1}{5}$

10. $\frac{7}{10} = 7 \times \frac{\square}{10}$

11. $\frac{8}{8} = \square \times \frac{1}{8}$

12. $\frac{5}{12} = 5 \times \frac{1}{\square}$

13. $\frac{6}{4}$

14. $\frac{9}{6}$

15. $\frac{8}{5}$

16. $\frac{7}{8}$

17. $\frac{9}{4}$

18. $\frac{8}{6}$

*Puedes encontrar otro ejemplo en el Grupo A, página 581.

Resolución de problemas

19. Mark corta un tomate para 4 miembros de su familia. Cada persona recibirá $\frac{1}{6}$ del tomate. ¿Qué fracción de tomate cortará Mark? Usa tiras de fracciones, si es necesario.

20. Delia voló 2,416 millas durante su primer año de trabajo. Voló 3,719 millas el segundo año. El tercer año, Delia voló 2,076 millas más que el primer y el segundo año juntos. ¿Cuántas millas voló Delia el tercer año?

21. Representar con modelos matemáticos Escribe una ecuación de multiplicación que describa el dibujo de las mitades de pera. Usa una fracción unitaria como factor en tu ecuación.

22. Mira el siguiente dibujo. Escribe y resuelve un problema para el dibujo. Muestra tu respuesta como una ecuación de multiplicación con $\frac{1}{2}$ como factor.

23. Matemáticas y Ciencias La luz viaja a una velocidad de aproximadamente 186,000 millas por segundo. ¿Qué distancia recorre la luz en 5 segundos? Usa la suma repetida para resolver el problema.

24. Razonamiento de orden superior Kobe bebe $\frac{1}{3}$ de taza de jugo por día. Quedan $2\frac{1}{3}$ tazas de jugo. ¿Cuántos días durarán? Muestra tu respuesta con una ecuación de multiplicación con $\frac{1}{3}$ como factor. Recuerda que puedes escribir $2\frac{1}{3}$ como una fracción.

✓ Evaluación

25. ¿Qué ecuación de multiplicación describe la fracción marcada en la recta numérica?

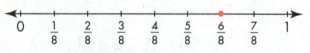

Ⓐ $6 = \frac{6}{3} \times \frac{1}{8}$
Ⓑ $\frac{6}{8} = 6 \times \frac{1}{8}$
Ⓒ $\frac{1}{8} = \frac{1}{8} \times 6$
Ⓓ $\frac{1}{8} + 6 = \frac{6}{8}$

26. ¿Qué ecuación de multiplicación describe el siguiente dibujo?

Ⓐ $\frac{3}{3} = 3 \times 1$
Ⓑ $\frac{9}{2} = 3 \times 1\frac{1}{2}$
Ⓒ $\frac{3}{1} = 3 \times 1\frac{1}{2}$
Ⓓ $\frac{3}{2} = 3 \times \frac{1}{2}$

Nombre _____

Tarea y práctica 10-1
Fracciones como múltiplos de fracciones unitarias: Usar modelos

¡Revisemos!

Usa tiras de fracciones para mostrar $\frac{5}{8}$ como múltiplo de una fracción unitaria.

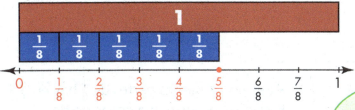

Escribe una ecuación.

$\frac{5}{8} = \frac{1}{8} + \frac{1}{8} + \frac{1}{8} + \frac{1}{8} + \frac{1}{8}$

$\frac{5}{8} = 5 \times \frac{1}{8}$

Cualquier fracción se puede escribir como múltiplo de una fracción unitaria.

Escribe las fracciones como múltiplos de una fracción unitaria en los Ejercicios **1** a **21**. Usa tiras de fracciones o rectas numéricas como ayuda para resolverlos.

1. $\frac{2}{4} = 2 \times \frac{\square}{4}$

2. $\frac{2}{6} = \square \times \frac{1}{6}$

3. $\frac{2}{5} = 2 \times \frac{1}{\square}$

4. $\frac{3}{3} = 3 \times \frac{1}{\square}$

5. $\frac{10}{8} = 10 \times \frac{\square}{8}$

6. $\frac{5}{2} = \square \times \frac{1}{2}$

7. $\frac{1}{6}$

8. $\frac{9}{5}$

9. $\frac{8}{3}$

10. $\frac{9}{10}$

11. $\frac{9}{12}$

12. $\frac{8}{10}$

13. $\frac{6}{3}$

14. $\frac{6}{8}$

15. $\frac{4}{12}$

16. $\frac{99}{100}$

17. $\frac{8}{12}$

18. $\frac{6}{6}$

19. $\frac{9}{8}$

20. $\frac{35}{100}$

21. $\frac{101}{100}$

22. Kevin está horneando galletas. Cada tanda de galletas lleva $\frac{1}{8}$ de libra de mantequilla. Kevin tiene $\frac{11}{8}$ libras de mantequilla. ¿Cuántas tandas de galletas puede hacer? Muestra tu respuesta como una ecuación de multiplicación con $\frac{1}{8}$ como factor.

23. Los estudiantes pintan un mural. Hasta ahora, $\frac{1}{4}$ del mural está pintado de azul, $\frac{2}{8}$ de rojo y $\frac{3}{12}$ de verde. Usa tiras de fracciones para determinar qué parte del mural se ha pintado. Escribe las fracciones que usaste para resolver el problema.

24. **Vocabulario** ¿Cómo puedes saber si una fracción es una *fracción unitaria*?

25. **Álgebra** ¿Cuántas partes de $\frac{1}{6}$ hay en $\frac{10}{6}$? Escribe y resuelve una ecuación de multiplicación que tenga $\frac{1}{6}$ como factor. Usa *p* para las partes.

26. **Buscar relaciones** Mari guarda la misma cantidad de naranjas en cada bolsa. ¿Cuántas naranjas debe guardar Mari para tener 9 bolsas? ¿Cómo puedes hallar la cantidad de naranjas que necesita Mari para 13 bolsas?

Cantidad de bolsas	3	5	7	9	11
Cantidad de naranjas	9	15	21		33

27. **Razonamiento de orden superior** Katarina usa tiras de fracciones para mostrar cuántos tercios hay en $\frac{4}{6}$. ¿Es correcto el modelo de Katarina? Explícalo.

Evaluación

28. ¿Qué expresión de multiplicación describe la fracción marcada en la recta numérica?

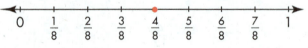

Ⓐ $\frac{5}{8} + \frac{6}{8}$

Ⓑ $4 \times \frac{1}{8}$

Ⓒ $\frac{1}{8} + \frac{2}{8} + \frac{3}{8} + \frac{4}{8}$

Ⓓ $4 \times \frac{4}{8}$

29. ¿Qué expresión de multiplicación describen las siguientes tiras de fracciones?

Ⓐ $\frac{1}{10} + \frac{1}{10} + \frac{1}{10} + \frac{1}{10} + \frac{1}{10} + \frac{1}{10}$

Ⓑ $6 \times \frac{6}{10}$

Ⓒ $\frac{1}{10} \times \frac{1}{10} \times \frac{1}{10} \times \frac{1}{10} \times \frac{1}{10} \times \frac{1}{10}$

Ⓓ $6 \times \frac{1}{10}$

Nombre _____

Resuélvelo y coméntalo

¿Cuánto jugo de tomate se necesita para un grupo de 4 personas si cada persona recibe $\frac{1}{3}$ de taza de jugo? ¿Cuánto jugo de tomate se necesita si cada uno recibe $\frac{2}{3}$ de taza de jugo? *Resuelve este problema de la manera que prefieras.*

Lección 10-2
Multiplicar una fracción por un número entero: Usar modelos

Puedo...
usar dibujos, modelos de área o rectas numéricas para multiplicar fracciones por números enteros.

También puedo representar con modelos matemáticos para resolver problemas.

Puedes usar dibujos o escribir ecuaciones para representar con modelos matemáticos. ¡Muestra tu trabajo en el espacio que sigue!

¡Vuelve atrás! **Razonar** ¿Cómo se relaciona multiplicar $4 \times \frac{2}{3}$ de taza de jugo con multiplicar $8 \times \frac{1}{3}$ de taza de jugo?

Recursos digitales en PearsonRealize.com Tema 10 | Lección 10-2 549

Pregunta esencial: ¿Cómo se puede hallar el producto de una fracción multiplicada por un número entero?

A

Dori vive a $\frac{1}{4}$ de milla de la escuela. Si va y vuelve caminando todos los días, ¿qué distancia camina Dori durante una semana escolar?

DATOS	Distancia caminada (en millas)				
	Lun	Mar	Mié	Jue	Vie
A la escuela	$\frac{1}{4}$	$\frac{1}{4}$	$\frac{1}{4}$	$\frac{1}{4}$	$\frac{1}{4}$
De la escuela	$\frac{1}{4}$	$\frac{1}{4}$	$\frac{1}{4}$	$\frac{1}{4}$	$\frac{1}{4}$

Puedes usar la suma o la multiplicación para resolver este problema.

B Una manera

Haz un dibujo para mostrar la distancia que camina Dori.

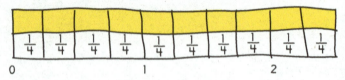

$\frac{1}{4} + \frac{1}{4} + \frac{1}{4} + \frac{1}{4} + \frac{1}{4} + \frac{1}{4} + \frac{1}{4} + \frac{1}{4} + \frac{1}{4} + \frac{1}{4} = \frac{10}{4}$

Escribe $\frac{10}{4}$ como número mixto.

$\frac{10}{4} = 2\frac{2}{4}$

C Otra manera

Dibuja una recta numérica para mostrar la distancia que camina Dori.

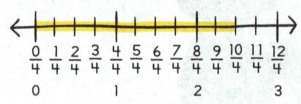

$10 \times \frac{1}{4} = \frac{10 \times 1}{4} = \frac{10}{4}$

Escribe $\frac{10}{4}$ como número mixto.

$\frac{10}{4} = 2\frac{2}{4}$

$2\frac{2}{4}$ es equivalente a $2\frac{1}{2}$. Dori camina $2\frac{1}{2}$ millas por semana para ir a la escuela y volver.

¡Convénceme! Generalizar ¿Por qué la suma y la multiplicación se pueden usar para representar el problema de arriba? Escribe una ecuación para explicar.

Nombre _____

Otro ejemplo

Calcula $4 \times \frac{3}{5}$ para hallar la distancia que monta Jess en bicicleta para ir al trabajo y volver durante 4 días.

$12 \times \frac{1}{5} = 4 \times \frac{3}{5}$

Usa la suma.

$\frac{3}{5} + \frac{3}{5} + \frac{3}{5} + \frac{3}{5} = \frac{12}{5}$, o $2\frac{2}{5}$

Jess monta $2\frac{2}{5}$ millas en bicicleta.

Usa la multiplicación.

$4 \times \frac{3}{5} = \frac{4 \times 3}{5} = \frac{12}{5}$, o $2\frac{2}{5}$

Jess monta $2\frac{2}{5}$ millas en bicicleta.

Práctica guiada

¿Lo entiendes?

1. **Usar la estructura** Haz un dibujo para explicar por qué $3 \times \frac{2}{5} = 6 \times \frac{1}{5}$.

¿Cómo hacerlo?

Escribe y resuelve una ecuación de multiplicación en los Ejercicios **2** y **3**.

2.

3.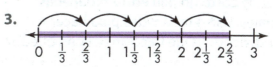

Práctica independiente

Escribe y resuelve una ecuación de multiplicación en los Ejercicios **4** a **7**. Usa dibujos o rectas numéricas, si es necesario.

4.

5.

6. Calcula la distancia que monta Margo en bicicleta si monta $\frac{7}{8}$ de milla por día durante 8 días.

7. Calcula la distancia que monta Tom en bicicleta si monta $\frac{5}{6}$ de milla por día durante 5 días.

Puedes encontrar otro ejemplo en el Grupo B, página 581.

Resolución de problemas

8. Kiona llena una taza de medir con $\frac{3}{4}$ de taza de jugo 3 veces para hacer un refresco de frutas. Escribe y resuelve una ecuación de multiplicación con un número entero y una fracción para mostrar la cantidad total de jugo que usa Kiona.

9. Razonar Cada vuelta alrededor de la pista es $\frac{3}{10}$ de kilómetro. Eliot caminó alrededor de la pista 4 veces. ¿Qué distancia recorrió Eliot?

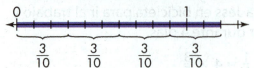

10. Margo compró 4 boletos para un concierto por $38 cada uno, 1 camiseta del concierto por $56 y 2 cubetas de palomitas de maíz por $6 cada una. ¿Cuánto gastó Margo?

11. Una fuente de lasaña se corta en 6 porciones iguales. El chef sirve 5 porciones de la lasaña. Escribe y resuelve una ecuación de multiplicación para mostrar cuánta lasaña se sirvió.

12. Wendy cortó un pan en 12 rebanadas iguales. Usó 4 rebanadas para hacer sándwiches. ¿Qué fracción del pan quedó?

13. Razonamiento de orden superior Un panadero usa $\frac{2}{3}$ de harina de centeno en cada pan. ¿Cuántas tazas de harina de centeno usará el panadero en 3 panes? ¿Y en 7 panes? ¿Y en 10?

Evaluación

14. Marca todas las expresiones que representan el siguiente relato. Elaine corrió $\frac{4}{5}$ de milla cada día durante 7 días. Usa dibujos o rectas numéricas, si es necesario.

☐ $7 \times \frac{4}{5}$
☐ $\frac{4}{5} + \frac{4}{5} + \frac{4}{5} + \frac{4}{5} + \frac{4}{5} + \frac{4}{5} + \frac{4}{5}$
☐ $14 \times \frac{2}{5}$
☐ $7 \times \frac{1}{5}$
☐ $7 \times \frac{2}{5}$

15. Marca todas las expresiones que representan el siguiente relato. Freddie patinó $\frac{1}{2}$ milla cada día durante 6 días. Usa dibujos o rectas numéricas, si es necesario.

☐ $\frac{1}{2} + \frac{1}{2} + \frac{1}{2} + \frac{1}{2} + \frac{1}{2} + \frac{1}{2}$
☐ $6 \times \frac{1}{2}$
☐ 3×2
☐ $6 + 2 \times \frac{1}{2}$
☐ 6×3

Nombre _____

¡Revisemos!

Georgie caminó $\frac{2}{3}$ de milla para ir al gimnasio y para volver. ¿Cuántas millas caminó Georgie?

Halla $2 \times \frac{2}{3}$.

Tarea y práctica 10-2

Multiplicar una fracción por un número entero: Usar modelos

Puedes usar una recta numérica como ayuda para multiplicar fracciones y números enteros.

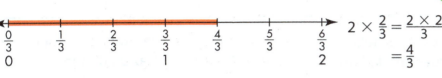

$2 \times \frac{2}{3} = \frac{2 \times 2}{3}$
$= \frac{4}{3}$

Georgie caminó $\frac{4}{3}$, o $1\frac{1}{3}$ millas.

Escribe y resuelve una ecuación de multiplicación en los Ejercicios **1** a **8**. Usa dibujos o rectas numéricas, si es necesario.

1.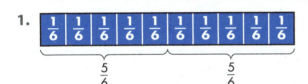

2.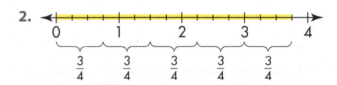

3.

4. $\frac{4}{12}$ | $\frac{4}{12}$ | $\frac{4}{12}$ | $\frac{4}{12}$ | $\frac{4}{12}$

5. Calcula la distancia que monta Penny en bicicleta si monta $\frac{1}{4}$ de milla por día durante 5 días.

6. Calcula la distancia que monta Benjamín en motoneta si monta $\frac{3}{5}$ de milla por día durante 10 días.

7. Calcula la distancia que recorre Derek en bote si recorre $\frac{5}{6}$ de milla por día durante 11 días.

8. Calcula la distancia que trota Kinsey si trota $\frac{7}{8}$ de milla por día durante 9 días.

9. En una obra de teatro, 211 espectadores se sientan en la platea y 142 espectadores se sientan en la galería. Si los boletos para la platea cuestan $7 y los boletos para la galería cuestan $5, ¿cuánto dinero se ganó con la venta de boletos?

10. Audrey usa $\frac{5}{8}$ de taza de fruta en cada batido de fruta que hace. Audrey hace 6 batidos de fruta para compartir con sus amigos. ¿Cuántas tazas de fruta usa Audrey?

| $\frac{5}{8}$ | $\frac{5}{8}$ | $\frac{5}{8}$ | $\frac{5}{8}$ | $\frac{5}{8}$ | $\frac{5}{8}$ |

11. Gabe hace 5 capas. Usa $\frac{2}{3}$ de yarda de tela para cada capa que hace. ¿Qué cantidad de tela necesita Gabe?

| $\frac{2}{3}$ | $\frac{2}{3}$ | $\frac{2}{3}$ | $\frac{2}{3}$ | $\frac{2}{3}$ |

12. **Usar la estructura** Explica por qué $4 \times \frac{3}{5} = 12 \times \frac{1}{5}$. Haz un dibujo.

13. **Razonamiento de orden superior** Mark entrena para un minitriatlón. Todos los días durante 7 días, Mark monta en bicicleta $\frac{3}{4}$ de milla, corre $\frac{5}{6}$ de milla y nada $\frac{10}{12}$ de milla. ¿Qué distancia recorrió Mark esa semana en total?

Primero halla fracciones equivalentes y suma las fracciones.

Evaluación

14. Marca todas las expresiones que representan el siguiente relato. Ronald subió 3 veces a la montaña rusa. El recorrido mide $\frac{1}{4}$ de milla de longitud. Usa dibujos o rectas numéricas, si es necesario.

☐ $\frac{1}{4} + \frac{1}{4} + \frac{1}{4}$
☐ $3 \times \frac{1}{4}$
☐ 3×4
☐ $4 + 3 \times \frac{1}{4}$
☐ $\frac{3}{4}$

15. Marca todas las expresiones que representan el siguiente relato. Kurt nadó ida y vuelta a lo ancho del lago. El lago mide $\frac{4}{8}$ de milla de ancho. Usa dibujos o rectas numéricas, si es necesario.

☐ $2 \times \frac{4}{8}$
☐ $\frac{4}{8} + \frac{4}{8}$
☐ $4 \times \frac{2}{8}$
☐ $8 \times \frac{4}{8}$
☐ $2 + \frac{4}{8}$

Nombre _____

Resuélvelo y coméntalo

Una receta de 1 galón de refresco de frutas lleva $\frac{3}{4}$ de taza de jugo de naranja. ¿Cuántas tazas de jugo de naranja se necesitan para hacer 8 galones de refresco? *Resuelve este problema de la manera que prefieras.*

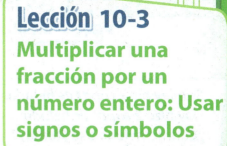

Lección 10-3
Multiplicar una fracción por un número entero: Usar signos o símbolos

Puedo...
usar patrones y ecuaciones para multiplicar una fracción por un número entero.

También puedo representar con modelos matemáticos para resolver problemas.

Puedes usar un dibujo, un diagrama de barras, un modelo de área o una ecuación para *representar con modelos matemáticos*. ¡Muestra tu trabajo en el espacio que sigue!

¡Vuelve atrás! **Hacerlo con precisión** Mira tu solución. ¿Qué unidad debes usar para rotular la respuesta?

A ¿Cómo se puede usar el producto de una fracción y un número entero para resolver un problema?

Stanley hace copas de helado. Hoy hizo 2 copas de helado. ¿Cuánto helado usó Stanley? Halla $2 \times \frac{3}{4}$.

$\frac{3}{4}$ de pinta de helado en cada copa

Puedes usar la estructura para multiplicar una fracción y un número entero.

B Una manera

$2 \times \frac{3}{4} = 2 \times \left(3 \times \frac{1}{4}\right)$ $\frac{3}{4}$ es 3 copias de $\frac{1}{4}$, o $3 \times \frac{1}{4}$.

$\phantom{2 \times \frac{3}{4}} = (2 \times 3) \times \frac{1}{4}$ Propiedad asociativa de la multiplicación

$\phantom{2 \times \frac{3}{4}} = 6 \times \frac{1}{4}$

$\phantom{2 \times \frac{3}{4}} = \frac{6 \times 1}{4}$ Multiplica el número entero y el numerador.

$\phantom{2 \times \frac{3}{4}} = \frac{6}{4}$

$2 \times \frac{3}{4} = \frac{6}{4}$, o $1\frac{2}{4}$

C Otra manera

$2 \times \frac{3}{4} = \frac{2 \times 3}{4}$ Multiplica el número entero y el numerador.

$\phantom{2 \times \frac{3}{4}} = \frac{6}{4}$

$2 \times \frac{3}{4} = \frac{6}{4}$, o $1\frac{2}{4}$

Stanley usó $1\frac{2}{4}$ pintas de helado para hacer 2 copas.

 ¡Convénceme! Usar la estructura Usa las propiedades de las operaciones para calcular $3 \times \frac{3}{6}$. Muestra tu trabajo.

556 Tema 10 | Lección 10-3 © Pearson Education, Inc. 4

Nombre _____

Práctica guiada

¿Lo entiendes?

1. Sarah tiene $\frac{1}{2}$ barra de granola. Su amigo tiene 5 veces esa cantidad de barras de granola. ¿Cuántas barras de granola tiene el amigo de Sarah?

2. **Representar con modelos matemáticos** Sue necesita $\frac{5}{6}$ de taza de cacao para hacer una tanda de pudín de chocolate. Sue quiere hacer 4 tandas de pudín para llevar a una fiesta. Usa las propiedades de las operaciones como ayuda para escribir y resolver una ecuación que muestre cuántas tazas de cacao necesitará Sue para hacer las 4 tandas de pudín.

¿Cómo hacerlo?

Resuelve las multiplicaciones en los Ejercicios **3** y **4**.

3. $8 \times \frac{1}{2}$

4. $13 \times \frac{3}{4}$

Escribe y resuelve una ecuación de multiplicación en los Ejercicios **5** y **6**.

5. Calcula la cantidad de medicamento tomada en 10 días si la dosis es $\frac{3}{4}$ de onza líquida por día.

6. Calcula la longitud de cinta necesaria para decorar 9 cajas si cada caja lleva $\frac{2}{3}$ de yarda de cinta.

Práctica independiente

Resuelve las multiplicaciones en los Ejercicios **7** a **15**.

7. $4 \times \frac{1}{3}$

8. $6 \times \frac{3}{8}$

9. $8 \times \frac{2}{5}$

10. $12 \times \frac{5}{6}$

11. $11 \times \frac{2}{3}$

12. $5 \times \frac{7}{8}$

13. $7 \times \frac{3}{4}$

14. $9 \times \frac{3}{5}$

15. $4 \times \frac{5}{8}$

Escribe y resuelve una ecuación de multiplicación en los Ejercicios **16** y **17**.

16. Calcula la distancia que corre Mary en una semana si corre $\frac{7}{8}$ de milla por día.

17. Calcula la longitud de 5 trozos de cinta unidos por los extremos si cada trozo mide $\frac{2}{3}$ de yarda.

*Puedes encontrar otro ejemplo en el Grupo C, página 581.

Resolución de problemas

18. Un equipo de beisbol compró 8 cajas de pelotas. Si el equipo gastó un total de $1,696, ¿cuál fue el costo de 1 caja de pelotas?

19. Oscar quiere hacer 4 pasteles de pollo. La receta lleva $\frac{2}{3}$ de libra de papas por cada pastel. ¿Cuántas libras de papas necesitará Oscar?

20. Mario tarda $\frac{1}{4}$ de hora en cortar el césped del jardín del Sr. Harris. Tarda 3 veces esa cantidad en cortar el césped de la Sra. Carter. ¿Cuánto tarda Mario en cortar el césped de la Sra. Carter? Escribe tu respuesta como fracción de una hora y, luego, en minutos.

$\frac{1}{4}$ de hora es 15 minutos.

21. **Vocabulario** Usa los términos *numerador, denominador y número entero*.

Cuando multiplicas una fracción por un número entero, el _____ del producto es igual que el denominador de la fracción. El _____ del producto es el producto del _____ y el numerador de la fracción.

22. **Representar con modelos matemáticos** Malik nada $\frac{9}{10}$ de milla por día. ¿Cuántas millas nadará Malik en 8 días? Escribe y resuelve una ecuación.

23. **Razonamiento de orden superior** Sam hará 7 tartas de fruta. Cada tarta lleva $\frac{3}{4}$ de taza de fresas y $\frac{1}{4}$ de taza de arándanos azules. ¿Qué cantidad de fruta necesita Sam para hacer las tartas? Usa las propiedades de las operaciones para resolver el problema.

Evaluación

24. Simón hace marcos para fotos. Cada marco lleva $\frac{4}{5}$ de yarda de madera. ¿Qué longitud de madera necesitará Simón para hacer 12 marcos? Usa cada uno de los números del recuadro una vez para completar y resolver la ecuación.

$12 \times \frac{4}{5} = \frac{\square\square \times 4}{5} = \frac{\square\square}{5}$, o $9\frac{\square}{5}$ yardas

| 1 | 2 | 3 | 4 | 8 |

25. Ellen hace maceteros para plantas. Cada macetero lleva $\frac{3}{6}$ de yarda de madera. ¿Qué longitud de madera necesitará Ellen para hacer 7 maceteros? Usa cada uno de los números del recuadro una vez para completar y resolver la ecuación.

$7 \times \frac{3}{6} = \frac{\square \times 3}{6} = \frac{\square\square}{\square}$, o $\square\frac{3}{6}$ yardas

| 1 | 2 | 3 | 6 | 7 |

Nombre _____

Tarea y práctica 10-3
Multiplicar una fracción por un número entero: Usar signos o símbolos

¡Revisemos!

María nada $\frac{3}{5}$ de milla a lo ancho del lago y otros $\frac{3}{5}$ de milla de regreso. ¿Qué distancia nada María?

1					1
$\frac{1}{5}$	$\frac{1}{5}$	$\frac{1}{5}$	$\frac{1}{5}$	$\frac{1}{5}$	$\frac{1}{5}$

Halla $2 \times \frac{3}{5}$.

$2 \times \frac{3}{5} = \frac{2 \times 3}{5} = \frac{6}{5}$, o $1\frac{1}{5}$

María nada $1\frac{1}{5}$ millas.

Cuando todos los grupos tienen el mismo tamaño, puedes multiplicar para hallar el total.

Resuelve las multiplicaciones en los Ejercicios 1 a 12.

1. $8 \times \frac{5}{12}$
2. $9 \times \frac{1}{4}$
3. $5 \times \frac{3}{5}$
4. $10 \times \frac{5}{6}$
5. $9 \times \frac{3}{10}$
6. $7 \times \frac{1}{3}$
7. $12 \times \frac{1}{5}$
8. $11 \times \frac{7}{8}$
9. $4 \times \frac{2}{3}$
10. $5 \times \frac{7}{8}$
11. $8 \times \frac{5}{6}$
12. $2 \times \frac{2}{8}$

Escribe y resuelve una ecuación de multiplicación en los Ejercicios 13 a 16.

13. Calcula la longitud de una bufanda de 5 secciones si cada sección mide $\frac{1}{2}$ pie.

14. Calcula la distancia que camina Kris en 8 días si camina $\frac{7}{8}$ de milla por día.

15. Calcula la distancia que monta Nathan en bicicleta si monta $\frac{9}{12}$ de milla por día durante 3 días.

16. Calcula la distancia que maneja Tarryn si maneja $\frac{7}{8}$ de milla todos los días para ir al trabajo y para volver 5 días por semana.

17. **Razonar** Xander tiene 10 trozos de cordel que usa para un proyecto. Si cada trozo de cordel mide $\frac{1}{3}$ de yarda de longitud, ¿cuántas yardas de cordel tiene Xander? Usa las propiedades de las operaciones para resolver el problema.

18. La mesa de la cocina de la familia Portman es rectangular. La mesa mide 4 pies de ancho y 8 pies de longitud. La Sra. Portman compró un mantel que cubrirá 56 pies cuadrados. ¿Es el mantel suficientemente largo para cubrir la mesa? Explícalo.

19. **Sentido numérico** Olivia hace su tarea de matemáticas. Para cada problema, Olivia usa $\frac{3}{4}$ de hoja de papel. ¿Cuántas hojas de papel necesitará Olivia para hacer 20 problemas de matemáticas? Haz una estimación para comprobar si tu respuesta es razonable.

20. **Matemáticas y Ciencias** Hay 6 colores puros del espectro: rojo, anaranjado, amarillo, verde, azul y morado. Algunos animales no pueden ver todos esos colores. Las abejas no pueden ver el anaranjado ni el rojo. ¿Qué fracción de los colores puros pueden ver las abejas?

21. Escribe un problema para la multiplicación $3 \times \frac{3}{10}$. Luego, resuelve el problema.

22. **Razonamiento de orden superior** Lidia hará 4 panes de harina de centeno y 3 panes de harina de trigo. Cada pan lleva $\frac{3}{4}$ de taza de azúcar. ¿Cuántas tazas de azúcar necesitará Lidia? Explícalo.

✓ Evaluación

23. Camille camina $\frac{3}{4}$ de milla por día durante 8 días. ¿Qué distancia camina Camille? Usa cada número del recuadro una vez para completar y resolver la ecuación.

$$8 \times \frac{3}{4} = \frac{\square \times \square}{4} = \frac{\square\square}{4} = \square \text{ millas}$$

| 2 | 3 | 4 | 6 | 8 |

24. Corinne tiene práctica con las animadoras $\frac{5}{6}$ de hora por día, de lunes a viernes. ¿Cuánto practica Corinne por semana? Usa cada número del recuadro una vez para completar y resolver la ecuación.

$$5 \times \frac{5}{6} = \frac{5 \times 5}{6} = \frac{\square\square}{\square} = \square\frac{\square}{6}$$

| 1 | 2 | 4 | 5 | 6 |

Nombre _____

Resuélvelo y coméntalo

Jerry llena un balde con arena y, luego, vuelca la arena en una cubeta grande. ¿Cabrán en la cubeta 8 baldes de arena? *Resuelve este problema de la manera que prefieras.*

Lección 10-4
Multiplicar un número entero por un número mixto

Puedo...
usar modelos de área, dibujos y ecuaciones para representar y resolver problemas que requieren multiplicar un número entero y un número mixto.

También puedo buscar patrones para resolver problemas.

En el balde de Jerry caben $2\frac{3}{4}$ libras de arena.

En la cubeta grande caben 30 libras de arena.

Puedes usar la estructura. Usa lo que sabes sobre multiplicar números enteros para resolver este problema.

¡Vuelve atrás! **Entender y perseverar** ¿Cómo sabes que debes multiplicar para resolver este problema?

Pregunta esencial: ¿Cómo se puede multiplicar un número entero por un número mixto?

A

Ellie quiere hacer 5 colchas para regalar a sus amigos. Cada colcha lleva $2\frac{2}{3}$ yardas de tela. ¿Cuántas yardas de tela necesita Ellie?

Puedes usar herramientas apropiadas, como diagramas de barras o tiras de fracciones, como ayuda para resolver el problema.

y

| $2\frac{2}{3}$ | $2\frac{2}{3}$ | $2\frac{2}{3}$ | $2\frac{2}{3}$ | $2\frac{2}{3}$ |

Halla $5 \times 2\frac{2}{3}$.

B Una manera

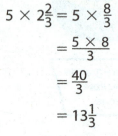

$5 \times 2 \qquad 5 \times \frac{2}{3}$

$5 \times 2\frac{2}{3} = (5 \times 2) + \left(5 \times \frac{2}{3}\right)$

$= 10 + \frac{10}{3}$

$= 10 + 3\frac{1}{3}$

$= 13\frac{1}{3}$

C Otra manera

$5 \times 2\frac{2}{3} = 5 \times \frac{8}{3}$

$\qquad = \frac{5 \times 8}{3}$

$\qquad = \frac{40}{3}$

$\qquad = 13\frac{1}{3}$

Convierte el número mixto en una fracción.

Ellie necesita $13\frac{1}{3}$ yardas de tela.

¡Convénceme! Usar la estructura En el ejemplo de arriba, ¿qué propiedad de las operaciones muestran las tiras de fracciones? Explica de qué manera el modelo muestra la propiedad.

Nombre _____

Práctica guiada

¿Lo entiendes?

1. **Usar la estructura** En el problema de la página anterior, ¿cuánta tela necesitaría Ellie si quisiera hacer 6 colchas? Explícalo.

2. Halla $3 \times 1\frac{1}{3}$ usando los dos métodos que se muestran en la página anterior.

¿Cómo hacerlo?

Halla los productos en los Ejercicios **3** y **4**.

3. $2 \times 2\frac{1}{4}$

4. $2 \times 1\frac{1}{2}$

Práctica independiente

Práctica al nivel Halla los productos en los Ejercicios **5** a **18**.

Puedes usar tiras de fracciones o diagramas de barras para representar la multiplicación.

5. $2 \times 3\frac{1}{2}$

6. $2 \times 1\frac{2}{5}$

7. $3 \times 1\frac{5}{6}$

8. $4 \times 2\frac{3}{8}$

9. $8 \times 2\frac{3}{4}$

10. $10 \times 3\frac{3}{5}$

11. $3 \times 2\frac{4}{5}$

12. $3 \times 4\frac{7}{10}$

13. $7 \times 4\frac{1}{2}$

14. $9 \times 5\frac{3}{4}$

15. $11 \times 1\frac{2}{3}$

16. $4 \times 1\frac{7}{12}$

17. $3 \times 2\frac{1}{5}$

18. $8 \times 9\frac{1}{2}$

*Puedes encontrar otro ejemplo en el Grupo D, página 582.

Tema 10 | Lección 10-4   563

Resolución de problemas

19. Entender y perseverar Joel necesita 24 manzanas para jugar a pescar la manzana con la boca en su fiesta. ¿Cuántas libras de manzanas necesita Joel? Explícalo.

8 manzanas pesan $3\frac{3}{4}$ libras.

20. Evaluar el razonamiento ¿Qué estudiante halló correctamente $3 \times 2\frac{1}{4}$, Lisa o Anthony? Explícalo.

Lisa:
$3 \times 2\frac{1}{4} = 3 \times \frac{9}{4}$
$= \frac{27}{4}$
$= \frac{24}{4} + \frac{3}{4}$
$= 6 + \frac{3}{4}$
$= 6\frac{3}{4}$

Anthony:
$3 \times 2\frac{1}{4} = 3 \times (2 + \frac{1}{4})$
$= (3 \times 2) + (3 \times \frac{1}{4})$
$= 6 + \frac{3}{4}$
$= 6\frac{3}{4}$

21. El estadio tiene 8,217 asientos azules y 7,236 asientos rojos. Hay 1,211 asientos verdes más que asientos rojos. ¿Cuántos asientos hay en el estadio?

22. Razonamiento de orden superior Calcula $8 \times 7\frac{3}{4}$ con el método de Lisa y luego con el método de Anthony, del problema de arriba. ¿Qué método te resulta más fácil? Explícalo.

Puedes hacer una estimación para comprobar si tu solución es razonable.

✓ Evaluación

23. ¿Qué expresión se puede usar para resolver el siguiente problema? Seth tiene 7 latas de atún. En cada lata hay $5\frac{9}{10}$ onzas de atún. ¿Cuántas onzas de atún tiene Seth?

Ⓐ $(7 \times 9) + \left(7 \times \frac{5}{10}\right)$

Ⓑ $(7 \times 59) + \left(7 \times \frac{1}{10}\right)$

Ⓒ $(7 \times 5) + \left(7 \times \frac{9}{10}\right)$

Ⓓ $(7 \times 5) + \frac{9}{10}$

24. ¿Qué expresión se puede usar para resolver el siguiente problema? Sarah tiene 6 ejemplares del mismo libro. Si cada libro pesa $3\frac{5}{8}$ libras, ¿cuántas libras pesan los 6 libros?

Ⓐ $18 + 3\frac{5}{8}$

Ⓑ $18 + 3\frac{6}{8}$

Ⓒ $30 + 1\frac{7}{8}$

Ⓓ $30 + 2\frac{1}{8}$

Nombre _____

Tarea y práctica 10-4
Multiplicar un número entero por un número mixto

¡Revisemos!

¿Cuánta harina se necesita para hacer 3 docenas de panecillos si 1 docena de panecillos lleva $1\frac{3}{8}$ tazas de harina?

Halla $3 \times 1\frac{3}{8}$.

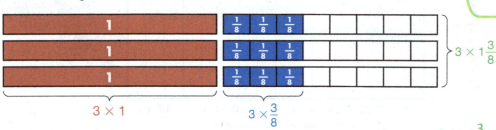

Puedes usar la propiedad distributiva para multiplicar números enteros y números mixtos.

$3 \times 1\frac{3}{8} = 3 \times \left(1 + \frac{3}{8}\right)$

$= (3 \times 1) + \left(3 \times \frac{3}{8}\right)$

$= 3 + \frac{9}{8}$

$= 3 + 1\frac{1}{8}$

$= 4\frac{1}{8}$

Se necesitan $4\frac{1}{8}$ tazas de harina para hacer 3 docenas de panecillos.

Halla los productos en los Ejercicios **1** a **14**. Usa tiras de fracciones o diagramas de barras, si es necesario.

1. $2 \times 1\frac{1}{4}$

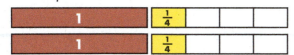

2. $2 \times 3\frac{7}{10}$

3. $4 \times 2\frac{5}{8}$ **4.** $3 \times 2\frac{5}{6}$ **5.** $8 \times 1\frac{2}{3}$ **6.** $2 \times 5\frac{4}{5}$

7. $3 \times 1\frac{1}{2}$ **8.** $6 \times 2\frac{2}{3}$ **9.** $4 \times 2\frac{3}{4}$ **10.** $7 \times 3\frac{1}{5}$

11. $4 \times 1\frac{5}{6}$ **12.** $9 \times 3\frac{5}{8}$ **13.** $12 \times 1\frac{6}{10}$ **14.** $8 \times 2\frac{3}{12}$

Usa la tabla de la derecha en los Ejercicios **15** y **16.** Recuerda que 60 minutos = 1 hora.

15. ¿Cuántos estudiantes durmieron 540 minutos o más por la noche?

16. ¿Cuántos estudiantes durmieron 540 minutos o menos por la noche?

17. Entender y perseverar Meg corre $1\frac{1}{2}$ millas y camina $2\frac{1}{4}$ millas todos los días de la semana. ¿Qué distancia corre y camina Meg por semana? Explícalo. Recuerda que puedes escribir una fracción equivalente a $1\frac{1}{2}$.

18. Razonamiento de orden superior ¿Cuál piensas que es mayor: $4 \times 3\frac{2}{5}$ o $3 \times 4\frac{2}{5}$? ¿Cómo puedes saberlo sin multiplicar? Explícalo.

Evaluación

19. Tamika nada $2\frac{7}{10}$ kilómetros por día, 4 días por semana. ¿Qué distancia nada Tamika por semana? Halla $4 \times 2\frac{7}{10}$.

- Ⓐ $10\frac{8}{10}$ kilómetros
- Ⓑ $10\frac{4}{10}$ kilómetros
- Ⓒ $9\frac{8}{10}$ kilómetros
- Ⓓ $8\frac{8}{10}$ kilómetros

20. Mary tiene 3 paquetes de hamburguesas que pesan $1\frac{3}{4}$ libras cada uno. ¿Cuál es el peso total de las hamburguesas?

- Ⓐ $2\frac{1}{4}$ libras
- Ⓑ $3\frac{3}{4}$ libras
- Ⓒ $4\frac{1}{2}$ libras
- Ⓓ $5\frac{1}{4}$ libras

Nombre _____

Lección 10-5
Resolver problemas sobre la hora

Resuélvelo y coméntalo

El maratón internacional Big Sur se corre en la costa de California todas las primaveras. La madre de Simón fue la campeona de todas las categorías. ¿Cuánto tiempo menos que la ganadora del grupo de 65 a 69 años tardó la madre de Simón? Indica cómo lo decidiste. *Resuelve este problema de la manera que prefieras.*

Puedo... sumar, restar, multiplicar o dividir para resolver problemas sobre la hora.

También puedo escoger y usar una herramienta matemática para resolver problemas.

Puedes usar herramientas apropiadas, como diagramas de barras o rectas numéricas, para resolver problemas sobre la hora.

DATOS	Hombres	Mujeres
Campeón(a)	2 horas 23 minutos	2 horas 50 minutos
65 a 69 años	3 horas 34 minutos	3 horas 58 minutos
70 a 74 años	4 horas 20 minutos	4 horas 34 minutos

¡Vuelve atrás! **Razonar** ¿La diferencia entre el campeón y el ganador de la categoría masculina del grupo de 70 a 74 años fue más o menos de 2 horas? Explícalo.

¿Cómo se pueden usar la multiplicación y la división para resolver problemas sobre la hora?

A

Krystal entrena para una carrera. Entrena todos los días durante 8 días. ¿Cuántas horas entrena Krystal?

Krystal dedica la misma cantidad de tiempo a la carrera corta, a caminar y a trotar. ¿Cuántos minutos dedica Krystal a cada actividad durante los 8 días de entrenamiento?

Krystal entrena $2\frac{3}{4}$ horas por día.

Puedes usar las propiedades de las operaciones como ayuda para resolver estos problemas.

B Halla cuántas horas entrena Krystal.

Halla $8 \times 2\frac{3}{4}$.

$8 \times 2\frac{3}{4} = 8 \times \left(2 + \frac{3}{4}\right)$

$= (8 \times 2) + \left(8 \times \frac{3}{4}\right)$

$= 16 + \frac{24}{4}$

$= 16 + 6$

$= 22$

Krystal entrena durante 22 horas.

Puedes usar la propiedad distributiva como ayuda para multiplicar.

C Halla cuántos minutos dedica Krystal a cada actividad durante su entrenamiento.

1 hora = 60 minutos
Halla 60×22.

$$\begin{array}{r} 22 \\ \times\ 60 \\ \hline 1{,}320 \end{array}$$

En 8 días, Krystal dedica 1,320 minutos a la carrera corta, a caminar y a trotar.

Divide para hallar cuántos minutos dedica Krystal a cada actividad. Halla $1{,}320 \div 3$.

$$3\overline{)1{,}320}^{\ 440}$$

En 8 días, Krystal dedica 440 minutos a cada actividad.

¡Convénceme! **Evaluar el razonamiento** Ellie dijo: "Se pueden reagrupar en horas los 440 minutos que Krystal dedica a cada actividad". ¿Qué significa lo que dijo Ellie? ¿Cuántas horas dedica Krystal a cada actividad?

Nombre _____

Otro ejemplo

Sumar la hora

Halla 2 horas y 32 minutos + 3 horas y 40 minutos.

   2 horas 32 minutos
 + 3 horas 40 minutos
   5 horas 72 minutos   Como 72 minutos > 1 hora,
 = 6 horas y 12 minutos   se reagrupan 60 minutos en 1 hora.

Restar la hora

Halla 5 horas y 8 minutos − 2 horas y 32 minutos.

   $\overset{4}{\cancel{5}}$ horas $\overset{68}{\cancel{8}}$ minutos
 − 2 horas 32 minutos   Como 8 minutos < 32
   2 horas 36 minutos   minutos, se reagrupa 1 hora en 60 minutos.

Práctica guiada

¿Lo entiendes?

1. **Construir argumentos** ¿En qué se parece sumar y restar medidas de tiempo a sumar y restar números enteros?

¿Cómo hacerlo?

Multiplica o divide en los Ejercicios **2** y **3**. Recuerda que hay 60 minutos en 1 hora y 7 días en 1 semana.

2. ¿Cuántos minutos hay en $6\frac{1}{4}$ horas?

3. ¿Cuántas semanas hay en 7,077 días?

Práctica independiente

Suma, resta, multiplica o divide en los Ejercicios **4** a **7**.

Unidades de tiempo
1 hora = 60 minutos   1 día = 24 horas
1 año = 12 meses   1 semana = 7 días

4.   8 horas   30 minutos
   + 7 horas   35 minutos
     ☐ horas ☐ minutos = ☐ horas ☐ minutos

5.   ☐   ☐
     2 años 5 meses
   −   9 meses
     ☐ año ☐ meses

6. $8 \times \frac{1}{4}$ hora = $\frac{☐ \times 1}{☐}$ = $\frac{☐}{4}$ = ☐ horas

7. ¿Cuántas semanas hay en 588 días?
   588 ÷ 7 = ☐ semanas

*Puedes encontrar otro ejemplo en el Grupo E, página 582.

Tema 10 | Lección 10-5   569

Resolución de problemas

Usa la tabla de la derecha en los Ejercicios 8 y 9.

8. Si asistes a todas las actividades de la reunión, ¿cuánto tiempo te llevarán todas las actividades?

9. Hay 55 minutos entre el fin de la cena y el comienzo de la fogata. ¿Cuál es el tiempo transcurrido desde el comienzo de la cena hasta el comienzo de la fogata?

DATOS

Programa de reunión de la familia Suárez

Recorrido turístico Parque del lago	4 horas 15 minutos
Muestra de diapositivas	55 minutos
Cena	1 hora 30 minutos
Fogata nocturna	1 hora 35 minutos

10. **Entender y perseverar** La banda de la escuela gastó $4,520 en boletos de avión y $1,280 en gastos de hotel para los 8 portaestandartes. ¿Cuánto se gastó en cada portaestandarte?

11. **Razonamiento de orden superior** Hay 10 años en 1 década. El perro de Dave tiene 1 década, 2 años y 10 meses de edad. La edad de Dave es la mitad de la edad de su perro. ¿Qué edad tiene Dave?

Evaluación

12. Glen y Krys trabajan en una zapatería. Glen trabajó 5 horas y 8 minutos. Krys trabajó 3 horas y 12 minutos. ¿Cuánto tiempo más que Krys trabajó Glen? Escribe y resuelve una ecuación para hallar la diferencia.

13. El primer vuelo de Henry duró 1 hora y 12 minutos. El segundo vuelo duró 2 horas y 41 minutos. ¿Cuánto tiempo duraron los vuelos de Henry? Escribe y resuelve una ecuación para hallar la suma.

Nombre _____

Tarea y práctica 10-5
Resolver problemas sobre la hora

¡Revisemos!

Puedes sumar, restar, multiplicar o dividir medidas de tiempo para resolver problemas.

Ann trabajó 5 años y 7 meses en su primer trabajo. Trabajó 3 años y 3 meses en su segundo trabajo.

Sumar

¿Cuánto tiempo trabajó Ann en el primer y el segundo trabajo?

$$\begin{array}{r} 5 \text{ años } 7 \text{ meses} \\ + 3 \text{ años } 3 \text{ meses} \\ \hline 8 \text{ años } 10 \text{ meses} \end{array}$$

Restar

¿Cuánto tiempo más trabajó Ann en el primer trabajo que en el segundo?

$$\begin{array}{r} 5 \text{ años } 7 \text{ meses} \\ - 3 \text{ años } 3 \text{ meses} \\ \hline 2 \text{ años } 4 \text{ meses} \end{array}$$

En su cuarto trabajo, Ann trabajó 6 veces la cantidad de tiempo que trabajó en el tercero. Ann trabajó $1\frac{1}{2}$ años en su tercer trabajo.

Multiplicar

¿Cuánto tiempo trabajó Ann en su cuarto trabajo?

$$6 \times 1\frac{1}{2} = (6 \times 1) + \left(6 \times \frac{1}{2}\right)$$
$$= 6 + \frac{6}{2}$$
$$= 6 + 3$$
$$= 9 \text{ años}$$

Dividir

Ann trabajó 546 días en su tercer trabajo. ¿Cuántas semanas trabajó Ann? Hay 7 días en una semana.

$$546 \div 7 = 78 \text{ semanas}$$

Suma, resta, multiplica o divide en los Ejercicios **1** a **9**.

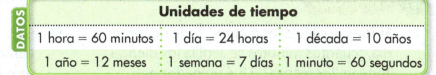

Unidades de tiempo

| 1 hora = 60 minutos | 1 día = 24 horas | 1 década = 10 años |
| 1 año = 12 meses | 1 semana = 7 días | 1 minuto = 60 segundos |

1. 8 horas 12 minutos
   + 3 horas 15 minutos

2. 9 semanas 5 días
   − 1 semana 6 días

3. 3 horas 6 minutos 45 segundos
   + 8 horas 55 minutos 20 segundos

4. 1 década 8 años
   − _____ 9 años

5. 12 días 6 horas
   + 8 días 18 horas

6. 5 décadas 4 años 3 meses
   − 2 décadas 5 años 6 meses

7. ¿Cuántas semanas hay en 42 días?

8. ¿Cuánto es $8 \times \frac{3}{4}$ de hora?

9. ¿Cuántos minutos hay en $9\frac{1}{4}$ horas?

10. Beth trabaja $8\frac{2}{4}$ horas, conduce $1\frac{1}{4}$ horas, cocina $\frac{3}{4}$ de hora y duerme $7\frac{2}{4}$ horas todos los días. ¿Cuántas horas de tiempo libre tiene Beth por día? Recuerda que hay 24 horas en un día.

11. Ryan trabaja $10\frac{1}{2}$ horas todos los días. Tiene $\frac{3}{4}$ de hora para almorzar y dos descansos de $\frac{1}{4}$ de hora. ¿Cuánto tiempo trabaja Ryan? Recuerda que puedes escribir una fracción equivalente a $10\frac{1}{2}$.

12. El maratón de Baltimore tiene una carrera de relevos. En la tabla de la derecha, se muestra el tiempo que tardó para cada tramo un equipo ganador. ¿Cuánto tiempo tardó en total el equipo en correr los cuatro tramos del maratón?

DATOS

Resultados del maratón de Baltimore	
Tramo de la carrera	Tiempo
Tramo 1	32 minutos 56 segundos
Tramo 2	42 minutos 28 segundos
Tramo 3	34 minutos 34 segundos
Tramo 4	39 minutos 2 segundos

13. Representar con modelos matemáticos ¿A qué hora tiene que salir María para la escuela si tarda 45 minutos en llegar? La escuela comienza a las 7:30 a. m. Dibuja una recta numérica para explicar tu respuesta.

14. Razonamiento de orden superior El Sr. Kent da 7 clases que duran 50 minutos cada una. También tiene 30 minutos de descanso para el almuerzo. ¿Cuánto tiempo pasa el Sr. Kent dando clases y almorzando?

Evaluación

15. Si Tom se cepilla los dientes $\frac{1}{12}$ de hora por día, ¿cuántos minutos se cepilla los dientes Tom en 2 semanas? ¿Qué unidades de tiempo necesitas convertir para resolver el problema? Escribe ecuaciones y resuélvelas.

16. Una mujer inglesa estornudó 978 días consecutivos. Aproximadamente, ¿cuántas semanas consecutivas estornudó la mujer? ¿Qué unidades de tiempo necesitas convertir para resolver el problema? Escribe una ecuación y resuélvela.

Nombre _____

Resuélvelo y coméntalo

Una fábrica de helado usa $4\frac{1}{4}$ galones de extracto de vainilla y $2\frac{1}{4}$ galones de extracto de almendra en cada barril de helado. ¿Cuánto extracto se usa para hacer 5 barriles de helado? Usa los diagramas de barras para representar y resolver este problema.

Resolución de problemas
Lección 10-6
Representar con modelos matemáticos

Puedo...
usar diversas representaciones para resolver problemas.

También puedo resolver problemas de varios pasos.

Hábitos de razonamiento

¡Razona correctamente! Estas preguntas te pueden ayudar.

- ¿Cómo puedo usar lo que sé de matemáticas para resolver este problema?

- ¿Cómo puedo usar dibujos, objetos y ecuaciones para representar el problema?

- ¿Cómo puedo usar números, palabras y símbolos para resolver este problema?

¡Vuelve atrás! **Representar con modelos matemáticos** ¿Qué oraciones numéricas puedes escribir para representar el problema?

Pregunta esencial: ¿Cómo se puede representar una situación con un modelo matemático?

A

Cada vez que el equipo de beisbol gana un partido, Finn le da al entrenador la cantidad de antojitos que se muestran. ¿Cuántas libras de antojitos le da Finn al entrenador cuando el equipo de beisbol gana 3 partidos?

$\frac{5}{8}$ de libra de regaliz rojo

$\frac{7}{8}$ de libra de maníes

¿Qué pregunta escondida tienes que hallar y resolver primero?

Tengo que hallar cuántas libras de regaliz rojo y maníes le da Finn al entrenador cuando el equipo de beisbol gana un partido.

Este es mi razonamiento...

B **¿Cómo puedo representar con modelos matemáticos?**

Puedo

- usar los conceptos y las destrezas aprendidos anteriormente.
- hallar las preguntas escondidas y responderlas.
- usar diagramas de barras y ecuaciones para representar y resolver este problema.

C Halla $\frac{5}{8} + \frac{7}{8}$ para mostrar las libras de antojitos en total.

$\frac{5}{8} + \frac{7}{8} = \frac{12}{8}$, o $1\frac{4}{8}$ libras

Halla $3 \times 1\frac{4}{8}$ para mostrar cuántas libras le da Finn al entrenador después de ganar 3 partidos.

$3 \times 1\frac{4}{8} = (3 \times 1) + \left(3 \times \frac{4}{8}\right)$

$= 3 + 1\frac{4}{8}$

$= 4\frac{4}{8}$ libras

Finn le da al entrenador $4\frac{4}{8}$ libras de antojitos cuando el equipo gana 3 partidos.

¡Convénceme! **Razonar** ¿Cambiaría la respuesta si se usaran $\frac{12}{8}$ libras en vez de $1\frac{4}{8}$ libras para calcular la cantidad de libras de antojitos que Finn le da al entrenador cuando ganan 3 partidos? Explícalo.

Nombre _____

Práctica guiada

Representar con modelos matemáticos

Colton y sus compañeros hacen mapas de las calles donde viven. ¿Cuánto fieltro verde y negro debe comprar la maestra para que los 25 estudiantes hagan un mapa cada uno?

Fieltro necesario para cada mapa

$\frac{1}{6}$ de lámina color blanco

$\frac{2}{6}$ de lámina color café

$\frac{2}{6}$ de lámina color azul

$\frac{4}{6}$ de lámina color verde

$\frac{5}{6}$ de lámina color negro

1. Dibuja diagramas de barras y escribe ecuaciones para representar el problema.

2. ¿Cuántas láminas de fieltro verde y fieltro negro debe comprar la maestra en total? Explícalo.

Cuando **representas con modelos matemáticos**, usas lo que sabes de matemáticas para resolver problemas.

Práctica independiente

Representar con modelos matemáticos

Moira nada $\frac{3}{4}$ de hora antes de ir a la escuela y $1\frac{3}{4}$ horas después de la escuela. ¿Cuánto tiempo nada Moira en 5 días? Usa los Ejercicios 3 a 5 para responder a la pregunta.

3. Dibuja diagramas de barras y escribe ecuaciones para representar el problema.

4. ¿Qué aprendiste de matemáticas anteriormente que puedas usar para resolver el problema?

5. ¿Cuánto tiempo nada Moira en 5 días? Explícalo.

*Puedes encontrar otro ejemplo en el Grupo F, página 582.

Resolución de problemas

✓ Evaluación del rendimiento

Mezcla de pintura

Perry mezcló $4\frac{2}{3}$ onzas de pintura roja y $3\frac{1}{3}$ onzas de pintura amarilla para crear el tono correcto de pintura anaranjada. Perry necesita 40 onzas de pintura anaranjada para pintar la superficie de un escritorio y 30 onzas de otro color para pintar el resto del escritorio. ¿Cuántas onzas de pintura roja y amarilla debe usar Perry para hacer pintura anaranjada suficiente para cubrir la superficie del escritorio?

6. **Razonar** ¿Qué necesitas saber para hallar cuántas onzas de cada color debe usar Perry?

7. **Representar con modelos matemáticos** Dibuja diagramas de barras y escribe ecuaciones para representar cómo hallar cuántas onzas de pintura hay en una tanda y cuántas tandas tiene que hacer Perry.

Cuando representas con modelos matemáticos, usas un dibujo para mostrar cómo están relacionadas las cantidades del problema.

8. **Hacerlo con precisión** ¿Cuántas tandas tiene que hacer Perry? Explícalo.

9. **Representar con modelos matemáticos** Dibuja diagramas de barras. Escribe ecuaciones y resuélvelas para hallar cuántas onzas de cada color debe usar Perry.

Nombre _____

Tarea y práctica 10-6
Representar con modelos matemáticos

¡Revisemos!

¿Cuántas más tazas de plátano que de harina hay en 3 panes de plátano?

Indica cómo puedes representar con modelos matemáticos para resolver problemas.

- Puedo usar los conceptos y las destrezas que aprendí anteriormente.
- Puedo hallar las preguntas escondidas y responderlas.
- Puedo usar diagramas de barras y ecuaciones para representar y resolver este problema.

Pan de plátano
$1\frac{3}{4}$ tazas de puré de plátano
$1\frac{1}{4}$ tazas de harina
$\frac{1}{4}$ de taza de puré de manzana

Dibuja diagramas de barras y escribe ecuaciones para responder a la pregunta escondida y la pregunta original.

$1\frac{3}{4}$	
$1\frac{1}{4}$	p

d		
$\frac{2}{4}$	$\frac{2}{4}$	$\frac{2}{4}$

$1\frac{3}{4} - 1\frac{1}{4} = \frac{2}{4}$

$3 \times \frac{2}{4} = \frac{6}{4}$, o $1\frac{2}{4}$

Cada pan lleva $\frac{2}{4}$ de taza más de puré de plátano que de harina.

3 panes de plátano contienen $1\frac{2}{4}$, o $1\frac{1}{2}$ tazas más de puré de plátano que de harina.

Cuando **representas con modelos matemáticos**, puedes escribir una ecuación para representar las relaciones del problema.

Representar con modelos matemáticos

Aaron envuelve regalos en una tienda. En una hora, envuelve 8 juegos y una consola. ¿Cuánto papel de regalo usa Aaron? Usa los Ejercicios **1** a **3** para responder a la pregunta.

La consola lleva $4\frac{1}{3}$ pies de papel de regalo.

El juego lleva $1\frac{2}{3}$ pies de papel de regalo.

1. Dibuja diagramas de barras y escribe ecuaciones para representar el problema.

2. ¿Qué aprendiste de matemáticas anteriormente que puedas usar para resolver el problema?

3. ¿Cuánto papel de regalo usa Aaron? Explícalo.

Recursos digitales en PearsonRealize.com Tema 10 | Lección 10-6 577

Evaluación del rendimiento

Alimento para gatos
Tamara alimenta a su gato con $\frac{1}{8}$ de taza de alimento enlatado por día y con alimento seco. También le da una galleta por día. ¿Cuánto alimento seco le da Tamara a su gato en una semana?

$\frac{3}{8}$ de taza de alimento por día

4. **Razonar** ¿Qué cantidades se dan en el problema y qué describen los números?

5. **Entender y perseverar** ¿Qué tienes que hallar?

6. **Representar con modelos matemáticos** Dibuja diagramas de barras y escribe ecuaciones para representar el problema y mostrar las relaciones.

> Cuando representas con modelos matemáticos, usas las matemáticas para representar una situación o un problema.

7. **Hacerlo con precisión** ¿Cuánto alimento seco le da Tamara a su gato en una semana? Explícalo. Escribe la respuesta como un número mixto.

8. **Razonar** Explica cómo sabes qué unidades debes usar en la respuesta.

Nombre _____

Actividad de práctica de fluidez

Trabaja con un compañero. Necesitan papel y lápiz. Cada uno escoge un color diferente: celeste o azul.

El Compañero 1 y el Compañero 2 apuntan a uno de los números negros al mismo tiempo. Ambos suman esos números.

Si la respuesta está en el color que escogiste, puedes anotar una marca de conteo. Sigan la actividad hasta que uno de los compañeros tenga doce marcas de conteo.

Puedo...
sumar números enteros de varios dígitos.

Compañero 1					Compañero 2
2,814	3,043	5,776	4,565	6,015	369
3,149	6,595	3,617	6,834	3,856	194
4,097	3,343	6,496	5,502	5,537	229
5,308	3,008	3,378	4,326	4,804	468
6,127	4,291	3,183	5,677	3,521	707
	3,518	6,356	3,282	4,466	

Marcas de conteo del Compañero 1

Marcas de conteo del Compañero 2

TEMA 10 — Repaso del vocabulario

Lista de palabras
- denominador
- fracción
- fracción de referencia
- fracción unitaria
- fracciones equivalentes
- numerador
- número mixto

Comprender el vocabulario

Escribe V si el enunciado es *verdadero* y F si es *falso*.

1. _____ Las fracciones de referencia son fracciones de uso común, como $\frac{1}{4}$ y $\frac{1}{2}$.

2. _____ Las fracciones equivalentes son fracciones en las que el numerador y el denominador tienen el mismo valor.

3. _____ El denominador de una fracción indica la cantidad de partes iguales en un entero.

4. _____ Una fracción representa parte de un entero, parte de un conjunto o una ubicación en la recta numérica.

5. _____ El numerador es el número que está debajo de la barra de fracción.

Escribe *siempre*, *a veces* o *nunca*.

6. Una fracción unitaria _____ tiene un numerador de 1.

7. Un numerador _____ es mayor que el denominador.

8. Un número mixto _____ tiene solo una parte fraccionaria.

Usar el vocabulario al escribir

9. Samantha escribió $\frac{1}{2}$. Usa al menos 3 términos de la Lista de palabras para describir la fracción de Samantha.

Puedes usar todos los términos para describir la fracción de Samantha.

Nombre _____

TEMA 10 — Refuerzo

Grupo A — páginas 543 a 548

Talia usó $\frac{5}{8}$ de yarda de cinta.

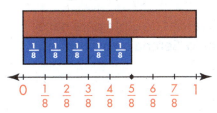

Escribe una ecuación para $\frac{5}{8}$ como múltiplo de una fracción unitaria.

$$\frac{5}{8} = 5 \times \frac{1}{8}$$

Recuerda que una fracción unitaria siempre tiene un numerador de 1.

Escribe las fracciones como múltiplos de una fracción unitaria.

1. $\frac{5}{5}$
2. $\frac{3}{8}$
3. $\frac{4}{3}$
4. $\frac{6}{5}$
5. $\frac{15}{8}$
6. $\frac{7}{4}$

Grupo B — páginas 549 a 554

James corre $\frac{3}{5}$ de milla por semana. ¿Qué distancia corre James en 2 semanas?

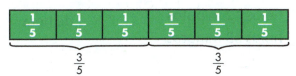

Multiplica para hallar el producto.

$2 \times \frac{3}{5} = \frac{2 \times 3}{5} = \frac{6}{5}$, o $1\frac{1}{5}$

James corre $\frac{6}{5}$, o $1\frac{1}{5}$ millas.

Recuerda que puedes anotar las respuestas como fracciones o números mixtos.

Escribe y resuelve una ecuación.

1.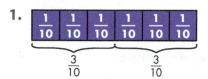

2.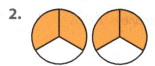

Grupo C — páginas 555 a 560

Alicia tiene 9 cachorritos. Cada cachorrito come $\frac{2}{3}$ de taza de alimento por día. ¿Cuántas tazas de alimento necesita Alicia para alimentar a los cachorritos durante 7 días?

Usa la multiplicación para hallar cuánto alimento comen los cachorritos en 7 días.

$9 \times \frac{2}{3} = \frac{9 \times 2}{3} = \frac{18}{3}$, o 6 tazas

$6 \times 7 = 42$ tazas

Alicia necesita 42 tazas de alimento para alimentar a los cachorritos durante 7 días.

Recuerda que el número entero se multiplica por el numerador y el producto se escribe sobre el denominador de la fracción.

1. Milo hace 5 tandas de pastelitos. En cada tanda, usa $\frac{2}{3}$ de bolsa de nueces. ¿Cuántas bolsas de nueces usa Milo?

2. En un comedero para aves caben $\frac{7}{8}$ de libra de semillas. ¿Cuántas libras de semillas caben en 12 comederos para aves?

Grupo D páginas 561 a 566

Halla $5 \times 3\frac{1}{3}$.

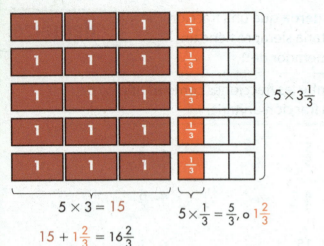

$5 \times 3 = 15$

$5 \times \frac{1}{3} = \frac{5}{3}$, o $1\frac{2}{3}$

$15 + 1\frac{2}{3} = 16\frac{2}{3}$

Recuerda que puedes usar la propiedad distributiva para descomponer problemas de multiplicación.

1. Se necesitan $2\frac{1}{4}$ yardas de cinta para hacer un moño de regalo. Serena hizo 7 moños. ¿Cuánta cinta usó?

2. 5 estudiantes caminaron $3\frac{3}{8}$ millas en grupo durante un maratón de caminata. ¿Cuántas millas caminaron los 5 estudiantes en total?

Grupo E páginas 567 a 572

Puedes sumar, restar, multiplicar y dividir medidas de tiempo.

DATOS — Unidades de tiempo

1 hora = 60 minutos   1 día = 24 horas
1 año = 12 meses   1 semana = 7 días

Recuerda que tal vez necesites reagrupar cuando resuelves problemas sobre la hora.

1. 7 horas 12 minutos
   + 3 horas 53 minutos

2. $7 \times \frac{3}{4}$ de hora

3. 5 semanas 4 días
   − 3 semanas 6 días

4. Escribe 560 días en semanas.

Grupo F páginas 573 a 578

Piensa en estas preguntas como ayuda para **representar con modelos matemáticos**.

Hábitos de razonamiento

- ¿Cómo puedo usar lo que sé de matemáticas para resolver este problema?
- ¿Cómo puedo usar dibujos, objetos y ecuaciones para representar el problema?
- ¿Cómo puedo usar números, palabras y símbolos para resolver este problema?

Recuerda que puedes dibujar un diagrama de barras como ayuda para escribir una ecuación.

Julie prepara su famosa receta de *chili* con $2\frac{3}{8}$ tazas de frijoles rojos, $3\frac{4}{8}$ tazas de frijoles para *chili* y $2\frac{6}{8}$ tazas de cebolla.

1. ¿Cuántas tazas más de frijoles para *chili* que de frijoles rojos se necesitan?

2. ¿Cuántas tazas de frijoles y cebolla usó Julie en total?

Nombre _____

TEMA 10 Evaluación

1. Margo practica flauta $\frac{1}{4}$ de hora por día.

   Unidades de tiempo
   1 semana = 7 días
   1 hora = 60 minutos

   Parte A

   Escribe y resuelve una ecuación para hallar cuántas horas practica flauta Margo en 1 semana.

   Parte B

   Usa las propiedades de las operaciones para hallar cuántos minutos practica flauta Margo en una semana.

   $$60 \times \frac{\square}{\square} = 60 \times \left(\square + \frac{\square}{\square}\right)$$
   $$= \left(60 \times \square\right) + \left(60 \times \frac{\square}{\square}\right)$$
   $$= 60 + \frac{60 \times 3}{4}$$
   $$= 60 + \frac{\square}{4}$$
   $$= \square + 45$$
   $$= \square \text{ minutos}$$

2. Escoge Sí o No para indicar si $\frac{1}{2}$ hará que las ecuaciones sean verdaderas en las preguntas 2a a 2d.

   2a. $6 \times \square = \frac{6}{2}$ ○ Sí ○ No

   2b. $6 \times \square = 3$ ○ Sí ○ No

   2c. $7 \times \square = \frac{7}{14}$ ○ Sí ○ No

   2d. $7 \times \square = 3\frac{1}{2}$ ○ Sí ○ No

3. Ben estuvo jugando en la casa de un amigo durante 2 horas y 35 minutos. Luego, estuvo jugando en un parque. Ese día, jugó 3 horas y 52 minutos en total. ¿Cuánto tiempo estuvo jugando Ben en el parque?

   Ⓐ 6 horas y 27 minutos
   Ⓑ 2 horas y 17 minutos
   Ⓒ 1 hora y 17 minutos
   Ⓓ 17 minutos

4. Escoge números del recuadro para completar los valores que faltan en las ecuaciones de multiplicación. Usa cada número una sola vez.

   $\frac{7}{8} = \square \times \frac{\square}{8}$ $\frac{1}{\square} \times 3 = \frac{\square}{4}$

   $\frac{\square}{6} = 5 \times \frac{1}{\square}$ $\frac{1}{2} \times 8 = \frac{\square}{\square}$

   | 1 2 3 4 5 6 7 8 |

Tema 10 | Evaluación   583

5. Chris halló el producto de números enteros y números mixtos. Une las expresiones con su producto.

Expresión	Producto
$3 \times 2\frac{2}{3}$	$33\frac{6}{8}$
$5 \times 6\frac{6}{8}$	8
$4 \times 4\frac{3}{4}$	$22\frac{4}{8}$
$9 \times 2\frac{4}{8}$	19

6. Marca todas las expresiones que sean iguales al producto de 4 y $1\frac{4}{8}$.

☐ $1\frac{4}{8} + 1\frac{4}{8} + 1\frac{4}{8} + 1\frac{4}{8}$

☐ $4 \times 1\frac{4}{8}$

☐ $4 - 1\frac{4}{8}$

☐ $4 + 1 + 4 + 8$

☐ $(4 \times 1) + \left(4 \times \frac{4}{8}\right)$

7. Completa la ecuación de multiplicación que describe lo que muestra el modelo.

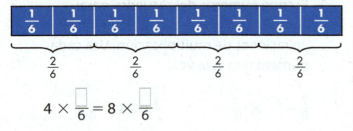

$4 \times \frac{\square}{6} = 8 \times \frac{\square}{6}$

8. Usa una fracción unitaria y un número entero para escribir una ecuación de multiplicación que sea igual a $\frac{7}{8}$.

9. Juan hace galletas. Hace 2 tandas el lunes y 4 tandas el martes. Juan usa $\frac{3}{4}$ de taza de harina en cada tanda. ¿Cuánta harina usa Juan? Explícalo.

10. ¿Qué expresión de multiplicación describe la fracción marcada en la recta numérica?

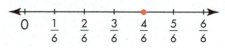

Ⓐ $\frac{5}{6} + \frac{6}{6}$

Ⓑ $4 \times \frac{1}{6}$

Ⓒ $\frac{1}{6} + \frac{2}{6} + \frac{3}{6} + \frac{4}{6}$

Ⓓ $4 \times \frac{4}{6}$

11. Lucas prepara una docena de bocaditos para su equipo. Para cada bocadito, Lucas usa $\frac{1}{4}$ de taza de cerezas secas y $\frac{2}{4}$ de taza de albaricoques secos. ¿Cuántas tazas de fruta seca necesita Lucas para la docena de bocaditos? Recuerda que hay 12 bocaditos en una docena. Escribe ecuaciones y resuélvelas para mostrar cómo hallaste la respuesta.

Nombre _____

TEMA 10

Evaluación del rendimiento

El mural de la escuela

Paul tiene permiso para pintar un mural de 20 paneles para la escuela. Parte del mural se muestra en la figura **Pintar un mural.** Paul decide que necesita ayuda. La tabla **Ayudantes** muestra cuánto pueden pintar por día algunos de sus amigos, y cuántos días por semana.

Pintar un mural

Paul pinta $1\frac{2}{3}$ paneles en un día.

Ayudantes		
Amigo	Paneles por día	Días por semana
Leeza	$\frac{3}{4}$	3
Kelsey	$\frac{7}{8}$	4
Tony	$\frac{5}{6}$	3

1. Los estudiantes quieren hallar cuánto les llevará pintar el mural si cada uno trabaja en una parte de los paneles determinada cantidad de días por semana.

Parte A

¿Cuántos paneles puede pintar Leeza en una semana? Usa tiras de fracciones para explicar tu respuesta.

Parte B

¿Cuántos paneles puede pintar Kelsey en una semana? Usa ecuaciones para explicar tu respuesta.

Tema 10 | Evaluación del rendimiento 585

Parte C

Paul puede trabajar 5 días por semana. ¿Cuántos paneles puede pintar Paul en una semana? Usa ecuaciones de multiplicación y las propiedades de las operaciones para explicar tu respuesta.

Parte D

¿Cuántos paneles puede pintar Tony en una semana? Dibuja un diagrama de barras. Escribe y resuelve una ecuación.

2. La tabla **Tiempo de trabajo por día** muestra cuánto tiempo por día ayudaron los amigos de Paul con el mural.

¿Cuánto más tiempo trabajó Kelsey que Tony y Leeza juntos? Explícalo.

Tiempo de trabajo por día

Amigo	Tiempo
Leeza	30 minutos
Kelsey	2 horas y 30 minutos
Tony	1 hora y 45 minutos

TEMA 11
Representar e interpretar datos en diagramas de puntos

Preguntas esenciales: ¿Cómo se leen los datos de un diagrama de puntos? ¿Cómo se hace un diagrama de puntos?

Recursos digitales

Resuelve · Aprende · Glosario · Amigo de práctica
Herramientas · Evaluación · Ayuda · Juegos

- Los terremotos ocurren cuando la superficie terrestre libera energía.
- Muchos terremotos ocurren cerca de fallas geológicas.
- Las ciudades, los países y hasta las escuelas tienen planes de seguridad ante un terremoto. Este es un proyecto sobre seguridad y datos.

Proyecto de Matemáticas y Ciencias: Seguridad y datos

Investigar Usa la Internet u otros recursos para hallar qué causa un terremoto y cómo se mide la potencia de un terremoto. Explica cómo se pueden mantener seguras las personas durante los terremotos.

Diario: Escribir un informe Incluye lo que averiguaste. En tu informe, también:

- explica cómo se usa la escala Richter, que mide el tamaño, o *magnitud*, de un terremoto.
- investiga las magnitudes de al menos 6 terremotos que hayan ocurrido durante tu vida. Haz una tabla para mostrar la fecha y la magnitud de cada terremoto. Luego, muestra las magnitudes en un diagrama de puntos.

Tema 11   587

Nombre _____

Repasa lo que sabes

Vocabulario

Escoge el mejor término del recuadro. Escríbelo en el espacio en blanco.

- comparar
- datos
- diagrama de puntos
- escala

1. Un _____ es una manera de organizar datos en una recta numérica.

2. Los números que muestran las unidades usadas en una gráfica se llaman _____.

3. Los _____ son información.

Comparar fracciones

Escribe >, < o = en el ◯.

4. $\frac{7}{8}$ ◯ $\frac{3}{4}$

5. $\frac{1}{2}$ ◯ $\frac{5}{8}$

6. $\frac{1}{4}$ ◯ $\frac{2}{8}$

Resta de fracciones

Halla la diferencia.

7. $10\frac{3}{8} - 4\frac{1}{8} =$ _____

8. $5\frac{1}{4} - 3\frac{3}{4} =$ _____

9. $7\frac{4}{8} - 2\frac{4}{8} =$ _____

Interpretar datos

Usa los datos de la tabla para resolver los ejercicios.

10. ¿Cuál es la mayor longitud de serpiente? ¿Cuál es la menor longitud de serpiente?

Longitud de serpientes (pulgadas)			
$12\frac{1}{2}$	$16\frac{1}{2}$	17	24
16	16	13	$12\frac{1}{2}$
$18\frac{1}{2}$	$17\frac{1}{2}$	17	16

11. ¿Qué longitud de serpiente está anotada más de una vez? ¿Qué longitud de serpiente se anotó más veces?

12. ¿Cuál es la diferencia entre la mayor y la menor longitud de la tabla?

En este tema, usarás datos para crear diagramas de puntos.

Mis tarjetas de palabras

Usa los ejemplos de las palabras de las tarjetas para ayudarte a completar las definiciones que están al reverso.

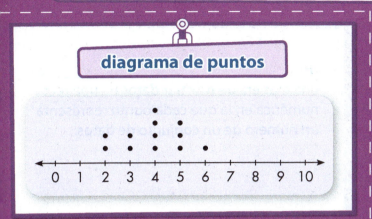

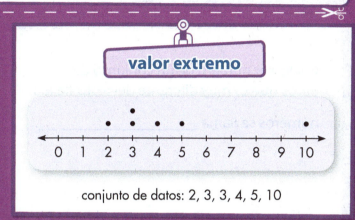

conjunto de datos: 2, 3, 3, 4, 5, 10

Tema 11 | Mis tarjetas de palabras 589

Mis tarjetas de palabras

Completa cada definición. Para ampliar lo que aprendiste, escribe tus propias definiciones.

Cualquier número de un conjunto de datos que es muy diferente del resto de los números se llama _____.

Un _____ es una manera de mostrar datos en una recta numérica en la que cada punto representa un número de un conjunto de datos.

Nombre _____

Lección 11-1
Leer diagramas de puntos

Resuélvelo y coméntalo Emily fue a pescar. En la siguiente recta numérica, marcó la longitud de los 12 peces que pescó. ¿Cuál es la longitud del pez más grande? ¿Cuál es la longitud del pez más pequeño? *Resuelve este problema de la manera que prefieras.*

Puedo... interpretar datos usando diagramas de puntos.

También puedo hacer mi trabajo con precisión.

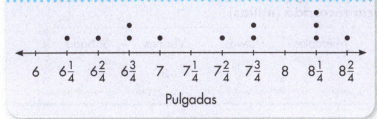

Longitud de los peces
Pulgadas

Cuando respondas preguntas, hazlo con precisión y usa los rótulos adecuados.

¡Vuelve atrás! **Buscar relaciones** ¿Cómo te ayuda un diagrama de puntos a ver las relaciones entre los datos?

Pregunta esencial: ¿Cómo se pueden leer los datos en un diagrama de puntos?

A

Un **diagrama de puntos** muestra datos en una recta numérica. Cada punto sobre la recta numérica representa un número de un conjunto de datos. Un **valor extremo** es todo número del conjunto de datos que es muy diferente del resto de los números.

La siguiente tabla muestra la distancia que caminó por día Eli con su perro durante siete días. ¿De qué manera un diagrama de puntos te ayuda a identificar los valores extremos de los datos?

Con los diagramas de puntos es más fácil leer los datos a simple vista.

Distancia recorrida (millas)

DATOS	Domingo	Lunes	Martes	Miércoles	Jueves	Viernes	Sábado
	1	$\frac{1}{2}$	$1\frac{1}{2}$	1	$1\frac{1}{2}$	3	1

B Lee el diagrama de puntos.

Distancia recorrida
(recta numérica de 0 a 3, en Millas)

La mayoría de los puntos están sobre el 1 en la recta numérica.
La distancia más común es 1 milla.

La distancia más larga es 3 millas.
La distancia más corta es $\frac{1}{2}$ milla.

C Identifica los valores extremos.

Distancia recorrida
(recta numérica de 0 a 3, en Millas)

El punto sobre el 3 está muy lejos de los otros puntos del diagrama.

La distancia que caminó Eli con su perro el viernes, 3 millas, es un valor extremo.

¡Convénceme! Razonar Dibuja 4 puntos en el diagrama de puntos para que el 3 no sea un valor extremo. ¿Cómo decidiste dónde ubicar los puntos?

Distancia recorrida
(recta numérica de 0 a 3, en Millas)

592   Tema 11 | Lección 11-1   © Pearson Education, Inc. 4

Nombre _____

Práctica guiada

¿Lo entiendes?

1. **Construir argumentos** En el problema de la página anterior, ¿cómo sabes que la distancia que caminó Eli el viernes es un valor extremo solo con mirar el diagrama de puntos?

2. Si un diagrama de puntos representa 10 datos, ¿cuántos puntos hay? Explícalo.

¿Cómo hacerlo?

Usa el diagrama de puntos en los Ejercicios **3** a **6**.

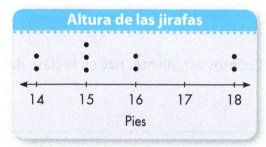

3. ¿Cuántas jirafas miden 14 pies?

4. ¿Cuál es la altura más común?

5. ¿Cuánto mide la jirafa más alta?

6. ¿Es 18 pies un valor extremo? Explícalo.

Práctica independiente

Usa el diagrama de puntos de la derecha en los Ejercicios **7** a **11**.

7. ¿Cuántas personas compitieron en la carrera de 100 metros?

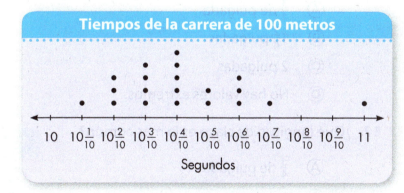

8. ¿Qué tiempo fue el más común?

9. ¿Qué tiempo es un valor extremo?

10. ¿Cuántas personas más corrieron 100 metros en $10\frac{6}{10}$ segundos que en $10\frac{1}{10}$ segundos?

11. Curtis dijo que más de la mitad de las personas corrieron 100 metros en menos de $10\frac{4}{10}$ segundos. ¿Estás de acuerdo? Explícalo.

*Puedes encontrar otro ejemplo en el Grupo A, página 617.

Tema 11 | Lección 11-1

Resolución de problemas

Usa el diagrama de puntos de la derecha en los Ejercicios 12 y 13.

12. **Razonar** El Sr. Dixon anotó el tiempo que sus estudiantes tardaron en hacer un proyecto. ¿Cuánto tiempo tomó hacer el proyecto en la mayoría de los casos?

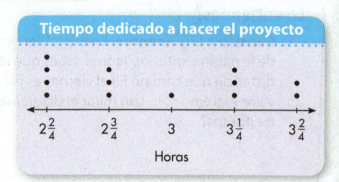

13. ¿Cuántos estudiantes hay en la clase del Sr. Dixon?

14. **Sentido numérico** Jorge colecciona tarjetas de deportes. Pone las tarjetas en un álbum. El álbum tiene 72 páginas. Cada página tiene 9 tarjetas. Halla la cantidad de tarjetas que hay en el álbum si la mitad de las páginas están llenas y las páginas restantes están vacías.

15. **Razonamiento de orden superior** Bob hizo una lista con el peso de sus amigos. Sus amigos pesan 87, 98, 89, 61 y 93 libras. Bob dijo que no hay valores extremos. ¿Tiene razón? Explícalo.

Evaluación

Usa el diagrama de puntos de la derecha en los Ejercicios 16 y 17.

16. ¿Qué valor es un valor extremo?

    Ⓐ $\frac{3}{4}$ de pulgada

    Ⓑ $1\frac{2}{4}$ pulgadas

    Ⓒ 2 pulgadas

    Ⓓ No hay valores extremos.

17. ¿Qué longitud de clavo es la más común?

    Ⓐ $\frac{3}{4}$ de pulgada

    Ⓑ 1 pulgada

    Ⓒ $1\frac{2}{4}$ pulgadas

    Ⓓ $2\frac{1}{4}$ pulgadas

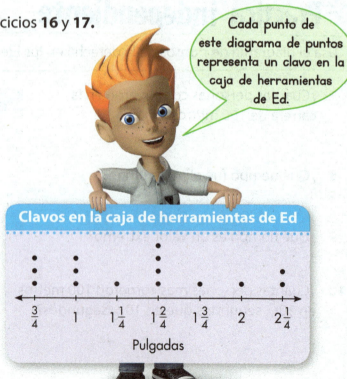

Nombre _____

Tarea y práctica 11-1
Leer diagramas de puntos

¡Revisemos!

La tabla de datos muestra la distancia que corrió Freda en un período de 17 días.

Un diagrama de puntos muestra datos en una recta numérica. Cada punto representa 1 día. Un valor extremo es un dato muy diferente del resto de los datos. ¿Qué distancia es un valor extremo?

Distancia que corre Freda por día

(diagrama de puntos: $\frac{1}{2}$: 2 puntos; $1\frac{1}{2}$: 4 puntos; 2: 5 puntos; $2\frac{1}{2}$: 3 puntos; 3: 2 puntos; 5: 1 punto)
Millas

Distancia (millas)	Días
$\frac{1}{2}$	2
$1\frac{1}{2}$	4
2	5
$2\frac{1}{2}$	3
3	2
5	1

Cinco millas es un valor extremo porque no está cerca de la distancia que corrió Freda los otros días.

Usa el diagrama de puntos de la derecha en los Ejercicios **1** a **5**.

1. Identifica los valores extremos del conjunto de datos.

2. ¿Qué peso es el más común?

3. ¿Cuántos cachorros más pesan 3 libras que 7 libras?

4. ¿Cuántos cachorros pesan menos de 7 libras?

5. ¿Cuál es el peso total de todos los cachorros que pesan menos de 6 libras? Explícalo.

Usa una fracción para representar los puntos en una recta numérica que no son números enteros.

Peso de los cachorros de la tienda de mascotas
Libras

Recursos digitales en PearsonRealize.com | Tema 11 | Lección 11-1

Usa el diagrama de puntos de la derecha en los Ejercicios **6** y **7**.

6. ¿Qué estatura es la más común entre los estudiantes de la clase de la Srta. Jackson?

7. **Razonar** ¿Hay valores extremos en los datos de este diagrama de puntos? Explícalo.

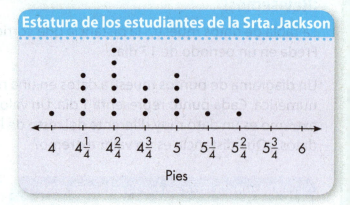

Usa el diagrama de puntos de la derecha en los Ejercicios **8** y **9**.

8. **Razonar** Según el diagrama de puntos, ¿cuántas plantas más hay de menos de $3\frac{2}{4}$ pulgadas que de más de $3\frac{2}{4}$ pulgadas? Explícalo.

9. **Razonamiento de orden superior** Escribe una pregunta que se pueda responder usando el diagrama de puntos y, luego, da la respuesta.

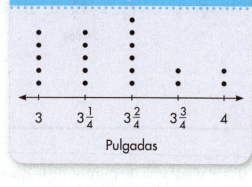

✓ Evaluación

Usa el diagrama de puntos de la derecha en los Ejercicios **10** y **11**.

10. ¿Cuántas recetas llevan 2 tazas de harina o más?

    Ⓐ 3 recetas

    Ⓑ 4 recetas

    Ⓒ 7 recetas

    Ⓓ 14 recetas

La cantidad de recetas está representada por la cantidad de puntos en el diagrama de puntos.

11. ¿Cuántas recetas están representadas en el diagrama de puntos?

    Ⓐ 7 recetas

    Ⓑ 9 recetas

    Ⓒ 12 recetas

    Ⓓ 14 recetas

Nombre

Lección 11-2
Crear diagramas de puntos

Resuélvelo y coméntalo
En una clase de 27 estudiantes, cinco estudiantes tienen 1 mascota. Tres estudiantes tienen 2 mascotas. Cuatro estudiantes tienen 3 mascotas. Dos estudiantes tienen 4 mascotas. Un estudiante tiene 8 mascotas. Los doce estudiantes restantes no tienen mascotas. ¿Hay valores extremos en este conjunto de datos? Explícalo. *Resuelve este problema de la manera que prefieras.*

Puedo... representar datos usando diagramas de puntos.

También puedo hacer mi trabajo con precisión.

Un diagrama de puntos te puede ayudar a hacerlo con precisión y organizar tus datos. ¡Muestra tu trabajo en el espacio que sigue!

¡Vuelve atrás! Construir argumentos ¿Cómo puedes usar un diagrama de puntos para hallar los datos que aparecen con más frecuencia?

Pregunta esencial: ¿Cómo se pueden hacer diagramas de puntos?

A

Serena midió la longitud de sus lápices de colores. ¿Cómo puede hacer un diagrama de puntos para mostrar esas longitudes?

Longitud de los lápices de Serena

Color	Longitud
Rojo	5 pulgs.
Azul	$4\frac{3}{4}$ pulgs.
Verde	$4\frac{3}{4}$ pulgs.
Morado	$4\frac{1}{8}$ pulgs.
Anaranjado	$4\frac{1}{2}$ pulgs.
Amarillo	$4\frac{3}{4}$ pulgs.

Puedes usar fracciones equivalentes como $\frac{1}{2} = \frac{2}{4} = \frac{4}{8}$ como ayuda para hacer el diagrama de puntos.

B Hacer un diagrama de puntos

Paso 1 Dibuja una recta numérica y escoge una escala basándote en la longitud de los lápices de Serena. Marca medios, cuartos y octavos. La escala debe mostrar los valores de los datos de menor a mayor.

Paso 2 Escribe un título para el diagrama de puntos. Rotula el diagrama para indicar qué representan los números.

Paso 3 Dibuja un punto para la longitud de cada lápiz.

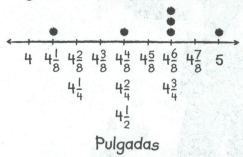

¡Convénceme! Construir argumentos Completa el diagrama de puntos. ¿Cuál es la talla de zapato más común? ¿Qué talla es el valor extremo?

Tallas de zapato

$4\frac{1}{2}$, $5\frac{1}{2}$, 4, 6, 7, $5\frac{1}{2}$, 10, 6, $5\frac{1}{2}$, 6, 8, $5\frac{1}{2}$, $6\frac{1}{2}$, $5\frac{1}{2}$

Nombre _____

Práctica guiada

¿Lo entiendes?

1. **Construir argumentos** Usa la tabla de la derecha para comparar la longitud de los lápices de Sandy con la longitud de los lápices de Serena que se muestran en la página anterior. ¿Quién tiene más lápices de la misma longitud, Serena o Sandy? ¿Qué conjunto de datos fue más fácil de comparar? ¿Por qué?

2. ¿Hay valores extremos en los datos de los lápices de Sandy? Explícalo.

¿Cómo hacerlo?

3. Completa el diagrama de puntos.

Longitud de los lápices de Sandy

Color	Longitud
Rojo	$6\frac{1}{4}$ pulgs.
Azul	$5\frac{1}{4}$ pulgs.
Verde	$6\frac{3}{4}$ pulgs.
Morado	$5\frac{3}{4}$ pulgs.
Anaranjado	$6\frac{3}{4}$ pulgs.
Amarillo	$6\frac{2}{4}$ pulgs.

Longitud de los lápices de Sandy

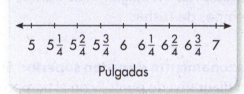

Pulgadas

Práctica independiente

Práctica al nivel Usa la tabla de la derecha en los Ejercicios **4** y **5**.

4. Usa los datos de la tabla para completar el diagrama de puntos.

Longitud de las pulseras de Rico

(diagrama de puntos: 6, $6\frac{1}{2}$, 7, $7\frac{1}{2}$, 8, $8\frac{1}{2}$, 9)
Pulgadas

Longitud de las pulseras

8 pulgs.	$8\frac{1}{2}$ pulgs.
$6\frac{1}{2}$ pulgs.	8 pulgs.
$7\frac{1}{2}$ pulgs.	$6\frac{1}{2}$ pulgs.
8 pulgs.	$7\frac{1}{2}$ pulgs.
$6\frac{1}{2}$ pulgs.	8 pulgs.

5. ¿Cuál es la longitud de la pulsera más larga? ¿Cuál es la longitud más corta?

Tema 11 | Lección 11-2

Resolución de problemas

6. Vocabulario Define *valor extremo*. Da un ejemplo usando el siguiente diagrama de puntos.

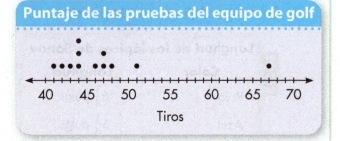

7. Hacerlo con precisión Alyssa hizo una manta a rayas rosadas y blancas. Hay 7 rayas rosadas y 6 rayas blancas. Cada raya mide 8 pulgadas de ancho. ¿Cuál es el ancho de la manta de Alyssa? Explícalo.

Usa la tabla de la derecha en los Ejercicios **8** y **9**.

8. El entrenador de natación de Trisha anotó los tiempos que hizo Trisha por día la semana pasada. Haz un diagrama de puntos con los tiempos de Trisha.

9. Razonamiento de orden superior Si haces un diagrama de puntos con el tiempo de nado de Trisha usando 0 y 5 minutos como los límites, ¿el valor extremo será más o menos evidente que si los límites de tu diagrama fueran 50 y 75 segundos? Explícalo.

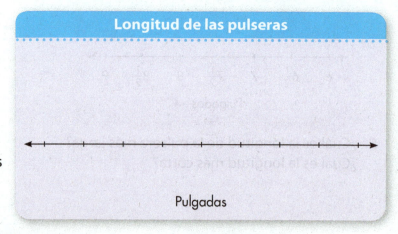

Asegúrate de incluir un título y rótulos para los valores del diagrama de puntos.

DATOS	Día	Tiempo
	Lunes	55 segundos
	Martes	57 segundos
	Miércoles	51 segundos
	Jueves	72 segundos
	Viernes	51 segundos

Evaluación

10. Brianna hace pulseras para sus amigos y los miembros de su familia. Las pulseras tienen las siguientes longitudes en pulgadas:

$6, 6\frac{3}{4}, 6\frac{1}{4}, 5\frac{3}{4}, 5, 6, 6\frac{2}{4}, 6\frac{1}{4}, 6, 5\frac{3}{4}$

Usa el conjunto de datos para completar el diagrama de puntos. Dibuja los puntos y escribe los valores de escala.

Longitud de las pulseras

Pulgadas

Nombre _____

Tarea y práctica 11-2
Crear diagramas de puntos

¡Revisemos!
Dorothy se midió la longitud de los cinco dedos de la mano izquierda. Quiere hacer un diagrama de puntos para mostrar las medidas.

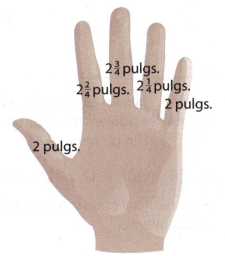

Sigue estos pasos para hacer un diagrama de puntos.

Paso 1
Dibuja una recta numérica y escoge una escala basándote en los datos reunidos. La escala debe mostrar los valores de los datos de menor a mayor.

Paso 2
Escribe un título para el diagrama de puntos y un rótulo para los números.

Paso 3
Dibuja un punto por cada longitud.

Usa el diagrama de puntos de la derecha en los Ejercicios **1** a **4**.

1. Aiden tiene dos carros de juguete que miden $2\frac{1}{4}$ pulgadas, tres que miden $2\frac{3}{8}$ pulgadas, uno que mide $2\frac{7}{8}$, uno que mide $2\frac{1}{8}$ pulgadas y uno que mide $2\frac{3}{4}$ pulgadas. Usa los datos para completar el diagrama de puntos de la derecha.

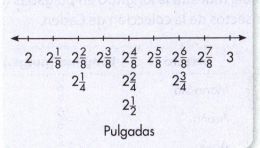

2. ¿Cuánto mide el carro más largo de Aiden?

3. ¿Qué longitud aparece más veces en el diagrama de puntos?

4. ¿Hay más carros más pequeños o más grandes que $2\frac{1}{2}$ pulgadas?

Tema 11 | Lección 11-2   601

5. **Vocabulario** Usa una palabra de vocabulario para completar la oración.

Una fracción _____ representa la misma región, parte de un conjunto o parte de un segmento.

6. **Matemáticas y Ciencias** Para prevenir que las inundaciones produzcan daños, se usan muros de contención. Un pueblo construyó un muro de contención de $4\frac{4}{8}$ pies de altura. Otro pueblo construyó un muro de contención de $7\frac{1}{8}$ pies de altura. ¿Cuál es la diferencia entre las alturas de los muros de contención?

7. **Razonar** Los estudiantes de una clase leyeron las siguientes cantidades de páginas durante el fin de semana:

9, 11, 7, 10, 9, 8, 7, 13, 2, 12, 10, 9, 8, 10, 11, 12

¿Qué número es un valor extremo? Explica tu razonamiento.

8. **Razonamiento de orden superior** Tony quiere hacer un diagrama de puntos de las distancias que recorrió en bicicleta la semana pasada. Tony recorrió las siguientes distancias en millas:

3, $4\frac{1}{2}$, 6, 3, $5\frac{1}{2}$, 3, $5\frac{1}{2}$

Haz un diagrama de puntos para las distancias que recorrió Tony.

Puedes dibujar un diagrama de puntos como ayuda para hallar los valores extremos.

✓ **Evaluación**

9. Caden colecciona insectos. La siguiente tabla muestra la longitud en pulgadas de los insectos de la colección de Caden.

Insecto	Longitud (pulgs.)
Mariquita	$\frac{2}{8}$
Araña	$\frac{6}{8}$
Abeja	$\frac{2}{4}$
Grillo	$\frac{3}{4}$
Luciérnaga	$\frac{4}{8}$
Escarabajo	1

Usa los datos para completar el diagrama de puntos. Dibuja los puntos y escribe los valores de escala. Recuerda que puedes usar fracciones equivalentes como ayuda para escribir los valores de escala.

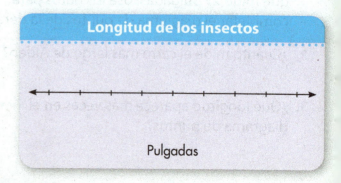

Longitud de los insectos

Pulgadas

Nombre _____

Lección 11-3
Usar diagramas de puntos para resolver problemas

Resuélvelo y coméntalo

Los estudiantes de la Srta. Earl midieron la longitud de 10 orugas del jardín de la escuela. Las orugas tenían las siguientes longitudes en pulgadas:

$\frac{3}{4}, 1\frac{1}{4}, 1\frac{3}{4}, 1\frac{1}{2}, 1, 1, \frac{3}{4}, 1\frac{1}{4}, 1\frac{3}{4}, 1\frac{1}{2}$

Marca las longitudes en el diagrama de puntos. Escribe y resuelve una ecuación para hallar la diferencia de longitud entre la oruga más larga y la más corta.

Puedo... usar diagramas de puntos para resolver problemas con fracciones.

También puedo escoger y usar una herramienta matemática para resolver problemas.

Puedes usar **herramientas**, como una recta numérica, para mostrar datos y resolver problemas.

¡Vuelve atrás! **Generalizar** ¿Cómo se puede usar un diagrama de puntos para hallar la diferencia entre el valor mayor y el valor menor?

Pregunta esencial: ¿Cómo se pueden usar los diagramas de puntos para resolver problemas con fracciones?

A

Alma y Ben llenan globos con agua. El diagrama de puntos muestra el peso de los globos con agua. ¿Quién llenó más globos con agua? ¿Cuántos más? ¿Cuánto más pesa el globo más pesado de Alma que el globo más pesado de Ben?

Puedes hallar la información que necesitas leyendo los diagramas de puntos.

B

¿Quién llenó más globos con agua? ¿Cuántos más?

Cada punto del diagrama de puntos representa 1 globo.

Alma llenó 20 globos con agua.
Ben llenó 15 globos con agua.

$20 - 15 = 5$

Alma llenó 5 globos más que Ben.

C

¿Cuánto más pesa el globo más pesado de Alma que el globo más pesado de Ben?

El punto que está más a la derecha en cada diagrama representa el globo más pesado.

El globo más pesado de Alma pesa $2\frac{2}{8}$ libras.
El globo más pesado de Ben pesa $2\frac{1}{8}$ libras.

Resta. $2\frac{2}{8} - 2\frac{1}{8} = \frac{1}{8}$

El globo más pesado de Alma pesa $\frac{1}{8}$ de libra más que el globo más pesado de Ben.

¡Convénceme! Entender y perseverar ¿Cuánto más pesa el globo más pesado de Alma que su globo más liviano? ¿Cuánto más pesa el globo más pesado de Ben que su globo más liviano? Escribe ecuaciones y resuélvelas.

Nombre _____

Otro ejemplo

La clase de Rowan midió la altura de la nieve que cayó en 5 días. El diagrama de puntos muestra las alturas que se anotaron. ¿Cuántas pulgadas de nieve se anotaron? ¿Qué cantidad de nieve aparece más veces?

Halla la cantidad total de pulgadas de nieve que se anotó.

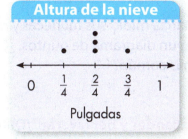

Altura de la nieve

Pulgadas

$\frac{1}{4} + \frac{2}{4} + \frac{2}{4} + \frac{2}{4} + \frac{3}{4} = \frac{10}{4} = 2\frac{2}{4}$ pulgadas

La cantidad de nieve que aparece más veces es $\frac{2}{4}$ de pulgada.

El valor con la mayor cantidad de puntos es el valor que aparece más veces.

Práctica guiada *

¿Lo entiendes?

1. **Razonar** ¿De qué manera un diagrama de puntos hace que sea más fácil identificar el valor de un conjunto de datos que aparece con más frecuencia?

¿Cómo hacerlo?

Usa el ejemplo de la página anterior en los Ejercicios **2** y **3**.

2. ¿Quién llenó más globos de agua de más de 2 libras?

3. ¿Quién llenó más globos de agua de menos de $1\frac{4}{8}$ libras?

Práctica independiente

Usa el diagrama de puntos de la derecha en los Ejercicios **4** y **5**.

4. ¿Cuál es la diferencia de estatura entre el paciente más alto y el más bajo?

5. Oscar dice que 5 pies es la estatura más común que midió el Dr. Chen. ¿Estás de acuerdo? Explícalo.

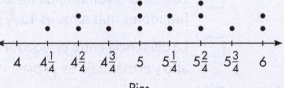

Estatura de los pacientes del Dr. Chen

Pies

*Puedes encontrar otro ejemplo en el Grupo C, página 618.

Tema 11 | Lección 11-3   **605**

Resolución de problemas

Usa el diagrama de puntos de la derecha en los Ejercicios **6** y **7**.

6. Marcia midió sus muñecas y mostró las alturas en un diagrama de puntos. ¿Cuál fue la altura más común?

7. **Entender y perseverar** ¿Qué fracción de las muñecas de Marcia mide $6\frac{1}{2}$ pulgadas?

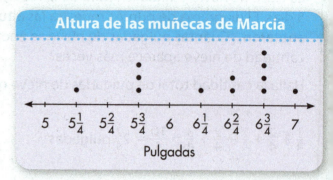

8. **Razonamiento de orden superior** Marlee está tejiendo una bufanda. Marlee anota la longitud que teje todos los días. Cada día Marlee teje más que el día anterior. ¿Cuántas pulgadas más debe tejer Marlee para que la bufanda mida 30 pulgadas?

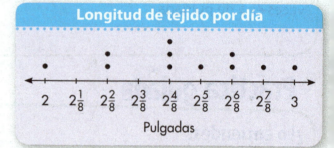

Usa el siguiente diagrama de puntos en los Ejercicios **9** y **10**.

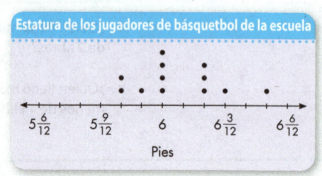

9. ¿Cuál de los siguientes enunciados es verdadero? Marca todos los que apliquen.

    ☐ La mayoría de los jugadores miden 6 pies o más.

    ☐ El valor extremo es $5\frac{1}{2}$ pies.

    ☐ La estatura combinada de los dos jugadores más altos es $12\frac{8}{12}$ pies.

    ☐ La diferencia entre el jugador más alto y el más bajo es $\frac{7}{12}$ pies.

    ☐ Todas las opciones son correctas.

10. ¿Cuáles de estas fracciones describen la porción de jugadores de básquetbol que miden 6 pies de estatura? Usa fracciones equivalentes. Marca todas las que apliquen.

    ☐ $\frac{1}{4}$

    ☐ $\frac{1}{3}$

    ☐ $\frac{2}{6}$

    ☐ $\frac{4}{12}$

    ☐ $\frac{5}{12}$

Tarea y práctica 11-3
Usar diagramas de puntos para resolver problemas

¡Revisemos!
Belle hizo una pulsera con cuentas de diferentes tamaños. El diagrama de puntos muestra cuántas cuentas de cada tamaño usó Belle. ¿Qué longitud de cuenta usó más veces Belle? ¿Cuántas cuentas usó Belle para hacer su pulsera?

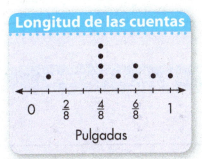

Longitud de las cuentas (Pulgadas)

La columna de puntos más alta te indica qué valor aparece más veces.

Belle usó más veces cuentas de $\frac{4}{8}$ pulgadas.

Belle usó 10 cuentas para hacer su pulsera.

Usa el siguiente conjunto de datos en los Ejercicios **1** y **2**.

DATOS

Tiempo para decir el abecedario (en segundos)

5, 4, $4\frac{1}{2}$, 6, 5, $6\frac{1}{2}$, $5\frac{1}{2}$, 7, $5\frac{1}{2}$, $7\frac{1}{2}$,
6, $4\frac{1}{2}$, $4\frac{1}{2}$, $4\frac{1}{2}$, 4, 6, $4\frac{1}{2}$, $5\frac{1}{2}$, 5, $6\frac{1}{2}$

1. La tabla muestra la cantidad de tiempo en segundos que tardó cada estudiante de la clase de la Sra. Sousa en decir el abecedario. Haz un diagrama de puntos con los datos.

2. Meghan dice que la diferencia entre la menor cantidad y la mayor cantidad de tiempo que un estudiante tardó en decir el abecedario es $4\frac{1}{2}$ segundos. ¿Estás de acuerdo? Explícalo.

3. **Matemáticas y Ciencias** Para predecir erupciones volcánicas, los científicos pueden usar un sismógrafo para detectar terremotos pequeños. De los 169 volcanes activos de los Estados Unidos, aproximadamente 130 están en Alaska. Aproximadamente, ¿cuántos volcanes activos **NO** están en Alaska?

4. **Entender y perseverar** Teddy tiene camisas azules, rojas y negras. Tiene seis camisas azules y dos camisas rojas. Tiene el doble de camisas negras que camisas rojas. ¿Qué fracción representa la cantidad de camisas azules que hay en la cantidad total de camisas?

Usa los diagramas de puntos de la derecha en los Ejercicios **5** a **7**.

5. Los diagramas de puntos muestran la cantidad de lluvia que cayó en dos ciudades durante un mes. ¿Cuántos días sin lluvia hubo en total en las dos ciudades?

6. ¿Qué ciudad tuvo menos días de lluvia? ¿Cuántos menos? Escribe y resuelve una ecuación para explicar tu respuesta.

7. **Razonamiento de orden superior** ¿Qué ciudad tuvo la mayor cantidad de lluvia en total? Explícalo.

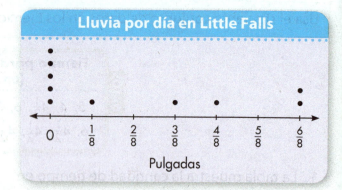

Evaluación

8. ¿Cuántas libras de naranjas representan los datos del diagrama de puntos? Usa fracciones equivalentes para marcar todas las opciones que se apliquen.

- ☐ $37\frac{4}{8}$ libras
- ☐ $37\frac{7}{2}$ libras
- ☐ $37\frac{28}{8}$ libras
- ☐ $40\frac{1}{2}$ libras
- ☐ $40\frac{4}{8}$ libras

Nombre _____

Resuélvelo y coméntalo

Los estudiantes hicieron un diagrama de puntos que muestra la cantidad de nieve que cayó en 10 días. Nathan analizó el diagrama y dijo: "La diferencia entre la mayor cantidad y la menor cantidad de nieve registrada es 3 porque la primera medición tiene un punto y la última medición tiene 4 puntos". ¿Cómo respondes al razonamiento de Nathan?

Resolución de problemas
Lección 11-4
Evaluar el razonamiento

Puedo... usar lo que sé sobre diagramas de puntos para evaluar el razonamiento de otras personas.

También puedo comparar datos en un diagrama de puntos.

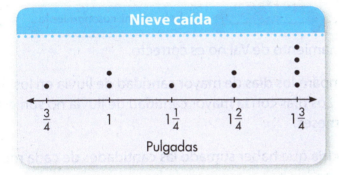

Hábitos de razonamiento
¡Razona correctamente! Estas preguntas te pueden ayudar.

- ¿Qué preguntas puedo hacer para entender el razonamiento de otros?
- ¿Hay errores en el razonamiento de otros?
- ¿Puedo mejorar el razonamiento de otros?

¡Vuelve atrás! **Evaluar el razonamiento** ¿Qué pregunta puedes hacer sobre el diagrama de puntos de arriba para hallar si el razonamiento de Nathan es correcto?

Pregunta esencial: ¿Cómo se puede evaluar el razonamiento de otros?

A

Los diagramas de puntos muestran la cantidad de lluvia que cayó en dos meses.

Val dijo: "La cantidad de lluvia que cayó en febrero fue mayor que la cantidad de lluvia que cayó en enero porque $\frac{7}{8} + \frac{7}{8}$ es igual a $\frac{14}{8}$ y la cantidad mayor de lluvia en enero fue $\frac{5}{8}$."

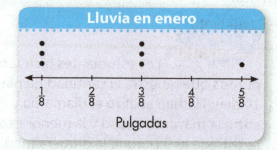

¿Cuál es el razonamiento de Val?

Val comparó las dos cantidades de lluvia más grandes de cada mes.

Este es mi razonamiento...

B ¿Cómo puedo **evaluar el razonamiento de otros**?

Puedo
- hacer preguntas para aclarar.
- decidir si la estrategia usada tiene sentido.
- buscar errores en las estimaciones o en los cálculos.

C El razonamiento de Val no es correcto.

Val comparó los días de mayor cantidad de lluvia en los dos meses. Los días con la mayor cantidad de lluvia no son el total de los meses.

Val tendría que haber sumado las cantidades de cada mes. Luego, podría haber comparado las cantidades.

Enero: $\frac{1}{8} + \frac{1}{8} + \frac{1}{8} + \frac{3}{8} + \frac{3}{8} + \frac{3}{8} + \frac{5}{8} = \frac{17}{8}$ pulgadas

Febrero: $\frac{1}{8} + \frac{1}{8} + \frac{5}{8} + \frac{7}{8} + \frac{7}{8} = \frac{21}{8}$ pulgadas

En febrero hubo $\frac{21}{8} - \frac{17}{8} = \frac{4}{8}$ de pulgada más de lluvia que en enero.

¡Convénceme! **Evaluar el razonamiento** Bev pensó que en enero hubo más lluvia porque llovió 7 días y en febrero solo llovió 5 días. ¿Cómo respondes al razonamiento de Bev?

610 Tema 11 | Lección 11-4

Nombre _____

Práctica guiada

Evaluar el razonamiento

En un concurso de perros, un juez anotó la altura de 12 perros. Cole hizo el diagrama de puntos de la derecha, que muestra las alturas. Cole concluyó: "La altura con la mayor cantidad de puntos es $1\frac{1}{4}$ pies; por tanto, es la mayor altura de los perros del concurso de perros".

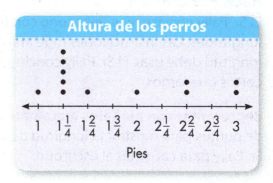

1. ¿Cuál es la conclusión de Cole? ¿Cómo llegó a esa conclusión?

2. ¿La conclusión de Cole es correcta? Explícalo.

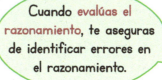

Cuando evalúas el razonamiento, te aseguras de identificar errores en el razonamiento.

Práctica independiente

Evaluar el razonamiento

Natasha lleva un registro de las inasistencias en su clase de cuarto grado. Natasha hizo el diagrama de puntos de la derecha. Cada punto representa la cantidad de inasistencias por semana. Dice que la cantidad de inasistencias son 16 porque hay 16 puntos en la recta numérica.

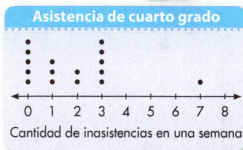

3. ¿Cuál es el argumento de Natasha? ¿Cómo lo apoya?

4. ¿El razonamiento de Natasha tiene sentido? Explícalo.

5. Natasha también dice que hay un valor extremo en sus datos. ¿Tiene razón? Explícalo.

*Puedes encontrar otro ejemplo en el Grupo D, página 618.

Resolución de problemas

✓ **Evaluación del rendimiento**

Hacer el inventario
El Sr. Pally construye un escritorio con tornillos de diferentes longitudes. Las instrucciones muestran cuántos tornillos de cada longitud debe usar. El Sr. Pally concluye que usará más tornillos cortos que largos.

6. **Representar con modelos matemáticos** Dibuja un diagrama de puntos para mostrar la longitud de los tornillos que usará el Sr. Pally para construir el escritorio.

DATOS

Longitud de los tornillos (pulgadas)			
$\frac{3}{8}$	1	$\frac{6}{8}$	$\frac{3}{8}$
$\frac{7}{8}$	$1\frac{4}{8}$	$\frac{7}{8}$	$\frac{3}{8}$
$1\frac{4}{8}$	$\frac{6}{8}$	$\frac{3}{8}$	1
$\frac{3}{8}$	$\frac{3}{8}$	$\frac{7}{8}$	$1\frac{4}{8}$

7. **Razonar** ¿Cómo puedes usar el diagrama de puntos para hallar la longitud de tornillo que más necesitará el Sr. Pally?

Cuando **evalúas el razonamiento**, haces preguntas para ayudarte a entender cómo piensa otra persona.

8. **Evaluar el razonamiento** ¿La conclusión del Sr. Pally es razonable? ¿Cómo lo decidiste? Si no lo es, ¿qué puedes hacer para mejorar el razonamiento?

Nombre _____

Tarea y práctica 11-4
Evaluar el razonamiento

¡Revisemos!

La perra de Ryan acaba de tener una camada de 8 cachorritos. Ryan midió la longitud de cada cachorro. El siguiente diagrama de puntos muestra la longitud de los cachorros en pulgadas. Ryan dice que el cachorro más largo de la camada mide $7\frac{4}{8}$ pulgadas porque $7\frac{4}{8}$ tiene la mayor cantidad de puntos.

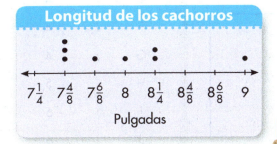

Indica cómo puedes evaluar el razonamiento de Ryan.

El razonamiento de Ryan no tiene sentido. La mayor cantidad de puntos muestra la longitud de cachorro más común. Para hallar el cachorro más largo, Ryan debe hallar el punto que está más a la derecha en el diagrama.

El cachorro más largo de la camada mide 9 pulgadas.

Cuando evalúas el razonamiento, explicas por qué un razonamiento es correcto o incorrecto.

Evaluar el razonamiento

Sandy hizo este diagrama de puntos para mostrar cuántas horas leyó en cada uno de 10 días. Dijo que la diferencia entre el tiempo mayor y el tiempo menor de lectura en un día fue $1\frac{3}{4}$ horas.

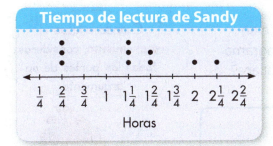

1. Indica cómo puedes evaluar el razonamiento de Sandy.

2. Evalúa el razonamiento de Sandy.

Evaluar el razonamiento

Liliana tiene una colección de libros en serie en su biblioteca. El siguiente diagrama de puntos muestra cuántos libros hay en cada serie. Liliana dice que tiene 24 libros en total.

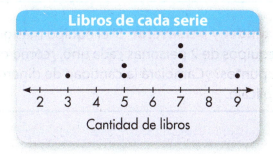

3. Indica cómo puedes evaluar el razonamiento de Liliana.

4. Evalúa el razonamiento de Liliana.

Evaluación del rendimiento

Conocimientos generales

Wallace dirige una competencia mensual de conocimientos generales. La tabla muestra la cantidad de participantes que hay en cada equipo. Cada participante paga una entrada de $3. Wallace halla la cantidad de participantes y concluye que ganará $171.

DATOS	Equipo	Personas en cada equipo
	A	3
	B	3
	C	3
	D	4
	E	4
	F	4
	G	4
	H	5
	I	6
	J	6
	K	7
	L	8

5. **Razonar** Haz un diagrama de puntos para representar la cantidad de personas que hay en cada equipo. Explica por qué un diagrama de puntos hace que sea más fácil hallar la cantidad más común de participantes en un equipo.

6. **Entender y perseverar** Si el equipo más grande se divide en 4 equipos de 2 personas cada uno, ¿cómo cambiará el diagrama de puntos? ¿Cambiará la cantidad de dinero que gana Wallace? Explícalo.

Cuando **evalúas el razonamiento**, consideras todas las partes de un argumento.

7. **Evaluar el razonamiento** Explica si la conclusión de Wallace es razonable. ¿Cómo lo decidiste? Si no lo es, ¿qué puedes hacer para mejorar el razonamiento?

614 Tema 11 | Lección 11-4 © Pearson Education, Inc. 4

Nombre _____

Emparéjalo

TEMA 11 — Actividad de práctica de fluidez

Trabaja con un compañero. Señala una pista y léela.

Mira la tabla de la parte de abajo de la página y busca la pareja de esa pista. Escribe la letra de la pista en la casilla al lado de su pareja.

Halla una pareja para cada pista.

Puedo... sumar y restar números enteros de varios dígitos.

Pistas

A La suma está entre 3,510 y 3,520.

B La diferencia es exactamente 3,515.

C La suma está entre 3,560 y 3,570.

D La diferencia está entre 3,530 y 3,540.

E La suma es exactamente 3,584.

F La diferencia está entre 3,590 y 3,600.

G La suma es exactamente 3,987.

H La diferencia está entre 1,000 y 2,000.

☐ 1,569 + 1,999	☐ 2,462 + 1,525	☐ 1,437 + 2,082	☐ 1,885 + 1,699
☐ 3,499 − 1,635	☐ 5,057 − 1,542	☐ 4,424 − 829	☐ 6,549 − 3,011

TEMA 11: Repaso del vocabulario

Lista de palabras
- conjunto de datos
- diagrama de barras
- diagrama de puntos
- encuesta
- escala
- recta numérica
- tabla de frecuencias
- valor extremo

Comprender el vocabulario

Escribe V si el enunciado es *verdadero* y F si es *falso*.

1. _____ Un diagrama de barras es una herramienta que se usa para comprender y resolver problemas verbales.

2. _____ Un conjunto de datos es un grupo de unidades de información.

3. _____ La manera de representar datos que muestra cuántas veces ocurre una respuesta en un conjunto de datos se llama tabla de frecuencias.

4. _____ Un diagrama de puntos muestra datos sobre una recta.

5. _____ El método de reunir información haciendo una pregunta diferente a cada persona se llama encuesta.

Escribe *siempre, a veces* o *nunca*.

6. Un valor extremo _____ está fuera del resto de los datos del conjunto de datos en un diagrama de puntos.

7. La escala de un diagrama de puntos _____ se numera usando fracciones.

8. Una recta numérica _____ se numera en cualquier orden.

Usar el vocabulario al escribir

9. Usa al menos 3 términos de la Lista de palabras para describir otra manera en que Patrick puede representar sus datos.

DATOS: Registro de Patrick para 2 semanas

Distancia (millas)	Días
1	3
2	2
3	4
4	5

Nombre _____

TEMA 11 — Refuerzo

Grupo A páginas 591 a 596

El diagrama de puntos muestra el promedio del tiempo de permanencia en el aire de la pelota para varios jugadores de una liga de futbol americano.

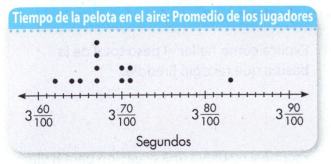

Cada punto del diagrama de puntos representa un valor del conjunto de datos.

Recuerda que un valor extremo es un número muy diferente del resto de los números de un conjunto de datos.

1. ¿Cuántos tiempos de permanencia en el aire se muestran en el diagrama de puntos?

2. ¿Qué tiempo de permanencia en el aire aparece más veces en el diagrama?

3. ¿Hay algún valor extremo en el conjunto?

Grupo B páginas 597 a 602

Lilly midió la longitud de las cintas de su estuche de manualidades.

Longitud de las cintas de Lilly

Colores	Longitud
Rojo	$5\frac{1}{2}$ pulgs.
Azul	4 pulgs.
Blanco	$5\frac{1}{2}$ pulgs.
Amarillo	$4\frac{1}{4}$ pulgs.
Rosado	$4\frac{3}{4}$ pulgs.

Longitud de las cintas de Lilly

(Recta numérica con puntos en 4, $4\frac{1}{4}$, $4\frac{3}{4}$, $5\frac{1}{2}$, $5\frac{1}{2}$; rótulos: 4, $4\frac{1}{4}$, $4\frac{2}{4}$, $4\frac{3}{4}$, 5, $5\frac{1}{4}$, $5\frac{2}{4}$, $4\frac{1}{2}$, $5\frac{1}{2}$; Pulgadas)

La recta numérica muestra las longitudes de menor a mayor. Los rótulos muestran lo que representan los puntos.

Recuerda que debes escoger una escala razonable para tu recta numérica.

Un zoológico de Australia estudió algunos ornitorrincos. A continuación se muestra el registro de los pesos.

Peso de los ornitorrincos (kg)

$1\frac{3}{4}$	2	$2\frac{1}{8}$	$2\frac{1}{2}$	$1\frac{3}{4}$
$2\frac{3}{4}$	2	2	2	$1\frac{3}{4}$
$1\frac{7}{8}$	$1\frac{5}{8}$	$2\frac{1}{4}$	$1\frac{7}{8}$	$2\frac{1}{2}$

1. Dibuja un diagrama de puntos para el conjunto de datos.

2. ¿Qué escala usaste para hacer el diagrama de puntos? Explícalo.

Grupo C | páginas 603 a 608

Carly y Freddie recogen basura. Los diagramas de puntos muestran cuánta basura recogieron por día durante 14 días. ¿Cuál es la diferencia entre la mayor y la menor cantidad de basura que recogió Carly?

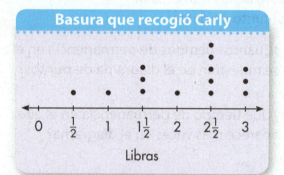

La mayor cantidad de basura que recogió Carly fue 3 libras. La menor cantidad fue $\frac{1}{2}$ libra.

Resta. $3 - \frac{1}{2} = 2\frac{1}{2}$ libras

Recuerda que puedes usar fracciones equivalentes, si es necesario, como ayuda para resolver problemas con diagramas de puntos.

Usa los diagramas de puntos de la izquierda en los Ejercicios **1** a **3**.

1. Explica cómo hallar el peso total de la basura que recogió Freddie.

2. Escribe y resuelve una ecuación para hallar la diferencia entre la mayor cantidad de basura de Freddie y la menor cantidad de basura de Carly.

3. ¿Cuál es la suma del peso más frecuente de Carly y el peso más frecuente de Freddie? Explícalo.

Grupo D | páginas 609 a 614

Piensa en estas preguntas para ayudarte a **evaluar el razonamiento** de otros.

Hábitos de razonamiento

- ¿Qué preguntas puedo hacer para entender el razonamiento de otros?
- ¿Hay errores en el razonamiento de otros?
- ¿Puedo mejorar el razonamiento de otros?

Recuerda que puedes usar las matemáticas para identificar errores en el razonamiento de otros.

1. Spencer dice que $2\frac{3}{8}$ millas no es un valor extremo porque tiene dos puntos en el diagrama. ¿Estás de acuerdo? Explícalo.

Nombre _____

1. ¿Cuáles son los pesos menos comunes?

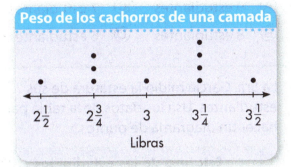

2. ¿Cuántos puntos habrá sobre $1\frac{3}{4}$ en un diagrama de puntos con estos datos?

Vasos de agua				
$1\frac{1}{2}$	$2\frac{1}{2}$	$1\frac{3}{4}$	2	$1\frac{3}{4}$
$2\frac{1}{4}$	3	$1\frac{1}{2}$	$2\frac{1}{2}$	$3\frac{1}{2}$
$1\frac{3}{4}$	2	$3\frac{1}{2}$	$1\frac{1}{4}$	$2\frac{1}{4}$

Ⓐ 3 puntos Ⓒ 1 punto

Ⓑ 2 puntos Ⓓ 0 puntos

3. ¿Cuál es la longitud más común de los caracoles que Fred tiene en su jardín?

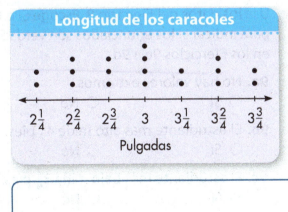

TEMA 11 Evaluación

4. Para un estudio sobre el sueño, se anotó la cantidad de horas que durmieron 15 personas en la siguiente tabla.

Horas de sueño en una noche				
9	6	7	$6\frac{1}{2}$	$5\frac{1}{2}$
8	$7\frac{1}{2}$	8	$7\frac{1}{2}$	7
6	$5\frac{1}{2}$	$7\frac{1}{2}$	$8\frac{1}{2}$	$6\frac{1}{2}$

Parte A

Usa los datos de la tabla para hacer un diagrama de puntos.

Parte B

¿Cuántas más horas durmió la persona que durmió más horas que la persona que durmió menos horas? Explícalo.

Tema 11 | Evaluación 619

5. Usa el diagrama de puntos. Marca todos los enunciados verdaderos.

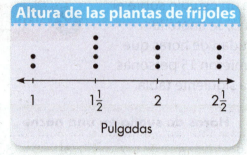

☐ La mayor altura es $2\frac{1}{2}$ pulgadas.

☐ Hay más plantas de 2 pulgadas que de $1\frac{1}{2}$ pulgadas.

☐ Hay 3 plantas que miden 1 pulgada de altura.

☐ Hay 3 plantas de 2 pulgadas y 3 plantas de $2\frac{1}{2}$ pulgadas.

☐ La planta más alta mide $1\frac{1}{2}$ pulgadas más que la planta más pequeña.

6. Los estudiantes del Sr. Tricorn anotan la cantidad de libros que leen por semana. El objetivo de la clase es leer 50 libros. ¿Cuántos libros más deben leer los estudiantes para alcanzar el objetivo? Explícalo.

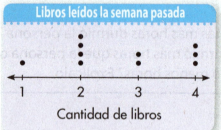

7. Usa el diagrama de puntos del Ejercicio 6. ¿Cuántos estudiantes leyeron menos de 4 libros?

Ⓐ 9 estudiantes   Ⓒ 7 estudiantes

Ⓑ 8 estudiantes   Ⓓ 6 estudiantes

8. La Sra. García midió la estatura de sus estudiantes. Usa los datos de la tabla para hacer un diagrama de puntos.

Estatura de los estudiantes de la Sra. García (pies)				
4	$3\frac{3}{4}$	$4\frac{1}{4}$	$4\frac{1}{2}$	4
$3\frac{3}{4}$	$3\frac{1}{2}$	$4\frac{1}{2}$	4	$3\frac{3}{4}$
4	$4\frac{1}{4}$	$4\frac{1}{4}$	4	$4\frac{1}{2}$

9. Usa los datos del Ejercicio 8. Escoge Sí o No para indicar si los enunciados son verdaderos en los Ejercicios 9a a 9d.

9a. No hay valores extremos.
○ Sí   ○ No

9b. El estudiante más alto mide $4\frac{1}{2}$ pies.
○ Sí   ○ No

9c. El estudiante más bajo mide $3\frac{3}{4}$ pies.
○ Sí   ○ No

9d. El estudiante más alto mide 1 pie más que el estudiante más bajo.
○ Sí   ○ No

Nombre _____

Medir calabazas

Los estudiantes del Sr. Chan recogieron calabazas pequeñas de la huerta de la clase y, luego, las pesaron.

1. La clase pesó las calabazas y creó el diagrama de puntos **Peso de las calabazas** con los datos.

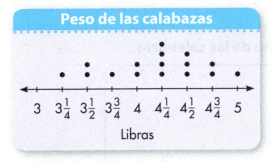

Parte A

¿Cuál es el peso de calabaza más común?

Parte B

Escribe y resuelve una ecuación para hallar cuántas más libras pesa la calabaza más pesada que la calabaza más liviana.

Parte C

Ayana dijo que 3 calabazas pesan $4\frac{1}{2}$ libras. Evalúa el razonamiento de Ayana. ¿Tiene razón?

2. La clase también midió la longitud del contorno de las calabazas redondeando a la media pulgada más cercana. Los datos se anotaron en la lista **Tamaño de las calabazas**.

Tamaño de las calabazas: $19\frac{1}{2}$, $20\frac{1}{2}$, $19\frac{1}{2}$, 20, $20\frac{1}{2}$, $21\frac{1}{2}$, 20, 21, 22, $19\frac{1}{2}$, $20\frac{1}{2}$, $21\frac{1}{2}$, 21, 21, $21\frac{1}{2}$, $20\frac{1}{2}$

Parte A

Dibuja un diagrama de puntos para los datos de **Tamaño de las calabazas.**

Parte B

Drew dice que hay 1 calabaza más de $20\frac{1}{2}$ pulgadas de contorno que de $19\frac{1}{2}$ pulgadas de contorno porque $20\frac{1}{2} - 19\frac{1}{2} = 1$. Evalúa el razonamiento de Drew. ¿Tiene razón?

Parte C

¿Cuál es la diferencia entre la mayor longitud y la menor longitud? Escribe y resuelve una ecuación.

TEMA 12
Comprender y comparar números decimales

Preguntas esenciales: ¿Cómo se escribe una fracción como un número decimal? ¿Cómo se ubican los puntos en una recta numérica? ¿Cómo se comparan los números decimales?

Recursos digitales: Resuelve, Aprende, Glosario, Amigo de práctica, Herramientas, Evaluación, Ayuda, Juegos

El *curling* es un deporte olímpico que se juega con piedras especiales y un blanco.

Los jugadores hacen que sus piedras muevan las piedras del otro equipo al transferir energía cuando chocan.

¡El *curling* debe requerir mucha energía! Este es un proyecto sobre energía y números decimales.

Proyecto de Matemáticas y Ciencias: Energía y números decimales

Investigar Usa la Internet u otros recursos para investigar otros deportes o juegos donde los jugadores transfieran energía provocando choques para anotar puntos y ganar.

Diario: Escribir un informe Incluye lo que averiguaste. En tu informe, también:

- explica cómo ayuda la transferencia de energía a que el jugador o el equipo anoten puntos.

- resuelve el siguiente problema: un juego de *curling* se divide en diez rondas, llamadas *mangas*. Supón que un equipo gana 6 de las 10 mangas. Escribe una fracción con un denominador de 10 y una fracción equivalente con un denominador de 100. Luego, escribe un número decimal equivalente que represente el mismo valor.

Tema 12 623

Nombre _____

Repasa lo que sabes

Vocabulario

Escoge el mejor término del recuadro.
Escríbelo en el espacio en blanco.

- centésimo
- décimo
- decenas
- valor de posición

1. Un _____ es una de 10 partes iguales de un todo, y se escribe $\frac{1}{10}$.

2. El _____ es la posición que ocupa un dígito en un número y se usa para determinar el valor del dígito.

3. Un _____ es una de 100 partes iguales de un todo, y se escribe $\frac{1}{100}$.

Comparar fracciones

Escribe >, < o = en el ◯.

4. $\frac{5}{100}$ ◯ $\frac{5}{10}$

5. $\frac{1}{10}$ ◯ $\frac{1}{100}$

6. $\frac{2}{10}$ ◯ $\frac{20}{100}$

Partes de un todo

Completa las fracciones para representar la parte coloreada del todo.

7. $\frac{\square}{10}$

8. $\frac{\square}{10}$

9. $\frac{\square}{10}$

Colorea la parte del todo que representa la fracción.

10. $\frac{22}{100}$

11. $\frac{79}{100}$

12. $\frac{37}{100}$

Resolución de problemas

13. **Razonar** Rob caminó $\frac{2}{10}$ de cuadra. Drew caminó $\frac{5}{10}$ de cuadra. Escribe una comparación de las distancias que caminaron Rob y Drew.

Mis tarjetas de palabras

Usa los ejemplos de las palabras de las tarjetas para ayudarte a completar las definiciones que están al reverso.

A-Z Glosario

décimo

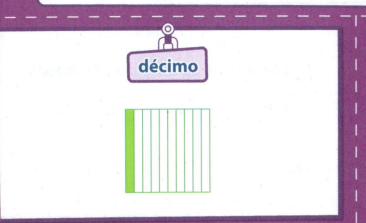

centésimo

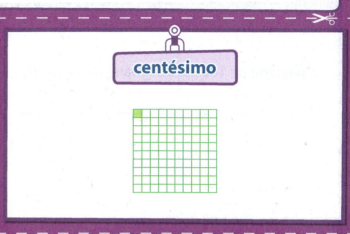

número decimal

0.07
0.25
1.45

punto decimal

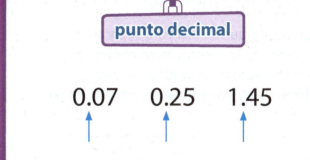

Mis tarjetas de palabras

Completa cada definición. Para ampliar lo que aprendiste, escribe tus propias definiciones.

Una parte de 100 partes iguales de un todo se llama _____.

Una parte de 10 partes iguales de un todo se llama _____.

Un punto que se usa para separar los dólares de los centavos en el dinero, o para separar las unidades de las décimas en un número decimal se llama _____.

Un número con uno o más dígitos a la derecha del punto decimal se llama _____.

Nombre _____

Resuélvelo y coméntalo

Según una encuesta, 7 de cada 10 dueños de mascotas tienen un perro. Haz un dibujo para mostrar esa relación. *Resuelve este problema de la manera que prefieras.*

Lección 12-1
Fracciones y números decimales

Puedo...
relacionar fracciones y números decimales.

También puedo representar con modelos matemáticos para resolver problemas.

Puedes representar con modelos matemáticos. Hay más de una manera de representar esta relación. ¡Muestra tu trabajo en el espacio que sigue!

¡Vuelve atrás! **Razonar** ¿Cuántos dueños de mascota **NO** tienen un perro? Escribe una fracción que muestre esa relación.

¿Cómo se puede escribir una fracción como un número decimal?

A

En la calle Kelsey, 6 de cada 10 casas tienen columpios en el patio. Escribe $\frac{6}{10}$ como un número decimal.

Las fracciones y los números decimales se usan para mostrar relaciones entre números.

6 de cada 10 casas tienen columpios.

B Escribe $\frac{6}{10}$ como un número decimal.

Hay 10 casas; por tanto, cada casa es un **décimo**, o $\frac{1}{10}$.

$\frac{1}{10} = 0.1$

$\frac{6}{10}$ es seis décimos, o 0.6.

$\frac{6}{10} = 0.6$ ← punto decimal

Por tanto, 0.6 de las casas tienen columpios.

C En el vecindario de la calle Kelsey, 75 de cada 100 casas tienen dos pisos. Escribe $\frac{75}{100}$ como número decimal. Usa una cuadrícula como ayuda para resolver el problema.

Hay 100 casas; por tanto, cada casa es un **centésimo**, o $\frac{1}{100}$.

$\frac{1}{100} = 0.01$

$\frac{75}{100}$ es setenta y cinco centésimos, o 0.75.

$\frac{75}{100} = 0.75$

Por tanto, 0.75 de las casas tienen dos pisos.

¡Convénceme! **Representar con modelos matemáticos**
¿Los modelos decimales de 0.6 y 0.60 serían iguales o diferentes? Usa las cuadrículas para explicar tu respuesta.

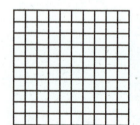 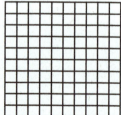

628 | Tema 12 | Lección 12-1 © Pearson Education, Inc. 4

Nombre _____

Otro ejemplo

Muestra dos dólares con treinta y un centavos usando fracciones y números decimales. Puedes usar diagramas para mostrar cómo se relaciona el dinero con las fracciones y los números decimales.

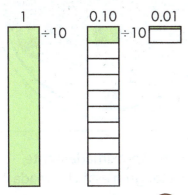
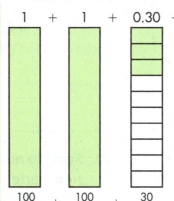

Los centavos son centésimas de dólar; por tanto, las cantidades de dinero siempre se escriben hasta el lugar de las centésimas.

$\frac{100}{100} = 1.00$ $\frac{1}{10} = 0.10$ $\frac{1}{100} = 0.01$

$\$2.31 = \frac{231}{100}$

Práctica guiada

¿Lo entiendes?

1. **Representar con modelos matemáticos** ¿Cómo puedes usar cuadrículas para representar $4.71?

¿Cómo hacerlo?

2. Escribe un número decimal y una fracción para la parte coloreada de la cuadrícula.

Práctica independiente

Escribe un número decimal y una fracción para los diagramas en los Ejercicios **3** a **6**.

3.

4.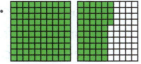

5.

6.

*Puedes encontrar otro ejemplo en el Grupo A, página 665.

Tema 12 | Lección 12-1   629

Resolución de problemas

7. El estadio del Coliseo romano ocupaba aproximadamente $\frac{15}{100}$ del Coliseo. Escribe esa cantidad como un número decimal.

El estadio ocupaba $\frac{15}{100}$ del Coliseo.

8. ¿Qué fracción del Coliseo **NO** era el estadio? Escribe y resuelve una ecuación.

9. **Vocabulario** Escribe la palabra de vocabulario que completa mejor la oración:

   Jelena tiene $1.50 en monedas de 10¢. Jelena dice: "Sé que tengo 15 monedas de 10¢ porque una moneda de 10¢ es una _____ de dólar."

10. **Sentido numérico** Aproximadamente, ¿qué parte del rectángulo está coloreada de verde? Escribe esa cantidad como una fracción y como un número decimal.

11. **Construir argumentos** Cher suma el dinero que tiene en la alcancía. Tiene un billete de un dólar y 3 monedas de 10¢. ¿Anotó la cantidad de dinero correctamente? Si no es así, ¿qué error cometió Cher?

    $1.3

12. **Razonamiento de orden superior** El diagrama representa las plantas de un huerto. Escribe una fracción y un número decimal para cada planta del huerto.

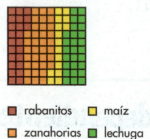

■ rabanitos   ■ maíz
■ zanahorias ■ lechuga

✓ Evaluación

13. Una escuela tiene 100 ventanas. Un día que hizo frío, 95 de las ventanas estaban cerradas. ¿Qué número decimal representa la cantidad de ventanas abiertas?

    Ⓐ 0.05   Ⓒ 0.50
    Ⓑ 0.5   Ⓓ 0.95

14. Una cantante escribió 100 canciones durante su carrera. En 29 canciones, tocaba la guitarra. ¿Qué fracción y qué número decimal representan la cantidad de canciones en las que la cantante tocaba la guitarra?

    Ⓐ 0.29 y $\frac{29}{10}$ Ⓒ 2.9 y $\frac{29}{100}$
    Ⓑ 0.29 y $\frac{100}{29}$ Ⓓ 0.29 y $\frac{29}{100}$

Nombre _____

Tarea y práctica 12-1
Fracciones y números decimales

¡Revisemos!

¿Cómo puedes representar una cantidad como una fracción o como un número decimal?

Puedes usar cuadrículas para ayudarte a escribir fracciones y números decimales.

 30 partes de 100 es 0.30.
$\frac{30}{100} = 0.30$

 3 partes de 10 es 0.3.
$\frac{3}{10} = 0.3$

Por tanto, $\frac{30}{100} = \frac{3}{10}$ y $0.30 = 0.3$.
Estos números decimales y estas fracciones son equivalentes.

Escribe un número decimal y una fracción para las cuadrículas en los Ejercicios **1** a **3**.

1.

2.

3.

Colorea las cuadrículas según las fracciones y escribe el número decimal en los Ejercicios **4** a **7**.

4. $\frac{1}{10}$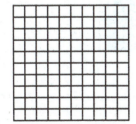

5. $\frac{8}{10}$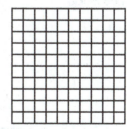

6. $\frac{29}{100}$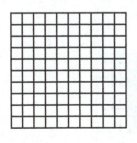

7. $\frac{4}{100}$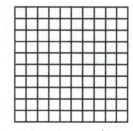

8. El martes, Pierce corrió $\frac{3}{4}$ de milla y caminó $\frac{3}{4}$ de milla. El miércoles, corrió $\frac{2}{4}$ de milla y caminó $1\frac{1}{4}$ millas. ¿Cuánta más distancia corrió y caminó Pierce el miércoles que el martes? Explícalo.

9. **Evaluar el razonamiento** Monique dijo: "0.70 es mayor que 0.7 porque 70 es mayor que 7". ¿Estás de acuerdo con Monique? ¿Por qué?

10. Jaclynn tenía 84 centavos. Su hermano le dio otros 61 centavos. Escribe la cantidad de dinero que tiene ahora Jaclynn como número decimal. Explícalo.

11. **Razonamiento de orden superior** Hugh usa 0.63 de un lienzo para pintar un cuadro. Dibuja un modelo para representar el número decimal. ¿Qué cantidad de lienzo sobra?

Evaluación

12. Observa el siguiente plano de un piso. ¿Qué fracción y qué número decimal describen la parte de la tienda destinada a los alimentos?

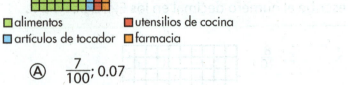

- alimentos
- utensilios de cocina
- artículos de tocador
- farmacia

Ⓐ $\frac{7}{100}$; 0.07

Ⓑ $\frac{1}{10}$; 0.1

Ⓒ $\frac{73}{100}$; 0.73

Ⓓ $\frac{73}{10}$; 7.3

Usa la clave del plano del piso para hallar la parte de la tienda destinada a los alimentos.

13. ¿Qué cuadrícula representa 0.85?

Ⓐ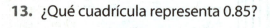

Ⓑ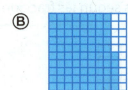

Ⓒ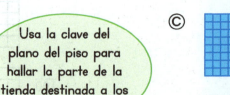

Ⓓ

Nombre _____

Resuélvelo y coméntalo

¿Qué número decimal representa la ubicación de las letras en los puntos de las rectas numéricas? *Resuelve este problema de la manera que prefieras.*

Lección 12-2
Fracciones y números decimales en la recta numérica

Puedo... ubicar y describir fracciones y números decimales en rectas numéricas.

También puedo buscar patrones para resolver problemas.

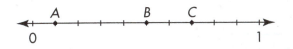

Puedes usar la **estructura**. La cantidad de marcas entre los números te puede ayudar a identificar los números decimales en la recta numérica.

¡Vuelve atrás! **Hacerlo con precisión** ¿El número decimal para el punto *B* de la recta numérica de arriba es diferente del número decimal del punto *B* de la siguiente recta? Explícalo.

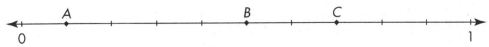

Pregunta esencial: ¿Cómo se pueden ubicar puntos en una recta numérica?

A

En el patinaje de velocidad en pista larga, una vuelta mide $\frac{4}{10}$ de kilómetro. Durante la práctica, Elizabeth patinó 3.75 kilómetros. Dibuja una recta numérica para mostrar $\frac{4}{10}$ y 3.75.

Puedes usar una recta numérica para ubicar y describir fracciones y números decimales.

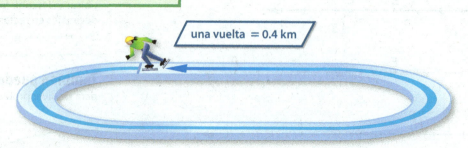

una vuelta = 0.4 km

B

Ubica $\frac{4}{10}$ en una recta numérica.

Dibuja una recta numérica y divide la distancia de 0 a 1 en 10 partes iguales para mostrar décimos.

Marca un punto en $\frac{4}{10}$.

La distancia de 0 a 0.4 es cuatro décimas de la distancia de 0 a 1.

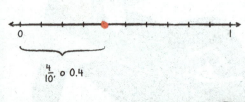

C

Ubica 3.75 en una recta numérica.

Puedes mostrar 3.75 en una recta numérica dividida en décimas marcando un punto entre 3.7 y 3.8.

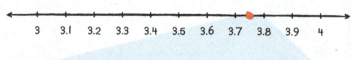

Puedes usar otra recta numérica para mostrar el intervalo entre 3.7 y 3.8. En ambas rectas numéricas, los puntos están en 3.75.

¡Convénceme! **Hacerlo con precisión** ¿Qué número decimal no está ubicado en el lugar correcto de la recta numérica? Explícalo.

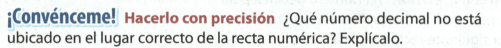
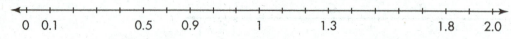

Nombre _____

★Práctica guiada★

¿Lo entiendes?

1. Ubica $\frac{45}{100}$ en la recta numérica.

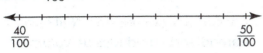

2. **Ⓒ PM.4 Representar con modelos matemáticos** En la competencia de patinaje de velocidad en pista larga, Elizabeth ganó el primer premio después de superar a su oponente por 0.8 segundos. Dibuja una recta numérica y representa 0.8.

¿Cómo hacerlo?

Escribe el número decimal para los puntos de la recta numérica en los Ejercicios **3** a **6**.

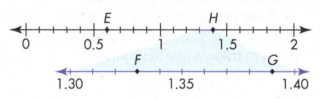

3. E

4. H

5. F

6. G

★Práctica independiente★

Identifica el punto de la recta numérica que indique la fracción o el número decimal en los Ejercicios **7** a **12**.

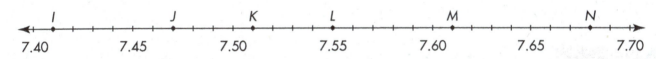

7. $7\frac{47}{100}$

8. 7.68

9. $7\frac{51}{100}$

10. 7.61

11. $7\frac{55}{100}$

12. 7.41

Recuerda que los números más grandes están más a la derecha en una recta numérica.

Escribe el número decimal que indique cada punto de la recta numérica en los Ejercicios **13** a **18**.

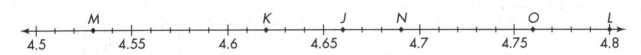

13. J

14. K

15. L

16. M

17. N

18. O

Resolución de problemas

19. Razonar Escribe los cinco números decimales que faltan en la recta numérica.

```
|----+----+----+----+----+----+----+----|
0   0.2                1.0            1.6
```

20. Razonar Escribe las cinco fracciones que faltan en la recta numérica.

```
|----+----+----+----+----+----+----+----|
   40/100    42/100   44/100 45/100   48/100 49/100
```

21. Mónica miró dos trilogías cinematográficas. La primera trilogía duró 9 horas y 17 minutos. La segunda trilogía duró 6 horas y 48 minutos. ¿Cuánto más tiempo duró la primera trilogía que la segunda?

22. Entender y perseverar Neil está aprendiendo unidades de volumen inusuales. Hay 2 celemines en un *kenning*. Hay 2 *kennings* en 1 fanega. Hay 2 fanegas en 1 *strike*. Hay 4 *strikes* en 1 cuarto. Hay 4 cuartos en 1 *chaldron*. Escribe una oración numérica para mostrar cuántos celemines hay en un *chaldron*.

23. Hacerlo con precisión Dibuja una recta numérica y marca un punto para ubicar los siguientes números.

$2\frac{71}{100}$ $2\frac{6}{10}$ $2\frac{82}{100}$

24. Razonamiento de orden superior Usa una recta numérica para identificar dos números que estén separados por la misma distancia que 3.2 y 3.8.

✓ Evaluación

25. Jimmy dibujó las siguientes rectas numéricas que muestran décimas y centésimas. ¿Qué números decimales muestran los puntos en la recta? Escoge los números decimales del recuadro para rotular las rectas numéricas.

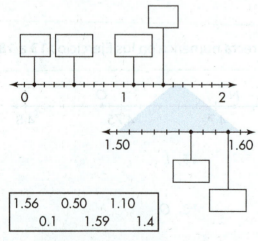

1.56   0.50   1.10
   0.1   1.59   1.4

26. Harry dibujó las siguientes rectas numéricas que muestran décimos y centésimos. ¿Qué fracciones muestran los puntos en la recta? Escoge las fracciones del recuadro para rotular las rectas numéricas.

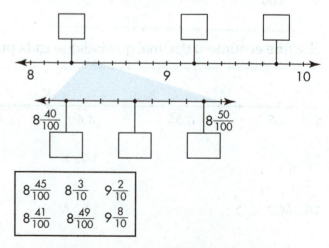

$8\frac{45}{100}$ $8\frac{3}{10}$ $9\frac{2}{10}$

$8\frac{41}{100}$ $8\frac{49}{100}$ $9\frac{8}{10}$

Nombre _____

Tarea y práctica 12-2
Fracciones y números decimales en la recta numérica

¡Revisemos!

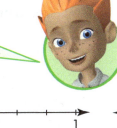

Puedes usar una recta numérica para ubicar números decimales y fracciones.

Hay 10 secciones entre cada número entero. Eso significa que cada sección equivale a una décima, o 0.1. Puedes contar las secciones para determinar el número decimal que corresponde al punto de la recta numérica.

7 secciones significa que el punto está en 0.7.

Hay diez secciones entre cada décimo. Eso significa que cada sección equivale a un centésimo, o $\frac{1}{100}$. Puedes contar las secciones para determinar la fracción que corresponde al punto de la recta numérica.

6 secciones significa que el punto está en $5\frac{76}{100}$.

Identifica el punto de la recta numérica que indique el número decimal en los Ejercicios **1** a **5**.

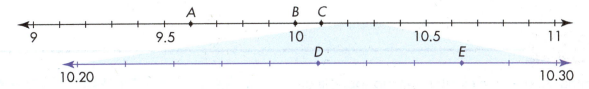

1. 10.1   **2.** 10.28   **3.** 10.25   **4.** 9.6   **5.** 10.0

Identifica la fracción que indique el punto marcado en la recta numérica en los Ejercicios **6** a **10**.

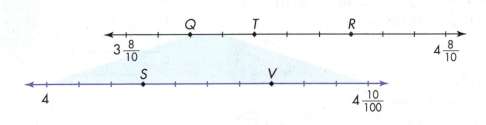

6. Q   **7.** R   **8.** S   **9.** T   **10.** V

11. ¿Qué dos puntos de la recta numérica representan el mismo punto?

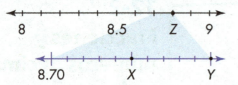

12. **Representar con modelos matemáticos**
Ben dice que $7\frac{9}{100}$ debe ser menor que $7\frac{2}{10}$ porque 9 centésimos es menos que 2 décimos. ¿Estás de acuerdo? Dibuja una recta numérica para mostrar cómo lo sabes.

13. **Razonamiento de orden superior**
Según el matemático griego Zenón, si cada rebote de una pelota es la mitad de la altura del rebote anterior, la pelota nunca dejará de rebotar. Escribe en centésimos las fracciones que corresponden a los puntos B y C.

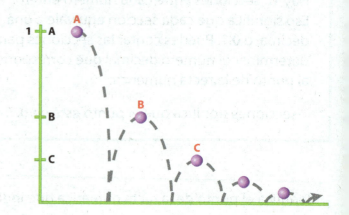

✓ **Evaluación**

14. Las niñas tienen que escribir una monografía de 10 páginas.

    Joanna escribió 7 páginas.
    Amber escribió 3 páginas.
    Esme escribió 6 páginas.
    Lisa escribió 9 páginas.

    Escribe los nombres de las niñas en el lugar que corresponda según el número decimal que representa la cantidad de páginas que escribieron.

    La escala de una gráfica de barras es una recta numérica vertical.

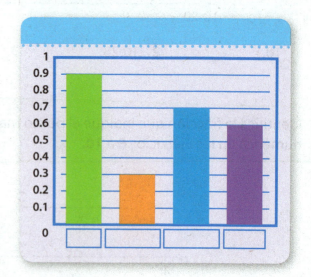

638   Tema 12 | Lección 12-2

Nombre _____

Resuélvelo y coméntalo

Una moneda de 1¢ fabricada en 1982 pesa aproximadamente 0.11 onzas. Una moneda de 1¢ fabricada en 2013 pesa aproximadamente 0.09 onzas. ¿Qué moneda de 1¢ pesa más? *Resuelve este problema de la manera que prefieras.*

Lección 12-3
Comparar números decimales

Puedo...
comparar números decimales razonando sobre el tamaño.

También puedo crear argumentos matemáticos.

Puedes construir argumentos. Pensar en lo que sabes sobre el valor de posición te puede ayudar a justificar tu razonamiento.

¡Vuelve atrás! **Construir argumentos** Simón y Danielle comen naranjas. Danielle dice: "Como nos queda 0.75 de naranja a cada uno, nos queda la misma cantidad a cada uno". ¿Estás de acuerdo con Danielle? Explícalo.

Pregunta esencial ¿Cómo se pueden comparar los números decimales?

A

Donovan corrió la carrera de 100 metros en 10.11 segundos. Saúl corrió la misma carrera en 10.09 segundos. ¿Quién corrió más rápido?

Hay más de una manera de comparar números decimales cuando se refieren al mismo entero.

B Una manera

Usa las cuadrículas de centésimas.

Los dígitos en el lugar de las decenas y las unidades son iguales. Compara los dígitos en el lugar de las décimas.

10.11   10.09

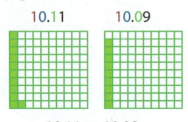

10.11 > 10.09

Saúl corrió más rápido.

C Otra manera

Usa el valor de posición.

Los números enteros son iguales.

Las dos partes decimales llegan hasta las centésimas.

11 centésimas es más que 9 centésimas.

10.11 > 10.09

Saúl corrió más rápido.

D Otra manera

Comienza en la izquierda.

Compara los valores de posición. Busca el primer lugar donde los dígitos son diferentes.

10.11   10.09

1 décima > 0 décimas

10.11 > 10.09

Saúl corrió más rápido.

¡Convénceme! Razonar Escribe cuatro dígitos diferentes en los espacios en blanco para que la comparación sea verdadera. Explica tu razonamiento.

0.___8 < 0.___7   0.5___ > 0.___9

Nombre _____

Otro ejemplo

Compara 0.23 y 0.32.

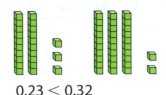 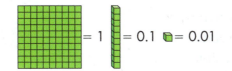 

0.23 < 0.32

Puedes usar bloques de valor de posición para comparar.

Práctica guiada

¿Lo entiendes?

1. **Evaluar el razonamiento** Cy dice: "0.20 es mayor que 0.2 porque 20 es mayor que 2". ¿Estás de acuerdo? Explícalo.

¿Cómo hacerlo?

Escribe >, < o = en cada ◯ en los Ejercicios **2** a **5**. Usa bloques de valor de posición o cuadrículas para comparar, si es necesario.

2. 0.70 ◯ 0.57   3. 0.41 ◯ 0.14

4. 6.28 ◯ 7.31   5. 1.1 ◯ 1.10

Práctica independiente

Práctica al nivel Escribe >, < o = en cada ◯ en los Ejercicios **6** a **14**. Usa bloques de valor de posición, cuadrículas o rectas numéricas, si es necesario.

6.

   0.01 ◯ 0.1

7.

   0.31 ◯ 0.29

8.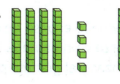

   0.44 ◯ 0.22

9. 0.1 ◯ 0.10   10. $2.98 ◯ $2.56   11. 7.01 ◯ 7.1

12. 0.08 ◯ 0.7   13. 3.40 ◯ 3.4   14. $21.50 ◯ $20.99

Escribe un número decimal para que la comparación sea verdadera en los Ejercicios **15** a **20**.

15. _____ < 0.23   16. 8.60 = _____   17. _____ > 4.42

18. 13.2 > _____   19. 5.2 < _____   20. 6.21 = _____

Resolución de problemas

21. Usar herramientas apropiadas María anotó el tiempo que tardó en cerrarse su venus atrapamoscas. La primera vez tardó 0.43 segundos. La segunda vez tardó 0.6 segundos. ¿Cuándo se cerró más rápidamente? Dibuja bloques de valor de posición para mostrar tu comparación.

22. Los señuelos de pesca tienen pesos diferentes. ¿Qué señuelo pesa más?

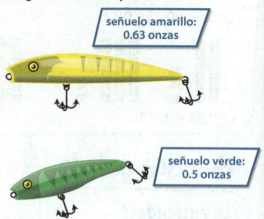

señuelo amarillo: 0.63 onzas

señuelo verde: 0.5 onzas

23. Sentido numérico Ellen quiere dar aproximadamente 125 juguetes a cada una de 7 organizaciones benéficas. En una semana, Ellen reúne 387 juguetes. La siguiente semana, reúne 515 juguetes. ¿Ellen alcanzó su meta? Explícalo.

24. Razonamiento de orden superior Tori tiene dos botellas de agua de diferente tamaño. En la botella más grande, hay 0.81 litros de agua. En la botella más pequeña, hay 1.1 litros de agua. ¿Se puede saber si una de las botellas tiene más agua? Explícalo.

✓ Evaluación

25. Stanley halló el peso de dos minerales, un cuarzo y un granate. El cuarzo pesaba 3.76 onzas y el granate pesaba 3.68 onzas.

Explica cómo puede Stanley usar un modelo para hallar qué mineral pesa más.

Explica cómo puede Stanley usar el valor de posición para hallar qué mineral pesa menos.

Nombre _____

Tarea y práctica 12-3
Comparar números decimales

¡Revisemos!

Patrick recaudó dinero para una obra benéfica. El viernes, recaudó $7.28. El sábado, recaudó $7.15. ¿Qué día recaudó más dinero? Usa una recta numérica para comparar las cantidades.

```
        $7.15      $7.28
◄──┼┼┼┼┼┼┼┼┼┼┼┼┼┼┼┼┼┼┼┼┼┼┼┼┼┼┼┼┼┼┼┼┼┼┼┼┼┼►
 $7.00   $7.10   $7.20   $7.30   $7.40   $7.50
```

Como $7.28 está más a la derecha en la recta numérica, es la cantidad mayor.

Por tanto, $7.28 > $7.15.

Patrick recaudó más dinero el viernes.

Hay diferentes maneras de comparar números decimales.

Escribe >, < o = en cada ◯ en los Ejercicios **1** a **11**. Usa bloques de valor de posición, cuadrículas o rectas numéricas para ayudarte, si es necesario.

1.

   0.37 ◯ 0.77

2.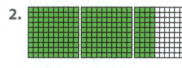

   2.40 ◯ 2.5

3. 0.6 ◯ 0.55
4. 0.2 ◯ 0.20
5. 0.68 ◯ 0.59

6. $10.45 ◯ $10.54
7. 0.99 ◯ 1.0
8. 0.05 ◯ 0.04

9. 4.1 ◯ 4.10
10. 6.44 ◯ 6.4
11. $0.93 ◯ $0.39

Escribe un número decimal para que las comparaciones sean verdaderas en los Ejercicios **12** a **20**.

12. _____ > 1.45
13. 7.8 = _____
14. _____ > 4.42

15. 29.20 > _____
16. 8.99 < _____
17. 13.41 = _____

18. 22.18 < _____
19. _____ > 3.48
20. 9.4 > _____

Tema 12 | Lección 12-3   643

21. María le dijo a Patrick que una moneda de 25¢ pesa menos que una moneda de 5¢ porque 0.2 tiene menos dígitos que 0.18. ¿Cómo puede demostrar Patrick que 0.2 es mayor que 0.18?

moneda de 25¢: 0.2 oz

moneda de 5¢: 0.18 oz

22. **Construir argumentos** Kimmy dibujó la siguiente recta numérica y escribió la comparación que se muestra. ¿La comparación es correcta? Explícalo.

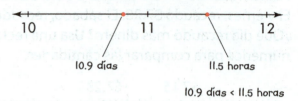

10.9 días < 11.5 horas

23. **Vocabulario** Usa un término de vocabulario para que la oración sea verdadera.

En 37.2, el lugar de las unidades y el lugar de las décimas están separados por un _____.

24. **Razonamiento de orden superior** Tamar está pensando en un número que llega hasta el lugar de las centésimas. El número es mayor que 0.8 y menor que 0.9. El dígito mayor del número está en el lugar de las centésimas. ¿En qué número piensa Tamar? Explícalo.

✓ **Evaluación**

25. Andy envió dos paquetes por correo. El primer paquete pesaba 2.48 libras, y el segundo paquete pesaba 2.6 libras. Andy dijo: "El envío del primer paquete costará más porque el paquete pesa más".

Parte A

¿Qué error pudo haber cometido Andy? ¿Qué puede hacer para corregirlo?

Parte B

Andy envió un tercer paquete que pesaba 2.5 libras. ¿El tercer paquete pesa más o menos que el primer paquete? Describe cómo usarías bloques de valor de posición para comparar los pesos.

Nombre _____

Resuélvelo y coméntalo

El mural está dividido en 100 partes iguales. La clase de Marilyn pintó $\frac{3}{10}$ del mural, y la clase de Cal pintó $\frac{27}{100}$ del mural. ¿Qué parte del mural pintaron las dos clases? *Resuelve este problema de la manera que prefieras.*

Lección 12-4
Sumar fracciones que tienen 10 y 100 como denominador

Puedo...
usar la equivalencia para sumar fracciones que tienen 10 y 100 como denominador.

También puedo escoger y usar una herramienta matemática para resolver problemas.

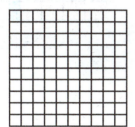

Puedes usar herramientas apropiadas. Piensa en cómo puedes usar la cuadrícula para hallar qué parte del mural pintaron las dos clases. ¡Muestra tu trabajo en el espacio de arriba!

¡Vuelve atrás! **Razonar** ¿Qué parte del mural falta pintar? Escribe la respuesta en forma decimal.

¿Cómo se pueden sumar fracciones que tienen 10 y 100 como denominador?

A

Jana y Steven recaudaron dinero para un refugio de animales. Jana recaudó $\frac{5}{100}$ de la meta propuesta, mientras que Steven recaudó $\frac{4}{10}$. ¿Qué parte de la meta propuesta recaudaron Jana y Steven?

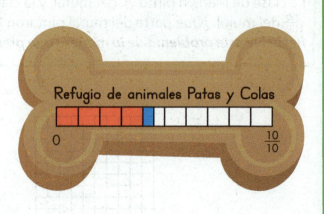

Usa un común denominador para sumar fracciones.

B El color rojo representa $\frac{4}{10}$ de la meta, y el azul representa $\frac{5}{100}$ de la meta.

La cantidad recaudada se puede escribir $\frac{4}{10} + \frac{5}{100}$.

Puedes usar fracciones equivalentes para escribir décimos como centésimos.

C Escribe $\frac{4}{10}$ como una fracción equivalente que tenga 100 como denominador.

Multiplica el numerador y el denominador por 10.

$$\frac{4}{10} \times \frac{10}{10} = \frac{40}{100}$$

D Suma los numeradores y escribe la suma sobre el común denominador.

$$\frac{40}{100} + \frac{5}{100} = \frac{45}{100}$$

Jana y Steven recaudaron $\frac{45}{100}$ de la meta propuesta.

¡Convénceme! Construir argumentos En el problema de arriba, ¿por qué el denominador es 100 y no 200?

646   Tema 12 | Lección 12-4

Nombre _____

✯ Práctica guiada

¿Lo entiendes?

1. Supón que Jana recaudó otros $\frac{25}{100}$ de la meta. ¿Qué fracción de la meta se recaudó?

2. **Representar con modelos matemáticos** Escribe un problema que represente la siguiente suma. Luego, resuelve el problema.

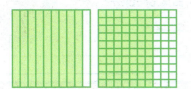

¿Cómo hacerlo?

Suma las fracciones en los Ejercicios **3** a **8**.

3. $\frac{3}{10} + \frac{4}{100}$

4. $\frac{71}{100} + \frac{5}{10}$

5. $\frac{3}{100} + \frac{38}{10}$

6. $\frac{90}{100} + \frac{1}{10}$

7. $\frac{8}{10} + \frac{1}{10} + \frac{7}{100}$

8. $\frac{38}{100} + \frac{4}{10} + \frac{2}{10}$

✯ Práctica independiente

Práctica al nivel Suma las fracciones en los Ejercicios **9** a **23**.

9. $\frac{21}{100} + \frac{2}{10} = \frac{21}{100} + \frac{\square}{100}$

10. $\frac{\square}{10} + \frac{68}{100} = \frac{30}{100} + \frac{68}{100}$

11. $\frac{4}{10} + \frac{60}{100} = \frac{\square}{10} + \frac{\square}{10}$

12. $\frac{32}{100} + \frac{28}{100} + \frac{6}{10}$

13. $\frac{11}{10} + \frac{41}{100}$

14. $\frac{72}{100} + \frac{6}{10}$

15. $\frac{5}{10} + \frac{3}{10} + \frac{18}{100}$

16. $\frac{7}{100} + \frac{6}{10}$

17. $\frac{9}{10} + \frac{4}{100}$

18. $\frac{30}{100} + \frac{5}{10}$

19. $\frac{39}{100} + \frac{2}{10}$

20. $\frac{8}{10} + \frac{9}{100}$

21. $\frac{44}{100} + \frac{34}{100} + \frac{9}{10}$

22. $\frac{70}{10} + \frac{33}{100}$

23. $\frac{28}{10} + \frac{72}{10} + \frac{84}{100}$

*Puedes encontrar otro ejemplo en el Grupo D, página 666.

Resolución de problemas

24. Álgebra Un cartero hizo un total de 100 entregas en un día. $\frac{76}{100}$ de las entregas fueron cartas, $\frac{2}{10}$ fueron paquetes y el resto fueron postales. Escribe y resuelve una ecuación para hallar la fracción que representa la cantidad de entregas que fueron postales.

25. Entender y perseverar Los globos se venden en bolsas de 30. Hay 5 globos gigantes en cada bolsa. ¿Cuántos globos gigantes tendrás si compras 120 globos? Explícalo.

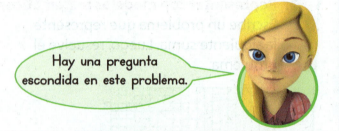

Hay una pregunta escondida en este problema.

26. Razonamiento de orden superior De los 100 primeros elementos de la tabla periódica, $\frac{13}{100}$ se descubrieron en la antigüedad y $\frac{21}{100}$ se descubrieron en la Edad Media. Otros $\frac{5}{10}$ se descubrieron en el siglo XIX. ¿Qué fracción de los primeros 100 elementos se descubrió *después* del siglo XIX? Explícalo.

Evaluación

27. Delia derribó 7 de 10 bolos en la primera tirada de un partido de bolos. En las siguientes 9 tiradas, Delia derribó un total de 67 bolos más, de los 100 bolos posibles del partido. Delia quiso hallar la fracción que representa la cantidad de bolos que derribó en el partido. A continuación se muestra su trabajo.

$$\frac{7}{10} + \frac{67}{100}$$

$$\frac{70}{100} + \frac{67}{100} = \frac{137}{100} \text{ bolos}$$

¿Es correcto el trabajo de Delia? Si no lo es, explica el error.

Tarea y práctica 12-4
Sumar fracciones que tienen 10 y 100 como denominador

¡Revisemos!

Por la mañana, Duncan vendió $\frac{27}{100}$ de los artículos en su venta de garaje. Por la tarde, vendió otros $\frac{6}{10}$ de los artículos.

¿Qué fracción de los artículos vendió Duncan?

Halla $\frac{27}{100} + \frac{6}{10}$.

Usa fracciones equivalentes para hallar cuántos artículos vendió Duncan.

Vuelve a escribir una de las fracciones usando un común denominador.

$\frac{6}{10} \times \frac{10}{10} = \frac{60}{100}$

Suma.

$\frac{27}{100} + \frac{60}{100} = \frac{87}{100}$

Duncan vendió $\frac{87}{100}$ de los artículos.

Suma las fracciones en los Ejercicios **1** a **15**.

1. $\frac{31}{100} + \frac{4}{10} = \frac{31}{100} + \frac{\square}{100} = \frac{\square}{100}$

2. $\frac{17}{100} + \frac{9}{10} = \frac{17}{100} + \frac{\square}{\square} = 1\frac{7}{100}$

3. $\frac{\square}{100} + \frac{3}{\square} = \frac{2}{\square} + \frac{\square}{10} = \frac{5}{10}$

4. $\frac{6}{10} + \frac{39}{100}$

5. $\frac{7}{10} + \frac{22}{100}$

6. $\frac{9}{100} + \frac{3}{10} + \frac{5}{10}$

7. $2\frac{4}{10} + \frac{33}{100}$

8. $\frac{19}{100} + \frac{21}{100} + \frac{3}{10}$

9. $\frac{9}{10} + \frac{30}{100}$

10. $\frac{1}{100} + \frac{25}{10}$

11. $1\frac{3}{10} + 2\frac{8}{100}$

12. $\frac{27}{100} + \frac{2}{10}$

13. $\frac{3}{10} + \frac{4}{10} + \frac{53}{100}$

14. $\frac{64}{100} + \frac{33}{100}$

15. $3\frac{3}{10} + \frac{42}{100} + \frac{33}{100}$

16. **Representar con modelos matemáticos** Cecily compra una caja de 100 clips. Pone $\frac{37}{100}$ de los clips en un frasco sobre su escritorio y otros $\frac{6}{10}$ en la gaveta de su casa. Colorea una cuadrícula que muestre cuántos clips hay en el frasco y en la gaveta de Cecily; luego, escribe la fracción que representa la cuadrícula.

17. Robyn vende 100 boletos para la obra de teatro de cuarto grado. La tabla muestra cuántos boletos de cada tipo se vendieron. ¿Qué fracción representa la cantidad total de boletos para estudiantes y para adultos?

Boleto	Cantidad
Adulto	$\frac{38}{100}$
Niño	$\frac{22}{100}$
Estudiante	$\frac{4}{10}$

18. **Matemáticas y Ciencias** Las bolas que chocan en una mesa de billar americano son un ejemplo de cómo se transforma la energía cuando chocan los objetos. Cuando chocan dos bolas, la primera bola pierde velocidad y la segunda bola se mueve. ¿Qué distancia recorrieron en total las dos bolas?

19. **Razonamiento de orden superior** Alecia caminó $\frac{3}{10}$ de milla desde la escuela, se detuvo en la tienda de abarrotes y, luego, caminó otros $\frac{4}{10}$ de milla hasta su casa. Georgia caminó $\frac{67}{100}$ de milla desde la escuela hasta su casa. ¿Qué niña vive más lejos de la escuela? Explícalo.

✓ Evaluación

20. Regina lleva un registro de cuánto de un libro de 100 páginas lee por día. El lunes leyó $\frac{33}{100}$ del libro, el martes leyó $\frac{4}{10}$ y el miércoles leyó otras 35 páginas. ¿Regina llenó su registro correctamente? Explícalo.

Usa lo que sabes sobre el significado de las fracciones para hallar la cantidad de páginas.

Nombre _____

Resuélvelo y coméntalo

Una unidad de memoria portátil cuesta $24 con el impuesto incluido. Un cliente compra 3 unidades de memoria portátil y le paga al cajero $80. ¿Cuánto cambio debe darle el cajero al cliente? *Resuelve este problema de la manera que prefieras.*

Lección 12-5
Resolver problemas verbales sobre dinero

Puedo...
usar fracciones o números decimales para resolver problemas verbales sobre dinero.

También puedo entender bien los problemas.

Puedes entender y perseverar. ¿Qué necesitas hallar primero para responder la pregunta?

$24.00

¡Vuelve atrás! **Generalizar** ¿Cómo puedes hacer una estimación y comprobar que tu solución es razonable?

¿Cómo se pueden resolver problemas verbales sobre dinero?

A

Marcus compra un avión y un carro de juguete. ¿Cuánto gasta Marcus? ¿Cuánto más cuesta el avión que el carro?

$3.32 $1.12

Puedes dibujar o usar billetes y monedas para resolver problemas sobre dinero.

B Halla $3.32 + $1.12.

Costo del avión   **Costo del carro**

Suma los billetes y, luego, cuenta para sumar cada tipo de moneda.

$4.00 + $0.40 + $0.04 = $4.44

Marcus gastó $4.44.

C Halla $3.32 − $1.12.

Comienza con el costo del avión y, luego, resta el costo del carro.

Cuenta los billetes y las monedas restantes.

$2.00 + $0.20 = $2.20

El avión de juguete cuesta $2.20 más que el carro.

¡Convénceme! **Usar la estructura** En los ejemplos de arriba, ¿cómo puedes usar el valor de posición para ayudarte a sumar o a restar?

Nombre _____

Otro ejemplo

Halla $6.33 \div 3$. Dibuja o usa billetes y monedas para representar $6.33.

Divide los billetes y las monedas en 3 grupos iguales.

Puedes usar la división para resolver problemas sobre dinero.

$6.33 \div 3 = 2.11

Práctica guiada

¿Lo entiendes?

1. **Razonar** Escribe una fracción y un número decimal para describir cómo se relacionan las cantidades.

    $= \frac{1}{10}$ de dólar $= 0.10

    $=$ _____ $=$ _____
                   fracción   número decimal

2. **Razonar** Escribe una fracción y un número decimal para describir cómo se relacionan las cantidades.

    $= \frac{1}{100}$ de dólar $= 0.01

   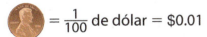 $=$ _____ $=$ _____
                   fracción   número decimal

¿Cómo hacerlo?

Usa los billetes y las monedas para resolver el Ejercicio **3**.

3. Marcus tiene $15.00. Compra un boleto de cine por $11.25. ¿Cuánto dinero le queda a Marcus?

Práctica independiente

Dibuja o usa billetes y monedas para resolver los Ejercicios **4** y **5**.

4. Una chaqueta nueva cuesta $65.56, y una bufanda nueva cuesta $23.21. Si Sarah compra ambos artículos, ¿cuánto gasta?

5. Carlos gastó $14.38 en equipamiento. ¿Cuánto cambio debe recibir Carlos si le paga al cajero con $20.00?

*Puedes encontrar otro ejemplo en el Grupo E, página 666.

Resolución de problemas

6. Usar la estructura Leo fue a almorzar con sus padres. La cuenta fue $17.85. Completa la tabla para mostrar dos combinaciones diferentes de monedas y billetes que representen $17.85.

Una manera		Otra manera	
Monedas y billetes	Valor	Monedas y billetes	Valor
Total	$17.85	Total	$17.85

7. Kenya compra un nuevo reproductor de música por $109.78 y paga con seis billetes de $20. Muestra cómo puedes estimar la cantidad de cambio que debe recibir Kenya.

8. Álgebra Marco pagó $12 por 3 cuerdas de saltar. Si cada cuerda cuesta la misma cantidad, ¿cuánto cuesta 1 cuerda? Escribe y resuelve una ecuación.

9. Sentido numérico Jiang tiene una colección de 3,788 ladrillos de juguete. Usó 1,229 ladrillos para construir una ciudad. Aproximadamente, ¿cuántos ladrillos le quedan a Jiang? Explica cómo hiciste tu estimación.

10. Razonamiento de orden superior Edward compró 7 boletos para un concierto para él y seis amigos por un total de $168. Todos los amigos le devolvieron el dinero de los boletos. Si uno de los amigos le dio a Edward un billete de $50, ¿cómo puedes hallar cuánto cambio debe devolverle Edward?

✓ Evaluación

11. Rajeev compró una patineta por $37.74. ¿Cuánto cambio debe recibir Rajeev si pagó con $40.00? Dibuja o usa billetes y monedas para resolver el problema.

Ⓐ $2.26
Ⓑ $2.74
Ⓒ $3.26
Ⓓ $3.74

12. Genevieve compró un guante de beisbol por $30.73 y un bate por $19.17. ¿Cuánto gastó Genevieve? Dibuja o usa billetes y monedas para resolver el problema.

Ⓐ $11.56
Ⓑ $49.17
Ⓒ $49.90
Ⓓ $50.73

Tarea y práctica 12-5
Resolver problemas verbales sobre dinero

¡Revisemos!

Suma

$1.25 + $2.01

$1.25 + $2.01 = $3.26

Resta

$2.28 − $1.25

$2.28 − $1.25 = $1.03

Multiplica

$2.01 × 2

$2.01 × 2 = $4.02

Divide

$3.03 ÷ 3

$3.03 ÷ 3 = $1.01

Puedes usar monedas y billetes para sumar, restar, multiplicar y dividir con dinero.

Dibuja o usa monedas y billetes para resolver los Ejercicios 1 y 2.

1. La Sra. Hargrove le debe $34.56 al médico. Le paga a la secretaria con $50.00.

   a. Haz una lista del cambio que debe recibir la Sra. Hargrove usando la menor cantidad de monedas y billetes.

   b. ¿Cuál es la cantidad total de cambio que debe recibir la Sra. Hargrove?

2. Emma compra un juego por $26.84. Le paga al cajero con $30.00.

   a. Haz una lista del cambio que debe recibir Emma usando la menor cantidad de monedas y billetes.

   b. ¿Cuál es la cantidad total de cambio que debe recibir Emma?

3. **Representar con modelos matemáticos**
Tres amigos juntan su dinero para comprar boletos para un partido de hockey. Si reparten el cambio en cantidades iguales, ¿cuánto cambio recibirá cada uno? Explícalo.

dinero para los boletos

4. **Razonar** Niall tiene medio dólar, Krista tiene un cuarto de dólar, Mary tiene una décima de dólar y Jack tiene una centésima de dólar. Si juntan su dinero, ¿los 4 estudiantes tienen más o menos de un dólar? Explícalo.

5. Jessie tiene 14 monedas de 50¢, pero necesita monedas de 25¢ para lavar la ropa. Si cambia sus monedas de 50¢ por monedas de 25¢, ¿cuántas monedas de 25¢ tendrá Jessie? Explícalo.

6. **Razonamiento de orden superior** Julia y Carl compran 2 sándwiches, 1 ensalada, 1 fruta y 2 bebidas para el almuerzo. Le dan al cajero $20.03. ¿Qué monedas y billetes podrían recibir de cambio? Dibuja o usa monedas y billetes para resolver el problema.

Menú	
Sándwich	$3.96
Papitas fritas	$0.79
Fruta	$1.24
Ensalada	$2.17
Bebida	$1.55

Evaluación

7. Claire tiene una tarjeta de regalo de $60. Usa el valor total de la tarjeta para comprar 4 ejemplares del mismo libro para regalar. ¿Cuánto cuesta cada libro?

Ⓐ $15
Ⓑ $20
Ⓒ $40
Ⓓ $60

8. Larisa compra 3 bolsos. Cada bolso cuesta $126.32. ¿Cuánto gastó Larisa? Dibuja o usa billetes y monedas para resolver.

Ⓐ $126.32
Ⓑ $256.64
Ⓒ $378.96
Ⓓ $505.28

Nombre _____

Resuélvelo y coméntalo

Tres personas hicieron una caminata por el mismo sendero de 1 milla. La distancia que recorrió cada una está representada en las ilustraciones. Muestra aproximadamente dónde debería estar la marca de 1 milla en cada ilustración. Explícalo.

Resolución de problemas

Lección 12-6
Buscar y usar la estructura

Puedo...
usar la estructura del sistema de valor de posición para resolver problemas.

También puedo ubicar y describir números decimales en rectas numéricas.

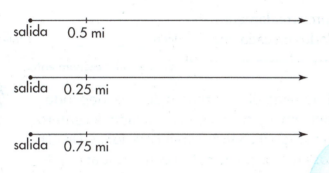

Hábitos de razonamiento

¡Razona correctamente! Estas preguntas te pueden ayudar.

- ¿Qué patrones puedo ver y describir?
- ¿Cómo puedo usar los patrones para resolver el problema?
- ¿Puedo ver las expresiones y los objetos de una manera diferente?

¡Vuelve atrás! **Buscar relaciones** Las tres ilustraciones representan 0.5, 0.25 y 0.75 millas con longitudes equivalentes. ¿Cómo influye esto en la ubicación de la marca de 1 milla en cada ilustración?

Tema 12 | Lección 12-6   657

¿Cómo se puede buscar la estructura y usarla para resolver problemas?

A

Los mapas de dos centros de esquí muestran un camino a campo traviesa de 1 milla para principiantes. Muestra aproximadamente dónde harías las marcas de 0.25 y 0.75 millas en cada camino.

¿Cómo puedes determinar dónde hay que marcar los puntos en cada ilustración?

Tengo que analizar los dibujos y decidir aproximadamente dónde se deberían ubicar los decimales dados en cada uno.

B ¿Cómo puedo usar la estructura para resolver este problema?

Puedo

- descomponer el problema en partes más sencillas.
- usar lo que sé sobre el significado de los números decimales para ubicar los puntos.
- usar formas equivalentes de los números.

C El tamaño de un número decimal depende del tamaño del entero. El tamaño del entero no es igual en todas las ilustraciones. Divide los enteros por la mitad para mostrar **0.5** de cada uno.

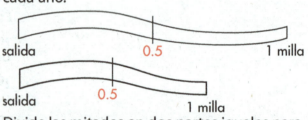

Divide las mitades en dos partes iguales para mostrar **0.25** y **0.75** de cada entero.

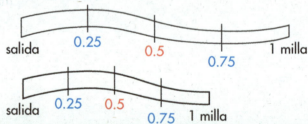

Este es mi razonamiento...

¡Convénceme! **Usar la estructura** Usa el siguiente dibujo del camino. ¿Dónde está la marca de 1.5 millas en el camino? ¿Cómo lo decidiste?

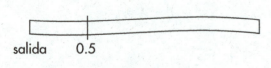

658 | Tema 12 | Lección 12-6

Nombre _____

Práctica guiada

Usar la estructura

Margie pintó de azul 0.4 de su banderín.
Helena pintó de azul 0.5 de su banderín.

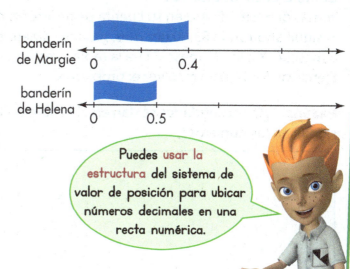

1. Completa los dibujos para mostrar el entero, o 1, de cada banderín.

2. Explica cómo determinaste dónde dibujar 1 entero en cada banderín.

   Puedes usar la estructura del sistema de valor de posición para ubicar números decimales en una recta numérica.

3. ¿Los dibujos muestran que 0.4 < 0.5? Explícalo.

Práctica independiente

Usar la estructura

Kaitlin hace un mapa para una búsqueda del tesoro de 1 milla. Quiere que haya paradas en 0.5 millas, 0.3 millas y 0.85 millas desde la salida.

|———————————————|
salida   final

4. Rotula 0.25, 0.50 y 0.75 en la recta numérica como escala de referencia. Explica cómo decidiste dónde marcar la recta numérica.

5. Haz una estimación para decidir dónde se ubican 0.3 y 0.85 en relación con los otros puntos. Marca los puntos 0.3 y 0.85. Explica cómo hiciste la estimación.

Puedes encontrar otro ejemplo en el Grupo F, página 666.

Tema 12 | Lección 12-6

Resolución de problemas

✓ **Evaluación del rendimiento**

Cómo crecen los ahorros
Tomás deposita dinero en su cuenta de ahorros todos los meses. Si sigue ahorrando $3.50 por mes, ¿cuánto dinero tendrá a los 6 meses? ¿Y a los 12 meses? Usa la tabla y responde los Ejercicios 6 a 11 para resolver el problema.

Mes	Dinero en la cuenta de ahorros
0	$10.00
1	$13.50
2	$17.00
3	$20.50

6. **Razonar** ¿Qué cantidades se dan en el problema y qué significan los números?

7. **Entender y perseverar** ¿Qué tienes que hallar?

8. **Usar la estructura** ¿Cuál es la relación entre la cantidad de dinero que tendrá Tomás en su cuenta de ahorros en el cuarto mes y en el tercer mes?

Cuando buscas y usas la estructura, descompones el problema en partes más sencillas.

9. **Representar con modelos matemáticos** Escribe una expresión que se pueda usar para hallar la cantidad ahorrada al cabo de 6 meses.

10. **Representar con modelos matemáticos** Completa la tabla para hallar cuánto habrá ahorrado Tomás en 6 meses.

11. **Entender y perseverar** Usa las respuestas de la tabla para hallar cuánto dinero tendrá Tomás al cabo de 12 meses. Muestra tu trabajo.

Nombre _____

Tarea y práctica 12-6
Buscar y usar la estructura

¡Revisemos!

¿Muestra la recta numérica que 0.2 = 0.5?

Indica cómo puedes usar la estructura de una recta numérica para analizar las relaciones entre números decimales.

- Puedo descomponer el problema en partes más sencillas.
- Puedo usar lo que sé sobre el significado de los números decimales.

Usa la recta numérica para decidir si los números decimales representan partes del mismo entero.

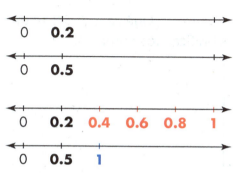

En la tercera recta numérica, se puede usar la distancia entre 0 y 0.2 como guía para marcar **0.4**, **0.6**, **0.8** y **1**.

En la cuarta recta numérica, se puede usar la distancia entre 0 y 0.5 como guía para marcar **1**.

Para hallar **1**, se puede hacer una marca a la derecha de 0.5 que esté a la misma distancia que de 0.5 a 0.

Cuando el tamaño del entero no es igual en las dos rectas numéricas, estas no se pueden usar para mostrar números decimales equivalentes.

Usar la estructura

Anton sabe que hay $\frac{1}{2}$ milla de su casa a la tienda si va por la calle principal. Anton quiere saber qué distancia hay entre su casa y la escuela.

```
|--------|----------------|
casa   tienda          escuela
```

Cuando buscas relaciones, usas formas equivalentes de los números.

1. Rotula 1, 1.5 y 2 en la recta. Explica cómo determinaste dónde poner cada número.

2. ¿A qué distancia de la escuela vive Anton? Explícalo.

Evaluación del rendimiento

Entrenamiento
Liz se entrena 4 días por semana para escalar rocas. Los primeros 4 días de entrenamiento se muestran en la tabla. Liz piensa aumentar la distancia cada vez que escala. ¿Escaló más los primeros dos días que los últimos dos días?

DATOS	Día	Distancia que escaló Liz
	1	0.09 km
	2	0.1 km
	3	0.11 km
	4	0.07 km

3. **Razonar** ¿Qué cantidades se dan en el problema y qué significan los números?

4. **Entender y perseverar** ¿Qué tienes que hallar?

5. **Razonar** ¿Qué preguntas escondidas tienes que responder antes de responder a la pregunta principal?

Cuando buscas relaciones, descompones los problemas en partes más sencillas para resolverlos.

6. **Representar con modelos matemáticos** Usa fracciones equivalentes para escribir ecuaciones y hallar la distancia que escaló Liz los primeros dos días y los últimos dos días.

7. **Construir argumentos** ¿Liz escaló más el primer y el segundo día o el tercer y el cuarto día? Usa una recta numérica para justificar tu respuesta.

Nombre _____

Sombrea una ruta que vaya desde la **SALIDA** hasta la **META.** Sigue las sumas y las diferencias que se redondeen a 2,000 cuando se redondean al millar más cercano. Solo te puedes mover hacia arriba, hacia abajo, hacia la derecha o hacia la izquierda.

Puedo...
sumar y restar números enteros de varios dígitos.

Salida

954 + 871	2,000 − 1,876	3,887 + 369	2,195 − 737	2,698 + 400
8,998 − 7,399	1,810 + 789	8,917 − 5,252	6,295 − 3,290	8,506 − 3,282
1,789 + 210	1,340 − 771	2,615 + 347	9,000 − 6,233	5,896 + 5,601
6,726 − 4,309	1,199 + 468	3,300 − 298	9,444 + 9,444	3,922 − 923
3,856 + 1,144	4,239 − 2,239	5,999 − 4,370	5,607 − 3,605	2,203 + 122

Meta

Tema 12 | Actividad de práctica de fluidez   663

TEMA 12 Repaso del vocabulario

Lista de palabras
- centésimo
- décimo
- equivalentes
- fracción
- número decimal
- punto decimal
- símbolo de mayor que (>)
- símbolo de menor que (<)

Comprender el vocabulario

Escoge el mejor término del recuadro. Escríbelo en el espacio en blanco.

1. El punto que se usa para separar los dólares de los centavos o las unidades de las décimas en un número se llama _____.

2. Una parte de 100 partes iguales de un todo se llama _____.

3. Los números que nombran la misma cantidad son _____.

4. El símbolo, como $\frac{2}{3}$, $\frac{5}{1}$ u $\frac{8}{5}$, que se usa para representar parte de un todo, parte de un conjunto o una ubicación en una recta numérica se llama _____.

5. Una de diez partes iguales de un todo se llama _____.

Da un ejemplo y un contraejemplo para los siguientes términos.

	Ejemplo	Contraejemplo
6. símbolo de mayor que (>)	_____	_____
7. símbolo de menor que (<)	_____	_____
8. número decimal	_____	_____

Usar el vocabulario al escribir

9. Krista escribió $\frac{75}{100}$ y 0.75. Usa al menos 3 términos de la Lista de palabras para describir el trabajo de Krista.

Nombre _____

TEMA 12 — Refuerzo

Grupo A — páginas 627 a 632

La pregunta de ensayo de un examen de 100 puntos vale 40 puntos. Escribe esa cantidad como una fracción y como un número decimal.

Hay 100 puntos; por tanto, cada punto es $\frac{1}{100}$. $\frac{40}{100}$ es 0.40.

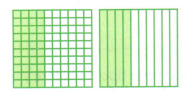

$\frac{40}{100} = \frac{4}{10}$, y $0.40 = 0.4$.

Recuerda que el nombre de una fracción te puede ayudar a escribirla como un número decimal.

Escribe un número decimal y una fracción para los modelos.

1.    2.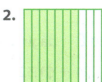

3. Donnie tiene 4 dólares, 6 monedas de 1¢ y 9 monedas de 10¢. Escribe un número decimal para la cantidad de dinero que tiene Donnie.

Grupo B — páginas 633 a 638

Ubica 0.8 y 0.62 en una recta numérica.

La distancia de 0 a 0.8 es ocho décimas de la distancia de 0 a 1.

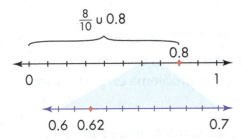

Dibuja una recta numérica que muestre centésimas. 0.62 está entre 0.6 y 0.7.

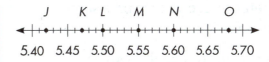

Identifica los números decimales que están en los puntos.

1. K   2. M   3. O

Identifica el punto donde se ubican los números decimales.

4. 5.6   5. 5.5   6. 5.42

Grupo C — páginas 639 a 644

Compara 1.74 y 1.08.

Los dígitos del lugar de las unidades son iguales; por tanto, debes mirar los dígitos que están después del punto decimal para comparar.

1.74   1.08
7 décimas > 0 décimas
1.74 > 1.08

Recuerda que puedes usar bloques de valor de posición o cuadrículas para visualizar las cantidades decimales.

Escribe >, < o = en cada ◯.

1. $4.13 ◯ $4.32   2. 0.6 ◯ 0.60

3. 5.29 ◯ 52.9   4. 12.91 ◯ 12.19

Tema 12 | Refuerzo   665

Grupo D páginas 645 a 650

Halla $\frac{9}{10} + \frac{49}{100}$.

Escribe $\frac{9}{10}$ como una fracción equivalente que tenga 100 como denominador.

$\frac{9}{10} \times \frac{10}{10} = \frac{90}{100}$

$\frac{90}{100} + \frac{49}{100} = \frac{139}{100}$, o $1\frac{39}{100}$

Recuerda que puedes hallar fracciones con un común denominador para ayudarte a sumar.

Suma. Usa cuadrículas o bloques de valor de posición para resolver los problemas, si es necesario.

1. $\frac{8}{10} + \frac{40}{100}$
2. $\frac{24}{100} + \frac{6}{100}$

Grupo E páginas 651 a 656

Halla $5.21 + $1.52.

Suma los billetes. Luego, cuenta para sumar cada tipo de moneda.

$6.00 + $0.50 + $0.20 + $0.03 = $6.73

Recuerda que debes quitar cada tipo de billete y de moneda cuando restas dinero.

1. Chelsea tenía $71.18. Compró un par de gafas por $59.95. ¿Puede comprar un estuche que cuesta $12.95? Explícalo.

2. Eddie compró 3 boletos de tren a $17.00 cada uno. Si pagó con tres billetes de $20, ¿cuánto cambio recibió Eddie?

Grupo F páginas 657 a 662

Piensa en estas preguntas para ayudarte a **buscar y usar la estructura**.

Hábitos de razonamiento

- ¿Qué patrones puedo ver y describir?
- ¿Cómo puedo usar los patrones para resolver el problema?
- ¿Puedo ver las expresiones y los objetos de una manera diferente?

Recuerda que puedes usar la estructura para descomponer un problema en partes más sencillas.

Raven participó en una maratón de caminata. El punto rojo muestra la distancia que Raven caminó en una hora.

1. Completa la siguiente recta numérica.

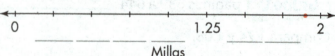

Millas

2. Estima la distancia que caminó Raven en la primera hora. Explícalo.

Nombre _____

1. Marvin escribe un número que muestra 70 partes de 100. Marca todos los que podrían ser el número de Marvin.

   ☐ 0.07
   ☐ $\frac{7}{10}$
   ☐ $\frac{70}{100}$
   ☐ 0.70
   ☐ $\frac{70}{10}$

2. ¿Qué símbolo hace verdadera la comparación? Escoge el símbolo correcto del recuadro.

   29.48 ◯ 29.69

   [<   >   =]

3. Lucy compra un rompecabezas por $3.89 y un avión de juguete por $12.75. ¿Cuánto más dinero costó el avión de juguete que el rompecabezas?

   Ⓐ $8.86   Ⓒ $15.64
   Ⓑ $9.06   Ⓓ $16.64

4. ¿Qué punto está rotulado incorrectamente? Explícalo.

   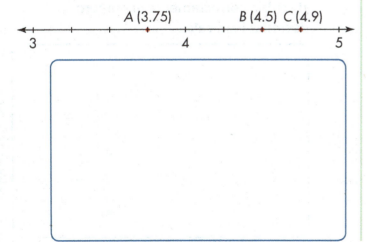

5. Catalina va a la librería con el dinero de la ilustración.

Nuevos lanzamientos	
Una historia de dos ciudades	$14.95
Buenos días, Sol	$16.55
La historia de Italia	$16.00

   Parte A

   ¿Tiene Catalina dinero suficiente para los tres libros? Si no es así, ¿cuánto dinero más necesita Catalina? Explícalo.

   Parte B

   Catalina decide comprar solo 2 de los libros. Escoge dos libros para Catalina y, luego, halla cuánto dinero le sobrará.

Tema 12 | Evaluación   667

6. Escribe una fracción y un número decimal que representen la parte de la cuadrícula pintada de verde.

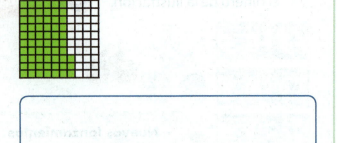

7. Une el número decimal con su fracción equivalente.

0.20 — $\frac{200}{100}$

2 — $\frac{200}{10}$

0.02 — $\frac{20}{100}$

20 — $\frac{2}{100}$

8. Escoge Sí o No para indicar si la comparación es correcta.

   8a. $7.27 > 74.7$ ○ Sí ○ No

   8b. $1.24 < 1.42$ ○ Sí ○ No

   8c. $58.64 > 48.64$ ○ Sí ○ No

   8d. $138.5 < 13.85$ ○ Sí ○ No

9. Escribe la fracción que describe mejor el punto R de la recta numérica.

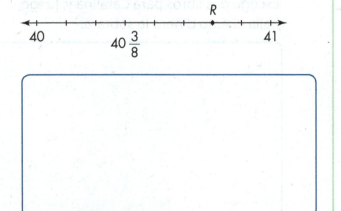

10. Explica cómo se halla la suma de $\frac{3}{10} + \frac{4}{100}$.

11. Usa la siguiente tabla.

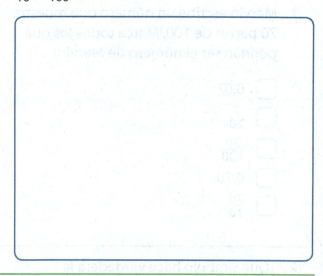

Haz una recta numérica y marca la longitud de cada camino.

12. Phil recolectó 60 huevos y vendió 44 al abarrotero local. Anotó que vendió 0.44 de los huevos que había recolectado. ¿Escribió correctamente el número decimal? Explícalo.

Tema 12 | Evaluación

Nombre _____

Club de la vida silvestre

El club de la vida silvestre de la escuela dedicó un mes a aprender sobre las diferentes aves locales. Las fotos rotuladas **Características de las aves** muestran información sobre varias aves observadas.

Características de las aves

halcón de cola roja
masa: 0.78 kg
envergadura: 1.2 m

búho americano
masa: 1.8 kg
envergadura: 1.3 m

urraca azul
masa: 0.08 kg
envergadura: 0.28 m

correlimos
masa: 0.06 kg
envergadura: 0.2 m

1. El líder del club les pidió a los estudiantes que analizaran y compararan las medidas de las fotos **Características de las aves.**

   Parte A

   La tarea de Randall fue escribir la masa de un halcón de cola roja en forma de fracción. Rotula la masa en la recta numérica y escribe la fracción equivalente.

   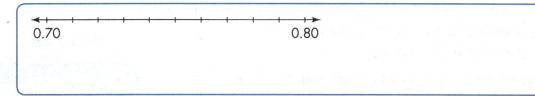

   Parte B

   La tarea de Melanie fue comparar las envergaduras de la urraca azul y del correlimos. ¿Qué ave tiene las alas más largas? Muestra la comparación en las cuadrículas y escribe la comparación usando símbolos.

   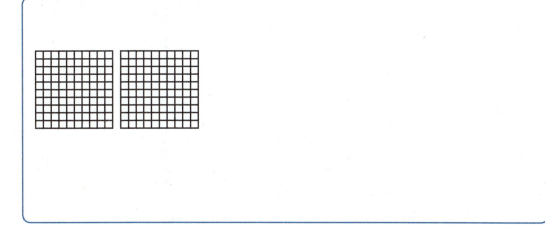

Tema 12 | Evaluación del rendimiento   669

Parte C

Mila comparó las envergaduras del halcón de cola roja y del búho americano. Explica cómo se usa el valor de posición para hallar la envergadura mayor. Muestra la comparación con símbolos.

2. Gerald halló la suma de las masas de un búho americano y un correlimos. Muestra cómo se escriben las masas como fracciones y, luego, escribe y resuelve una ecuación de suma.

3. La foto rotulada **Urraca azul** muestra la envergadura de una urraca azul que observó Susannah.

    Susannah dijo que la envergadura de la urraca azul es mayor que la envergadura del búho americano porque 1.4 > 1.3. ¿Estás de acuerdo? Explícalo.

Urraca azul

envergadura: 1.4 pies

TEMA 13

Medición: Hallar equivalencias en las unidades de medida

Preguntas esenciales: ¿Cómo se convierte de una unidad a otra?
¿Cómo se pueden resolver problemas matemáticos con precisión?

El Gran Cañón, en Arizona, se formó por la erosión.

El río Colorado atravesó las capas de roca. ¡En algunos lugares, el cañón tiene más de una milla de profundidad!

¡Imagina cómo se verá en el futuro! Este es un proyecto sobre erosión y medición.

Proyecto de Matemáticas y Ciencias: Erosión y medición

Investigar El río Colorado ha sido muy importante en la formación de América del Norte. Usa la Internet y otros recursos para investigar los estados por los que pasa el río.

Diario: Escribir un informe Incluye lo que averiguaste. En tu informe, también:

- busca *geología* y *geometría* en el diccionario. Escribe las definiciones y explica cómo están relacionadas las palabras. ¿Qué significa el prefijo "geo" en ambas palabras?

- resuelve el siguiente problema: A.J. hace una excursión de 4 millas por el Gran Cañón. Explica cómo convertir de millas a pies la longitud de la excursión de A.J.

Tema 13 671

Nombre _____

Repasa lo que sabes

Vocabulario

Escoge el mejor término del recuadro. Escríbelo en el espacio en blanco.

- capacidad
- gramo
- litro
- masa

1. La cantidad de líquido que puede contener un recipiente se llama _____.

2. La _____ es la cantidad de materia que contiene una cosa.

3. Una unidad métrica de capacidad es el _____.

Perímetro

Halla el perímetro de las figuras.

4. 42 centímetros / 25 centímetros

5. 7 pies

6. 3 yardas

7. 17 pulgadas (arriba), 12 pulgadas, 12 pulgadas, 21 pulgadas

8. $15\frac{1}{4}$ centímetros (hexágono)

9. $19\frac{11}{12}$ pies, $7\frac{5}{12}$ pies

Área

Halla el área de las figuras.

10. 5 yardas, $2\frac{1}{2}$ yardas

11. $\frac{1}{4}$ de pulgada, 2 pulgadas

12. $7\frac{1}{10}$ centímetros, 3 centímetros

Resolución de problemas

13. **Entender y perseverar** Una legua es una medida náutica que equivale a aproximadamente 3 millas. Si un barco recorre 2,000 leguas, aproximadamente, ¿cuántas millas recorre el barco?

Mis tarjetas de palabras

Usa los ejemplos de las palabras de las tarjetas para ayudarte a completar las definiciones que están al reverso.

capacidad

cuarto (cto.)

1 cuarto = 2 pintas

galón (gal.)

1 galón = 4 cuartos

taza (t)

pinta (pt)

1 pinta = 2 tazas

onza líquida (oz líq.)

peso

onza (oz)

Un trozo pequeño de queso pesa aproximadamente 1 onza.

Mis tarjetas de palabras

Completa cada definición. Para ampliar lo que aprendiste, escribe tus propias definiciones.

Un _____ es una unidad usual de capacidad. Un cuarto es igual a 2 pintas.

La _____ es la cantidad que puede contener un recipiente, medida en unidades de medida para líquidos.

Una _____ es una unidad usual de capacidad.

Un _____ es una unidad usual de capacidad. Un galón es igual a 4 cuartos.

Una _____ es una unidad usual de capacidad igual a 2 cucharadas.

Una _____ es una unidad usual de capacidad. Una pinta es igual a 2 tazas.

Una _____ es una unidad usual de peso.

El _____ es la medida de lo que pesa un objeto.

Mis tarjetas de palabras

Usa los ejemplos de las palabras de las tarjetas para ayudarte a completar las definiciones que están al reverso.

libra (lb)

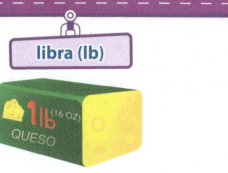

1 libra = 16 onzas

tonelada (T)

Un carro pequeño pesa aproximadamente una tonelada.

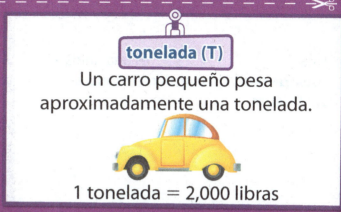

1 tonelada = 2,000 libras

milímetro (mm)

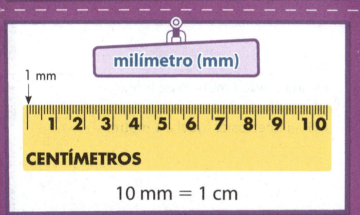

10 mm = 1 cm

centímetro (cm)

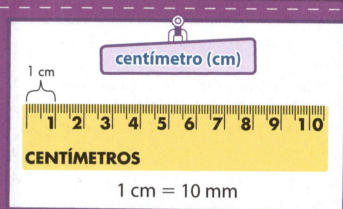

1 cm = 10 mm

metro (m)

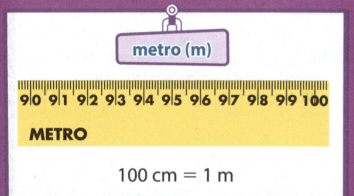

100 cm = 1 m

kilómetro (km)

1 kilómetro es aproximadamente la longitud de 4 cuadras de una ciudad.

masa

mililitro (mL)

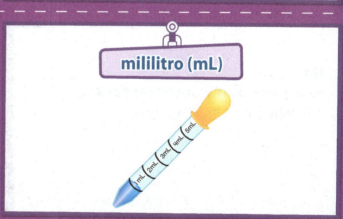

Tema 13 | Mis tarjetas de palabras

Mis tarjetas de palabras

Completa cada definición. Para ampliar lo que aprendiste, escribe tus propias definiciones.

Una _____ es una unidad usual de peso. Una tonelada es igual a 2,000 libras.

Una _____ es una unidad usual de peso. Una libra es igual a 16 onzas.

Un _____ es una unidad métrica de longitud. Cien centímetros es igual a 1 metro.

Un _____ es una unidad métrica de longitud. Diez milímetros es igual a 1 centímetro. Mil milímetros es igual a 1 metro.

Un _____ es una unidad métrica de longitud. Un kilómetro es igual a 1,000 metros.

Un _____ es una unidad métrica de longitud igual a 100 centímetros.

Un _____ es una unidad métrica de capacidad. Mil mililitros es igual a 1 litro.

La _____ es la cantidad de materia que contiene una cosa.

Mis tarjetas de palabras

Usa los ejemplos de las palabras de las tarjetas para ayudarte a completar las definiciones que están al reverso.

litro (L)

gramo (g)

1 gramo

miligramo (mg)

Tres granos de sal tienen una masa conjunta de aproximadamente 1 mg.

kilogramo (kg)

1 kilogramo

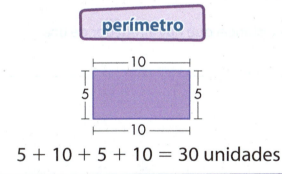

perímetro

5 + 10 + 5 + 10 = 30 unidades

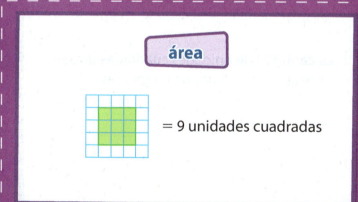

área

= 9 unidades cuadradas

fórmula

$P = (2 \times \ell) + (2 \times a)$

$A = \ell \times a$

Tema 13 | Mis tarjetas de palabras

Mis tarjetas de palabras

Completa cada definición. Para ampliar lo que aprendiste, escribe tus propias definiciones.

Un _____ es una unidad métrica de masa. Mil gramos es igual a 1 kilogramo.

Un _____ es una unidad métrica de capacidad igual a 1,000 mililitros.

Un _____ es una unidad métrica de masa igual a 1,000 gramos.

Un _____ es una unidad métrica de masa. Mil miligramos es igual a 1 gramo.

La cantidad de unidades cuadradas que se necesitan para cubrir una región es el _____.

La distancia que hay alrededor de una figura es el _____.

Una _____ es una ecuación en la que se usan símbolos para relacionar dos o más cantidades.

678 | Tema 13 | Mis tarjetas de palabras

Nombre _____

Resuélvelo y coméntalo

Jeremy trotó 75 yardas desde su casa hasta la escuela. ¿Cuántos pies trotó Jeremy? *Resuelve este problema de la manera que prefieras.*

Lección 13-1
Equivalencia de las unidades usuales de longitud

Puedo...
convertir unidades usuales de longitud de una unidad a otra y reconocer el tamaño relativo de diferentes unidades.

También puedo hacer mi trabajo con precisión.

Hazlo con precisión. Asegúrate de calcular correctamente y usar las unidades correctas. ¡Muestra tu trabajo en el espacio que sigue!

¡Vuelve atrás! **Buscar relaciones** ¿Qué observas sobre la relación entre la cantidad de yardas y la cantidad de pies que trotó Jeremy?

Pregunta esencial: ¿Cómo se puede convertir de una unidad de longitud a otra?

A

Maggie tiene un columpio en un árbol. ¿Cuántas pulgadas de longitud mide cada cuerda desde la base de la rama hasta el columpio?

rama: 10 pies desde el suelo

Puedes multiplicar para convertir de pies a pulgadas.

columpio: $2\frac{1}{4}$ pies desde el suelo

DATOS: Unidades usuales de longitud
- 1 pie = 12 pulgadas (pulgs.)
- 1 yarda (yd) = 3 pies = 36 pulgs.
- 1 milla (mi) = 1,760 yd = 5,280 pies

B Paso 1

Halla la longitud de la cuerda en pies.

$c = 10 - 2\frac{1}{4}$

10 pies: [c | $2\frac{1}{4}$ pies]

$$10 = 9\frac{4}{4}$$
$$-2\frac{1}{4} = -2\frac{1}{4}$$
$$= 7\frac{3}{4}$$

Cada cuerda mide $7\frac{3}{4}$ pies de longitud.

C Paso 2

Convierte la longitud de la cuerda a pulgadas.

Pies	Pulgadas
1	12
2	24
3	36
4	48
5	60
6	72
7	84
$7\frac{3}{4}$	93

Hay 12 pulgadas en un pie.

Halla 7×12.
$7 \times 12 = 84$ pulgadas

Halla $\frac{3}{4} \times 12$.

$\frac{3}{4} \times 12 = \frac{3 \times 12}{4}$
$= \frac{36}{4}$, o 9 pulgadas

$84 + 9 = 93$

Cada cuerda mide 93 pulgadas de longitud.

¡Convénceme! Generalizar ¿Cómo sabes que la respuesta es razonable cuando conviertes de una unidad más grande a una más pequeña?

Nombre _____

Otro ejemplo

Convierte 6 yardas a pulgadas. Hay 12 pulgadas en 1 pie y hay 3 pies en 1 yarda.

12 × 3 = 36

Hay 36 pulgadas en 1 yarda

6 × 36 = 216 pulgadas
↑   ↑
cantidad pulgadas
de yardas por yarda

Hay 216 pulgadas en 6 yardas.

Tienes que hallar cuántas unidades más pequeñas hay en una cantidad de unidades más grandes. Luego, multiplica la cantidad de unidades más grandes por la cantidad de unidades más pequeñas que hay en cada unidad más grande.

Práctica guiada

¿Lo entiendes?

1. **Generalizar** ¿Se necesitan más pulgadas o más pies para igualar una longitud dada? Explícalo.

2. ¿Qué distancia es mayor: 9 yardas o 9 millas?

¿Cómo hacerlo?

Convierte las unidades en los Ejercicios **3** a **5**.

3. 2 millas = _____ yardas

4. $4\frac{2}{3}$ yardas = _____ pies

5. 6 pies = _____ pulgadas

Práctica independiente

Convierte las unidades en los Ejercicios **6** a **13**.

6. 8 yardas = _____ pulgadas

7. 28 yardas = _____ pies

8. 18 pies = _____ pulgadas

9. 7 millas = _____ yardas

10. $\frac{1}{3}$ de yarda = _____ pulgadas

11. $2\frac{1}{2}$ pies = _____ pulgadas

12. 5 millas = _____ pies

13. $6\frac{1}{3}$ yardas = _____ pies

*Puedes encontrar otro ejemplo en el Grupo A, página 723.

Tema 13 | Lección 13-1

Resolución de problemas

14. Hacerlo con precisión Lou corta 3 yardas de un rollo de tela de 9 yardas. Luego, corta 4 pies del rollo. ¿Cuántos pies de tela quedan en el rollo?

15. Entender y perseverar Tonya compró un suéter que cuesta $29.99 más $1.60 de impuesto. Usó un cupón de $10 de descuento y le pagó al cajero con $25. ¿Cuánto cambio debe recibir Tonya? Usa monedas y billetes para resolverlo.

16. Álgebra En una excursión, Toni juntó 4 veces la cantidad de insectos que juntó Kaylie. Kaylie juntó 14 insectos. ¿Cuántos insectos juntó Toni? Dibuja un diagrama de barras. Escribe y resuelve una ecuación para representar el problema.

17. ¿Qué distancia es mayor: 3 millas o 5,000 yardas? ¿Cuánto mayor? Explícalo.

18. Razonamiento de orden superior Jenna usa 18 pulgadas de cinta para cada caja que envuelve. ¿Cuántas yardas de cinta necesita para envolver 4 cajas? Usa el diagrama como ayuda para resolver el problema.

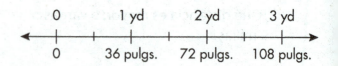

✓ Evaluación

19. Traza líneas para unir las medidas de la izquierda con la medida equivalente de la derecha.

$3\frac{1}{2}$ pies	10 pies
9 millas	72 pulgadas
$3\frac{1}{3}$ yardas	42 pulgadas
2 yardas	15,840 yardas

20. Tres estudiantes midieron el ancho de la clase. Lisa midió 9, Shanna midió 324 y Emma midió 27. La maestra dijo que las tres tenían razón. Traza líneas para unir las estudiantes con las unidades que usaron.

Lisa	Pulgadas
Shanna	Pies
Emma	Yardas

Nombre _____

Tarea y práctica 13-1
Equivalencia de las unidades usuales de longitud

¡Revisemos!

El calamar más largo registrado por los científicos mide $14\frac{1}{3}$ yardas de longitud. En 2006, se capturó un calamar de 24 pies. ¿Cuántos pies más que el calamar capturado en 2006 mide el calamar más largo?

Hazlo con precisión y usa las unidades correctas.

Paso 1

Convierte la longitud del calamar más largo a pies. Hay 3 pies en 1 yarda.

$14\frac{1}{3} \times 3 = (14 \times 3) + \left(\frac{1}{3} \times 3\right)$
$= 42 + \frac{3}{3}$
$= 42 + 1$
$= 43$

$14\frac{1}{3}$ yardas = 43 pies

Paso 2

Halla la diferencia para comparar.

$$\begin{array}{r} \overset{3\;13}{4\cancel{3}} \\ -24 \\ \hline 19 \end{array}$$

El calamar más largo mide 19 pies más que el calamar capturado en 2006.

Convierte las unidades en los Ejercicios 1 a 6.

1. 25 pies = _____ pulgadas

2. 3 millas = _____ pies

3. 4 millas = _____ yardas

4. 57 yardas = _____ pulgadas

5. $\frac{1}{2}$ yarda = _____ pulgadas

6. $2\frac{2}{3}$ yardas = _____ pies

Completa las tablas en los Ejercicios 7 y 8.

7.
Millas	Pies
$1\frac{1}{2}$	
$2\frac{1}{2}$	
$3\frac{1}{2}$	
$4\frac{1}{2}$	
$5\frac{1}{2}$	
$6\frac{1}{2}$	

8.
Yardas	Pulgadas
$1\frac{1}{3}$	
$2\frac{1}{3}$	
$3\frac{1}{3}$	
$4\frac{1}{3}$	
$5\frac{1}{3}$	
$6\frac{1}{3}$	

Usa la imagen de la derecha en los Ejercicios **9** a **11**.

ancho del manubrio: 2 pies
altura de la bicicleta: $2\frac{1}{2}$ pies
ancho de la llanta: 2 pulgs.
longitud de la bicicleta: 5 pies

9. **Hacerlo con precisión** ¿Cuántas veces más ancho que la llanta es el manubrio de la bicicleta?

10. ¿Cuál es la longitud de la bicicleta en pulgadas?

11. **Hacerlo con precisión** ¿Cuántas pulgadas más hay en la longitud de la bicicleta que en la altura?

12. **Entender y perseverar** Harriet montó en bicicleta $2\frac{1}{4}$ millas hasta el centro comercial. Luego, montó $\frac{3}{4}$ de milla hasta la tienda. A la vuelta hizo el mismo camino que a la ida. ¿Cuántas millas montó Harriet en total? Explícalo.

13. **Razonamiento de orden superior** Usa la recta numérica. ¿Qué fracción de 1 pie es 3 pulgadas? ¿Qué fracción de 1 yarda es 3 pulgadas? Explícalo.

```
◄─┼┼┼┼┼┼┼┼┼┼┼┼─────────┼─────────┼►
  0  3  6  9  12 pulgs.          1 yarda
             1 pie      2 pies   3 pies
```

✓ Evaluación

14. Traza líneas para unir las medidas de la izquierda con la medida equivalente de la derecha.

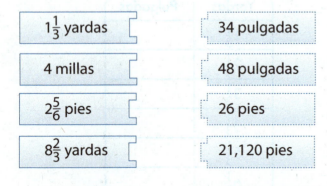

$1\frac{1}{3}$ yardas	34 pulgadas
4 millas	48 pulgadas
$2\frac{5}{6}$ pies	26 pies
$8\frac{2}{3}$ yardas	21,120 pies

15. Tres estudiantes midieron el ancho del pizarrón. Reggie midió 2, Jackson midió 72 y Pete midió 6. La maestra dijo que todos tenían razón. Traza líneas para unir los estudiantes con las unidades que usaron.

Reggie	Pulgadas
Jackson	Pies
Pete	Yardas

684 | Tema 13 | Lección 13-1

Nombre _____

Lección 13-2
Equivalencia de las unidades usuales de capacidad

Resuélvelo y coméntalo Casey tiene $2\frac{1}{2}$ galones de jugo. ¿Cuántos recipientes de 1 pinta puede llenar? *Resuelve este problema de la manera que prefieras.*

Puedo...
convertir unidades usuales de capacidad de una unidad a otra y reconocer el tamaño relativo de diferentes unidades.

También puedo razonar sobre las matemáticas.

Puedes **razonar**. Usa lo que sabes sobre convertir de una unidad más grande a una más pequeña. ¡Muestra tu trabajo en el espacio que sigue!

DATOS

Unidades usuales de capacidad
1 taza (t) = 8 onzas líquidas (oz líq.)
1 pinta (pt) = 2 t = 16 oz líq.
1 cuarto (cto.) = 2 pt = 4 t
1 galón (gal.) = 4 ctos. = 8 pt

¡Vuelve atrás! **Generalizar** ¿Cómo convertiste de una unidad de capacidad más grande a una unidad de capacidad más pequeña? ¿Usaste el mismo proceso que para convertir de una unidad de longitud más grande a una más pequeña? Explícalo.

Pregunta esencial: ¿Cómo se puede convertir de una unidad de capacidad a otra?

A

La clase de la Sra. Nealy necesita 5 galones de refresco de frutas para una noche de matemáticas en familia. ¿Qué cantidad de cada ingrediente se necesita para hacer suficiente refresco con la siguiente receta?

Algunas unidades de capacidad son galones, cuartos, pintas, tazas y onzas líquidas.

RECETA N.º 116

Refresco de frutas

5 pintas de jugo de manzana
4 pintas de refresco de lima limón
1 pinta de jugo de naranja congelado

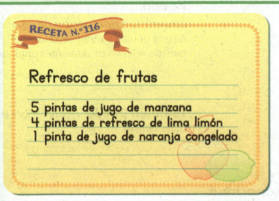

B Paso 1

Convierte 5 galones a pintas.

Galones	Cuartos	Pintas
1	4	8
2	8	16
3	12	24
4	16	32
5	20	40

DATOS

5 galones = 40 pintas

C Paso 2

Suma la cantidad de pintas de la receta para hallar cuántas tandas tiene que hacer la clase.

$5 + 4 + 1 = 10$

$10 \times n = 40$

$n = 4$

La clase tiene que hacer 4 tandas de la receta.

D Paso 3

Halla cuánto de cada ingrediente hay en 4 tandas.

$4 \times 5 = 20$ pintas
$4 \times 4 = 16$ pintas
$4 \times 1 = 4$ pintas

Se necesitan 20 pintas de jugo de manzana, 16 pintas de jugo de lima limón y 4 pintas de jugo de naranja congelado.

¡Convénceme! Razonar Completa la siguiente oración.

Un galón es igual a _____ cuartos, _____ pintas o _____ tazas.

Nombre _____

Práctica guiada

¿Lo entiendes?

1. **Entender y perseverar** ¿Cuántas tazas de refresco de frutas se hacen con una tanda de la receta de la página anterior? Explícalo.

¿Cómo hacerlo?

Convierte las unidades en los Ejercicios **2** a **4**.

2. 2 tazas = _____ onzas líquidas

3. $3\frac{1}{2}$ cuartos = _____ pintas

4. 1 pinta = _____ onzas líquidas

Práctica independiente

Convierte las unidades en los Ejercicios **5** a **12**.

5. 7 cuartos = _____ tazas

6. 12 galones = _____ cuartos

7. 3 galones = _____ tazas

8. $1\frac{1}{2}$ cuartos = _____ tazas

9. $3\frac{3}{4}$ galones = _____ pintas

10. $2\frac{3}{4}$ pintas = _____ onzas líquidas

11. 9 tazas = _____ onzas líquidas

12. $3\frac{1}{2}$ pintas = _____ onzas líquidas

Completa las tablas en los Ejercicios **13** y **14**.

13.

Pintas	Onzas líquidas
$1\frac{1}{2}$	
$2\frac{1}{2}$	
$3\frac{1}{2}$	
$4\frac{1}{2}$	
$5\frac{1}{2}$	
$6\frac{1}{2}$	

14.

Cuartos	Tazas
$1\frac{1}{2}$	
$2\frac{1}{2}$	
$3\frac{1}{2}$	
$4\frac{1}{2}$	
$5\frac{1}{2}$	
$6\frac{1}{2}$	

*Puedes encontrar otro ejemplo en el Grupo A, página 723.

Resolución de problemas

15. Matemáticas y Ciencias Un grupo de científicos midió la cantidad de agua y desechos que pasan por una estación fluvial en diferentes momentos del año. El agua y los desechos se llaman descarga. La tabla muestra el promedio de la descarga en la estación Campo Verde del río Verde durante dos meses. ¿Cuántos cuartos de descarga por segundo más que en noviembre hay en diciembre?

Descarga del río Verde en Campo Verde, Arizona

Mes	Promedio de galones por segundo
Noviembre	1,619
Diciembre	2,285

16. Vocabulario Usa *capacidad*, *longitud* y *metro* para completar las definiciones.

La _____ es la cantidad de líquido que puede contener un recipiente.

El _____ es una unidad que se puede usar para medir la _____.

17. Razonamiento de orden superior Un cocinero mezcla 3 cuartos de jugo de naranja, 5 pintas de leche y 5 tazas de jugo de piña para hacer un batido de frutas. ¿Cuántas tazas se pueden llenar con batido de frutas? Explícalo.

Evaluación

18. Annabelle tenía las siguientes cantidades de pintura en recipientes: $\frac{1}{2}$ galón, $\frac{3}{4}$ de cuarto y $\frac{1}{4}$ de galón.

Parte A
¿Cuántos cuartos de pintura tiene Annabelle? Explícalo.

Parte B
Annabelle puso la pintura en recipientes de una pinta. ¿Cuántos recipientes de una pinta llenó Annabelle? Explícalo.

Nombre _____

Tarea y práctica 13-2
Equivalencia de las unidades usuales de capacidad

¡Revisemos!

Lucas tiene una pecera de 8 galones. ¿Cuántos recipientes de 2 cuartos se necesitan para llenar la pecera?

Unidades usuales de capacidad
- 1 taza (t) = 8 onzas líquidas (oz líq.)
- 1 pinta (pt) = 2 t = 16 oz líq.
- 1 cuarto (cto.) = 2 pt = 4 t
- 1 galón (gal.) = 4 ctos. = 8 pt

Paso 1

Convierte 8 galones a cuartos.

Galones	Cuartos
2	8
4	16
6	24
8	32

8 galones = 32 cuartos

Paso 2

Divide 32 cuartos por 2.

$$\begin{array}{r} 16 \\ 2\overline{)32} \\ -2 \\ \hline 12 \\ -12 \\ \hline 0 \end{array}$$

Se necesitan 16 recipientes de 2 cuartos para llenar la pecera.

Usa las unidades correctas cuando resuelvas problemas de mediciones.

Convierte las unidades en los Ejercicios 1 a 6.

1. 9 pintas = _____ onzas líquidas
2. 16 cuartos = _____ tazas
3. 2 galones = _____ pintas
4. $1\frac{1}{2}$ cuartos = _____ tazas
5. $1\frac{1}{4}$ galones = _____ pintas
6. $5\frac{1}{2}$ pintas = _____ onzas líquidas

Completa las tablas en los Ejercicios 7 y 8.

7.
Cuartos	Onzas líquidas
$1\frac{1}{2}$	
$2\frac{1}{2}$	
$3\frac{1}{2}$	
$4\frac{1}{2}$	
$5\frac{1}{2}$	
$6\frac{1}{2}$	

8.
Galones	Pintas
$1\frac{1}{2}$	
$2\frac{1}{2}$	
$3\frac{1}{2}$	
$4\frac{1}{2}$	
$5\frac{1}{2}$	
$6\frac{1}{2}$	

9. **Sentido numérico** Lauren caminó 16,900 pies por la mañana y 14,850 pies por la tarde. Estima la cantidad de millas que caminó Lauren ese día. Explícalo.

10. ¿Cuántos minutos hay en 3 horas? En una hora hay 60 minutos. Completa la tabla.

Horas	Minutos
1	
2	
3	

11. **Matemáticas y Ciencias** ¿Cuántas libras de material de erosión transporta el río Verde por hora en un punto dado?

12. ¿Cuántas libras de material de erosión transporta el río Verde en un punto dado durante $\frac{1}{4}$ de día?

El río Verde, en Arizona, transporta un promedio de $14\frac{1}{3}$ libras de material de erosión en un minuto al pasar por un punto dado.

13. Un carro con un tanque de gasolina de 20 galones puede recorrer 25 millas con 1 galón de gasolina. Si el tanque está lleno al comienzo de un viaje de 725 millas, ¿cuántas veces hay que volver a llenar el tanque?

14. **Razonamiento de orden superior** Janice necesita 3 galones de limonada para una fiesta. Tiene 4 cuartos, 6 pintas y 4 tazas de limonada ya preparada. ¿Cuántas tazas de limonada necesita Janice? ¿Cuántas tazas más necesita?

 Evaluación

15. Edgar tiene una pila de agua que contiene 2 galones de agua. Edgar quiere llenar solo $\frac{3}{4}$ del recipiente.

Parte A

¿Cuánta agua, en galones, debe poner Edgar en la pila de agua? Explícalo.

Parte B

¿Cuántos recipientes de 1 pinta se necesitan para llenar la pila de agua? Explícalo.

Nombre _____

Resuélvelo y coméntalo

Cuando nació, Lori pesó $7\frac{1}{2}$ libras. Hay 16 onzas en una libra. ¿Cuánto pesó Lori en onzas? *Resuelve este problema de la manera que prefieras.*

Lección 13-3
Equivalencia de las unidades usuales de peso

Puedo...
convertir unidades usuales de peso de una unidad a otra y reconocer el tamaño relativo de diferentes unidades.

También puedo hacer generalizaciones a partir de ejemplos.

Puedes **generalizar** y usar lo que sabes sobre convertir de una unidad de medida más grande a una unidad más pequeña para convertir de libras a onzas.

¡Vuelve atrás! **Hacerlo con precisión** ¿Cómo supiste que debías convertir unidades para resolver el problema?

Pregunta esencial: ¿Cómo se puede convertir de una unidad de peso a otra?

A

Mark hizo la cena para su familia con los ingredientes que se muestran. ¿Cuántas porciones de 9 onzas hizo Mark?

- 14 onzas de salsa de tomate
- 1 libra de fideos
- $1\frac{1}{2}$ libras de albóndigas

El **peso** es la medida de lo que pesa un objeto. Algunas unidades de peso son **onzas**, **libras** y **toneladas**.

Unidades usuales de peso
1 libra (lb) = 16 onzas (oz)
1 tonelada (T) = 2,000 lb

B Para convertir el peso de los fideos y las albóndigas a onzas, multiplica cada peso por 16.

Fideos:
$1 \times 16 = 16$ onzas

Albóndigas:
$1\frac{1}{2} \times 16 = (1 \times 16) + \left(\frac{1}{2} \times 16\right)$
$\phantom{1\frac{1}{2} \times 16} = 16 + 8$
$\phantom{1\frac{1}{2} \times 16} = 24$ onzas

$1\frac{1}{2}$ libras = 24 onzas

C Suma el peso de todos los ingredientes para hallar el total de onzas.

$$\begin{array}{r} \overset{1}{16} \\ 24 \\ +\ 14 \\ \hline 54 \end{array} \begin{array}{l} \text{fideos} \\ \text{albóndigas} \\ \text{salsa de tomate} \end{array}$$

El peso de todos los ingredientes es 54 onzas.

D Divide para hallar la cantidad de porciones.

54 oz | 9 oz | p

$54 \div 9 = p$
$p = 6$

Mark hizo seis porciones de 9 onzas.

¡Convénceme! Generalizar ¿Cómo conviertes de una unidad de peso más grande a una unidad de peso más pequeña?

Nombre _____

Práctica guiada

¿Lo entiendes?

1. **Razonar** ¿Tendría sentido describir en toneladas el peso total de la cena de Mark? ¿Por qué?

¿Cómo hacerlo?

Convierte las unidades en los Ejercicios **2** a **4**.

2. 9 toneladas = _____ libras

3. $3\frac{1}{2}$ libras = _____ onzas

4. 17 libras = _____ onzas

Práctica independiente

Convierte las unidades en los Ejercicios **5** a **12**.

5. 15 libras = _____ onzas

6. 7 toneladas = _____ libras

7. 46 libras = _____ onzas

8. $9\frac{1}{2}$ libras = _____ onzas

9. $5\frac{1}{4}$ libras = _____ onzas

10. $8\frac{1}{4}$ toneladas = _____ libras

11. 6 toneladas = _____ libras

12. 3 libras = _____ onzas

Completa las tablas en los Ejercicios **13** y **14**.

13.

Toneladas	Libras
1	
$1\frac{1}{2}$	
2	
$2\frac{1}{2}$	
3	

14.

Libras	Onzas
1	
$1\frac{1}{4}$	
$1\frac{2}{4}$	
$1\frac{3}{4}$	
2	

*Puedes encontrar otro ejemplo en el Grupo A, página 723.

Tema 13 | Lección 13-3   693

Resolución de problemas

Usa el diagrama de puntos de la derecha en los Ejercicios **15** a **19**.

Peso de los gatitos que asisten a la clínica

15. **Hacerlo con precisión** ¿Cuál es el peso total en onzas de los tres gatitos que pesan menos?

16. **Razonamiento de orden superior** Dos gatitos pesan $3\frac{1}{4}$ libras en total. ¿Cuál podría ser el peso de cada gatito?

17. **Sentido numérico** ¿Cuántas libras pesa la mayor cantidad de gatitos?

18. **Álgebra** ¿Cuántas libras más que el gatito más liviano pesa el gatito más pesado?

19. ¿Cuántas onzas pesan todos los gatitos?

20. Aproximadamente, ¿cuántas libras pesa el elefante africano? Completa la tabla para resolverlo.

Toneladas	$\frac{1}{2}$	$1\frac{1}{2}$	$2\frac{1}{2}$	$3\frac{1}{2}$	$4\frac{1}{2}$	$5\frac{1}{2}$
Libras						

El elefante africano macho pesa aproximadamente $5\frac{1}{2}$ toneladas.

Evaluación

21. ¿Qué opción es más probable que pese 3 onzas?

Ⓐ Un zapato
Ⓑ Una araña grande
Ⓒ Una caja de cereal
Ⓓ Un libro de matemáticas

22. Lloyd hizo $3\frac{1}{2}$ libras de papas. Les agregó 4 onzas de manteca. ¿Cuántas porciones de 6 onzas hizo Lloyd?

Ⓐ 6 porciones
Ⓑ 8 porciones
Ⓒ 10 porciones
Ⓓ 12 porciones

Nombre _____

Tarea y práctica 13-3
Equivalencia de las unidades usuales de peso

¡Revisemos!

El caballo más grande del mundo pesaba casi $1\frac{1}{2}$ toneladas. En promedio, un caballo adulto macho pesa aproximadamente 1,200 libras. ¿Cuánto más que el caballo adulto medio pesaba el caballo más grande del mundo?

Paso 1
Convierte a libras el peso del caballo más grande del mundo.

Toneladas	Libras
$\frac{1}{2}$	1,000
1	2,000
$1\frac{1}{2}$	3,000

$1\frac{1}{2}$ toneladas = 3,000 libras

Paso 2
Halla la diferencia.

3,000 lb

| 1,200 lb | d |

$3,000 - 1,200 = d$
$d = 1,800$

El caballo más grande del mundo pesaba 1,800 libras más que el caballo adulto medio.

Hay 2,000 libras en una tonelada.

Convierte las unidades en los Ejercicios 1 a 6.

1. 21 libras = _____ onzas

2. 8 toneladas = _____ libras

3. $8\frac{3}{4}$ libras = _____ onzas

4. $4\frac{3}{8}$ libras = _____ onzas

5. 6 toneladas = _____ libras

6. $6\frac{1}{2}$ libras = _____ onzas

Completa las tablas en los Ejercicios 7 y 8.

7.
Toneladas	Libras
1	
2	
3	
4	
5	

8.
Libras	Onzas
1	
2	
3	
4	
5	

Tema 13 | Lección 13-3

Usa la tabla y la imagen de la derecha en los Ejercicios **9** a **11**.

Los conejillos de Indias de Heidi pesan $2\frac{1}{2}$ libras cada uno.

9. **Hacerlo con precisión** ¿Cuál es el peso total en onzas de los 2 conejillos de Indias de Heidi?

10. **Hacerlo con precisión** ¿Cuál es el peso total en onzas del alimento de los conejillos de Indias de Heidi?

11. **Razonamiento de orden superior** Una libra de alimento balanceado es aproximadamente 3 tazas de alimento. Cada conejillo de Indias come $\frac{1}{4}$ de taza de alimento balanceado por día. ¿Cuántos días durará el alimento balanceado? Explícalo.

| Alimento para los conejillos de Indias de Heidi ||
Alimento	Peso
Pasto o heno	$2\frac{1}{2}$ libras
Verduras	15 onzas
Alimento balanceado	5 libras

12. **Razonar** ¿Qué producto es mayor: 9 × 15 o 9 × 17? Explica cómo puedes saberlo sin hallar los productos.

13. **Entender y perseverar** ¿Qué dos factores de 1 dígito puedes multiplicar para obtener un producto que esté entre 40 y 50, inclusive?

 Evaluación

14. ¿Qué opción es más probable que pese 4 toneladas?

   Ⓐ Una sandía
   Ⓑ Un hombre
   Ⓒ Una secadora de ropa
   Ⓓ Un helicóptero

15. Cada piedra que colecciona Ally pesa aproximadamente 4 onzas. La colección de piedras pesa aproximadamente 24 libras en total. Aproximadamente, ¿cuántas piedras hay en la colección de Ally?

   Ⓐ 3 piedras
   Ⓑ 4 piedras
   Ⓒ 36 piedras
   Ⓓ 96 piedras

Nombre _____

Lección 13-4
Equivalencia de las unidades métricas de longitud

Resuélvelo y coméntalo Halla la longitud del marcador en centímetros y en milímetros. Describe la relación entre las dos unidades.

Puedo... convertir unidades métricas de longitud de una unidad a otra y reconocer el tamaño relativo de diferentes unidades.

También puedo escoger y usar una herramienta matemática para resolver problemas.

Usa herramientas apropiadas estratégicamente. Una regla o una cinta de medir te pueden ayudar a hallar la longitud de un objeto.

¡Vuelve atrás! **Generalizar** La longitud del lápiz gigante de Toby es 25 centímetros. ¿Cómo puedes hallar la longitud del lápiz en milímetros?

¿Cómo se puede convertir de una unidad métrica de longitud a otra?

A

En la competencia de salto largo, Corey saltó 2 metros y Gary saltó 175 centímetros. ¿Quién saltó más lejos?

Algunas unidades métricas de longitud son **metros**, **kilómetros**, **centímetros** y **milímetros**.

Unidades métricas de longitud
DATOS
1 centímetro (cm) = 10 milímetros (mm)
1 metro (m) = 100 cm = 1,000 mm
1 kilómetro (km) = 1,000 m

 Las unidades del sistema métrico se pueden convertir fácilmente usando múltiplos de 10.

B **Paso 1**

Convierte 2 metros a centímetros.

1 metro = 100 centímetros

2 × 100 = 200 centímetros
↑   ↑
cantidad   centímetros
de metros por metro

Corey saltó 200 centímetros.

C **Paso 2**

Compara la longitud de los saltos.

200 centímetros es más que 175 centímetros.

 Corey saltó más lejos que Gary.

¡Convénceme! **Evaluar el razonamiento** Shayla dice que 5 kilómetros es igual a 500 metros. ¿Estás de acuerdo? Explícalo.

Nombre _____

Otro ejemplo

Convierte 5 metros a milímetros.

Multiplica la cantidad de unidades mayores por la cantidad de unidades más pequeñas que hay en cada unidad más grande.

$5 \times 1,000 = 5,000$ milímetros
↑ ↑
cantidad   milímetros
de metros por metro

Hay 5,000 milímetros en 5 metros.

Hay 1,000 milímetros en 1 metro.

Práctica guiada

¿Lo entiendes?

1. **Hacerlo con precisión** En el problema de la página anterior, supón que Matthew saltó $\frac{3}{4}$ de metro. ¿Quién saltó más lejos: Matthew o Gary? Explícalo.

¿Cómo hacerlo?

Convierte las unidades en los Ejercicios **2** y **3**.

2. 5 kilómetros = _____ metros

3. 75 centímetros = _____ milímetros

Práctica independiente

Convierte las unidades en los Ejercicios **4** a **9**.

4. 2 metros = _____ centímetros

5. 5 kilómetros = _____ metros

6. 8 centímetros = _____ milímetros

7. 6 metros = _____ milímetros

8. 9 kilómetros = _____ metros

9. 6 metros = _____ centímetros

Completa las tablas en los Ejercicios **10** y **11**.

10.

Metros	Milímetros
1	
2	
3	
4	
5	

11.

Centímetros	Milímetros
1	
2	
3	
4	
5	

*Puedes encontrar otro ejemplo en el Grupo B, página 723.

Tema 13 | Lección 13-4

Resolución de problemas

> Usa la tabla de la derecha en los Ejercicios **12** y **13**.

12. Hacerlo con precisión La tabla muestra la cantidad de precipitaciones que midieron los estudiantes en una semana. ¿Cuál fue el total de lluvia de la semana, en milímetros?

13. ¿Cuántos milímetros de lluvia más que el lunes y miércoles cayeron el jueves?

DATOS

Precipitaciones: Medición de los estudiantes	
Lunes	3 cm
Martes	0 cm
Miércoles	1 cm
Jueves	5 cm
Viernes	2 cm

14. ¿Cuál es mayor: 2,670 metros o 2 kilómetros? Explícalo.

15. ¿Cuál es mayor: 8 horas o 520 minutos? Una hora es igual a 60 minutos.

16. Álgebra Lía dio 8 vueltas a la pista corriendo. Corrió un total de 2,000 metros. ¿A cuántos metros equivale 1 vuelta? Usa el diagrama de barras para escribir una ecuación que se pueda usar para resolver el problema.

2,000 m

| m | m | m | m | m | m | m | m |

17. Razonamiento de orden superior Se colocan carteles al comienzo y al final de un camino de 3 kilómetros. También se colocan carteles cada 500 metros a lo largo del camino. ¿Cuántos carteles hay a lo largo del camino? Explícalo.

✓ **Evaluación**

18. Marca todos los enunciados verdaderos.

- ☐ 14 metros = 1,400 centímetros
- ☐ 10 centímetros = 1,000 milímetros
- ☐ 55 kilómetros = 5,500 metros
- ☐ 3 metros = 3,000 milímetros
- ☐ 5 metros = 500 centímetros

19. Marca todos los enunciados verdaderos.

- ☐ 3 metros = 3,000 centímetros
- ☐ 2 kilómetros = 2,000 metros
- ☐ 4 centímetros = 40 milímetros
- ☐ 3 metros = 3,000 milímetros
- ☐ 5 kilómetros = 5,000 metros

Nombre _____

Tarea y práctica 13-4
Equivalencia de las unidades métricas de longitud

¡Revisemos!

Jasmine terminó 9 centímetros de la bufanda que está tejiendo. Manuela terminó 108 milímetros de su bufanda. ¿Cuánto más que la bufanda de Jasmine mide la bufanda de Manuela?

> Para convertir de una unidad más grande, como los centímetros, a una unidad más pequeña, como los milímetros, hay que multiplicar.

Paso 1

Convierte 9 centímetros a milímetros.

1 centímetro = 10 milímetros

9 × 10 = 90 milímetros
↑   ↑
cantidad de   milímetros por
centímetros   centímetro

9 centímetros = 90 milímetros

Paso 2

Halla la diferencia.

$108 - 90 = d$

$d = 18$

La bufanda de Manuela mide 18 milímetros más que la bufanda de Jasmine.

Convierte las unidades en los Ejercicios **1** a **6**.

1. 7 metros = _____ centímetros

2. 8 kilómetros = _____ metros

3. 65 centímetros = _____ milímetros

4. 2 metros = _____ centímetros

5. 7 kilómetros = _____ metros

6. 8 metros = _____ centímetros

Completa las tablas en los Ejercicios **7** y **8**.

7.
Kilómetros	Metros
1	
2	
3	
4	
5	

8.
Metros	Centímetros
1	
2	
3	
4	
5	

Usa las imágenes de la derecha en los Ejercicios 9 a 11.

9. **Entender y perseverar** José compró los artículos que se muestran y pagó $0.53 de impuestos. Le pagó al cajero con un billete de $10. ¿Cuánto cambio debe recibir José? Usa monedas y billetes para resolverlo.

10. Brittney compró dos botellas de champú como el de la ilustración y pagó $0.52 de impuestos. ¿Cuánto gastó? Usa monedas y billetes para resolverlo.

11. **Sentido numérico** ¿Cómo puedes saber, sin sumar, que las dos botellas de champú cuestan menos que una botella de champú y una oferta de 2 envases de pasta de dientes?

12. Martha se cortó 2.35 centímetros de cabello. Neil se cortó 2.53 centímetros de cabello. ¿Quién se cortó más cabello? Explícalo.

13. Una araña recorrió 3 metros en un minuto. ¿Cuántos centímetros recorrió?

14. **Hacerlo con precisión** El techo de la clase del Sr. Vega mide 3 metros de altura. El techo del pasillo mide 315 centímetros de altura. ¿Cuánto más alto que el techo de la clase es el techo del pasillo?

15. **Razonamiento de orden superior** Una cinta amarilla mide 56 centímetros. Mide dos veces la longitud de una cinta verde. Una cinta color café mide 4 veces la longitud de la cinta verde. ¿Cuál es la longitud de la cinta color café?

Evaluación

16. Marca todos los enunciados verdaderos.

    ☐ 1,000 kilómetros = 100 metros
    ☐ 11 metros = 110 centímetros
    ☐ 17 centímetros = 170 milímetros
    ☐ 5 metros = 500 milímetros
    ☐ 5 kilómetros = 5,000 metros

17. Marca todos los enunciados verdaderos.

    ☐ 5 metros = 5,000 milímetros
    ☐ 18 kilómetros = 1,800 metros
    ☐ 20 centímetros = 200 milímetros
    ☐ 7 metros = 70 centímetros
    ☐ 6 metros = 60,000 milímetros

Nombre _____

Lección 13-5
Equivalencia de las unidades métricas de capacidad y masa

Resuélvelo y coméntalo Jenny tiene 3 litros de agua. ¿Cuántos mililitros de agua tiene Jenny y cuál es la masa del agua en gramos? *Resuelve este problema de la manera que prefieras.*

Puedo... convertir unidades métricas de capacidad y masa de una unidad a otra y reconocer el tamaño relativo de diferentes unidades.

También puedo hacer generalizaciones a partir de ejemplos.

Puedes *generalizar* sobre cómo convertir unidades más grandes a unidades más pequeñas cuando trabajas con unidades usuales o métricas de capacidad o masa.

Algunas botellas de agua contienen 1 litro, o 1,000 mililitros de agua.
1 litro de agua tiene una masa de 1 kilogramo, o 1,000 gramos.

¡Vuelve atrás! **Razonar** ¿Por qué tuviste que convertir unidades para resolver el problema de arriba?

Pregunta esencial: ¿Cómo se puede convertir de una unidad métrica de capacidad o masa a otra?

A

Louis necesita ocho porciones de 1 litro de jugo de manzana. Louis tiene 5,000 mililitros de jugo. ¿Tiene suficiente jugo de manzana?

DATOS

Unidades métricas de capacidad y masa
- 1 litro (L) = 1,000 mililitros (mL)
- 1 gramo (g) = 1,000 miligramos (mg)
- 1 kilogramo (kg) = 1,000 g

Algunas unidades métricas de capacidad son **litros** y **mililitros**. Algunas unidades métricas de masa son **kilogramos, gramos** y **miligramos**.

B Paso 1

Halla cuántos mililitros de jugo de manzana necesita Louis.

1 litro = 1,000 mililitros

8 × 1,000 = 8,000 mililitros
↑   ↑
cantidad   mililitros
de litros por litro

Louis necesita 8,000 mililitros de jugo.

C Paso 2

Compara para hallar si Louis tiene suficiente jugo de manzana.

8,000 mililitros es mayor que 5,000 mililitros.

Louis no tiene suficiente jugo de manzana.

¡Convénceme! **Hacerlo con precisión** ¿Por qué tuviste que convertir de litros a mililitros?

704 Tema 13 | Lección 13-5

Nombre _____

Otro ejemplo

¿Cuántos gramos de manzanas se necesitan para hacer 1 litro de jugo de manzana?

1 kilogramo = 1,000 gramos

2 kilogramos = 2 × 1,000 gramos
             = 2,000 gramos

2,000 gramos de manzanas rinden 1 litro de jugo de manzana.

La masa es la cantidad de materia que contiene una cosa.

2 kilogramos de manzanas rinden 1 litro de jugo de manzana.

Práctica guiada

¿Lo entiendes?

1. **Entender y perseverar** Margot tiene 8 kilogramos de manzanas. ¿Cuántos litros de jugo puede hacer Margot? Explícalo.

¿Cómo hacerlo?

Convierte las unidades en los Ejercicios **2** y **3**.

2. 6 gramos = _____ miligramos

3. 9 litros = _____ mililitros

Práctica independiente

Convierte las unidades en los Ejercicios **4** a **11**.

4. 5 kilogramos = _____ gramos

5. 2 litros = _____ mililitros

6. 4 gramos = _____ miligramos

7. 9 kilogramos = _____ gramos

8. 7 litros = _____ mililitros

9. 1 gramo = _____ miligramos

10. 3 litros = _____ mililitros

11. 4 kilogramos = _____ gramos

*Puedes encontrar otro ejemplo en el Grupo B, página 723.

Resolución de problemas

12. Razonar Una caja de cartón tiene una masa de 800 gramos. Cuando se ponen 4 libros de igual masa dentro de la caja, la caja llena tiene una masa de 8 kilogramos. ¿Cuál es la masa de cada libro en gramos? Explícalo.

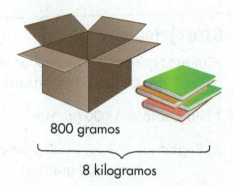

800 gramos

8 kilogramos

13. Matemáticas y Ciencias El faro del cabo Hatteras estaba a un kilómetro de la costa en 1870. ¿A qué distancia de la costa estaba el faro en 1970? Explícalo.

La playa cercana al faro del cabo Hatteras, en Carolina del Norte, se erosiona unos 8 metros por año.

14. La masa de 4 calabacitas grandes es aproximadamente 2 kilogramos. Aproximadamente, ¿cuántos gramos tendrá 1 calabacita grande?

15. Razonamiento de orden superior Un sofá pequeño tiene una masa de 30 kilogramos. El almohadón del sofá tiene una masa de 300 gramos. ¿Cuántos almohadones se necesitan para igualar la masa del sofá?

Evaluación

16. ¿Qué opción muestra una comparación correcta?

- Ⓐ 5 mililitros > 50 litros
- Ⓑ 2 litros < 200 mililitros
- Ⓒ 100 litros = 1,000 mililitros
- Ⓓ 3,000 mililitros = 3 litros

17. ¿Qué opción muestra una comparación correcta?

- Ⓐ 1 kilogramo > 2,000 gramos
- Ⓑ 9,000 miligramos = 9 gramos
- Ⓒ 900 gramos > 1 kilogramo
- Ⓓ 9 miligramos = 9 gramos

Nombre _____

Tarea y práctica 13-5
Equivalencia de las unidades métricas de capacidad y masa

¡Revisemos!
Convierte las unidades.

Para convertir de litros a mililitros hay que multiplicar por 1,000.

Para convertir de kilogramos a gramos hay que multiplicar por 1,000.

Convierte 8 litros a mililitros.

1 litro = 1,000 mililitros

8 × 1,000 = 8,000

8 litros = 8,000 mililitros

Convierte 9 gramos a miligramos.

1 gramo = 1,000 miligramos

9 × 1,000 = 9,000

9 gramos = 9,000 miligramos

Convierte las unidades en los Ejercicios 1 a 6.

1. 2 litros = _____ mililitros

2. 8 gramos = _____ miligramos

3. 3 kilogramos = _____ gramos

4. 7 litros = _____ mililitros

5. 4 gramos = _____ miligramos

6. 8 kilogramos = _____ gramos

Completa las tablas en los Ejercicios 7 y 8.

7.
Litros	Mililitros
5	
6	
7	
8	
9	

8.
Kilogramos	Gramos
4	
5	
6	
7	
8	

9. **Vocabulario** Completa el espacio en blanco: La _____ es la cantidad de materia que contiene una cosa.

El _____ es la medida de cuánto pesa un objeto.

10. Jake pasea perros y entrega periódicos para ganar dinero. Este mes, ganó $52 entregando periódicos y $44 paseando perros. Todos los meses, Jake pone la mitad de su dinero en su cuenta de ahorros. ¿Cuánto dinero ahorró Jake este mes?

11. **Matemáticas y Ciencias** Un glaciar desplazó una gran roca de 9 kilogramos de masa. ¿Cuál es la masa de la roca en gramos?

Los glaciares mueven grandes rocas, y las grandes rocas erosionan el suelo.

12. Otro glaciar desplazó una roca que pesaba 2 toneladas. ¿Cuántas libras pesaba la roca?

13. **Razonar** Hannah tiene 3 cajas de arroz. Una caja contiene 3 kilogramos, la segunda caja contiene 150 gramos y la tercera caja contiene 500 gramos. Hannah quiere dividir el arroz en cantidades iguales en 5 bolsas. ¿Cuánto arroz debe poner en cada bolsa? Explícalo.

14. **Razonamiento de orden superior** Rob tiene una botella de té helado de 2 litros. Rob sirve la misma cantidad de té helado en 8 recipientes. ¿Cuántos mililitros sirve Rob en cada recipiente?

Evaluación

15. ¿Qué opción muestra una comparación correcta?

    Ⓐ 1,000 litros < 1,000 mililitros

    Ⓑ 40 litros = 400 mililitros

    Ⓒ 5,000 mililitros = 5 litros

    Ⓓ 900 mililitros > 900 litros

16. ¿Qué opción muestra una comparación correcta?

    Ⓐ 5 gramos = 500 miligramos

    Ⓑ 1 gramo < 10 miligramos

    Ⓒ 910 kilogramos < 910 gramos

    Ⓓ 2 kilogramos > 2 gramos

Nombre _____

Resuélvelo y coméntalo

Se usa una lata de pintura para cubrir los 168 pies cuadrados que mide una pared. La pared mide 8 pies de altura. El borde superior, el inferior y los bordes laterales se cubren con cinta adhesiva. ¿Cuál es el ancho de la pared? ¿Cuánta cinta se necesita? **Resuelve este problema de la manera que prefieras.**

Lección 13-6
Resolver problemas sobre perímetro y área

Puedo...
hallar la longitud o el ancho desconocidos de un rectángulo usando un área o un perímetro conocidos.

También puedo razonar sobre las matemáticas.

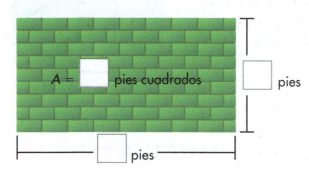

Puedes razonar para hallar el ancho y el perímetro de la pared. ¡Muestra tu trabajo en el espacio de arriba!

¡Vuelve atrás! Entender y perseverar Describe los pasos que usarías para resolver el problema.

¿Cómo se pueden usar el perímetro y el área para resolver problemas?

A

El parque estatal de la ilustración tiene un perímetro de 37 millas. ¿Cuál es el área del parque estatal?

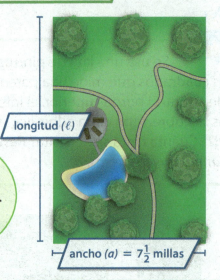

longitud (ℓ)

ancho (a) = $7\frac{1}{2}$ millas

Usa **fórmulas** o **ecuaciones** que tengan símbolos para relacionar dos o más cantidades para resolver este problema.

La fórmula del **perímetro** es
$P = (2 \times \ell) + (2 \times a)$.
La fórmula del **área** es
$A = \ell \times a$.

B **Paso 1**

Halla la longitud del parque estatal.

Usa el perímetro, 37 millas, y el ancho, $7\frac{1}{2}$ millas, para hallar la longitud.

Los lados opuestos de un rectángulo tienen la misma longitud; por tanto, multiplica el ancho por 2.

$7\frac{1}{2} \times 2 = 15$

Resta 15 del perímetro.

$37 - 15 = 22$

22 millas es la longitud de dos lados del parque. Divide 22 por 2 para hallar la longitud de un lado.

$22 \div 2 = 11$

La longitud del parque es 11 millas.

C **Paso 2**

Halla el área del parque estatal.

$a = 7\frac{1}{2}$ millas

$\ell = 11$ millas

$A = \ell \times a$
$ = 11 \times 7\frac{1}{2}$
$ = 82\frac{1}{2}$

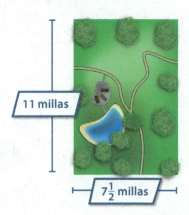

11 millas

$7\frac{1}{2}$ millas

El área del parque estatal es $82\frac{1}{2}$ millas cuadradas.

¡Convénceme! **Entender y perseverar** Si el área de otro parque estatal es 216 millas cuadradas y el ancho del parque es 8 millas, ¿cuál es la longitud del parque? ¿Cuál es el perímetro del parque?

Nombre _____

Práctica guiada

¿Lo entiendes?

1. **Construir argumentos** Un arenero tiene forma de rectángulo. El área es 16 pies cuadrados. Las longitudes de lado son números enteros. ¿Cuáles son las dimensiones posibles del arenero? ¿Todas las dimensiones posibles tienen sentido?

2. Escribe y resuelve una ecuación para hallar el ancho de una habitación si la longitud del piso es 8 pies y el área de la habitación es 96 pies cuadrados.

¿Cómo hacerlo?

Completa los cálculos en los Ejercicios **3** a **5**.

3. Halla n. Perímetro = 46 pulgs.

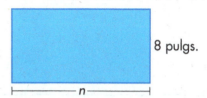

4. Halla n. Perímetro = 26 cm

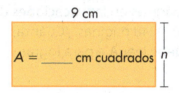

5. Halla el perímetro.

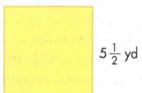

$5\frac{1}{2}$ yd

Práctica independiente

Halla la dimensión que falta en los Ejercicios **6** a **9**.

6. Halla n.

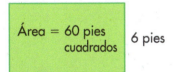

7. Halla n. Perímetro = 65 pulgs.

$11\frac{2}{4}$ pulgs.

8. Halla n. Perímetro = 84 yd

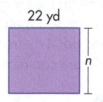

9. Un rectángulo tiene una longitud de 9 milímetros y un área de 270 milímetros cuadrados. ¿Cuál es el ancho? ¿Cuál es el perímetro?

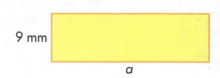

Resolución de problemas

10. Greg hizo el marco para la pintura de la derecha. El marco tiene un perímetro de $50\frac{2}{4}$ pulgadas. ¿Cuál es el ancho del marco?

11. Greg cubrió la parte posterior de la pintura con un trozo de fieltro. El fieltro cubre la pintura y el marco. ¿Cuál es el área del fieltro?

$\ell = 15\frac{1}{4}$ pulgs.

12. Sentido numérico Ale tiene el objetivo de leer 2,000 páginas en las vacaciones de verano. Ya leyó 1,248 páginas. ¿Cuántas páginas más debe leer Ale para lograr su objetivo?

13. El área de la superficie de una mesa es 18 pies cuadrados. El perímetro de la mesa es 18 pies. ¿Cuáles son las dimensiones de la superficie de la mesa?

14. Amy y Zach tienen 24 metros de vallado cada uno para poner en sus jardines rectangulares. Amy hace un vallado de 6 pies de longitud. Zach hace un vallado de 8 pies de longitud. ¿Qué jardín tiene el área mayor? ¿Cuánto mayor?

15. Razonamiento de orden superior Nancy hizo un camino de mesa cuya área es 80 pulgadas cuadradas. La longitud y el ancho del camino de mesa son números enteros. La longitud es 5 veces el ancho. ¿Cuáles son las dimensiones del camino de mesa?

Evaluación

16. ¿Qué tiene un área mayor: un cuadrado cuyo lado mide 7 metros o un rectángulo de $6\frac{1}{2}$ metros por 8 metros? ¿Cuánta área más tiene la figura con más área?

Puedes hacer dibujos para representar los cálculos que usas para resolver el problema.

Nombre _____

¡Revisemos!
Halla el perímetro del rectángulo.

Tarea y práctica 13-6
Resolver problemas sobre perímetro y área

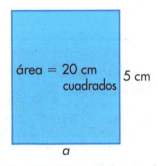

área = 20 cm cuadrados   5 cm
a

La longitud y el ancho de un rectángulo se usan para hallar el perímetro y el área de la figura.

Usa la fórmula del área de un rectángulo para hallar el ancho.
$A = \ell \times a$
$20 = 5 \times a$
$a = 4$

El ancho del rectángulo es 4 centímetros.

Usa la fórmula del perímetro para hallar el perímetro del rectángulo.
$P = (2 \times \ell) + (2 \times a)$
$P = (2 \times 5) + (2 \times 4)$
$P = 10 + 8 = 18$

El perímetro del rectángulo es 18 centímetros.

Usa las fórmulas del perímetro y el área para resolver los problemas en los Ejercicios **1** a **4**.

1. Halla *n*.

2 pies | área = 28 pies cuadrados | (largo = n)

2. Halla *n*. Perímetro = 86 pulgs.

25 pulgs.
n

3. Halla *n*. Luego, halla el perímetro.

3 pies | área = 33 pies cuadrados
n

4. Halla *n*. Luego, halla el área. Perímetro = $60\frac{2}{4}$ pulgs.

n
$12\frac{1}{4}$ pulgs.

5. El viernes, asistieron 39,212 espectadores al partido de beisbol en un estadio de las ligas mayores. El sábado, asistieron 41,681 espectadores y el domingo asistieron 42,4905. ¿Cuántos espectadores más que el viernes asistieron el sábado y el domingo?

6. Escribe 352,619 en forma desarrollada y, luego, escribe el nombre del número.

7. Un lado del jardín mide 3 veces lo que mide el otro. ¿Cuáles son las dimensiones del jardín?

Área = 48 m cuadrados

8. Los lados de cada cuadrado de la agarradera miden 1 pulgada. ¿Cuál es el perímetro y cuál es el área de la agarradera?

9. ¿Cuántos segundos hay en 3 minutos? En un minuto hay 60 segundos. Completa la tabla.

Minutos	Segundos
1	
2	
3	

10. **Razonamiento de orden superior** Una clase de arte planea pintar un mural rectangular cuya área es 60 pies cuadrados. El mural debe tener al menos 4 pies de altura pero no más de 6 pies. La longitud y el ancho tienen que ser números enteros. Haz una lista con todos los anchos posibles del mural.

 Evaluación

11. El área de un tapete cuadrado es 81 pies cuadrados. Si el tapete mide 9 pies de longitud, ¿cuál es el perímetro? Explícalo.

Usa lo que sabes sobre los cuadrados como ayuda para resolver el problema.

Tema 13 | Lección 13-6

Nombre _____

Resuélvelo y coméntalo

La clase de ciencias del Sr. Beasley quiere decorar una pared de la clase con una escena submarina. Usaron hojas de cartulina gruesa azul que miden 2 pies de longitud y 2 pies de ancho. ¿Cuántas hojas de cartulina gruesa azul se usaron para cubrir el área completa de la pared? Usa palabras y símbolos matemáticos para explicar cómo lo resolviste.

Resolución de problemas
Lección 13-7
Precisión

Puedo... resolver problemas de matemáticas con precisión.

También puedo resolver problemas de varios pasos.

8 pies de altura

14 pies de ancho

Hábitos de razonamiento

¡Razona correctamente! Estas preguntas te pueden ayudar.

- ¿Estoy usando los números, las unidades y los símbolos correctamente?
- ¿Estoy usando las definiciones correctas?
- ¿Estoy haciendo los cálculos con precisión?
- ¿Es clara mi respuesta?

¡Vuelve atrás! **Hacerlo con precisión** ¿De qué manera calcular el área de la pared y el área de una hoja de cartulina te ayuda a hallar la cantidad de hojas de cartulina gruesa que se necesita para cubrir el área completa de la pared?

Pregunta esencial: ¿Cómo se pueden resolver problemas de matemáticas con precisión?

A

Piper tiene una pecera y quiere cubrir los cuatro lados con plástico transparente aislante $\frac{6}{10}$ del lado desde la base. Piper mide las dimensiones que se muestran. ¿Cuánto plástico necesita Piper? Usa palabras y símbolos matemáticos para explicar cómo resolver el problema.

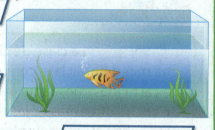

longitud = 12 pulgadas
altura = 15 pulgadas
ancho = 24 pulgadas

¿Qué necesitas saber para resolver el problema?

Necesito hallar cuánto plástico se necesita para la pecera. Debo hacer mis cálculos y dar mi explicación con precisión.

Este es mi razonamiento...

B ¿Cómo puedo resolver este problema **con precisión**?

Puedo
- usar correctamente la información dada.
- calcular con precisión.
- decidir si mi respuesta es clara y apropiada.
- usar las unidades correctas.

C La altura del plástico es $\frac{6}{10}$ por 15 pulgadas.

$\frac{6}{10} \times 15 = \frac{90}{10}$, o 9   El plástico mide 9 pulgadas de altura.

Frente y dorso: $A = 9 \times 24$
                   $A = 216$ pulgadas cuadradas

Lados: $A = 9 \times 12$
                   $A = 108$ pulgadas cuadradas

Suma: $216 + 216 + 108 + 108 = 648$ pulgadas cuadradas.

Piper necesita 648 pulgadas cuadradas de plástico.

¡Convénceme! **Hacerlo con precisión** ¿Cómo usaste las palabras de matemáticas y los números para que tu explicación sea clara?

Tema 13 | Lección 13-7

Nombre _____

Práctica guiada

Hacerlo con precisión

Jeremy usa $1\frac{1}{2}$ pies de cinta para cada caja que envuelve para enviar. ¿Cuántas pulgadas de cinta necesita Jeremy para envolver 3 cajas?

Cuando trabajas con **precisión**, haces los cálculos de manera precisa.

1. ¿Cómo puedes usar la información dada para resolver el problema?

2. ¿Cuántas pulgadas de cinta necesita Jeremy para envolver 3 cajas? Explícalo.

3. Explica por qué usaste las unidades que usaste en tu respuesta.

Práctica independiente

Hacerlo con precisión

La Sra. Reed colecciona conchas marinas. Cada concha marina de su colección pesa aproximadamente 4 onzas. La colección pesa aproximadamente 12 libras en total. Aproximadamente, ¿cuántas conchas marinas hay en la colección de la Sra. Reed? Usa los Ejercicios 4 a 6 para resolver el problema.

4. ¿Cómo puedes usar la información dada para resolver el problema?

5. ¿Cuál es el peso total en onzas de la colección de conchas marinas de la Sra. Reed?

6. ¿Cuántas conchas marinas hay en la colección de la Sra. Reed?

*Puedes encontrar otro ejemplo en el Grupo D, página 724.

Resolución de problemas

✓ Evaluación del rendimiento

Tarjetas de agradecimiento
Tanesha hace tarjetas con 1 onza de purpurina pegada en el frente de la tarjeta y un borde de cinta. Cada tarjeta tiene las dimensiones que se muestran. ¿Cuánta cinta necesita Tanesha?

9 cm

85 mm

7. **Razonar** ¿Qué cantidades se dan en el problema y qué significan los números?

8. **Entender y perseverar** ¿Qué necesitas hallar?

9. **Representar con modelos matemáticos** ¿Cuáles son las preguntas escondidas que hay que responder para resolver el problema? Escribe ecuaciones para mostrar cómo responder a las preguntas escondidas.

Cuando trabajas con precisión, especificas las unidades de medición y las usas apropiadamente.

10. **Hacerlo con precisión** ¿Cuánta cinta necesita Tanesha? Usa lenguaje y símbolos matemáticos para explicar cómo resolviste el problema y calculaste con precisión.

11. **Razonar** ¿Qué información no era necesaria para resolver el problema?

Tema 13 | Lección 13-7

Nombre _____

Tarea y práctica
13-7
Precisión

¡Revisemos!

Pía tiene una cuerda que mide 2 metros de longitud. Corta la cuerda en 4 trozos iguales. ¿Alguno de los trozos de cuerda es suficientemente largo para atarlo alrededor del perímetro de una caja cuadrada cuya longitud de lado es 16 centímetros? Explícalo.

Indica cómo puedes resolver el problema con precisión.

- Puedo usar correctamente la información dada.
- Puedo calcular con precisión.
- Puedo decidir si mi respuesta es clara y apropiada.
- Puedo usar las unidades correctas.

> Cuando trabajas con precisión, usas símbolos y lenguaje matemático de manera apropiada.

Presta atención a la precisión cuando resuelves el problema.

Primero, convierte 2 metros a centímetros. $2 \times 100 = 200$ centímetros

Luego, halla la longitud de cada trozo que tiene Pía después de cortar la cuerda en 4 trozos iguales. $200 \div 4 = 50$ centímetros

Luego, halla el perímetro de la caja cuadrada. $P = 4 \times 16 = 64$ centímetros

El trozo de 50 centímetros no es suficientemente largo para rodear el perímetro de 64 centímetros de la caja.

Hacerlo con precisión

Susan compró una bolsa de uvas de 1 kilogramo. De camino a casa, comió 125 gramos de uvas. ¿Cuántos gramos de uvas tiene ahora Susan? Usa los Ejercicios 1 a 3 para resolver el problema.

1. ¿Cómo puedes usar la información dada para resolver el problema?

2. ¿Cuántos gramos de uvas le quedan a Susan? Muestra cómo calculaste con precisión.

3. Usa lenguaje y símbolos matemáticos para explicar cómo resolviste el problema.

Evaluación del rendimiento

Bolsas portateléfonos

Lex quiere hacer bolsas portateléfonos como la de la imagen. El patrón muestra el material que se necesita para cada lado de la bolsa. Lex necesita saber cuánto material usará para hacer cada bolsa.

Patrón 6 pulgs.

7½ pulgadas de cuerda

$2\frac{3}{4}$ pulgs.

4. **Entender y perseverar** ¿Qué sabes y qué tienes que hallar?

5. **Representar con modelos matemáticos** ¿Cuál es la pregunta escondida? Escribe una ecuación para mostrar cómo responderla.

6. **Entender y perseverar** ¿Cuánto material necesita Lex para hacer una bolsa?

Cuando trabajas con **precisión**, das explicaciones cuidadosamente formuladas que son claras y apropiadas.

7. **Hacerlo con precisión** Explica cómo sabes qué unidades debes usar en tu respuesta.

8. **Razonar** ¿Qué información no era necesaria para resolver el problema?

Emparéjalo

TEMA 13 — Actividad de práctica de fluidez

Trabaja con un compañero. Señala una pista y léela.

Mira la tabla de la parte de abajo de la página y busca la pareja de esa pista. Escribe la letra de la pista en la casilla al lado de su pareja.

Halla una pareja para cada pista.

Puedo... sumar y restar números enteros de varios dígitos.

Pistas

- **A** La suma está entre 2,000 y 2,500.
- **B** La diferencia es exactamente 10,000.
- **C** La suma es exactamente 6,000.
- **D** La diferencia es exactamente 4,500.
- **E** La suma es exactamente 16,477.
- **F** La suma está entre 5,500 y 5,600.
- **G** La diferencia está entre 1,000 y 2,000.
- **H** La diferencia está entre 8,000 y 9,000.

E 10,005 + 6,472	**G** 7,513 − 5,676	**B** 35,000 − 25,000	**F** 1,234 + 4,321
A 1,050 + 1,200	**C** 3,778 + 2,222	**H** 10,650 − 2,150	**D** 9,000 − 4,500

Tema 13 | Actividad de práctica de fluidez

TEMA 13 Repaso del vocabulario

Lista de palabras
- área
- capacidad
- centímetro (cm)
- cuarto (cto.)
- fórmula
- galón (gal.)
- gramo (g)
- kilogramo (kg)
- kilómetro (km)
- libra (lb)
- litro
- masa
- metro (m)
- miligramo (mg)
- mililitro (mL)
- milímetro (mm)
- onza (oz)
- onza líquida (oz líq.)
- perímetro
- peso
- pinta (pt)
- taza (t)
- tonelada (T)

Comprender el vocabulario

1. Tacha las unidades que **NO** se usan para medir longitud.

   centímetro (cm)   pinta (pt)

   libra (lb)   kilogramo (kg)

2. Tacha las unidades que **NO** se usan para medir capacidad.

   milímetro (mm)   onza (oz)

   galón (gal.)   mililitro (mL)

3. Tacha las unidades que **NO** se usan para medir peso.

   taza (t)   litro (L)

   metro (m)   tonelada (T)

4. Tacha las unidades que **NO** se usan para medir masa.

   onza líquida (oz líq.)   kilómetro (km)

   miligramo (mg)   cuarto (cto.)

Rotula los ejemplos con un término de la Lista de palabras.

5. $2 \times 4 = 8$ unidades cuadradas   _____

6. 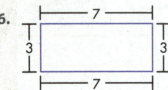 $3 + 7 + 3 + 7 = 20$ unidades   _____

7. Área = $\ell \times a$ _____

Usar el vocabulario al escribir

8. Mike usa 24 metros de vallado para rodear un jardín rectangular. La longitud del jardín es 10 metros. ¿Cuál es el ancho? Usa al menos 3 términos de la Lista de palabras para explicar tu respuesta.

Nombre _____

TEMA 13 — Refuerzo

Grupo A — páginas 679 a 696

Las unidades usuales se pueden usar para medir longitud, capacidad y peso.

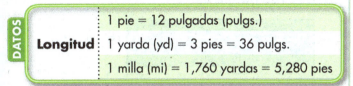

Longitud
- 1 pie = 12 pulgadas (pulgs.)
- 1 yarda (yd) = 3 pies = 36 pulgs.
- 1 milla (mi) = 1,760 yardas = 5,280 pies

Capacidad
- 1 taza (t) = 8 onzas líquidas (oz líq.)
- 1 pinta (pt) = 2 t = 16 oz líq.
- 1 cuarto (cto.) = 2 pt = 4 t
- 1 galón (gal.) = 4 ctos. = 8 pt

Peso
- 1 libra (lb) = 16 onzas (oz)
- 1 tonelada (T) = 2,000 lb

Convierte 26 cuartos a tazas.

Unidad más grande	×	Unidad más pequeña	=	Conversión a unidad más pequeña
26	×	4 tazas	=	104 tazas

Recuerda que debes multiplicar para convertir de una unidad más grande a una más pequeña. Usa las tablas de conversiones para resolver los problemas.

1. 9 yardas = _____ pulgadas
2. 5 millas = _____ yardas
3. 215 yardas = _____ pies
4. 9 pintas = _____ onzas líquidas
5. 372 cuartos = _____ tazas
6. 1,620 galones = _____ pintas
7. 9 libras = _____ onzas
8. 5 toneladas = _____ libras
9. 12 pies = _____ pulgadas

Grupo B — páginas 697 a 708

Los científicos suelen usar las unidades del sistema métrico para medir longitud, capacidad y masa.

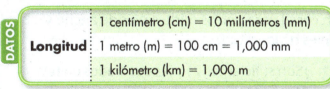

Longitud
- 1 centímetro (cm) = 10 milímetros (mm)
- 1 metro (m) = 100 cm = 1,000 mm
- 1 kilómetro (km) = 1,000 m

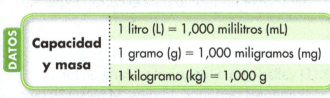

Capacidad y masa
- 1 litro (L) = 1,000 mililitros (mL)
- 1 gramo (g) = 1,000 miligramos (mg)
- 1 kilogramo (kg) = 1,000 g

Convierte 30 centímetros a milímetros.

Unidad más grande	×	Unidad más pequeña	=	Conversión a unidad más pequeña
30	×	10 mm	=	300 mm

Recuerda que las unidades del sistema métrico se pueden convertir usando múltiplos de 10. Usa las tablas de conversiones para resolver el problema.

1. 9 kilómetros = _____ metros
2. 55 centímetros = _____ milímetros
3. 2 metros = _____ centímetros
4. 9 litros = _____ mililitros
5. 4 gramos = _____ miligramos
6. 5 kilogramos = _____ gramos
7. 8 kilogramos = _____ gramos
8. 5 gramos = _____ miligramos

Grupo C páginas 709 a 714

El perímetro de la piscina de Ted es 16 yardas. La piscina mide 3 yardas de ancho. Ted tiene una cubierta plástica de 150 pies cuadrados. ¿La cubierta plástica es suficientemente grande para cubrir la piscina?

Usa la fórmula del perímetro para hallar la longitud. Sustituye las variables por los números que conoces.

$$\text{Perímetro} = (2 \times \ell) + (2 \times a)$$
$$16 = (2 \times \ell) + (2 \times 3)$$
$$\ell = 5$$

La longitud de la piscina es 5 yardas.

Convierte yardas a pies.

3 yardas de ancho × 3 pies = 9 pies de ancho

5 yardas de longitud × 3 pies = 15 pies de longitud

$$A = 15 \times 9$$
$$A = 135$$

El área de la piscina es 135 pies cuadrados. 135 < 150; por tanto, la cubierta plástica es suficientemente grande para cubrir la piscina.

Recuerda que debes rotular tu respuesta con la unidad apropiada.

1. Halla n.
   $P = 108$ pulgadas

   18 pulgadas
   n

2. Halla el área.

   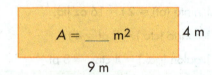
   $A = \underline{\quad}$ m²   4 m
   9 m

3. Halla el perímetro del cuadrado.

   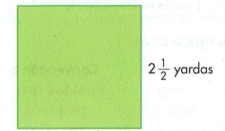
   $2\frac{1}{2}$ yardas

Grupo D páginas 715 a 720

Piensa en estas preguntas como ayuda para **trabajar con precisión**.

Hábitos de razonamiento

- ¿Estoy usando los números, las unidades y los símbolos correctamente?
- ¿Estoy usando las definiciones correctas?
- ¿Estoy haciendo los cálculos con precisión?
- ¿Es clara mi respuesta?

Recuerda que tu explicación debe ser clara y apropiada.

Un corral para perros mide 4 pies de ancho y 5 pies de longitud.

1. ¿Son suficientes 21 pies cuadrados de tela para hacer un tapete para el corral? Explícalo.

2. El vallado para los corrales viene en los siguientes tamaños: 12 pies, 24 pies y 30 pies de longitud. ¿Qué longitud sería la mejor para el corral? Si hay que cortar el vallado para que quepa en el corral, ¿cuánto habrá que cortar?

Nombre _____

TEMA 13
Evaluación

1. Una ventana mide 5 pies de longitud. ¿Cuál es la longitud de la ventana en pulgadas?

2. La Sra. Warren compró 6 litros de limonada para una fiesta. ¿Cuántos mililitros de limonada compró?

   Ⓐ 9,000 mililitros
   Ⓑ 6,000 mililitros
   Ⓒ 3,000 mililitros
   Ⓓ 1,200 mililitros

3. Traza líneas para unir la medida de la izquierda con la medida equivalente de la derecha.

9 pies	72 oz líq.
9 t	144 pulgs.
4 T	108 pulgs.
4 yd	8,000 lb

4. Una mesa de picnic mide 9 pies de longitud y 3 pies de ancho. Escribe y resuelve una ecuación para hallar el área de la superficie rectangular de la mesa.

5. El club de niñas preparará pastelitos. La receta de Mindy lleva 3 tazas de suero de leche. La receta de Josie lleva 20 onzas líquidas de suero de leche. La receta de Georgia lleva 1 pinta de suero de leche. ¿Qué receta lleva más suero de leche? Explícalo.

6. Andrea corrió 4 kilómetros durante el fin de semana. ¿Cuántos metros corrió Andrea?

7. Escoge números del recuadro para completar la tabla. Algunos números no se usarán.

Libras	Onzas
$1\frac{1}{2}$	
2	
$2\frac{1}{2}$	
3	
$3\frac{1}{2}$	

8	12
16	24
32	40
45	48
56	160

Tema 13 | Evaluación 725

8. Escoge Sí o No para indicar si la ecuación es correcta.

   8a. 1 L = 100 mL   ◯ Sí   ◯ No

   8b. 1 kg = 1,000 g   ◯ Sí   ◯ No

   8c. 4 yd = 14 pies   ◯ Sí   ◯ No

   8d. 15 cm = 150 mm   ◯ Sí   ◯ No

9. Morgan montó 2 kilómetros en bicicleta desde su casa hasta la casa de un amigo. Desde la casa de su amigo, montó 600 metros en total para ir a la biblioteca y volver. Luego, volvió a casa en bicicleta. ¿Cuántos metros recorrió Morgan en total?

10. ¿Qué enunciado sobre los dormitorios de los dibujos es verdadero?

    Dormitorio de Steve: 9 pies × 8 pies
    Dormitorio de Erin: 10 pies × 7 pies

    Ⓐ El área del dormitorio de Erin es mayor que la del dormitorio de Steve.

    Ⓑ El perímetro del dormitorio de Steve es mayor que el del dormitorio de Erin.

    Ⓒ Ambos dormitorios tienen el mismo perímetro.

    Ⓓ Ninguno de los anteriores.

11. Tim tiene 3 metros de hilo. ¿Cuántos centímetros de hilo tiene Tim?

12. La clase de la Sra. Li mide 34 pies de ancho y 42 pies de longitud.

Objetos de la clase	Área de los objetos (pies cuadrados)
Escritorio de la Sra. Li	8
Pecera	6
Centro de matemáticas	100
Centro de lectura	120

    Parte A

    ¿Cuál es el área de la clase?

    Parte B

    ¿Qué área ocupan los objetos de la clase? ¿Qué área queda libre para los escritorios de los estudiantes? Escribe ecuaciones para hallar el área y resuélvelas.

13. Traza líneas para unir la medida de la izquierda con la medida equivalente de la derecha.

    3 g — 3,000 mL

    3 m — 3,000 g

    3 L — 3,000 mm

    3 kg — 3,000 mg

Nombre _____

Sandías

Kasia cultiva sandías.

1. Kasia planta las sandías en filas. La plantación de sandías de Kasia tiene un perímetro de $71\frac{1}{3}$ yardas y mide 44 pies de ancho. Las filas estarán separadas por un espacio de $2\frac{2}{3}$ yardas.

   Parte A

   ¿Cuántas filas de sandías puede plantar Kasia? Explícalo.

   Plantación de sandías

   ancho = 44 pies

   La primera y la última fila miden 6 pies desde el borde.

   Parte B

   ¿Cuál es el área de la plantación de Kasia? Completa la tabla para convertir el perímetro a pies. Explícalo.

Yardas	Pies
$1\frac{1}{3}$	4
$11\frac{1}{3}$	
$21\frac{1}{3}$	
$31\frac{1}{3}$	
$41\frac{1}{3}$	
$51\frac{1}{3}$	
$61\frac{1}{3}$	
$71\frac{1}{3}$	

   Parte C

   Explica por qué usaste las unidades que usaste en tu respuesta a la Parte B.

2. Usa la información de la tabla de la **Sandía** de 20 libras.

   Parte A

   Si hay veintiocho porciones de 8 onzas en una sandía de 20 libras, ¿cuántas libras pesa la cáscara? Explícalo.

   Sandía

   Sandía de 20 libras

   28 porciones de 8 onzas

   1 libra = $1\frac{1}{2}$ pintas de fruta

   La parte de la sandía que no se come es la cáscara.

   Parte B

   ¿Cuántas tazas de fruta obtiene Kasia de una sandía de 20 libras? Explícalo. Muestra tus cálculos. No incluyas el peso de la cáscara.

3. Usa la información de la ilustración **Sandía y nutrición** para responder a la pregunta.

   ¿Cuántos miligramos de fibra más que de potasio hay en una porción de sandía?

   Sandía y nutrición

   Cada porción tiene 1 gramo de fibra y 270 mg de potasio.

TEMA 14

Álgebra: Generar y analizar patrones

Preguntas esenciales: ¿Cómo se puede usar una regla para continuar un patrón? ¿Cómo se puede usar una tabla para ampliar un patrón? ¿Cómo usas un patrón repetido para predecir una figura?

Recursos digitales: Resuelve, Aprende, Glosario, Amigo de práctica, Herramientas, Evaluación, Ayuda, Juegos

Para ver los sonidos como ondas, los científicos pueden usar un instrumento llamado osciloscopio.

Los sonidos más agudos tienen longitudes de onda más cortas.

Veo lo que dices sobre el osciloscopio. Este es un proyecto sobre patrones y ondas.

Proyecto de Matemáticas y Ciencias: Patrones y ondas

Investigar Usa la Internet u otros recursos para investigar sobre 2 industrias en las que se puede usar un osciloscopio. Nombra la industria y qué se puede observar con el osciloscopio.

Diario: Escribir un informe Incluye lo que averiguaste. En tu informe, también:

- resuelve el siguiente problema. Los osciloscopios también se usan para observar patrones en las ondas. Supón que un científico creó un patrón con tres niveles de sonidos: *bajo, fuerte, mediano*. Si el científico repite el patrón de sonidos, ¿cuál será el 41.° sonido del patrón? Explícalo.

Tema 14

Nombre _____

Repasa lo que sabes

Vocabulario

Escoge el mejor término del recuadro.
Escríbelo en el espacio en blanco.

- número impar
- operaciones inversas
- número par
- variable

1. Un _____ se puede dividir en grupos de 2 sin que quede residuo.

2. Un símbolo o una letra que representa un número se llama _____.

3. Las operaciones que se deshacen una a la otra se llaman _____.

Patrones de suma y resta

Suma o resta para hallar el número que falta en los patrones.

4. 3, 6, 9, 12, ____, 18

5. 4, 8, 12, ____, 20, 24

6. 8, 7, 6, ____, 4, 3

7. 30, 25, 20, 15, ____, 5

8. 1, 5, 9, ____, 17, 21

9. 12, 10, 8, 6, ____, 2

Patrones de multiplicación y división

Multiplica o divide para hallar el número que falta en los patrones.

10. 1, 3, 9, 27, ____, 243

11. 64, 32, 16, ____, 4, 2

12. 1, 5, 25, ____, 625

13. 1, 2, 4, 8, ____, 32

14. 1, 4, 16, ____, 256

15. 729, 243, 81, 27, 9, ____

Resolución de problemas

16. **Buscar relaciones** James pone 1 ficha en la primera casilla. Pone 2 fichas en la segunda casilla, 4 fichas en la tercera casilla, 8 fichas en la cuarta casilla y continúa el patrón hasta que llega a la décima casilla. ¿Cuántas fichas puso James en la décima casilla?

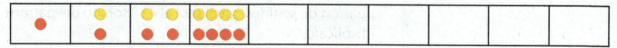

A-Z Glosario

Mis tarjetas de palabras

Usa los ejemplos de las palabras de las tarjetas para ayudarte a completar las definiciones que están al reverso.

regla

Regla: Multiplicar por 3

Entrada	1	2	3	4
Salida	3	6	9	12

patrón que se repite

Regla: Triángulo, cuadrado

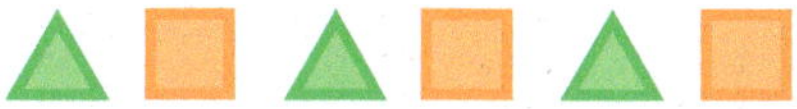

Mis tarjetas de palabras

Completa cada definición. Para ampliar lo que aprendiste, escribe tus propias definiciones.

Un _____ está compuesto por figuras o números que forman una parte que se repite.

Una frase matemática que indica cómo se relacionan los números o las figuras de un patrón se llama _____.

Nombre _____

Lección 14-1
Progresiones numéricas

Resuélvelo y coméntalo Mira las reglas y los números iniciales de abajo. ¿Cuáles son los 6 números que siguen en cada patrón? Indica cómo lo decidiste. Describe atributos de los patrones. *Resuelve este problema de la manera que prefieras.*

Puedo... usar una regla para crear y ampliar un patrón numérico e identificar atributos del patrón numérico que la regla no describe.

También puedo representar con modelos matemáticos para resolver problemas.

Cuando usas una tabla para organizar tu trabajo, estás representando con modelos matemáticos.

Número inicial	Regla	6 números que siguen
18	Sumar 3	
17	Sumar 2	
40	Restar 4	

¡Vuelve atrás! **Buscar relaciones** Crea dos patrones que tengan la misma regla pero que comiencen con números diferentes. Identifica un atributo de cada patrón. Por ejemplo, identifica si todos los números son pares, impares o si alternan entre pares e impares.

Pregunta esencial: ¿Cómo se puede usar una regla para continuar un patrón?

A

Los números de las casas de una calle siguen la regla "Sumar 4". Si el patrón continúa, ¿cuáles son los números de las tres casas que siguen? Describe un atributo del patrón.

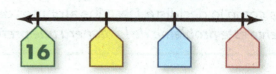

Puedes usar una recta numérica como ayuda para entender el problema y hallar los números de las tres casas que siguen.

B

Usa una recta numérica para continuar el patrón.

Una **regla** es una frase matemática que indica cómo se relacionan los números o las figuras de un patrón. La regla para los números de las casas es "Sumar 4".

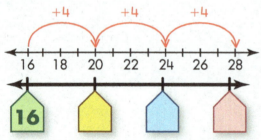

Los números de las tres casas que siguen son 20, 24 y 28.

C

Describe atributos del patrón.

Algunos patrones tienen atributos que la regla no indica.

16, 20, 24, 28

Uno de los atributos de este patrón es que todas las casas tienen números pares.

Otro atributo es que todos los números de las casas son múltiplos de 4.

¡Convénceme! Generalizar ¿Puedes usar la regla "Sumar 4" para crear un patrón diferente con números impares solamente? Explícalo.

Nombre _____

Otro ejemplo

En otra calle, los números de las casas siguen la regla "Restar 5". ¿Cuáles son los números de las tres casas que siguen? Describe un atributo del patrón.

Los números de las tres casas que siguen son 20, 15 y 10.
Todos los números de las casas son múltiplos de 5.

Algunos patrones tienen reglas con sumas, mientras que otros tienen reglas con restas.

Práctica guiada

¿Lo entiendes?

1. **Razonar** La regla de Rudy es "Sumar 2". Rudy empezó con 4 y escribió los siguientes números. ¿Qué número **NO** pertenece al patrón de Rudy? Explícalo.

   4, 6, 8, 9, 10, 12

¿Cómo hacerlo?

Continúa el patrón. Describe un atributo del patrón.

2. Restar 6

   48, 42, 36, 30, 24, _____, _____, _____

Práctica independiente

Continúa los patrones en los Ejercicios **3** a **6**. Describe un atributo de cada patrón.

3. Restar 3: 21, 18, 15, _____, _____

4. Sumar 7: 4, 11, 18, _____, _____

5. Sumar 5: 5, 10, 15, _____, _____

6. Sumar 2: 5, 7, 9, _____, _____

Usa la regla para generar los patrones en los Ejercicios **7** a **12**.

7. Regla: Restar 10

   90, _____, _____

8. Regla: Sumar 11

   16, _____, _____

9. Regla: Sumar 5

   96, _____, _____

10. Regla: Sumar 4

    43, _____, _____

11. Regla: Restar 15

    120, _____, _____

12. Regla: Restar 9

    99, _____, _____

*Puedes encontrar otro ejemplo en el Grupo A, página 759.

Resolución de problemas

13. Razonar Orlando entrega correspondencia. En uno de los buzones no está el número de la casa. Si los números siguen un patrón, ¿cuál es el número que falta?

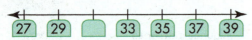

14. Un autobús de turismo hace su recorrido 9 veces por día, 6 días por semana. El autobús puede llevar a 30 pasajeros. Halla la mayor cantidad de pasajeros que pueden viajar en el autobús por semana.

15. El año 2005 fue el año del gallo en el calendario chino. El siguiente año del gallo será el 2017. La regla es "Sumar 12". ¿Cuáles son los cinco años del gallo que siguen?

El patrón de animales se repite cada 12 años.

16. Supón que naciste en el año de la serpiente. ¿Cuántos años tendrás cuando se vuelva a celebrar el año de la serpiente?

17. **Vocabulario** Define *regla*. Crea un patrón numérico con la regla "Restar 7".

18. Razonamiento de orden superior Algunos patrones tienen suma y resta en la misma regla. La regla es "Sumar 3, restar 2". Halla los tres números que siguen en el patrón.

1, 4, 2, 5, 3, 6, 4, 7, _____, _____, _____

✓ Evaluación

19. Rita usó la regla "Restar 3" para hacer un patrón. Comenzó con 60 y escribió los 6 números que siguen en su patrón. ¿Qué número **NO** pertenece al patrón de Rita?

Ⓐ 57
Ⓑ 54
Ⓒ 45
Ⓓ 26

¿Qué número NO es múltiplo de 3?

20. Iván contó todos los frijoles que había en un frasco. Si contó los frijoles en grupos de 7, ¿qué lista muestra los números que puede haber contado Iván?

Ⓐ 7, 14, 21, 24
Ⓑ 7, 14, 28, 54
Ⓒ 7, 14, 21, 28
Ⓓ 14, 24, 34, 44

736 Tema 14 | Lección 14-1 © Pearson Education, Inc. 4

Nombre _____

Tarea y práctica 14-1
Progresiones numéricas

¡Revisemos!

Melanie tiene que crear un patrón con la regla "Sumar 11". Su número inicial es 11. ¿Cuáles son los 5 números que siguen en el patrón de Melanie? Describe un atributo del patrón.

Puedes usar una regla para describir un patrón numérico.

Usa la regla para continuar el patrón.

+11 +11 +11 +11 +11
11   22   33   44   55   66

Los 5 números que siguen en el patrón de Melanie son 22, 33, 44, 55 y 66.

Describe atributos del patrón.

- Los números del patrón son múltiplos de 11.
- Los dígitos del lugar de las unidades aumentan en uno a medida que el patrón continúa.

Continúa los patrones en los Ejercicios 1 a 6. Describe un atributo de cada patrón.

1. Restar 2: 30, 28, 26, _____, _____

2. Sumar 8: 14, 22, 30, _____, _____

3. Sumar 9: 9, 18, 27, _____, _____

4. Restar 7: 49, 42, 35, _____, _____

5. Sumar 10: 213, 223, 233, _____, _____

6. Restar 8: 92, 84, 76, _____, _____

Usa la regla para completar el número que falta en los patrones en los Ejercicios 7 a 12.

7. Sumar 3
   41, 44, _____, 50

8. Restar 10
   429, 419, 409, _____

9. Sumar 6
   11, _____, 23, 29

10. Sumar 7
    1, _____, 15, 22

11. Restar 2, sumar 3
    6, 4, 7, _____, _____

12. Sumar 2, restar 4
    10, 12, 8, _____, _____

13. **Usar herramientas apropiadas** Emily compra un sándwich, una ensalada y una bebida. Si paga con $20, ¿cuánto cambio recibirá? Usa billetes y monedas para resolver el problema.

Artículo	Precio
Sándwich	$5.75
Ensalada	$3.25
Bebida	$1.45

14. Mimí comenzó un patrón con 5 y usó la regla "Sumar 10". ¿Cuáles son los primeros cinco números del patrón de Mimí? Describe los números de la progresión.

15. **Razonar** Jack acomodó los lápices en grupos de 6 para formar un patrón. Su regla es "Sumar 6". El número inicial es 6. ¿Cuáles son los 4 números que siguen en el patrón de Jack?

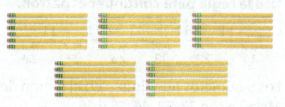

16. Las elecciones presidenciales se llevan a cabo cada 4 años. Hubo elecciones presidenciales en 1840, 1844, 1848 y 1852. ¿Cuándo fueron las tres elecciones presidenciales que siguieron? Describe un atributo del patrón.

17. **Razonamiento de orden superior** Sarah creó un patrón. Su regla es "Sumar 4". Todos los números del patrón de Sarah son impares. Tres de los números del patrón son menores que 10. ¿Cuál es el número inicial del patrón de Sarah?

✓ **Evaluación**

18. Los números de las casas de la avenida Carr Memorial forman un patrón. Las primeras cuatro casas del lado izquierdo de la calle tienen los números 8, 14, 20 y 26. La regla es "Sumar 6". ¿Cuántas casas más hay con números menores que 50 del lado izquierdo de la calle?

   Ⓐ 1 casa
   Ⓑ 2 casas
   Ⓒ 3 casas
   Ⓓ 4 casas

19. Noreen se entrena para una carrera. La primera semana corrió la ruta en 54 minutos. La segunda semana corrió la ruta en 52 minutos. La tercera semana corrió la ruta en 50 minutos. Noreen corre 2 minutos más rápido cada semana. Si el patrón continúa, ¿cuántos minutos tardará Noreen en correr la ruta la quinta semana?

   Ⓐ 44 minutos
   Ⓑ 46 minutos
   Ⓒ 48 minutos
   Ⓓ 50 minutos

Nombre _____

Resuélvelo y coméntalo

Hay 6 envases de jugo en 1 caja, 12 en 2 cajas y 18 en 3 cajas. ¿Cuántos envases de jugo hay en 4 cajas? ¿Y en 5 cajas? ¿Y en 6? Usa la regla para completar la tabla. Describe atributos del patrón. Luego, halla cuántos envases de jugo hay en 10 cajas y en 100 cajas.

Lección 14-2
Patrones: Reglas numéricas

Puedo... usar una regla para ampliar un patrón numérico, identificar atributos del patrón numérico y usar el patrón numérico para resolver un problema.

También puedo razonar sobre las matemáticas.

Regla: Multiplicar por 6

Cantidad de cajas	Cantidad de envases de jugo
1	6
2	12
3	18
4	
5	
6	

Puedes razonar para ampliar el patrón y describir sus atributos.

¡Vuelve atrás! **Razonar** Haz una tabla para mostrar la relación entre la cantidad de bicicletas y la cantidad de ruedas de las bicicletas. Comienza con 1 bicicleta. Completa 5 filas de la tabla siguiendo la regla "Multiplicar por 2". Describe atributos del patrón.

Pregunta esencial: ¿Cuál es el patrón?

A

Hay 3 folíolos en 1 hoja de trébol.
Hay 6 folíolos en 2 hojas de trébol.
Hay 9 folíolos en 3 hojas de trébol.
¿Cuántos folíolos hay en 4 hojas de trébol?
¿Cuántas hojas de trébol hay si hay 12 folíolos?

Una hoja de trébol tiene 3 folíolos.

Puedes usar una tabla para crear y ampliar un patrón, y para identificar los atributos del patrón.

B ¿Cuántos folíolos hay en 4 hojas de trébol?

Regla: Multiplicar por 3

Cantidad de hojas de trébol	Cantidad de folíolos
1	3
2	6
3	9
4 →×3→	12

Hay 12 folíolos en 4 hojas de trébol. La cantidad de folíolos es un múltiplo de la cantidad de hojas de trébol.

C ¿Cuántas hojas de trébol hay si hay 12 folíolos?

Regla: Dividir por 3

Cantidad de folíolos	Cantidad de hojas de trébol
3	1
6	2
9	3
12 →÷3→	4

Hay 4 hojas de trébol si hay 12 folíolos. La cantidad de hojas de trébol es un factor de la cantidad de folíolos.

¡Convénceme! **Razonar** Si conoces la cantidad de folíolos, ¿cómo puedes hallar la cantidad de hojas de trébol? Si conoces la cantidad de hojas de trébol, ¿cómo puedes hallar la cantidad de folíolos?

Nombre _____

Práctica guiada

¿Lo entiendes?

1. Razonar La regla de la siguiente tabla es "Multiplicar por 4". ¿Qué número no pertenece?

Mis canicas	Canicas de John
1	4
2	8
3	12
4	15

¿Cómo hacerlo?

Completa la tabla. Describe un atributo del patrón.

2. Regla: Dividir por 4

Cantidad de ruedas	8	12	16	20
Cantidad de carros	2	3	4	

Práctica independiente

Usa la regla para completar las tablas en los Ejercicios **3** a **6**. Describe un atributo de cada patrón.

Puedes multiplicar o dividir para hallar los patrones de estas tablas.

3. Regla: Multiplicar por 8

Cantidad de arañas	1	2	3	4	5
Cantidad de patas	8		24	32	

4. Regla: Dividir por 5

Cantidad de dedos	Cantidad de manos
5	1
10	2
15	
20	

5. Regla: Multiplicar por 16

Cantidad de libros	1	2	3	4
Peso en onzas	16	32		

6. Regla: Dividir por 2

Cantidad de zapatos	12	14	16	18
Cantidad de pares	6	7		

*Puedes encontrar otro ejemplo en el Grupo B, página 759.

Tema 14 | Lección 14-2   741

Resolución de problemas

7. La tabla muestra cuánto dinero gana Joe cuidando niños. ¿Cuánto dinero ganará Joe si cuida niños durante 6 horas?

Regla: Multiplicar por 7

Horas de cuidar niños	Cantidad ganada
3	$21
4	$28
5	$35
6	

8. La tabla muestra la cantidad de libras de papas que hay en diferentes cantidades de bolsas. ¿Cuántas bolsas se necesitan para embolsar 96 libras de papas?

Regla: Dividir por 8

Cantidad de libras	Cantidad de bolsas
72	9
80	10
88	11
96	

9. Sentido numérico ¿Cuál es el número más grande que puedes formar usando los dígitos 1, 7, 0 y 6 una vez cada uno?

10. Álgebra Un pingüino puede nadar 11 millas por hora. A esa velocidad, ¿cuánto puede nadar en 13 horas? Usa *v* como variable. Escribe y resuelve una ecuación.

La regla es "Multiplicar por 3" en los Ejercicios **11** y **12**.

11. Razonar Según la regla, ¿cuántas pilas se necesitan para 8 linternas? ¿Y para 10 linternas?

12. Razonamiento de orden superior ¿Cuántas pilas más que para 4 linternas se necesitan para 6 linternas? Explícalo.

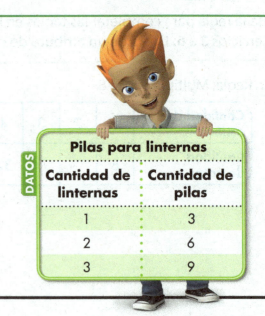

DATOS

Pilas para linternas

Cantidad de linternas	Cantidad de pilas
1	3
2	6
3	9

Evaluación

13. Hay 6 panecillos en cada paquete. Usa la regla "Dividir por 6" para mostrar la relación entre la cantidad de panecillos y la cantidad de paquetes. Usa los dígitos del recuadro una vez para completar la tabla.

Cantidad de panecillos	522	528	534	540	546	552
Cantidad de paquetes	☐☐	88	89	☐☐	9☐	9☐

0	1
2	7
8	9

Nombre _____

Tarea y práctica 14-2
Patrones: Reglas numéricas

¡Revisemos!

Stephanie quiere saber cuántos jugadores participan en una competencia. Hay 6 equipos. Cada equipo tiene 11 jugadores. La regla es "Multiplicar por 11".

Usa la regla para completar la tabla.

Cantidad de equipos	Cantidad de jugadores
1	11
2	22
3	33
4	44
5	55
6	66

Describe atributos del patrón.

- Las cantidades de jugadores son múltiplos de 11.
- Los dígitos del lugar de las unidades aumentan en 1 por cada equipo que se agrega.
- La cantidad de equipos es un factor de la cantidad de jugadores en cada par de números.

Participan 66 jugadores en la competencia.

Usa la regla para completar las tablas en los Ejercicios **1** a **4**. Describe un atributo de cada patrón.

1. Regla: Multiplicar por 12

Cantidad de docenas	4	5	6	7
Cantidad de huevos	48		72	

2. Regla: Dividir por 9

Cantidad de jugadores de beisbol	54	63	72	81
Cantidad de equipos	6	7		

3. Regla: Dividir por 6

Cantidad de patas	162	168	174	180
Cantidad de insectos		28	29	

4. Regla: Multiplicar por 10

Cantidad de números telefónicos	33	34	35	36
Cantidad de dígitos en los números telefónicos	330	340		

5. **Buscar relaciones** La tabla muestra las cantidades de dinero que gana Emma haciendo diferentes tareas. ¿Cuánto gana Emma cuando hace 6 tareas?

Regla: Multiplicar por 9

Cantidad de tareas	Cantidad ganada
3	$27
4	$36
5	$45
6	

6. **Matemáticas y Ciencias** Una *longitud de onda* es la distancia entre 1 pico de una onda de luz, calor u otra forma de energía y el pico siguiente. Greta midió la distancia de 3 longitudes de onda. ¿Cuál es la distancia de 1 longitud de onda?

7. Escribe 894,217 en forma desarrollada y, luego, escribe el nombre del número.

8. En un distrito de una ciudad hay 21,611 estudiantes más inscritos en la escuela primaria que en la escuela intermedia. Si hay 16,247 estudiantes inscritos en la escuela intermedia, ¿cuántos están inscritos en la escuela primaria?

La regla es "Dividir por 7" en los Ejercicios **9** y **10**.

9. Según la regla de la tabla, ¿cuántas camisetas se venderán por $168?

¿Necesitas hallar el precio de 30 camisetas y 9 camisetas para resolver el Ejercicio 10?

10. **Razonamiento de orden superior** ¿Cuánto más que 9 camisetas cuestan 30 camisetas? Explícalo.

Precio	Cantidad de camisetas
$147	21
$154	22
$161	23

 Evaluación

11. Hay 24 horas en un día. Usa la regla "Multiplicar por 24" para mostrar la relación entre la cantidad de días y la cantidad de horas. Usa los dígitos del recuadro una vez para completar la tabla.

Cantidad de días	13	14	15	16	17
Cantidad de horas	☐☐☐	336	360	384	☐☐☐

0	1
2	3
4	8

Nombre _____

Resuélvelo y coméntalo

La regla del siguiente patrón que se repite es "Cuadrado, triángulo". ¿Cuál será la 37.ª figura del patrón? Explícalo. *Resuelve este problema de la manera que prefieras.*

Lección 14-3
Patrones: Figuras que se repiten

Puedo...
usar una regla para predecir un número o una figura en un patrón.

También puedo crear argumentos matemáticos.

     ?
1.ª   2.ª   3.ª   4.ª   5.ª   6.ª   …   37.ª

Puedes construir argumentos para convencer a un compañero de que tu respuesta es correcta.

¡Vuelve atrás! **Razonar** Después de que se ubica la 37.ª figura, ¿cuántos triángulos hay en el patrón?

Recursos digitales en PearsonRealize.com Tema 14 | Lección 14-3 **745**

¿Cómo se puede usar un patrón que se repite para predecir una figura?

A

Rashad está haciendo un patrón que se repite con la regla "Triángulo, cuadrado, trapecio". ¿Cuál será la 49.ª figura del patrón?

Un *patrón que se repite* está compuesto por figuras o números que forman una parte que se repite.

1.ª   2.ª   3.ª   4.ª   5.ª   6.ª   7.ª   8.ª   9.ª   …   49.ª

B Buscar atributos del patrón que se repite

 El trapecio es la 3.ª, la 6.ª y la 9.ª figura del patrón. Las posiciones de los trapecios son múltiplos de 3.

 El triángulo es la 1.ª, la 4.ª y la 7.ª figura del patrón. Las posiciones de los triángulos son un múltiplo de 3 más 1.

 El cuadrado es la 2.ª, la 5.ª y la 8.ª figura del patrón. Las posiciones de los cuadrados son un múltiplo de 3 menos 1.

C Usar el patrón que se repite para resolver un problema

Cuando divides 49 por 3, el cociente es 16 R1. El patrón se repite 16 veces. Luego, aparece la 1.ª figura del patrón que se repite, un triángulo.

$$3\overline{)49} \quad 16\ R1$$

Se divide por 3 porque hay 3 elementos en el patrón que se repite.

49 es un múltiplo de 3 más uno.

La 49.ª figura es un triángulo.

¡Convénceme! **Hacerlo con precisión** Supón que la regla de un patrón que se repite es "Cuadrado, triángulo, cuadrado, trapecio". ¿Cuál es la 26.ª figura del patrón? Describe atributos del patrón que se repite. Haz tu descripción con precisión.

Nombre _____

Otro ejemplo

Escribe los tres números que siguen en el patrón que se repite. Luego, nombra el 100.º número del patrón.

Regla: 1, 3, 5, 7

1, 3, 5, 7, 1, 3, 5, 7, 1, 3, 5, 7, __1__, __3__, __5__ …

Hay 4 elementos en el patrón que se repite.
Para hallar el 100.º número, divide por 4.
El patrón se repite 25 veces. El 100.º número es 7.

$$\begin{array}{r} 25 \\ 4\overline{)100} \\ -100 \\ \hline 0 \end{array}$$

> Un patrón que se repite se puede hacer con figuras o con números.

Práctica guiada

¿Lo entiendes?

1. **Buscar relaciones** En el ejemplo de la página anterior de la regla "Triángulo, cuadrado, trapecio", ¿cuál será la 48.ª figura? ¿Y la 50.ª figura? Explícalo.

¿Cómo hacerlo?

2. ¿Cuál es la 20.ª figura? La regla es "Triángulo, círculo, círculo".

    …

3. Escribe los tres números que siguen. La regla es "9, 2, 7, 6".

   9, 2, 7, 6, 9, 2, 7, 6, ____, ____, ____

Práctica independiente

Dibuja o escribe los tres elementos que siguen para continuar los patrones que se repiten en los Ejercicios **4** a **7**.

4. La regla es "Cuadrado, triángulo, cuadrado".

   ___ ___ ___ …

5. La regla es "Arriba, abajo, izquierda, derecha".

    ___ ___ ___ …

6. La regla es "1, 1, 2".

   1, 1, 2, 1, 1, 2, ____, ____, ____ …

7. La regla es "5, 7, 4, 8".

   5, 7, 4, 8, 5, 7, 4, 8, 5, 7, ____, 8, 5 …

Halla la figura o el número que se pide en los patrones que se repiten en los Ejercicios **8** y **9**.

8. La regla es "Árbol, manzana, manzana". ¿Cuál es la 19.ª figura?

9. La regla es "1, 2". ¿Cuál es el 42.º número?

   1, 2, 1, 2, 1, 2, …

*Puedes encontrar otro ejemplo en el Grupo C, página 760.

Resolución de problemas

10. Crea un patrón que se repite con la regla "Triángulo, cuadrado, cuadrado".

11. Matemáticas y Ciencias Margot midió la distancia de 6 longitudes de onda de luz visible y obtuvo 2,400 nanómetros. ¿Cuál es la distancia de 1 longitud de onda?

12. Buscar relaciones Hilda está haciendo un patrón que se repite con las figuras de la ilustración. La regla es "Corazón, cuadrado, triángulo". Si Hilda continúa el patrón, ¿cuál será la 11.ª figura?

13. Buscar relaciones Josie pone cuentas en un hilo formando un patrón que se repite. La regla es "Azul, verde, amarillo, anaranjado". Hay 88 cuentas en el hilo. ¿Cuántas veces repitió Josie el patrón?

14. ¿Cuántos años más pasaron entre la primera locomotora a vapor y el primer automóvil a combustible que entre el primer automóvil a combustible y el primer tren diesel en los Estados Unidos?

Año	Invento
1804	Locomotora a vapor
1885	Automóvil a combustible
1912	Tren diesel en EE. UU.

15. Razonar Luisa usó la regla "Azul, verde, verde, verde" para hacer una pulsera con un patrón que se repite. Luisa usó 18 cuentas verdes. ¿Cuántas cuentas usó Luisa para hacer la pulsera? ¿Cuántas cuentas **NO** eran verdes?

16. Razonamiento de orden superior Marcus usa figuras para hacer un patrón que se repite. Marcus tiene dos veces la cantidad de círculos que de cuadrados. Haz un patrón que se repite que siga esa regla.

✓ Evaluación

17. ¿Qué regla da un patrón que se repite cuya 15.ª figura es un cuadrado? Marca todas las que se apliquen.

- ☐ Cuadrado, círculo
- ☐ Círculo, cuadrado, triángulo
- ☐ Cuadrado, círculo, triángulo
- ☐ Círculo, triángulo, cuadrado
- ☐ Trapecio, círculo, cuadrado

18. ¿Qué regla da un patrón que se repite cuyo 15.º número es un 7? Marca todas las que se apliquen.

- ☐ 1, 7
- ☐ 1, 7, 9
- ☐ 1, 9, 7
- ☐ 1, 7, 7
- ☐ 7, 1, 9

Nombre _____

Tarea y práctica 14-3
Patrones: Figuras que se repiten

¡Revisemos!

Alan está usando la siguiente regla para hacer un patrón que se repite. ¿Cuál es la 31.ª figura del patrón de Alan?

Regla: Rectángulo, círculo, cuadrado, triángulo

    ...

Divide: 31 ÷ 4 = 7 R3.

El patrón se repite 7 veces. Luego, aparecen 3 figuras más.

La tercera figura del patrón que se repite es el cuadrado. El cuadrado es la 31.ª figura del patrón que se repite.

La cuarta figura de cada serie es la misma porque hay cuatro elementos que se repiten en el patrón.

Dibuja o escribe los tres elementos que siguen para continuar los patrones que se repiten en los Ejercicios **1** a **4**.

1. La regla es "Óvalo, triangulo".

 ...

2. La regla es "Corto, largo, mediano".

 ...

3. La regla es "2, 8, 9".

2, 8, 9, 2, 8, 9, 2, 8, 9, …

4. La regla es "1, 2, 3, 4, 5".

1, 2, 3, 4, 5, 1, 2, 3, 4, …

Halla la figura o el número que se pide en los patrones que se repiten de los Ejercicios **5** a **8**.

5. La regla es "Estrella, círculo, corazón". ¿Cuál es la 17.ª figura?

 ...

6. La regla es "Sumar, restar, multiplicar, dividir". ¿Cuál es la 100.ª figura?

 ...

7. La regla es "1, 1, 1, 2". ¿Cuál es el 87.º número?

1, 1, 1, 2, 1, 1, 1, 2, 1, 1, 1, 2, …

8. La regla es "8, 9". ¿Cuál es el 100.º número?

8, 9, 8, 9, 8, 9, …

9. Se cree que Stonehenge, un antiguo monumento de Inglaterra, originalmente estaba formado por un patrón de rocas que se repite, que se veía así:

La regla es "Vertical, horizontal, vertical". Dibuja la 26.ª figura del patrón.

10. Razonar Marcia usa la regla "Corazón, estrella, estrella" para hacer un patrón que se repite. Marcia quiere que el patrón se repita 6 veces. ¿Cuántas estrellas habrá en el patrón de Marcia?

11. Vocabulario Describe la diferencia entre *perímetro* y *área*.

12. Razonamiento de orden superior Tanji creó un patrón que se repite con la regla "Cuadrado, círculo". Kenji creó un patrón que se repite con la regla "Cuadrado, círculo, triángulo, círculo". Si Tanji y Kenji tienen 100 figuras cada uno en sus patrones, ¿qué patrón contiene más círculos? Explícalo.

Patrón de Tanji

Patrón de Kenji

Evaluación

13. ¿Qué regla da un patrón que se repite cuyo 20.° número es un 9? Marca todas las que se apliquen.

☐ 1, 9, 4
☐ 1, 2, 3, 9
☐ 9, 9, 9
☐ 1, 2, 9
☐ 9, 1, 4

14. ¿Qué regla da un patrón que se repite cuya 20.ª figura es un círculo? Marca todas las que se apliquen.

☐ Cuadrado, círculo
☐ Círculo, cuadrado, triángulo
☐ Trapecio, círculo, cuadrado
☐ Círculo, círculo, círculo
☐ Círculo, triángulo, círculo

Nombre _____

Resuélvelo y coméntalo

El hermano menor de Evan está apilando bloques. Según la regla "Sumar 1 bloque a la cantidad de bloques de la pila anterior", ¿cuántos bloques habrá en la 6.ª pila? Explícalo. Justifica tu respuesta.

Resolución de problemas

Lección 14-4
Buscar y usar la estructura

Puedo...
usar patrones como ayuda para resolver problemas.

También puedo hacer y completar tablas para resolver problemas.

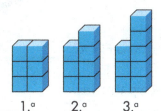

1.ª   2.ª   3.ª

Hábitos de razonamiento

¡Razona correctamente! Estas preguntas te pueden ayudar.

- ¿Qué patrones puedo ver y describir?
- ¿Cómo puedo usar los patrones para resolver el problema?
- ¿Puedo ver las expresiones y los objetos de una manera diferente?

¡Vuelve atrás! **Buscar relaciones** ¿Cuántos bloques hay en la 10.ª pila? Explícalo.

¿Cómo se puede buscar y usar la estructura?

A

Alicia hizo tres paredes con cubos y anotó el patrón. Si continúa el patrón, ¿cuántos cubos habrá en una pared de 10 capas? ¿Y en una pared de 100 capas?

Regla: Cada capa tiene 4 cubos.

1 capa 2 capas 3 capas
4 cubos 8 cubos 12 cubos

¿Qué tienes que hacer para hallar la cantidad de cubos que hay en una pared de 10 capas y en una de 100 capas?

Tengo que continuar el patrón usando la regla y analizar el patrón para hallar atributos que no estén dados en la regla.

Este es mi razonamiento...

B **¿Cómo puedo usar la estructura para resolver este problema?**

Puedo

- buscar patrones en las figuras tridimensionales y describirlos.
- usar la regla que describe cómo se relacionan los objetos o los valores del patrón.
- usar atributos del patrón que no se den en la regla para generar o ampliar el patrón.

C Haz una tabla y busca patrones.

Cantidad de capas	1	2	3	4	5
Cantidad de cubos	4	8	12	16	20

1 capa 2 capas 3 capas 4 capas 5 capas
4 cubos 8 cubos 12 cubos 16 cubos 20 cubos

Hay 4 cubos en cada capa. Multiplica la cantidad de capas por 4 para calcular la cantidad de cubos.

Una pared de 10 capas contiene $10 \times 4 = 40$ cubos.

Una pared de 100 capas contiene $100 \times 4 = 400$ cubos.

¡Convénceme! **Buscar relaciones** ¿Cómo puedes usar múltiplos para describir el patrón de Alicia?

Nombre _____

Práctica guiada

Usar la estructura

Lía acomodó fichas triangulares en un patrón como el que se muestra. Usó la regla "Multiplicar la cantidad de filas por sí misma para obtener la cantidad de triángulos pequeños". ¿Cuántos triángulos pequeños habrá en el patrón si hay 10 filas?

1 fila   2 filas   3 filas
$1 \times 1 = 1$ $2 \times 2 = 4$ $3 \times 3 = 9$

1. Completa la tabla como ayuda para describir el patrón.

Cantidad de filas	1	2	3	4	5
Cantidad de triángulos pequeños	1	4	9		

Cuando **buscas relaciones**, usas atributos del patrón que no se dan en la regla para ampliar el patrón.

2. Describe el patrón de otra manera.

3. ¿Cuántos triángulos habrá en 10 filas?

Práctica independiente

Buscar relaciones

Alan construyó las torres de la ilustración siguiendo la regla "Cada piso tiene 2 bloques". ¿Cuántos bloques habrá en una torre de 10 pisos? Usa los Ejercicios 4 a 6 para responder a la pregunta.

4. Completa la tabla como ayuda para describir el patrón.

Cantidad de pisos	1	2	3	4	5
Cantidad de bloques	2	4	6		

5. ¿Cuál es otra manera de describir el patrón que la regla no describe?

6. ¿Cuántos bloques hay en una torre de 10 pisos? Explícalo.

*Puedes encontrar otro ejemplo en el Grupo D, página 760.

Resolución de problemas

✓ Evaluación del rendimiento

Escaleras de vidrio
La escalera de una galería de arte está hecha de cubos de vidrio. El siguiente diagrama muestra que 4 peldaños miden 4 cubos de altura y 4 cubos de ancho. Cinco peldaños son 5 cubos de altura y 5 cubos de ancho. ¿Cuántos cubos de vidrio se usan para hacer 7 peldaños? Usa los Ejercicios 7 a 10 para responder a la pregunta.

Hay la misma cantidad de cubos de vidrio apilados de manera vertical y horizontal.

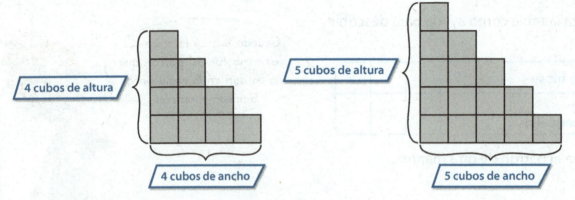

7. **Entender y perseverar** ¿Qué sabes y qué tienes que hallar?

8. **Razonar** Completa la tabla.

Cubos de altura o de ancho	2	3	4	5	6
Total de cubos necesarios	3	6			

9. **Buscar relaciones** ¿Qué patrón puedes hallar a partir de la tabla?

Cuando buscas relaciones, usas la regla que describe cómo se relacionan los objetos o los valores de un patrón.

10. **Razonar** ¿Cuántos cubos se necesitan para 7 peldaños? Escribe y resuelve una ecuación.

Nombre _____

Tarea y práctica 14-4
Buscar y usar la estructura

¡Revisemos!

Dwayne construyó las torres de la derecha. Usó una regla que establece que cada torre tiene 1 bloque más que la torre anterior. ¿Cuántos bloques se necesitan para la 10.ª torre?

Indica cómo puedes resolver el problema.

- Puedo usar la regla que describe cómo se relacionan los objetos o los valores de un patrón.
- Puedo usar atributos del patrón que no están en la regla para ampliar el patrón.

Amplía el patrón y halla atributos que no están en la regla.

Número de torre	1	2	3	4	5
Cantidad de bloques	2	3	4	5	6

La cantidad de bloques de cada torre es 1 más que el número de torre. La 10.ª torre contiene 10 + 1 = 11 bloques.

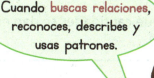

Cuando buscas relaciones, reconoces, describes y usas patrones.

Usar la estructura

Sarah usa lana para hacer figuras en forma de rombo como las que se muestran. Sarah suma la longitud de los lados para determinar cuánta lana necesita. ¿Cuál es la mayor longitud de lado que puede hacer Sara con 48 pulgadas de lana? Usa los Ejercicios 1 a 3 para responder a la pregunta.

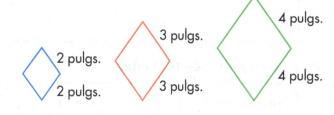

1. Completa la tabla como ayuda para describir el patrón.

Pulgadas en un lado	2	3	4	5	6
Pulgadas de lana necesarias	8	12	16		

2. ¿Cuál es otro atributo del patrón que la regla no describe?

3. ¿Cuál es la longitud de lado del rombo que Sarah puede hacer con 48 pulgadas de lana? Explícalo.

Evaluación del rendimiento

Piscinas
La compañía Piscinas Pedro instala piscinas rectangulares que miden 10 pies de ancho. La longitud puede variar de 10 pies a 30 pies. La compañía instaló una piscina con un perímetro de 76 pies. ¿Cuál era la longitud de la piscina?

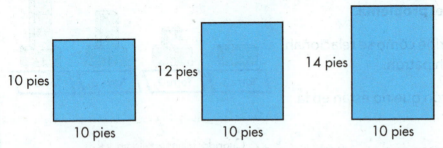

4. **Razonar** ¿Qué cantidades se dan en el problema y qué significan los números?

5. **Entender y perseverar** ¿Qué tienes que hallar?

6. **Razonar** Completa la tabla.

Pies de longitud	10	12	14	16	18	20	22	24
Perímetro	40	44	48					

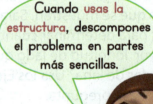

Cuando usas la **estructura**, descompones el problema en partes más sencillas.

7. **Usar la estructura** ¿Cuál es la longitud de una piscina con un perímetro de 76 pies? Explica cómo hallaste la respuesta. Luego, describe cómo puedes usar un atributo del patrón para hallar la longitud.

756 | Tema 14 | Lección 14-4

Nombre _____

TEMA 14 — **Actividad de práctica de fluidez**

Trabaja con un compañero. Necesitan papel y lápiz. Cada uno escoge un color diferente: celeste o azul.

El Compañero 1 y el Compañero 2 apuntan a uno de los números negros al mismo tiempo. Ambos suman esos números.

Si la respuesta está en el color que escogiste, puedes anotar una marca de conteo. Sigan la actividad hasta que uno de los compañeros tenga doce marcas de conteo.

Puedo... sumar números enteros de varios dígitos.

Compañero 1

- 5,150
- 10,101
- 11,000
- 23,231
- 40,400

49,495	14,245	47,250	30,081
32,326	17,850	40,900	12,000
8,650	11,500	16,951	42,399
26,731	12,100	23,731	7,149
13,601	10,601	19,196	43,900
14,500	20,095	5,650	12,999

Compañero 2

- 500
- 1,999
- 3,500
- 6,850
- 9,095

Marcas de conteo del Compañero 1

Marcas de conteo del Compañero 2

Tema 14 | Actividad de práctica de fluidez   757

TEMA 14 Repaso del vocabulario

Lista de palabras
- ecuación
- factor
- incógnita
- múltiplo
- número impar
- número par
- patrón que se repite
- regla

Comprender el vocabulario

1. Encierra en un círculo el término que mejor describe el número 28.

   par   impar   ecuación   incógnita

2. Encierra en un círculo el término que completa mejor esta oración:
   4 es un _____ de 16.

   par   impar   factor   múltiplo

3. Encierra en un círculo el término que mejor describe al número 17.

   par   impar   ecuación   incógnita

4. Encierra en un círculo el término que completa mejor esta oración:
   9 es un _____ de 3.

   par   impar   factor   múltiplo

5. Traza líneas para unir los términos con su ejemplo.

ecuación	multiplicar por 3
patrón que se repite	$14 \div 2 = n$
regla	
incógnita	$4 + 7 = 11$

Usar el vocabulario al escribir

6. Usa al menos 3 términos de la Lista de palabras para describir el patrón.
   50, 48, 46, 44, 42 …

Nombre _____

TEMA 14 — Refuerzo

Grupo A páginas 733 a 738

Puedes usar la regla "Restar 3" para continuar el patrón.

Los tres números que siguen en el patrón son 9, 6 y 3.

Un atributo del patrón es que todos los números son múltiplos de 3.

Otro atributo es que todos los números del patrón alternan entre pares e impares.

Recuerda que debes comprobar que los números de tu patrón sigan la regla.

Usa la regla para continuar los patrones. Describe un atributo del patrón.

1. Regla: Sumar 2
   1, 3, 5, _____, _____, _____

2. Regla: Restar 4
   22, 18, 14, _____, _____, _____

Grupo B páginas 739 a 744

El precio normal es dos veces el precio de oferta. Puedes usar la regla "Dividir por 2" para continuar el patrón.

Precio normal	Precio de oferta
$44	$22
$42	$21
$40	$20
$38	$19
$36	$18
$34	$17

El precio normal es un múltiplo del precio de oferta, y el precio de oferta es un factor del precio normal.

Recuerda que puedes buscar atributos del patrón que no describe la regla.

Usa la regla para continuar los patrones. Describe un atributo del patrón.

1. Regla: Multiplicar por 18

Camiones	3	5	7	9
Ruedas	54	90	126	

2. Regla: Dividir por 3

Ganado	$12	$18	$24	$30
Ahorrado	$4	$6	$8	

3. Regla: Multiplicar por 4

Sillas	5	10	15	20
Patas	20	40	60	

Grupo C | páginas 745 a 750

Puedes usar la regla "Círculo, triángulo, cuadrado" para continuar el patrón que se repite.

Puedes usar la regla para hallar la 25.ª figura del patrón.

$25 \div 3 = 8$ R1.

El patrón se repetirá 8 veces y, luego, aparecerá la 1.ª figura.

El círculo es la 25.ª figura del patrón.

Recuerda que debes usar la regla para continuar el patrón.

1. a. Dibuja las tres figuras que siguen en el patrón que se repite. La regla es "Derecha, arriba, arriba".

   b. Dibuja la 50.ª figura del patrón.

2. a. Escribe los tres números que siguen en el patrón que se repite. La regla es "3, 5, 7, 9".

   3, 5, 7, 9, 3, 5, 7, ___, ___, ___

   b. ¿Cuál será el 100.º número del patrón?

Grupo D | páginas 751 a 756

Piensa en estas preguntas como ayuda para **buscar relaciones**.

Hábitos de razonamiento

- ¿Qué patrones puedo ver y describir?
- ¿Cómo puedo usar los patrones para resolver el problema?
- ¿Puedo ver las expresiones y los objetos de una manera diferente?

Recuerda que debes usar la regla que describe cómo se relacionan los objetos o los valores de un patrón.

Sam creó un patrón con la regla "Cada capa tiene 3 cubos".

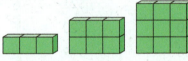

1. Dibuja la figura que sigue en el patrón de Sam.

2. Usa la regla para continuar el patrón de Sam.

Pisos	1	2	3	4
Bloques	3	6	9	

3. ¿Cuántos bloques hay en la 10.ª figura del patrón de Sam?

Nombre _____

TEMA 14 — Evaluación

1. Los jugadores de futbol americano van saliendo del túnel y las camisetas tienen el patrón que se muestra abajo. Las camisetas siguen la regla "Sumar 4".

Parte A

¿Qué número va en la camiseta en blanco? Explícalo.

Parte B

Describe dos atributos del patrón.

2. Una docena de huevos es 12 huevos. Dos docenas de huevos son 24 huevos. La regla de este patrón es "Multiplicar por 12". Traza líneas para unir la cantidad de docenas con la cantidad de huevos.

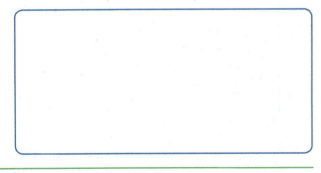

3. Usa la regla "Multiplicar por 6" para continuar el patrón.

Cantidad de saltamontes	3	5	7	9
Cantidad de patas	18	30	42	

4. ¿Qué enunciado es verdadero? Usa la tabla y la regla del Ejercicio 3.

   Ⓐ La cantidad de patas de la tabla siempre será un número par.

   Ⓑ La cantidad de saltamontes siempre será un número par.

   Ⓒ La cantidad de saltamontes debe ser un número impar para seguir la regla.

   Ⓓ La cantidad de patas de los saltamontes siempre será menor que la cantidad de saltamontes.

5. Escoge la palabra correcta del recuadro para completar los enunciados que describe la tabla del Ejercicio 3.

   | Múltiplo | Factor |

   La cantidad de patas de un saltamontes es un _____ de la cantidad de saltamontes.

   La cantidad de saltamontes es un _____ de la cantidad de patas de los saltamontes.

6. Escoge números del recuadro para continuar el patrón con la regla "Dividir por 3". Usa los números del recuadro una sola vez.

   729, 243, ☐☐, ☐☐, ☐, ☐

   | 1 2 3 7 8 9 |

Tema 14 | Evaluación 761

7. La regla para el patrón que se repite es "5, 7, 2, 8". Escribe los tres números que siguen en el patrón. Luego, indica cuál será el 25.º número del patrón. Explícalo.

   5, 7, 2, 8, 5, 7, 2, 8, 5, ____, ____, ____

10. La tabla muestra diferentes cantidades de equipos formados por diferentes cantidades de jugadores. La regla es "Dividir por 8".

Jugadores	24	32	40	72
Equipos	3	4	e	9

    ¿Cuántos equipos se pueden formar con 40 jugadores?

    Ⓐ 5 equipos

    Ⓑ 32 equipos

    Ⓒ 48 equipos

    Ⓓ 320 equipos

8. Claire escribió diferentes patrones para la regla "Restar 5". ¿Qué patrones puede haber escrito Claire?

   8a. 27, 22, 17, 12, 7   ○ Sí ○ No
   8b. 5, 10, 15, 20, 25   ○ Sí ○ No
   8c. 55, 50, 35, 30, 25   ○ Sí ○ No
   8d. 100, 95, 90, 85, 80 ○ Sí ○ No

11. Marcus vive en una calle donde todos los números de las casas son múltiplos de 9. Si el primer número de la calle es 9, ¿cuáles son los tres posibles números que siguen? Explícalo.

9. Marca todos los enunciados verdaderos. La regla es "Círculo, corazón, triángulo".

   ...

   ☐ La figura que sigue en el patrón que se repite es el círculo.

   ☐ El círculo solo se repite dos veces en el patrón que se repite.

   ☐ La 10.ª figura del patrón que se repite es el corazón.

   ☐ La 12.ª figura del patrón que se repite es el triángulo.

   ☐ El círculo ocupa en el patrón que se repite las posiciones 1.ª, 4.ª, 7.ª, etc.

12. La regla es "Restar 7". ¿Cuáles son los 3 números que siguen en el patrón? Describe dos atributos del patrón.

    70, 63, 56, 49, 42, 35

Nombre _____

Adornos colgantes

Michael hace adornos colgantes con nudos para vender.

1. La imagen **Adorno colgante básico** muestra un adorno colgante simple que hace Michael repitiendo las figuras que se muestran. ¿Cuál es la 16.ª figura del patrón que se repite? La regla es "Círculo, triángulo, cuadrado". Explícalo.

Adorno colgante básico

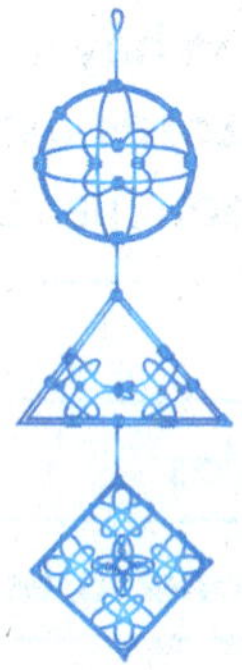

2. La imagen **Diseño de copo de nieve** muestra uno de los nudos que usa Michael.

Diseño de copo de nieve

   Parte A

   Escribe la cantidad de nudos que usa Michael para hacer de 1 a 6 diseños de copo de nieve. La regla es "Sumar 11".

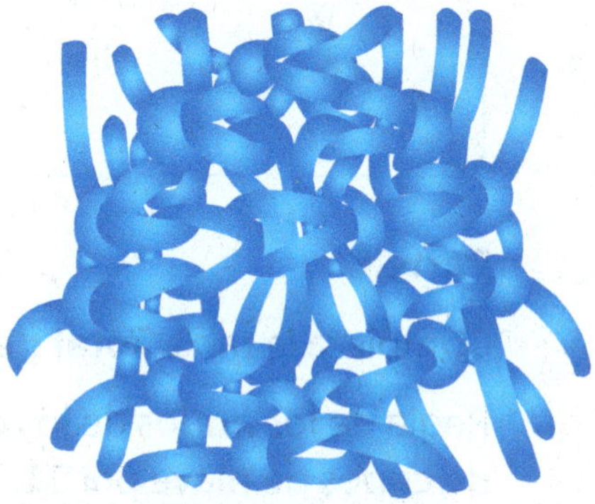

   Lleva 11 nudos.

   Parte B

   Describe un atributo del patrón que escribiste en la Parte A que no esté en la regla. Explica por qué funciona.

Tema 14 | Evaluación del rendimiento

3. La imagen **Adorno colgante de Michael** muestra el diseño de un adorno colgante que hace Michael usando el **diseño de copo de nieve**. Responde lo siguiente para hallar cuántos nudos hace Michael para hacer un adorno colgante con 28 copos de nieve.

Adorno colgante de Michael

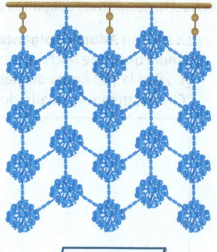

Cada conector lleva 3 nudos.

Parte A

Cada fila de 4 copos de nieve en zigzag tiene 4 conectores. También hay 4 conectores entre filas. Completa la tabla **Conectores** usando la regla "Sumar 8 conectores para cada fila". Describe un atributo del patrón.

Conectores

Filas	1	2	3	4	5
Conectores	4	12			

Parte B

Completa la tabla **Total de nudos** usando las siguientes reglas.

Regla de los nudos de los copos de nieve: Multiplicar la cantidad de copos de nieve por 11.

Regla de los nudos de los conectores: Multiplicar por 3 la cantidad de conectores de la tabla **Conectores**.

Regla del total de nudos: Sumar la cantidad de nudos de los copos de nieve y la cantidad de nudos de los conectores.

Total de nudos

Columnas	Copos de nieve	Nudos de los copos de nieve	Nudos de los conectores	Total de nudos
1	4	44	12	56
2	8			
3	12			
4	16			
5	20			

TEMA 15

Medición geométrica: Conceptos y medición de ángulos

Preguntas esenciales: ¿Cuáles son algunos términos geométricos comunes? ¿Cómo se miden los ángulos?

Recursos digitales: Resuelve, Aprende, Glosario, Amigo de práctica, Herramientas, Evaluación, Ayuda, Juegos

¡Ajústense los cinturones! Este es un proyecto sobre rectas y ángulos.

Los choques hacen que los carros cambien de dirección, se detengan o se comiencen a mover.

Los carros chocones transfieren energía cuando chocan.

Proyecto de Matemáticas y Ciencias: Rectas y ángulos

Investigar Usa la Internet u otros recursos para investigar el área de la pista de carros chocones más grande del mundo. Halla dónde está ubicada y cuándo se construyó.

Diario: Escribir un informe Incluye lo que averiguaste. En tu informe, también:

- dibuja un diagrama de un choque de carros chocones. Usa un ángulo para mostrar cómo podría cambiar de dirección el carro después de chocar contra algo. Mide y rotula el ángulo que dibujaste.

- describe tu ángulo usando términos de vocabulario de Mis tarjetas de palabras.

Tema 15 765

Nombre _____

Repasa lo que sabes

Vocabulario

Escoge el mejor término del recuadro.
Escríbelo en el espacio en blanco.

- ángulo
- recta
- ángulo recto
- sexto

1. Un _____ es una de 6 partes iguales de un entero, y se escribe $\frac{1}{6}$.

2. Un _____ es una figura formada por dos semirrectas con un extremo común.

3. Un _____ es un ángulo que forma una esquina recta.

Sumar y restar

Halla la suma o la diferencia.

4. $45 + 90$
5. $120 - 45$
6. $30 + 150$

7. $180 - 135$
8. $60 + 120$
9. $90 - 45$

Partes de un entero

Indica la fracción que representa la parte coloreada del entero.

10. $\frac{\square}{\square}$
11. $\frac{\square}{\square}$
12. $\frac{\square}{\square}$

Dividir

Halla el cociente.

13. $360 \div 6$
14. $180 \div 9$
15. $360 \div 4$

Resolución de problemas

16. **Entender y perseverar** Gary tiene $4. Mary tiene el doble de dólares que Gary. Larry tiene 4 dólares menos que Mary. ¿Cuánto dinero tienen Gary, Mary y Larry en total?

Mis tarjetas de palabras

Usa los ejemplos de las palabras de las tarjetas para ayudarte a completar las definiciones que están al reverso.

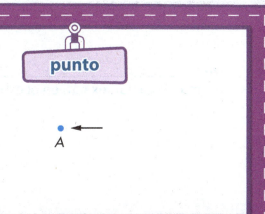

punto

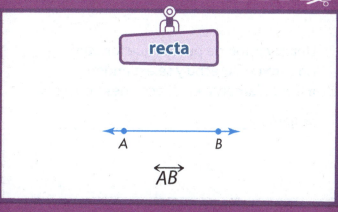

recta

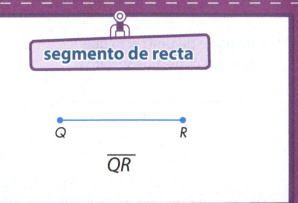

segmento de recta

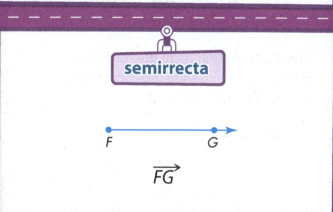

semirrecta

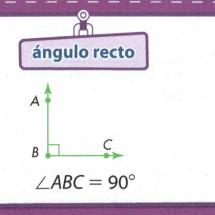

ángulo recto

$\angle ABC = 90°$

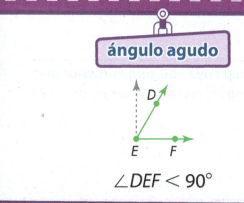

ángulo agudo

$\angle DEF < 90°$

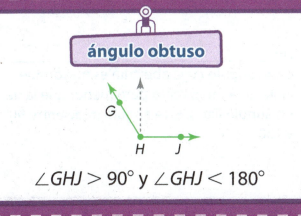

ángulo obtuso

$\angle GHJ > 90°$ y $\angle GHJ < 180°$

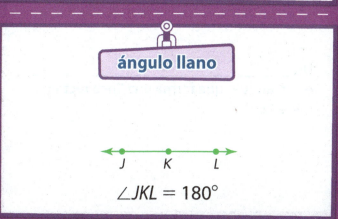

ángulo llano

$\angle JKL = 180°$

Tema 15 | Mis tarjetas de palabras

Mis tarjetas de palabras

Completa cada definición. Para ampliar lo que aprendiste, escribe tus propias definiciones.

Una sucesión de puntos que forman un camino derecho y se extienden indefinidamente en direcciones opuestas se llama _____.

Un _____ es una ubicación exacta en el espacio.

Una parte de una recta que tiene un extremo y se extiende indefinidamente en una dirección se llama _____.

Una parte de una recta que tiene dos extremos se llama _____.

Un _____ es un ángulo cuya abertura es menor que la de un ángulo recto y mide menos de 90°.

Un _____ es un ángulo que forma una esquina recta y mide 90°.

Un _____ es un ángulo que forma una línea recta y mide 180°.

Un _____ es un ángulo cuya abertura es mayor que la de un ángulo recto pero menor que la de un ángulo llano. Este ángulo mide entre 90° y 180°.

Mis tarjetas de palabras

Usa los ejemplos de las palabras de las tarjetas para ayudarte a completar las definiciones que están al reverso.

A-Z Glosario

---

grado (°)

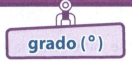

La medida del ángulo es 45°.

ángulo de un grado sexagesimal

La medida del ángulo es 1°.

---

medida del ángulo

---

transportador

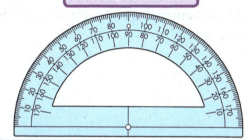

---

vértice

Tema 15 | Mis tarjetas de palabras   769

Mis tarjetas de palabras

Completa cada definición. Para ampliar lo que aprendiste, escribe tus propias definiciones.

Un ángulo que ocupa $\frac{1}{360}$ de un círculo y mide 1° se llama _____ _____, o ángulo unitario.

Los ángulos se miden en una unidad llamada _____.

Un _____ es una herramienta que se usa para medir y trazar ángulos.

La cantidad de grados que abarca la abertura de un ángulo se llama _____.

El punto donde se unen dos semirrectas y forman un ángulo se llama _____.

---

770 | Tema 15 | Mis tarjetas de palabras

Nombre _____

Resuélvelo y coméntalo Un ángulo recto forma una esquina recta, como la que se ve en el dibujo. Traza dos ángulos que tengan una abertura menor que la de un ángulo recto. *Resuelve este problema de la manera que prefieras.*

Lección 15-1
Rectas, semirrectas y ángulos

Puedo...
reconocer y trazar rectas, semirrectas y ángulos con diferentes medidas.

También puedo razonar sobre las matemáticas.

Puedes razonar. Cuanto más cerca están los lados de un ángulo, menor es su medida. ¡Muestra tu trabajo en el espacio que sigue!

¡Vuelve atrás! Razonar Traza un ángulo que sea más abierto que un ángulo recto.

Pregunta esencial: ¿Cuáles son algunos términos geométricos comunes?

A

Punto, recta, segmento de recta, semirrecta, ángulo recto, ángulo agudo, ángulo obtuso y ángulo llano son términos geométricos comunes.

Las rectas y las partes de las rectas se nombran según sus puntos. Una semirrecta recibe el nombre según su primer extremo.

Término geométrico	Ejemplo	Rótulo	Lo que dices
Un **punto** es una ubicación exacta en el espacio.	•Z	Punto Z	Punto Z
Una **recta** es una línea derecha de puntos que se extiende indefinidamente en direcciones opuestas.	←A—B→	$\overleftrightarrow{AB}$	Recta AB
Un **segmento de recta** es una parte de una recta que tiene dos extremos.	G—R	$\overline{GR}$	Segmento de recta GR
Una **semirrecta** es una parte de una recta que tiene un extremo y continúa indefinidamente en una dirección.	N—O→	$\overrightarrow{NO}$	Semirrecta NO

B Un ángulo está formado por dos semirrectas que tienen el mismo extremo.

Los ángulos se nombran con 3 letras. El extremo compartido de las semirrectas es la letra central. Las otras letras representan puntos de cada semirrecta.

∠ABC es un ángulo recto. Un **ángulo recto** forma una esquina recta.

∠DEF es un ángulo agudo. Un **ángulo agudo** es menos abierto que un ángulo recto.

∠GHI es un ángulo obtuso. Un **ángulo obtuso** es más abierto que un ángulo recto pero menos abierto que un ángulo llano.

∠JKL es un ángulo llano. Un **ángulo llano** forma una línea recta.

¡Convénceme! **Buscar relaciones** Completa las imágenes para mostrar el ángulo dado.

ángulo obtuso   ángulo llano   ángulo agudo   ángulo recto

Nombre _____

Práctica guiada

¿Lo entiendes?

1. **Hacerlo con precisión** ¿Qué término geométrico describe una parte de una recta que tiene un extremo? Dibuja un ejemplo.

2. ¿Qué término geométrico describe una parte de una recta que tiene dos extremos? Dibuja un ejemplo.

3. ¿Qué término geométrico describe un ángulo que forma una esquina recta? Dibuja un ejemplo.

¿Cómo hacerlo?

Usa términos geométricos para describir lo que se muestra en los Ejercicios **4** a **7**.

4. P———X

5. P, Q, R (ángulo recto)

6. B———Y→

7. L, M, N (ángulo)

Práctica independiente

Usa términos geométricos para describir lo que se muestra en los Ejercicios **8** a **11**.

8. H, O, S

9. B———D

10. X———Y→

11. P, S, T (ángulo recto)

Usa el diagrama de la derecha en los Ejercicios **12** a **14**.

12. Identifica cuatro segmentos de recta.

13. Identifica cuatro semirrectas.

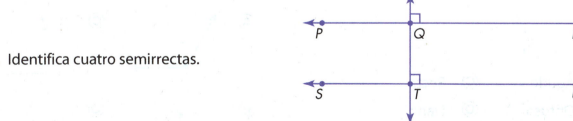

14. Identifica dos ángulos rectos.

*Puedes encontrar otro ejemplo en el Grupo A, página 809.

Tema 15 | Lección 15-1   773

Resolución de problemas

Usa el mapa de Nevada en los Ejercicios **15** a **17**. Escribe el término geométrico que mejor se ajuste a las descripciones. Dibuja un ejemplo.

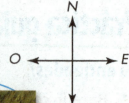

15. **Hacerlo con precisión** La ruta entre dos ciudades

16. Las ciudades

17. El lugar donde se unen los límites norte y oeste.

18. **Vocabulario** Escribe una definición para *ángulo recto*. Traza un ángulo recto. Da 3 ejemplos de ángulos rectos que veas en la clase.

19. **Razonamiento de orden superior** Nina dice que puede hacer un ángulo recto usando un ángulo agudo y un ángulo obtuso que tengan una semirrecta en común. ¿Tiene razón? Haz un dibujo y explícalo.

Evaluación

20. ¿Qué término geométrico describe ∠HJK?

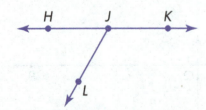

Ⓐ Agudo Ⓒ Recto
Ⓑ Obtuso Ⓓ Llano

21. Lisa trazó 2 semirrectas con un extremo en común. ¿Cuál de los siguientes dibujos es el de Lisa?

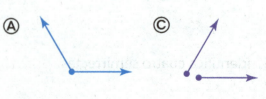

774 Tema 15 | Lección 15-1 © Pearson Education, Inc. 4

Nombre _____

Tarea y práctica 15-1
Rectas, semirrectas y ángulos

¡Revisemos!

Estos son algunos términos geométricos importantes.

• C			
Punto	**Recta**	**Segmento de recta**	**Semirrecta**
Un punto es una ubicación exacta en el espacio. Este es el punto C.	Una recta es un camino derecho de puntos que se extiende indefinidamente en direcciones opuestas. Esta es $\overleftrightarrow{AB}$.	Un segmento de recta es una parte de una recta. Tiene dos extremos. Este es $\overline{XY}$.	Una semirrecta es una parte de una recta. Tiene un extremo y se extiende indefinidamente en una dirección. Esta es $\overrightarrow{AB}$.

Ángulo recto	**Ángulo obtuso**	**Ángulo agudo**	**Ángulo llano**
Un ángulo recto forma una esquina recta. Este es ∠QRS.	Un ángulo obtuso es mayor que un ángulo recto. Este es ∠LMN.	Un ángulo agudo es menor que un ángulo recto. Este es ∠HIJ.	Un ángulo llano forma una línea recta. Este es ∠STU.

Usa términos geométricos para describir lo que se muestra en los Ejercicios **1** a **3**. Sé lo más específico posible.

1.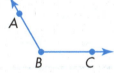

2.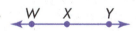

3.

Usa el diagrama de la derecha en los Ejercicios **4** a **6**.

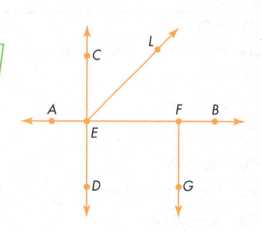

4. Identifica tres semirrectas diferentes.

5. Identifica dos segmentos de recta diferentes.

6. Identifica dos ángulos agudos diferentes.

Usa el diagrama de la derecha en los Ejercicios **7** a **9**.

Puede haber más de un nombre para la misma figura geométrica.

7. Identifica dos rectas.

8. Identifica dos ángulos obtusos.

9. Identifica un punto que esté en dos rectas.

10. Representar con modelos matemáticos Randy usó 92 palitos para construir un modelo. Bryan usó 3 veces esa cantidad de palitos. Completa el diagrama de barras para representar cuántos palitos usó Bryan. Luego, halla cuántos palitos más que Randy usó Bryan. Escribe ecuaciones y resuélvelas.

n palitos

Bryan _____ veces la cantidad

Randy

11. **Vocabulario** ¿Cuál es la diferencia entre una *recta* y un *segmento de recta*? Dibuja un ejemplo de cada uno.

12. Razonamiento de orden superior Identifica dos semirrectas con el mismo extremo en el siguiente dibujo. ¿Las semirrectas forman un ángulo? Explícalo.

A   B   C

 **Evaluación**

13. ¿Cuál es el nombre de la figura que se muestra?

G   H

Ⓐ Semirrecta GH
Ⓑ Recta GH
Ⓒ Segmento de recta HG
Ⓓ Ángulo GH

14. Mary dibujó $\overleftrightarrow{XY}$. ¿Cuál de las siguientes opciones es el dibujo de Mary?

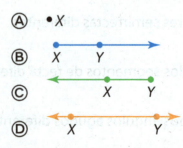

776   Tema 15 | Lección 15-1   © Pearson Education, Inc. 4

Nombre _____

Resuélvelo y coméntalo

Un reloj muestra que son las 3 en punto. ¿Cómo puedes describir el ángulo más pequeño que forman las dos manecillas del reloj? *Resuelve este problema de la manera que prefieras.*

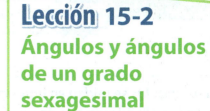

Lección 15-2
Ángulos y ángulos de un grado sexagesimal

Puedo...
usar lo que sé sobre fracciones para medir ángulos.

También puedo entender bien los problemas.

Puedes **entender** el problema usando lo que sabes sobre ángulos agudos, rectos y obtusos. ¡Muestra tu trabajo en el espacio que sigue!

¡Vuelve atrás! **Razonar** ¿En qué dos fracciones dividen el reloj las manecillas?

Pregunta esencial: ¿Qué unidad se puede usar para medir ángulos?

A

Los ángulos se miden en unidades llamadas **grados**. Un ángulo que da un giro de $\frac{1}{360}$ de un círculo se llama **ángulo de un grado sexagesimal**. ¿Cómo puedes determinar la **medida del ángulo** de un ángulo recto y de los ángulos que dan un giro de $\frac{1}{6}$ y de $\frac{2}{6}$ de un círculo?

Un ángulo que mide 1° es un ángulo de un grado sexagesimal, o ángulo unitario.

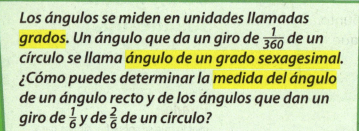

$1° = \frac{1}{360}$ de un círculo

B Divide para hallar la medida de un ángulo recto.

Los ángulos rectos dividen un círculo en 4 partes iguales.

$360° \div 4 = 90°$

La medida de un ángulo recto es 90°.

C Multiplica para hallar la medida de un ángulo que da un giro de $\frac{1}{6}$ de un círculo.

Multiplica por $\frac{1}{6}$ para calcular la medida del ángulo.

$\frac{1}{6} \times 360° = \frac{360°}{6}$, o 60°

La medida del ángulo es 60°.

D Suma para hallar la medida de un ángulo que da un giro de $\frac{2}{6}$ de un círculo.

$\frac{1}{6} = 60°$ $\quad\quad \frac{2}{6} = ?$

Recuerda que $\frac{2}{6} = \frac{1}{6} + \frac{1}{6}$. Suma para calcular la medida de $\frac{2}{6}$ de un círculo.

$60° + 60° = 120°$

La medida de un ángulo que ocupa $\frac{2}{6}$ de un círculo es 120°.

¡Convénceme! Evaluar el razonamiento Susan piensa que la medida del ángulo B es mayor que la medida del ángulo A. ¿Estás de acuerdo? Explícalo.

Nombre _____

Otro ejemplo

Halla la fracción de círculo que ocupa un ángulo cuya medida es 45°.

Un ángulo da un giro de $\frac{45}{360}$ de un círculo.

$45° \times 8 = 360°$; por tanto, $45°$ es $\frac{1}{8}$ de $360°$.

Un ángulo de 45° ocupa $\frac{1}{8}$ de círculo.

$45° = \frac{1}{8}$ de un círculo de 360°

Práctica guiada

¿Lo entiendes?

1. ¿Qué fracción de círculo ocupa un ángulo de 120°?

2. **Representar con modelos matemáticos** Mike corta un pastel en 4 porciones iguales. ¿Cuál es la medida del ángulo de cada porción? Escribe y resuelve una ecuación.

¿Cómo hacerlo?

3. Un círculo se divide en 9 partes iguales. ¿Cuál es la medida del ángulo de cada una de las partes?

4. Un ángulo da un giro de $\frac{2}{8}$ de círculo. ¿Cuál es la medida del ángulo?

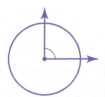

Práctica independiente

Halla la medida de los ángulos en los Ejercicios **5** a **8**.

5. El ángulo da un giro de $\frac{1}{5}$ de círculo.

6. El ángulo da un giro de $\frac{3}{8}$ de círculo.

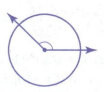

7. El ángulo da un giro de $\frac{2}{5}$ de círculo.

8. El ángulo da un giro de $\frac{2}{6}$ de círculo.

*Puedes encontrar otro ejemplo en el Grupo B, página 809.

Tema 15 | Lección 15-2

Resolución de problemas

9. Razonar Usa el reloj para hallar la medida del ángulo más pequeño que forman las manecillas a las horas dadas.

a. 3:00

b. 11:00

c. 2:00

10. Álgebra Jacey escribió una ecuación para hallar una medida de ángulo. ¿Qué representan las variables a y b en la ecuación de Jacey? $360° \div a = b$

11. Matemáticas y Ciencias Se puede usar un espejo para reflejar un rayo de luz a un ángulo determinado. ¿Qué fracción de círculo ocuparía el ángulo que se muestra?

12. Mike pagó $32.37 por tres libros. Un libro costó $16.59. El segundo libro costó $4.27. ¿Cuánto costó el tercer libro? Usa monedas y billetes para resolverlo.

$32.37		
$16.59	$4.27	l

13. Entender y perseverar Se cortó un pastel en porciones iguales. Se comieron cuatro porciones del pastel. Las 5 porciones que quedaron forman un ángulo que mide 200°. ¿Cuál era la medida del ángulo de una sola porción?

14. Razonamiento de orden superior Jake cortó un postre redondo de gelatina en 8 porciones iguales. Se comieron 5 porciones. ¿Cuál es la medida del ángulo del postre que quedó?

Evaluación

15. Traza líneas de la hora al ángulo más pequeño que formaría esa hora en un reloj. Usa el reloj como ayuda para resolverlo.

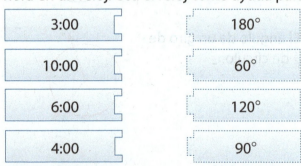

Nombre _____

Tarea y práctica 15-2
Ángulos y ángulos de un grado sexagesimal

¡Revisemos!

Puedes hallar la medida de un ángulo usando fracciones de círculo.

El ángulo que se muestra ocupa $\frac{2}{5}$ de un círculo.

¿Cuál es la medida del ángulo?

Recuerda que $\frac{2}{5} = \frac{1}{5} + \frac{1}{5}$.
Divide para hallar la medida del ángulo que ocupa $\frac{1}{5}$ de círculo.

$360° \div 5 = 72°$

Un ángulo que da un giro de $\frac{1}{5}$ de círculo mide 72°.

$72° + 72° = 144°$

La medida del ángulo es 144°.

> Las fracciones de círculo te pueden ayudar a comprender las medidas de los ángulos.

Halla la medida de los ángulos en los Ejercicios **1** a **4**.

1. El ángulo da un giro de $\frac{1}{9}$ de círculo.

2. Un círculo se divide en 6 partes iguales. ¿Cuál es la medida del ángulo de 1 parte?

   $\frac{1}{6} \times$ _____ = _____

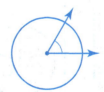

3. Un círculo se divide en 5 partes iguales. ¿Cuál es el total de las medidas de los ángulos de 4 partes?

4. Un círculo se divide en 8 partes iguales. ¿Cuál es el total de las medidas de los ángulos de 4 partes?

5. **Razonar** Noah usó un diagrama de barras para hallar la medida de un ángulo que da un giro de $\frac{1}{5}$ de círculo. Escribe una ecuación para hallar la medida del ángulo.

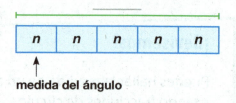

medida del ángulo

6. **Sentido numérico** Miguel cortó $\frac{1}{4}$ de un pastel redondo. María cortó una porción del mismo pastel cuyo ángulo medía 60°. ¿Quién cortó la porción más grande? Explícalo.

7. **Construir argumentos** Janie sirvió 4 pizzas del mismo tamaño en la fiesta de la clase. Explica cómo hallar cuántas porciones de pizza sirvió Janie si el ángulo de cada porción es un ángulo recto.

8. El hermano mayor de Wendy va a comprar un carro. Quiere hacer 24 pagos de $95 o 30 pagos de $80. ¿Qué opción cuesta menos? ¿Cuánto menos?

9. **Razonamiento de orden superior** Un círculo se divide en 18 partes iguales. ¿Cuántos grados mide el ángulo de cada parte? ¿Cuántos grados mide el ángulo de 5 partes? Descompón 18 para resolverlo. Explícalo.

Evaluación

10. Traza líneas para unir el ángulo del círculo con la medida del ángulo.

 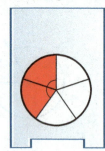  

90° 120° 144° 60°

Nombre _____

Resuélvelo y coméntalo

Los ángulos más pequeños del bloque de patrón color canela miden 30° cada uno. ¿Cómo puedes usar los ángulos del bloque de patrón para determinar la medida del siguiente ángulo? *Resuelve este problema de la manera que prefieras.*

Lección 15-3
Medir con ángulos de un grado sexagesimal

Puedo...
usar los ángulos que conozco para medir los ángulos que no conozco.

También puedo entender bien los problemas.

Puedes entender y perseverar cuando resuelves problemas. ¡Muestra tu trabajo en el espacio que sigue!

¡Vuelve atrás! **Entender y perseverar** Dos ángulos rectos forman un ángulo llano. ¿Cuántos ángulos de 45° forman un ángulo llano? Explícalo.

Pregunta esencial ¿Cómo se pueden medir los ángulos?

A

Holly dibujó el contorno alrededor de un bloque de patrón con forma de trapecio. Quiere hallar la medida del ángulo formado que se ve a la derecha. ¿Qué puede usar Holly para medir el ángulo?

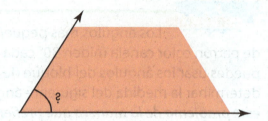

La medida de un ángulo de un grado sexagesimal es 1 grado.

B Usa un ángulo que conozcas para hallar la medida de otro ángulo.

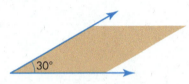

El ángulo más pequeño del bloque de patrón color canela mide 30°.

Un ángulo de 30 grados da un giro de 30 ángulos de un grado.

C El ángulo del bloque de patrón con forma de trapecio es igual a 2 de los ángulos más pequeños del bloque color canela. Cada ángulo más pequeño mide 30°.

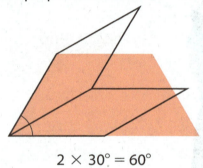

$2 \times 30° = 60°$

La medida del ángulo del trapecio es 60°.

Un ángulo de 60 grados da un giro de 60 ángulos de un grado.

¡Convénceme! **Generalizar** ¿Qué observas sobre la cantidad de ángulos de un grado en la medida del ángulo?

Nombre _____

Práctica guiada

¿Lo entiendes?

1. ¿Cuántos ángulos de 30° hay en un ángulo de 180°? Explícalo.

2. **Entender y perseverar** ¿Cuántos ángulos de 15° hay en un ángulo de 180°? Usa tu respuesta al Ejercicio 1 para explicarlo.

¿Cómo hacerlo?

Usa ángulos que conozcas para hallar la medida de los ángulos en los Ejercicios **3** y **4**. Explica cómo te pueden ayudar los ángulos de los cuadrados.

3.

4.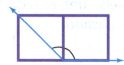

Práctica independiente

Halla la medida de los ángulos en los Ejercicios **5** a **13**. Usa bloques de patrón como ayuda para resolver los problemas.

5.

6.

7.

8.

9.

10.

11.

12.

13.

*Puedes encontrar otro ejemplo en el Grupo C, página 809.

Resolución de problemas

14. Usar herramientas apropiadas ¿Cuál es la medida del ángulo del bloque de patrón hexagonal de color amarillo?

15. ¿Cuál es la medida del ángulo que forman las manecillas del reloj cuando son las 5:00?

16. Representar con modelos matemáticos ¿Cuántos ángulos de 30° hay en un círculo? Escribe y resuelve una ecuación de multiplicación para explicarlo.

17. Entender y perseverar ¿Cuántos ángulos de un grado sexagesimal componen el ángulo más pequeño formado por las manecillas de un reloj cuando son las 3:00? Explícalo.

18. Verónica compra un tapete que mide 16 pies de longitud y 4 pies de ancho. Un cuarto del tapete es morado y el resto es azul. ¿Cuál es el área de la parte azul del tapete?

19. Razonamiento de orden superior Las manecillas de un reloj forman un ángulo de 120°. Nombra dos horas posibles que sean diferentes.

✓ Evaluación

20. Antes de crear su propia moneda, los colonos norteamericanos usaban una moneda circular llamada "ocho reales", que se podía dividir en 8 partes iguales. Marca todos los enunciados verdaderos sobre las partes de una moneda de ocho reales.

☐ Cada parte tiene una medida de ángulo de 60°.

☐ Tres partes tienen una medida de ángulo total de 135°.

☐ Cinco partes dan un giro de 225 ángulos de un grado.

☐ Tres ángulos de 30° caben en 2 partes de una moneda de ocho reales.

☐ La mitad de una moneda de ocho reales tiene una medida de ángulo de 90°.

Nombre _____

Tarea y práctica 15-3
Medir con ángulos de un grado sexagesimal

¡Revisemos!

El ángulo más pequeño del bloque de patrón color canela mide 30°.

Usa el bloque de patrón color canela para hallar la medida del siguiente ángulo.

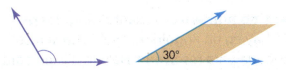

Puedes usar un ángulo que conoces para hallar la medida de un ángulo que no conoces.

Cabrán cuatro de los ángulos de 30° en el ángulo.

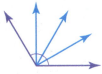

30° + 30° + 30° + 30° = 120°
Este ángulo mide 120°.
Da un giro de 120 ángulos de un grado.

Halla la medida de los ángulos en los Ejercicios **1** a **6**. Usa los bloques de patrón como ayuda para resolver los problemas.

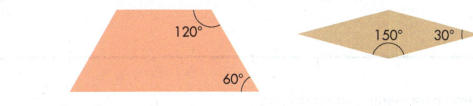

1.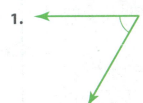

2.

3.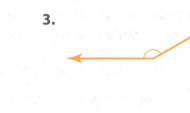

4.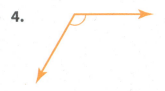

5.

6.

7. **Construir argumentos** Una mesa redonda de una clase está hecha con 5 partes idénticas. ¿Cuál es la medida de los ángulos que se forman en el centro de la mesa? Explícalo.

8. **Generalizar** ¿Cuántos ángulos de un grado sexagesimal ocupa el ángulo más pequeño de un bloque de patrón color canela? Explícalo.

9. Mario cortó una pizza circular en 9 porciones iguales. Luego, puso una porción de pizza en cada uno de 5 platos. ¿Cuál es la medida del ángulo de las porciones que quedaron?

10. **Sentido numérico** ¿Cuántos ángulos de 30° hay en un ángulo de 150°? Usa la resta repetida para resolverlo. Haz un dibujo para justificar tu solución.

11. Los padres de Matt le pagan $5.50 por cada media hora que Matt cuida de su hermana, más una propina de dos dólares. Si Matt gana $18.50, ¿cuánto tiempo estuvo cuidando de su hermana?

12. **Razonamiento de orden superior** Si un reloj marca la 1:00, ¿cuántas horas deben pasar para que las manecillas formen un ángulo llano?

✓ Evaluación

13. Shirley usa bloques de patrón para medir un ángulo llano. Marca todas las combinaciones de ángulos de bloques de patrón que puede usar Shirley para medir el ángulo.

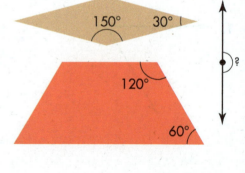

- ☐ 6 ángulos pequeños del bloque de patrón color canela
- ☐ 1 ángulo grande y un ángulo pequeño del bloque de patrón rojo
- ☐ 1 ángulo del bloque de patrón rojo y 3 ángulos pequeños del bloque de patrón color canela
- ☐ 4 ángulos pequeños del bloque de patrón color canela y un ángulo pequeño del bloque de patrón rojo
- ☐ 2 ángulos grandes del bloque de patrón rojo

Nombre _____

Lección 15-4
Medir y dibujar ángulos

Halla la medida del ángulo ∠ABC.
Resuelve este problema de la manera que prefieras.

Puedo... usar un transportador para medir y dibujar ángulos.

También puedo escoger y usar una herramienta matemática para resolver problemas.

Puedes *usar herramientas apropiadas*. Un transportador te puede ayudar a medir y dibujar ángulos.

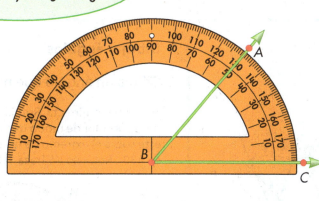

¡Vuelve atrás! **Usar herramientas apropiadas** Usa el transportador para dibujar un ángulo que mida 110°.

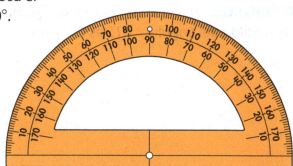

¿Cómo se puede usar el transportador?

A

Un **transportador** es una herramienta que se usa para medir y dibujar ángulos. A la derecha se muestra una grulla parcialmente plegada. Mide el ángulo ∠PQR.

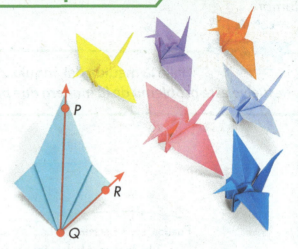

El ángulo, ∠PQR, también se puede escribir ∠RQP.

B Medir ángulos

Mide el ángulo ∠PQR.

Coloca el transportador en el centro del vértice del ángulo. Coloca un lado del borde inferior sobre un lado del ángulo. Lee la medida en el punto donde el otro lado del ángulo cruza el transportador. Si el ángulo es agudo, usa el número menor. Si el ángulo es obtuso, usa el número mayor.

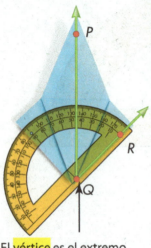

El **vértice** es el extremo común de las semirrectas que forman el ángulo.

La medida del ángulo ∠PQR es 45°.

C Dibujar ángulos

Dibuja un ángulo que mida 130°.

Traza una semirrecta. Rotula el extremo T. Coloca el transportador de modo que el medio de la base inferior esté sobre el extremo de la semirrecta. Marca un punto en 130°. Rotúlalo W. Traza $\overrightarrow{TW}$.

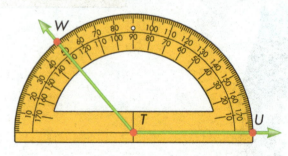

La medida del ángulo ∠WTU es 130°.

¡Convénceme! **Hacerlo con precisión** ¿Cómo sabes que la medida del ángulo ∠UTS es 60° y no 120°?

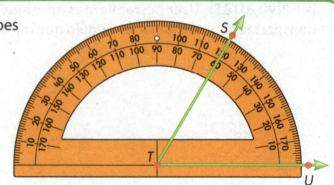

Nombre _____

☆ Práctica guiada

¿Lo entiendes?

1. ¿Cuál es la medida del ángulo de una línea recta?

2. Hacerlo con precisión ¿Cuál es el vértice y cuáles son las semirrectas del ángulo ∠ABC? Explícalo.

¿Cómo hacerlo?

Usa un transportador para medir los ángulos en los Ejercicios **3** y **4**.

3.   **4.**

Usa un transportador para dibujar los ángulos en los Ejercicios **5** y **6**.

5. 110°   **6.** 50°

☆ Práctica independiente

Mide los ángulos en los Ejercicios **7** a **14**. Indica si el ángulo es agudo, recto u obtuso.

Recuerda que un ángulo agudo mide menos de 90° y un ángulo obtuso mide más de 90° pero menos de 180°.

7.    **8.**   **9.**   **10.**

11.    **12.**   **13.**    **14.**

Usa un transportador para dibujar ángulos según las medidas que se dan en los Ejercicios **15** a **18**.

15. 140°   **16.** 180°   **17.** 65°   **18.** 25°

Puedes encontrar otro ejemplo en el Grupo D, página 810.   Tema 15 | Lección 15-4

Resolución de problemas

19. **Usar herramientas apropiadas** Mide todos los ángulos que se forman en la intersección de la calle Main y la calle Pleasant. Explica cómo los mediste.

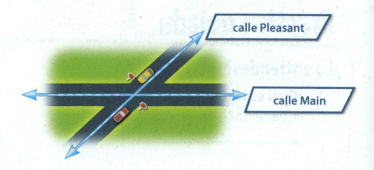

20. Usa un transportador para hallar la medida del ángulo y, luego, usa una de las semirrectas del ángulo para trazar un ángulo recto. Halla la medida del ángulo que **NO** es un ángulo recto.

21. **Evaluar el razonamiento** Gail y 3 amigos comparten medio pastel. Cada porción de pastel tiene el mismo tamaño. Gail cree que cada porción tiene una medida de ángulo de 25°. ¿Tiene razón? Explícalo.

22. **Entender y perseverar** Janet anotó 5 tiros de tres puntos en su primer partido y 3 en el segundo. También anotó 4 tiros de dos puntos en cada partido. ¿Cuántos puntos anotó Janet en total entre los dos partidos?

23. **Razonamiento de orden superior** María diseñó dos carreteras que se intersecan. Dibujó las carreteras para que uno de los ángulos de la intersección midiera 35°. ¿Cuáles son las otras tres medidas de los ángulos formados por la intersección?

✓ Evaluación

24. Roberto camina de la escuela a la tienda de la esquina. Luego, cruza en diagonal el parque cuadrado para volver a casa. ¿Cuál es la medida del ángulo formado por el camino de Roberto y el borde del parque?

   Ⓐ 30°
   Ⓑ 45°
   Ⓒ 60°
   Ⓓ 90°

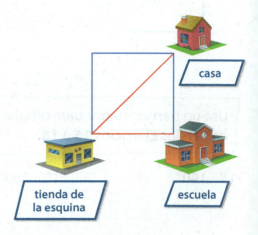

Nombre _____

Tarea y práctica 15-4
Medir y dibujar ángulos

¡Revisemos!

Para medir un ángulo:
Coloca el centro del transportador sobre el vértice del ángulo y la marca de 0° sobre una de las semirrectas del ángulo. Lee el número que indica los grados en el punto donde la otra semirrecta del ángulo cruza el transportador. Si el ángulo es agudo, usa el número menor. Si es obtuso, usa el número mayor.

Puedes usar un transportador para medir o dibujar ángulos.

Para dibujar un ángulo:
Dibuja un punto para mostrar el vértice del ángulo. Coloca el centro del transportador sobre el punto del vértice. Dibuja otro punto en la marca de 0° y otro punto en la marca de los grados del ángulo. Traza semirrectas desde el vértice hasta los otros puntos.

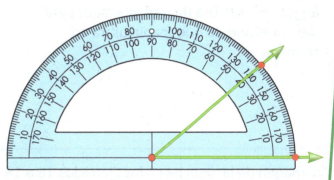

Mide los ángulos en los Ejercicios **1** a **4**. Indica si el ángulo es agudo, recto u obtuso.

1.

2.

3.

4.

Usa un transportador para dibujar los ángulos según las medidas que se dan en los Ejercicios **5** a **12**.

5. 75°   **6.** 80°   **7.** 155°   **8.** 45°

9. 135°   **10.** 180°   **11.** 5°   **12.** 90°

13. **Razonar** El ángulo da un giro de $\frac{1}{5}$ de círculo. ¿Cuál es la medida del ángulo?

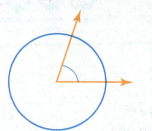

Hay varias maneras de determinar la medida de un ángulo.

14. **Usar herramientas apropiadas** Joanie está haciendo un mapa de los caminos del parque comunitario. Dos de los caminos comienzan en el mismo punto y forman un ángulo de 40°. Usa un transportador para dibujar el ángulo que Joanie usará en su mapa.

15. **Matemáticas y Ciencias** Los vatios, los voltios y los amperios se usan para medir electricidad. Hay una fórmula que muestra la relación entre vatios, voltios y amperios. Voltios × Amperios = Vatios. Si hay 120 voltios y 5 amperios, ¿cuántos vatios hay?

Usa la imagen de la derecha en los Ejercicios **16** a **18**.

16. **Razonar** ¿La medida del ángulo ∠COA es igual a la medida del ángulo ∠EOD? ¿Cuáles son las medidas?

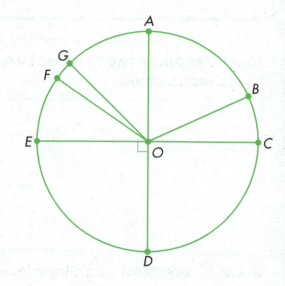

17. Nombra un ángulo agudo, uno obtuso y uno recto.

18. **Razonamiento de orden superior** La medida del ángulo ∠EOF es 35°. La medida del ángulo ∠FOB es 120°. ¿Cuál es la medida del ángulo ∠BOC?

Evaluación

19. Stuart dibujó 4 ángulos. ¿Cuál de los ángulos de Stuart mide 25°?

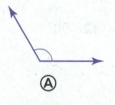　Ⓐ　　　　Ⓑ　　　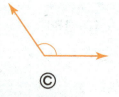　Ⓒ　　　　Ⓓ

Nombre _____

Resuélvelo y coméntalo

Dibuja la semirrecta $\overrightarrow{BC}$ que divide el ángulo ∠ABD en dos ángulos más pequeños. Mide los ángulos. **Resuelve este problema de la manera que prefieras.**

Lección 15-5
Sumar y restar medidas de ángulos

Puedo...
usar la suma y la resta para resolver problemas con medidas de ángulos desconocidas.

También puedo buscar patrones para resolver problemas.

Puedes buscar relaciones entre los tres ángulos que mediste. ¿Cómo se relaciona la suma de las medidas de los dos ángulos más pequeños con la medida del ángulo más grande?

¡Vuelve atrás! Razonar En el problema de arriba, ¿cómo puedes relacionar las medidas de los dos ángulos más pequeños con la medida del ángulo más grande usando una ecuación?

Pregunta esencial: ¿Cómo se puede sumar y restar para hallar medidas de ángulo desconocidas?

A

Elinor diseña alas para biplanos. Primero, dibuja un ángulo recto, ∠ABC. Luego, dibuja la semirrecta $\overrightarrow{BE}$. Elinor calcula que ∠EBC mide 30°. ¿Cómo puede hallar la medida de ∠ABE sin usar transportador?

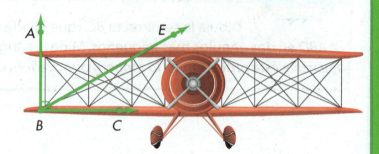

∠ABC se descompone en dos partes que no se superponen.

B Los ángulos ∠EBC y ∠ABE no se superponen; por tanto, la medida del ángulo recto ∠ABC es igual a la suma de las medidas de sus partes.

La medida de ∠ABC es igual a la medida de ∠ABE más la medida de ∠EBC.

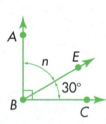

C Escribe una ecuación para determinar la medida de ángulo que falta.

$n + 30° = 90°$

Resuelve la ecuación.

$n = 90° - 30°$
$n = 60°$

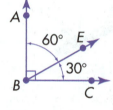

Todos los ángulos rectos miden 90°.

La medida de ∠ABE es 60°.

¡Convénceme! **Entender y perseverar** ∠ABD es un ángulo llano. ¿Cuál es la medida de ∠ABE si la medida de ∠DBC es 115° y la medida de ∠CBE es 20°? ¿Cómo lo decidiste? Escribe y resuelve una ecuación.

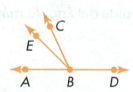

Nombre _____

Práctica guiada

¿Lo entiendes?

1. **Representar con modelos matemáticos** Usa la siguiente información para dibujar y rotular un diagrama.
   $\angle PQR$ mide 45°.
   $\angle RQS$ mide 40°.
   $\angle PQR$ y $\angle RQS$ no se superponen.
   Escribe y resuelve una ecuación para hallar la medida de $\angle PQS$.

¿Cómo hacerlo?

Usa el diagrama a la derecha de los Ejercicios **2** y **3**. Escribe y resuelve una ecuación para hallar la medida de ángulo que falta.

2. ¿Cuál es la medida de $\angle EBC$ si $\angle ABE$ mide 20°?

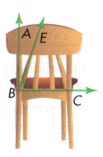

3. ¿Cuál es la medida de $\angle AEB$ si $\angle CEB$ mide 68°?

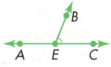

Práctica independiente

Usa el diagrama de la derecha en los Ejercicios **4** a **7**. Escribe y resuelve una ecuación de suma o de resta para hallar la medida de ángulo que falta.

4. ¿Cuál es la medida de $\angle FGJ$ si $\angle JGH$ mide 22°?

5. ¿Cuál es la medida de $\angle KGF$ si $\angle EGK$ mide 59°?

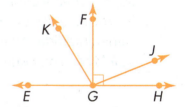

6. Usa las medidas de ángulo que conoces para escribir una ecuación para hallar la medida del ángulo $\angle EGH$. ¿Qué tipo de ángulo es $\angle EGH$?

7. ¿Qué dos ángulos que no se superponen y que comparten una semirrecta forman un ángulo obtuso? Usa la suma para explicar.

*Puedes encontrar otro ejemplo en el Grupo E, página 810.

Resolución de problemas

8. Shane dice que un ángulo llano siempre mide 180°. ¿Tiene razón Shane? Explícalo.

9. Representar con modelos matemáticos Tali ganó 85¢ reciclando latas. Si obtiene una moneda de 5¢ por cada lata, ¿cuántas latas recicla Tali? Dibuja un diagrama de barras para representar cómo resolver el problema.

10. Alex dibujó un ángulo que mide 110°. Luego, dibujó una semirrecta que divide el ángulo en 2 partes iguales. ¿Cuál es la medida de los ángulos más pequeños?

11. Seis ángulos comparten un vértice. Todos los ángulos tienen la misma medida. La suma de las medidas de los ángulos es 330°. ¿Cuál es la medida de un ángulo?

12. Razonamiento de orden superior Li usa bloques de patrón para hacer un diseño. Pone 5 bloques de patrón juntos, como muestra el diagrama. La medida del ángulo ∠LJK es 30°. Identifica todos los ángulos de 60° que tengan el punto J como vértice.

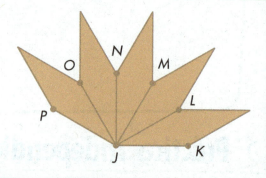

✓ Evaluación

13. Carla dibujó dos ángulos agudos que no se superponen y comparten una semirrecta, y los rotuló ∠JLK y ∠KLM. Los dos ángulos tienen medidas diferentes. Carla dice que ∠JLM es mayor que un ángulo recto.

Un ángulo agudo es menos abierto que un ángulo recto.

Parte A

¿Es posible que Carla tenga razón? Escribe para explicarlo.

Parte B

Escribe una ecuación que muestre una posible suma para los ángulos de Carla.

Nombre _____

Tarea y práctica 15-5
Sumar y restar medidas de ángulos

¡Revisemos!

Suma

El ángulo ∠ADC se descompone en 2 ángulos que no se superponen, ∠BDC y ∠ADB.

Si la medida de ∠ADB es 90° y la medida de ∠BDC es 75°, ¿cuál es la medida de ∠ADC?

90° + 75° = 165°
∠ADC = 165°

Resta

El ángulo ∠ADC se descompone en 2 ángulos que no se superponen, ∠ADB y ∠BDC.

Si la medida de ∠ADC es 165° y la medida de ∠ADB es 90°, ¿cuál es la medida de ∠BDC?

165° − 90° = 75°
∠BDC = 75°

Puedes escribir y resolver ecuaciones de suma y resta para hallar medidas de ángulos desconocidas.

Suma o resta para hallar la medida de ángulo que falta en los Ejercicios **1** a **5**.

Los ángulos ∠TUW y ∠WUV comparten una semirrecta. Juntos forman el ángulo ∠TUV.

Una tabla te puede ayudar a ver las relaciones entre los ángulos.

	Medida de ángulo		
	∠TUW	∠WUV	∠TUV
1.	120°	45°	
2.	105°		155°
3.	100°		170°
4.		25°	150°
5.	112°	36°	

Escribe y resuelve ecuaciones de suma o resta para hallar la medida de ángulo que falta en los Ejercicios **6** a **8**.

6.
45°, n, 45°

7.
50°, n

8. 60°, n, 60°

9. La Sra. Willer quiere donar 27 latas de alimento a cada uno de 8 bancos de alimentos. Los 23 estudiantes de la clase de la Sra. Willer donaron 9 latas cada uno. ¿Cuántas latas más necesita la Sra. Willer? Explícalo.

10. **Construir argumentos** Dos ángulos agudos que no se superponen y comparten una semirrecta forman un ángulo obtuso. Si uno de los ángulos agudos mide 50°, ¿cuál podría ser la medida del otro ángulo agudo?

Usa el diagrama de la derecha en los Ejercicios **11** a **13**.

11. **Álgebra** Escribe y resuelve una ecuación para hallar la medida de ∠NPO.

12. **Álgebra** ¿Cuál es la medida de ∠SPR si la medida de ∠RPQ es 40°? Escribe y resuelve una ecuación.

13. **Razonamiento de orden superior** Los ángulos ∠NPO y ∠RPQ comparten semirrectas con ∠QPO. ¿Tienen la misma medida ∠NPO y ∠RPQ? ¿Cómo lo sabes?

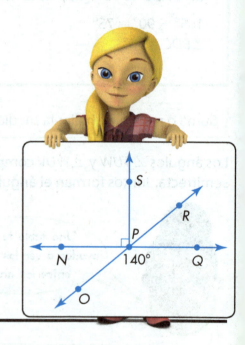

Evaluación

14. Los ángulos ∠CMW y ∠WML forman ∠CML. ∠CMW es un ángulo recto.

    Parte A

    Describe el ángulo ∠CML.

    Parte B

    Escribe una ecuación que muestre una suma posible para ∠CMW y ∠WML.

Nombre _____

Resolución de problemas
Lección 15-6
Usar herramientas apropiadas

Resuélvelo y coméntalo Caleb está de pie junto al edificio más alto de la ciudad. Determina la medida de los 3 ángulos que tienen el vértice en el edificio más alto y las semirrectas en la sala de conciertos, el teatro al aire libre y el museo de arte. Indica qué herramientas usaste y explica por qué las medidas tienen sentido en relación con las otras.

Puedo... usar herramientas apropiadas estratégicamente para resolver problemas.

También puedo medir los lados y los ángulos de los polígonos.

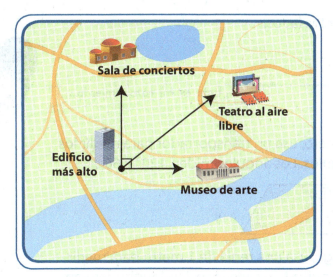

Hábitos de razonamiento

¡Razona correctamente! Estas preguntas te pueden ayudar.

- ¿Qué herramientas puedo usar?
- ¿Por qué debo usar esta herramienta como ayuda para resolver el problema?
- ¿Hay alguna otra herramienta que podría usar?
- ¿Estoy usando la herramienta correctamente?

¡Vuelve atrás! **Usar herramientas apropiadas** ¿Puedes usar una regla para hallar las medidas de ángulo? Explícalo.

Pregunta esencial: ¿Cómo se pueden seleccionar y usar herramientas para resolver problemas?

A

Trevor y Holly calcan trapecios grandes para hacer un mural. Deben hallar la medida de los ángulos que forman los lados del trapecio y la longitud de cada lado del trapecio. ¿Qué herramientas se necesitan para hallar la medida de los ángulos y la longitud de los lados?

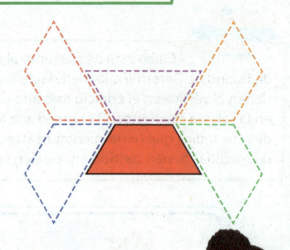

¿Qué tienes que hacer para copiar el trapecio?

Tengo que medir los ángulos y, luego, medir los lados.

Este es mi razonamiento...

B ¿Qué **herramienta** puedo usar para resolver este problema?

Puedo

- decidir qué herramienta es apropiada.
- explicar por qué es la mejor herramienta para la tarea.
- usar la herramienta correctamente.

C

Primero, usa un transportador para medir los ángulos. Los ángulos miden 120° y 60°.

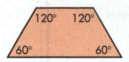

Luego, usa una regla de 1 metro para medir la longitud de cada lado. Las longitudes son 1 metro, 1 metro, 1 metro y 2 metros.

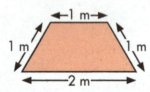

¡Convénceme! **Usar herramientas apropiadas** ¿Qué otras herramientas podrías usar para resolver el problema? ¿Por qué el transportador y la regla de 1 metro son herramientas más apropiadas que otras?

Nombre _____

Práctica guiada

Usar herramientas apropiadas

Luis compró $1\frac{3}{5}$ libras de manzanas para llevar al picnic. Hannah compró $\frac{4}{5}$ de libra de naranjas. Luis dijo que entre los dos llevaron $2\frac{2}{5}$ libras de fruta. Luis debe justificar que $1\frac{3}{5} + \frac{4}{5} = 2\frac{2}{5}$.

> Cuando usas **herramientas apropiadas**, escoges la mejor herramienta para la tarea.

1. ¿Qué herramienta puede usar Luis para justificar la suma?

2. ¿Cómo puede justificar Luis la suma usando una herramienta? Haz dibujos de la herramienta que usaste para explicarlo.

Herramientas disponibles
Bloques de valor de posición
Tiras de fracciones
Reglas hasta $\frac{1}{8}$ de pulg.
Papel cuadriculado
Fichas

Práctica independiente

Usar herramientas apropiadas

¿Cuáles son las medidas de los lados y los ángulos del paralelogramo de la derecha? Usa los Ejercicios 3 a 5 como ayuda para resolver el problema.

3. ¿Qué herramientas puedes usar para resolver el problema?

4. Explica cómo se usa la herramienta que escogiste para hallar la medida de los ángulos. Rotula la figura con las medidas que hallaste.

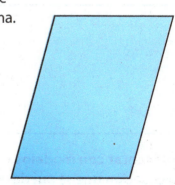

5. Explica cómo usaste la herramienta que escogiste para hallar la longitud de los lados. Rotula la figura con las medidas que hallaste.

Resolución de problemas

✓ Evaluación del rendimiento

Mural
Antes de pintar un mural, Nadia planea lo que va a pintar. Hace el diagrama de la derecha y quiere saber las medidas de los ángulos $\angle WVX$, $\angle WVY$, $\angle XVY$ y $\angle YVZ$.

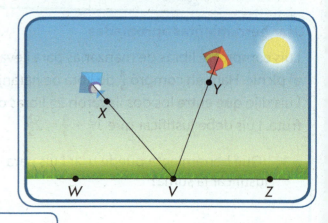

6. Razonar ¿Qué cantidades se dan en el problema y qué significan los números? ¿Qué sabes al mirar el diagrama?

7. Entender y perseverar ¿Qué tienes que hallar?

8. Usar herramientas apropiadas Mide los ángulos $\angle WVX$, $\angle WVY$ y $\angle YVZ$. ¿Cuál es la mejor herramienta para la tarea?

Cuando usas herramientas apropiadas, decides si los resultados que obtienes con la herramienta tienen sentido.

9. Representar con modelos matemáticos Escribe y resuelve una ecuación que se pueda usar para hallar la medida de $\angle XVY$. ¿Cuál es la medida del ángulo?

Nombre _____

Tarea y práctica 15-6
Usar herramientas apropiadas

¡Revisemos!

Cuando la luz ilumina un espejo, se refleja al mismo ángulo al que lo ilumina. En el siguiente diagrama, ∠ABC mide lo mismo que ∠CBD, donde el segmento de recta $\overline{BC}$ forma un ángulo recto con el espejo.

Mide ∠ABC. Luego, escribe y resuelve una ecuación para hallar la medida de ∠DBE.

Indica cómo puedes escoger estratégicamente una herramienta para resolver este problema.

- Puedo decidir qué herramienta es apropiada.
- Puedo explicar por qué es la mejor herramienta para la tarea.
- Puedo usar la regla correctamente.

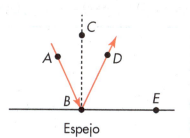

La medida de ∠ABC es 25°. La medida de ∠CBD también es 25°, y la suma de ∠CBD y ∠DBE es 90°. Por tanto, 25° + d = 90°, d = 90° − 25° = 65°. La medida de ∠DBE es 65°.

Usar herramientas apropiadas

Jason quiere acomodar bloques para un juego. Quiere acomodar los bloques en una matriz para que haya la misma cantidad de filas y columnas. Jason quiere usar entre 20 y 90 bloques. ¿Cómo puede acomodar los bloques? Usa los Ejercicios 1 y 2 para resolverlo.

1. ¿Qué herramienta puede usar Jason? Explica cómo puede usar la herramienta para hallar al menos una manera de acomodar los bloques.

Cuando usas herramientas apropiadas, consideras las opciones antes de escoger una herramienta.

Herramientas disponibles
Bloques de valor de posición
Tiras de fracciones
Reglas
Papel cuadriculado
Fichas

2. ¿Cuáles son todas las maneras de acomodar los bloques que tiene Jason?

✓ Evaluación del rendimiento

Diseños

Marcus creó el patrón de fichas que se muestra. Todos los ángulos de cada hexágono tienen la misma medida y todos los ángulos de cada triángulo equilátero tienen la misma medida. Halla la medida de cada ángulo.

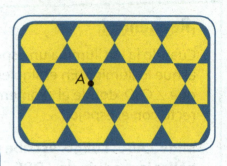

3. **Entender y perseverar** ¿Qué sabes y qué tienes que hallar?

4. **Usar herramientas apropiadas** ¿Qué herramienta puedes usar para medir el ángulo de un hexágono? Explica cómo se usa la herramienta que escogiste. ¿Cuál es la medida?

> Cuando **usas herramientas apropiadas**, usas correctamente la herramienta que escogiste.

5. **Representar con modelos matemáticos** Escribe y resuelve una ecuación que se pueda usar para hallar la medida de un ángulo de un triángulo. ¿Cuál es la medida del ángulo? Explícalo.

Nombre _____

Sombrea una ruta que vaya desde la **SALIDA** hasta la **META.** Sigue las sumas y las diferencias que están entre 20,000 y 25,000. Solo te puedes mover hacia arriba, hacia abajo, hacia la derecha o hacia la izquierda.

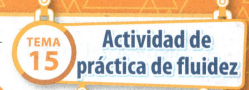

TEMA 15 | **Actividad de práctica de fluidez**

Puedo...
sumar y restar números enteros de varios dígitos.

Salida

66,149 − 44,297	13,000 + 13,000	11,407 + 13,493	35,900 − 12,605	30,000 − 9,825
40,350 − 20,149	18,890 + 190	13,050 + 11,150	60,000 − 33,900	41,776 − 18,950
89,000 − 68,900	12,175 + 18,125	12,910 + 12,089	67,010 − 42,009	42,082 − 19,582
56,111 − 32,523	22,009 + 991	11,725 + 11,450	75,000 − 45,350	65,508 − 42,158
99,000 − 81,750	9,125 + 9,725	18,517 + 8,588	38,000 − 19,001	37,520 − 16,215

Meta

TEMA 15: Repaso del vocabulario

Lista de palabras
- ángulo agudo
- ángulo de un grado sexagesimal
- ángulo llano
- ángulo obtuso
- ángulo recto
- grado (°)
- medida de ángulo
- punto
- recta
- segmento de recta
- semirrecta
- transportador
- vértice

Comprender el vocabulario

1. Tacha los términos que **NO** describan un ángulo con una esquina recta.

   ángulo agudo   ángulo recto

   ángulo obtuso   ángulo llano

2. Tacha los términos que **NO** describan un ángulo menos abierto que un ángulo recto.

   ángulo agudo   ángulo recto

   ángulo obtuso   ángulo llano

3. Tacha los términos que **NO** describan un ángulo que forma una línea recta.

   ángulo agudo   ángulo recto   ángulo obtuso   ángulo llano

4. Tacha los términos que **NO** describan un ángulo más abierto que un ángulo recto pero menos abierto que un ángulo llano.

   ángulo agudo   ángulo recto   ángulo obtuso   ángulo llano

Rotula los ejemplos con términos de la Lista de palabras.

5. ←――――→ _____

6. •―――――• _____

7. •――――→ _____

8. 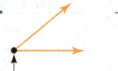 _____

Usar el vocabulario al escribir

9. Describe cómo se mide un ángulo. Usa al menos 3 términos de la Lista de palabras en tu explicación.

Nombre _____

TEMA 15

Refuerzo

Grupo A páginas 771 a 776

Una **semirrecta** tiene un extremo y continúa indefinidamente en una dirección.

Un **segmento de recta** es una parte de una recta con dos extremos.

Un **ángulo** está formado por dos semirrectas con un extremo común.

  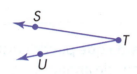

Recuerda que un segmento de recta es una parte de una recta.

Usa términos geométricos para describir lo que se muestra.

1.    2.

3.   4.

Grupo B páginas 777 a 782

El siguiente ángulo ocupa $\frac{1}{3}$ del círculo.

$\frac{1}{3}$ significa 1 de 3 partes iguales.

$360° \div 3 = 120°$

$\frac{1}{3} \times 360° = \frac{360°}{3}$, o $120°$

La medida del ángulo es 120°.

Recuerda que en un círculo hay 360°.

Un círculo está dividido en octavos. ¿Cuál es la medida de ángulo de cada sección?

1. Divide para resolverlo.
2. Multiplica para resolverlo.

Grupo C páginas 783 a 788

Puedes usar un ángulo que conoces para hallar la medida de otros ángulos. El ángulo más pequeño del bloque de patrón color tostado mide 30°.

Dentro del ángulo caben tres de los ángulos de 30°. Suma: $30° + 30° + 30° = 90°$.

La medida del ángulo es 90°.

Recuerda que puedes usar cualquier ángulo cuya medida conozcas para hallar la medida de otros ángulos.

Halla la medida de los ángulos. Usa bloques de patrón.

1.   2.

Grupo D   páginas 789 a 794

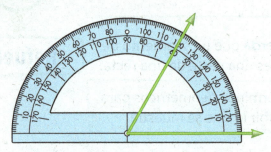

La medida de este ángulo es 60°.

Recuerda que un ángulo llano mide 180°.

Mide los ángulos.

1.   2.

Grupo E   páginas 795 a 800

Cuando un ángulo se descompone en partes que no se superponen, la medida de ángulo del entero es la suma de la medida de ángulo de las partes.

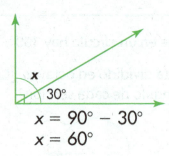

$x = 90° - 30°$
$x = 60°$

Recuerda que puedes restar para hallar medidas de ángulos.

El ángulo ∠ABD se descompone en dos ángulos que no se superponen, ∠ABC y ∠CBD. Completa la tabla.

Medida de ángulo (grados)		
∠ABC	∠CBD	∠ABD
100°	45°	145°
95°		155°
105°		170°
	25°	140°
122°	36°	

Grupo F   páginas 801 a 806

Piensa en estas preguntas como ayuda para **usar herramientas apropiadas** estratégicamente.

Hábitos de razonamiento

- ¿Qué herramientas puedo usar?
- ¿Por qué debo usar esta herramienta como ayuda para resolver el problema?
- ¿Hay alguna otra herramienta que podría usar?
- ¿Estoy usando la herramienta correctamente?

Recuerda que puede haber más de una herramienta apropiada para resolver un problema.

Falta un octavo del pastel en el plato.

1. ¿Qué herramientas puede usar Delia para medir el ángulo de la parte que falta?

2. ¿Cómo puedes calcular la medida?

Nombre _____

TEMA 15 — Evaluación

1. ¿Cuál es la medida del siguiente ángulo?

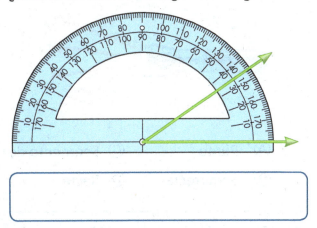

2. Megan debe hallar la medida de los ángulos de un puente.

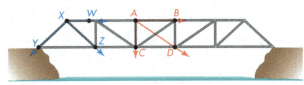

   Parte A

   Halla la medida del ángulo ∠YXW si ∠YXZ mide 85° y ∠ZXW mide 40°. Escribe y resuelve una ecuación de suma.

   Parte B

   Halla la medida del ángulo ∠CAD si ∠CAB es un ángulo recto y ∠DAB mide 45°. Escribe y resuelve una ecuación de resta.

3. Si divides un círculo en 360 ángulos iguales, ¿cuál es la medida de cada ángulo? ¿Qué término describe la medida?

4. Escoge el término correcto del recuadro para completar los enunciados.

   | Segmento de recta | Semirrecta |

   Una _____ tiene un extremo.

   Un _____ tiene dos extremos.

5. Dibuja un ejemplo de un punto A, un segmento de recta BC, una recta DE y una semirrecta FG.

6. El ángulo ∠JKL se descompone en dos ángulos rectos que no se superponen, ∠JKM y ∠MKL. ¿Qué tipo de ángulo es ∠JKL?

   Ⓐ Agudo
   Ⓑ Recto
   Ⓒ Obtuso
   Ⓓ Llano

Tema 15 | Evaluación   811

7. $\angle ABC$ mide 40° y $\angle CBD$ mide 23°. Los ángulos comparten una semirrecta y forman $\angle ABD$. ¿Cuál es la medida de $\angle ABD$?

   Ⓐ 17° Ⓒ 63°
   Ⓑ 27° Ⓓ 73°

8. Emma cortó porciones de pastel. Traza líneas para unir las fracciones con las medidas de los ángulos.

Fracción	Ángulo
$\frac{1}{2}$ de pastel	120°
$\frac{1}{3}$ de pastel	180°
$\frac{1}{6}$ de pastel	36°
$\frac{1}{10}$ de pastel	60°

9. Marca todos los enunciados verdaderos.

   ☐ Un ángulo agudo es menos abierto que un ángulo recto.
   ☐ Un ángulo obtuso forma una esquina recta.
   ☐ Un ángulo recto es menos abierto que un ángulo obtuso.
   ☐ Un ángulo llano forma una línea recta.
   ☐ Todos los ángulos obtusos tienen la misma medida.

10. Dos vigas de un techo se unen en un ángulo de 60°. Dibuja un ángulo para representar cómo se unen las vigas.

11. ¿Qué término geométrico describe mejor la luz que emite una linterna?

    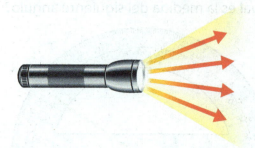

    Ⓐ Punto   Ⓒ Segmento de recta
    Ⓑ Semirrecta   Ⓓ Recta

12. Terry mide el ángulo $\angle RST$ usando bloques de patrón. El ángulo más pequeño de cada bloque de patrón color canela mide 30°. ¿Cuál es la medida de $\angle RST$? Explícalo.

    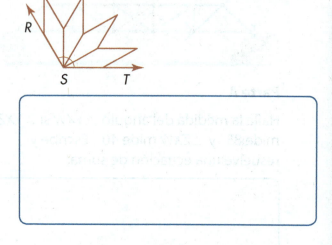

13. Identifica un ángulo agudo, un ángulo recto y un ángulo obtuso en la siguiente imagen.

    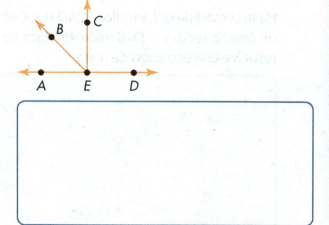

Nombre _____

Caminos antiguos

Los antiguos romanos construyeron caminos por todo el imperio. Muchos caminos estaban pavimentados con piedras unidas. Los espacios que había entre las piedras se llenaban con arena y grava. Muchas de esas vías aún existen hoy, más de 2,000 años después de su construcción.

1. Como se ve en la imagen **Vía romana,** las piedras formaban ángulos y otras figuras geométricas.

Vía romana

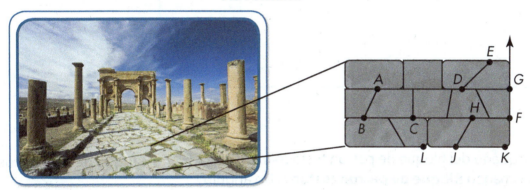

Parte A

¿Qué figura geométrica tiene un extremo en F y continúa indefinidamente pasando por el punto G?

Parte B

¿El ángulo ∠EDA es recto, agudo u obtuso? Explícalo.

Parte C

El ángulo ∠EDG da un giro de $\frac{1}{8}$ de círculo. ¿Cuál es la medida del ángulo? Explícalo.

2. Responde lo siguiente para hallar la medida de los ángulos ∠HJK y ∠HJL en la imagen **Medir una vía romana**.

Medir una vía romana

Parte A

Nombra dos herramientas que puedes usar para medir los ángulos.

Parte B

El ángulo más pequeño del bloque de patrón tostado mide 30°, como se ve en la imagen **Bloque de patrón tostado**. Un ángulo de 30 grados es igual a 30 ángulos de un grado. ¿Cuál es la medida de ∠HJK en la imagen **Medir una vía romana**? Explícalo.

Bloque de patrón tostado

30°

> Puedes escribir y resolver ecuaciones para hallar medidas de ángulo desconocidas.

Parte C

¿Cuál es la medida de ∠HJL en la imagen **Medir una vía romana**? Escribe y resuelve una ecuación para hallar la medida del ángulo.

814 | Tema 15 | Evaluación del rendimiento

TEMA 16

Rectas, ángulos y figuras

Preguntas esenciales: ¿Cómo se clasifican los triángulos y cuadriláteros? ¿Qué es la simetría axial?

Recursos digitales: Resuelve, Aprende, Glosario, Amigo de práctica, Herramientas, Evaluación, Ayuda, Juegos

¡Los camaleones pueden mover los ojos de a uno a la vez!

Cuando lo hacen, pueden ver en dos direcciones al mismo tiempo, lo que los ayuda a hallar alimento y mantenerse seguros.

¡Pueden ver las matemáticas que los rodean! Este es un proyecto sobre los sentidos y la simetría.

Proyecto de Matemáticas y Ciencias: Sentidos y simetría

Investigar La ubicación de los ojos ayuda a los animales a sobrevivir en la naturaleza. Usa la Internet u otros recursos para investigar por qué algunos animales tienen ojos a ambos lados de la cabeza y otros tienen ojos en la parte de adelante.

Diario: Escribir un informe Incluye lo que averiguaste. En tu informe, también:

- haz un dibujo. La mayoría de los animales son iguales a ambos lados del cuerpo. Usa un eje de simetría para hacer un dibujo simple de la cara de tu animal favorito. Dibuja ambos lados de la cara de la misma manera. Explica cómo sabes que los dos lados que dibujaste son iguales.

Nombre_____

Repasa lo que sabes

Vocabulario

Escoge el mejor término del recuadro.
Escríbelo en el espacio en blanco.

- ángulo
- polígono
- cuadrilátero
- triángulo

1. Un polígono de cuatro lados es un _____.

2. Un polígono de tres lados es un _____.

3. Un _____ está formado por dos semirrectas que tienen el mismo extremo.

Figuras

Escoge el mejor término para describir las figuras. Usa cada término una sola vez.

Rectángulo   Rombo   Trapecio

4.   5.   6.

Rectas

Usa términos geométricos para describir lo que se muestra.

7.    8.    9.

Resolución de problemas

10. **Generalizar** ¿Qué generalización sobre estas figuras **NO** es verdadera?

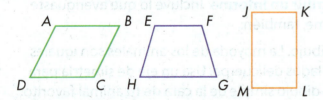

Ⓐ Todas las figuras son cuadriláteros.

Ⓑ Todas las figuras tienen dos pares de lados paralelos.

Ⓒ Todas las figuras tienen al menos dos lados de la misma longitud.

Ⓓ Todas las figuras tienen 4 ángulos.

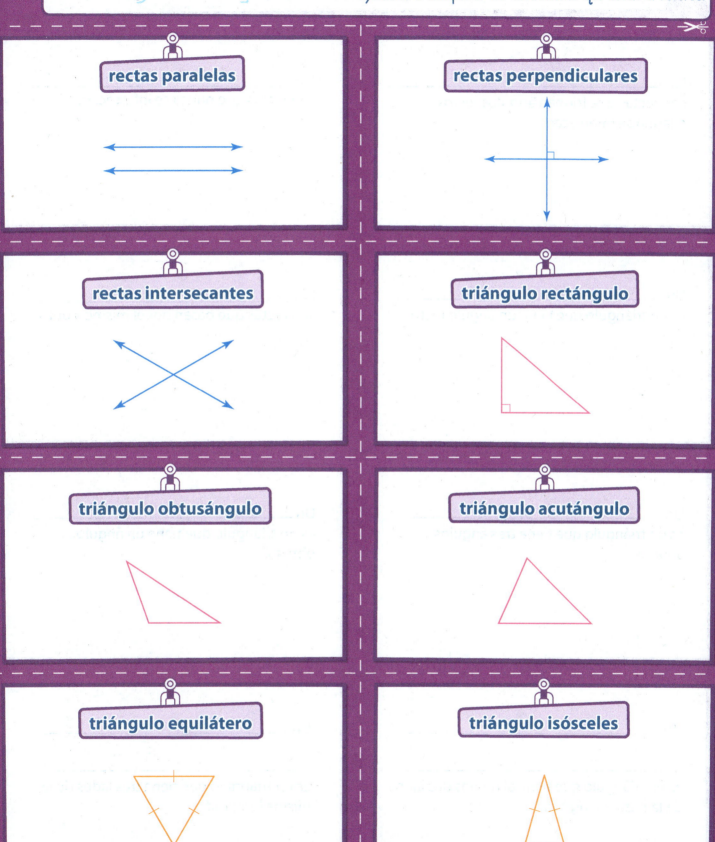

Mis tarjetas de palabras

Completa cada definición. Para ampliar lo que aprendiste, escribe tus propias definiciones.

Las _____
son rectas que forman ángulos rectos cuando se intersecan.

Las _____
son rectas que nunca se intersecan.

Un _____
es un triángulo que tiene un ángulo recto.

Las _____
son rectas que pasan por el mismo punto.

Un _____
es un triángulo que tiene tres ángulos agudos.

Un _____
es un triángulo que tiene un ángulo obtuso.

Un _____
_____
es un triángulo que tiene al menos dos lados de la misma longitud.

Un _____
_____
es un triángulo que tiene tres lados de la misma longitud.

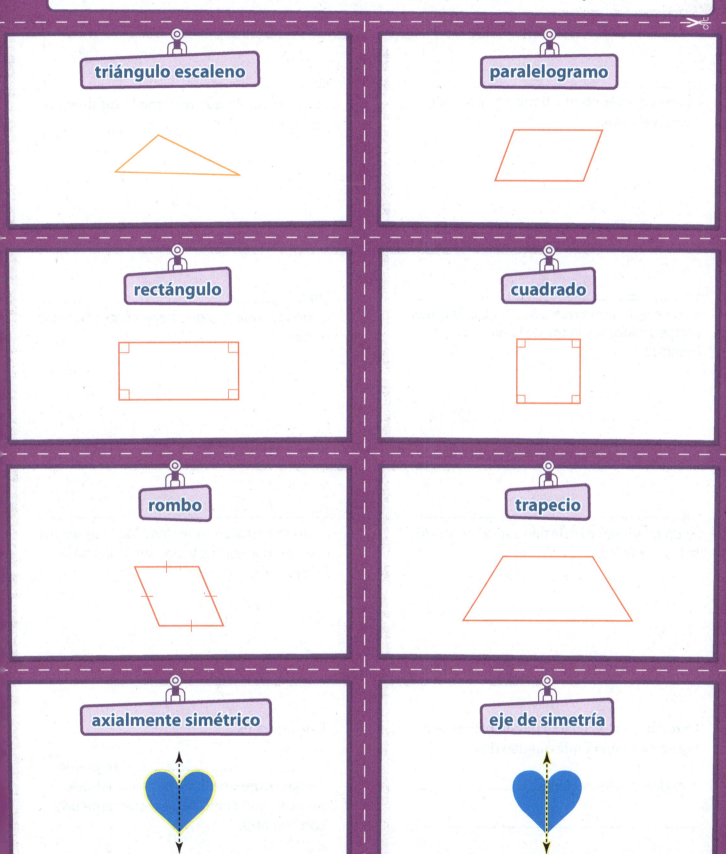

Mis tarjetas de palabras

Completa cada definición. Para ampliar lo que aprendiste, escribe tus propias definiciones.

Un _____ es un cuadrilátero que tiene dos pares de lados paralelos.

Un _____ es un triángulo que no tiene lados de igual longitud.

Un _____ es un cuadrilátero que tiene cuatro ángulos rectos y todos los lados de la misma longitud.

Un _____ es un cuadrilátero que tiene cuatro ángulos rectos.

Un _____ es un cuadrilátero que tiene solo un par de lados paralelos.

Un _____ es un cuadrilátero que tiene lados opuestos que son paralelos y todos sus lados de la misma longitud.

La recta sobre la cual se puede plegar una figura de manera que queden dos mitades iguales se llama _____.

Una figura es _____ _____ si se puede plegar sobre una línea para formar dos mitades que coinciden exactamente una sobre la otra.

Nombre _____

Lección 16-1
Rectas

Resuélvelo y coméntalo

La siguiente recta numérica es un ejemplo de recta. Una recta se extiende indefinidamente formando un camino derecho en dos direcciones. Dibuja los siguientes pares de rectas: dos rectas que nunca se cruzarán, dos rectas que se cruzan en un punto y dos rectas que se cruzan en dos puntos. Si no puedes dibujar las rectas, explica por qué.

Puedo... dibujar e identificar rectas perpendiculares, paralelas e intersecantes.

También puedo hacer mi trabajo con precisión.

0 1 2 3 4 5 6 7 8 9

Hazlo con precisión. Piensa en el lenguaje matemático que conoces y úsalo. ¡Muestra tu trabajo en el espacio que sigue!

¡Vuelve atrás! **Hacerlo con precisión** Terry dijo: "Las rectas de la imagen se intersecan en tres puntos". ¿Tiene razón Terry? Explícalo.

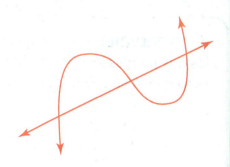

¿Cómo se pueden describir pares de rectas?

A

Una recta es una sucesión de puntos que forman un camino derecho que se extiende indefinidamente en direcciones opuestas. Un par de rectas se puede describir como paralelas, perpendiculares o intersecantes.

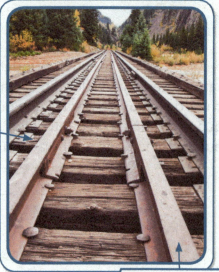

tirante de ferrocarril

vías del ferrocarril

Las vías del ferrocarril de la imagen son paralelas porque nunca se cruzan. Los tirantes son perpendiculares a las vías porque se intersecan formando ángulos rectos.

B Los pares de rectas reciben nombres especiales según cómo se relacionan.

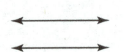      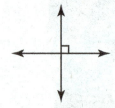

Las rectas paralelas nunca se intersecan.

Las rectas intersecantes pasan por el mismo punto.

Las rectas perpendiculares son rectas que forman ángulos rectos cuando se intersecan.

¡Convénceme! **Hacerlo con precisión** Halla ejemplos en la clase en los que puedas identificar rectas paralelas, rectas intersecantes y rectas perpendiculares. Explícalo.

822 Tema 16 | Lección 16-1 © Pearson Education, Inc. 4

Nombre _____

Práctica guiada

¿Lo entiendes?

1. **Hacerlo con precisión** ¿Qué término geométrico puedes usar para describir los bordes superior e inferior de un libro? ¿Por qué?

2. ¿Qué par de rectas se parecen a las cuchillas de unas tijeras abiertas?

¿Cómo hacerlo?

Usa el diagrama en los Ejercicios 3 a 6.

3. Nombra cuatro puntos.

4. Nombra cuatro rectas.

5. Nombra dos pares de rectas paralelas.

6. Nombra dos pares de rectas perpendiculares.

Práctica independiente

Usa términos geométricos para describir lo que se muestra en los Ejercicios 7 a 12. Sé lo más específico posible.

7.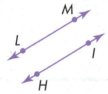

8.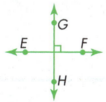

9. A

10.

11.

12.

Dibuja lo que describen los términos geométricos en los Ejercicios 13 a 15.

13. Rectas perpendiculares

14. Rectas intersecantes

15. Rectas paralelas

Resolución de problemas

16. Construir argumentos Berta identificó esta recta como $\overleftrightarrow{LM}$. Miguel la identificó como $\overleftrightarrow{LN}$. ¿Quién tiene razón? Explícalo.

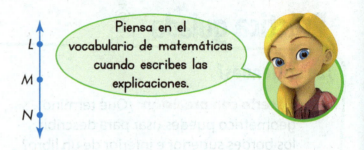

Piensa en el vocabulario de matemáticas cuando escribes las explicaciones.

17. Construir argumentos Si todas las rectas perpendiculares también son rectas intersecantes, ¿todas las rectas intersecantes también son rectas perpendiculares? Explícalo.

18. Representar con modelos matemáticos Dibuja tres rectas de modo que dos rectas sean perpendiculares y la tercera recta se interseque con las rectas perpendiculares exactamente en un punto. Rotula las rectas con puntos.

19. Razonamiento de orden superior La recta $\overleftrightarrow{AB}$ es paralela a la recta $\overleftrightarrow{CD}$, y la recta $\overleftrightarrow{CD}$ es perpendicular a la recta $\overleftrightarrow{EF}$. Describe la relación entre $\overleftrightarrow{AB}$ y $\overleftrightarrow{EF}$.

✓ Evaluación

20. ¿Qué término geométrico puedes usar para describir los cables de electricidad de la derecha?

Ⓐ Rectas perpendiculares

Ⓑ Rectas paralelas

Ⓒ Rectas intersecantes

Ⓓ Puntos

¿Qué relación tienen los cables de electricidad entre sí?

824 Tema 16 | Lección 16-1

Nombre _____

Tarea y práctica 16-1
Rectas

¡Revisemos!

Puedes usar términos geométricos para describir lo que dibujas.

Rectas paralelas

Rectas intersecantes

Rectas perpendiculares

Las rectas paralelas nunca se intersecan.

Las rectas intersecantes pasan por el mismo punto.

Las rectas perpendiculares forman ángulos rectos.

Usa términos geométricos para describir lo que se muestra en los Ejercicios **1** a **3**. Sé lo más específico posible.

1.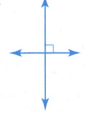

2.

3.

Usa la imagen de la derecha en los Ejercicios **4** a **7**.

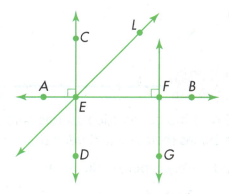

4. Nombra tres rectas diferentes.

5. Nombra un par de rectas paralelas.

6. Nombra dos rectas que sean perpendiculares.

7. Nombra dos rectas intersecantes.

Tema 16 | Lección 16-1 **825**

Usa la imagen de la derecha en los Ejercicios **8** a **10**.

8. Nombra dos rectas.

9. Nombra dos rectas que sean perpendiculares.

10. Dibuja en el diagrama una recta $\overleftrightarrow{HF}$ que sea paralela a $\overleftrightarrow{AE}$ y perpendicular a $\overleftrightarrow{GF}$.

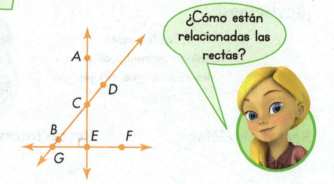

11. **Vocabulario** Describe un punto. ¿Qué podrías usar como modelo de un punto?

12. **Evaluar el razonamiento** Ali dice que si dos rectas comparten un punto, no pueden ser paralelas. ¿Estás de acuerdo? Explícalo.

13. Dibuja y rotula las rectas paralelas $\overleftrightarrow{XY}$ y $\overleftrightarrow{RS}$. Luego, dibuja y rotula la recta $\overleftrightarrow{TS}$ de modo que sea perpendicular a $\overleftrightarrow{XY}$ y $\overleftrightarrow{RS}$. Marca un punto Z sobre $\overleftrightarrow{TS}$.

14. **Razonamiento de orden superior** La recta $\overleftrightarrow{RS}$ es perpendicular a la recta $\overleftrightarrow{TU}$. $\overleftrightarrow{RS}$ es paralela a $\overleftrightarrow{VW}$. ¿Cuál es la relación entre $\overleftrightarrow{TU}$ y $\overleftrightarrow{VW}$? Dibuja rectas, si es necesario.

Evaluación

15. ¿Qué término geométrico usarías para describir las rectas de la derecha?

    Ⓐ Rectas perpendiculares

    Ⓑ Punto A

    Ⓒ Rectas paralelas

    Ⓓ Rectas intersecantes

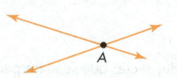

Nombre _____

Resuélvelo y coméntalo

Clasifica los siguientes triángulos en dos o más grupos. Explica cómo los clasificaste. *Resuelve este problema de la manera que prefieras.*

Resuelve

Lección 16-2
Clasificar triángulos

Puedo...
razonar acerca de los segmentos de recta y los ángulos para clasificar triángulos.

También puedo crear argumentos matemáticos.

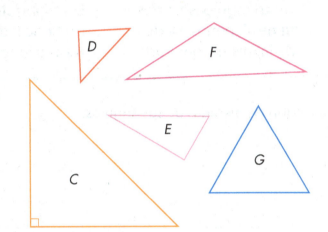

Puedes construir argumentos y usar diferentes maneras de describir y clasificar triángulos. ¡Muestra tu trabajo en el espacio de arriba!

¡Vuelve atrás! **Generalizar** ¿Qué es verdadero sobre los 7 triángulos que clasificaste?

¿Cómo se pueden clasificar los triángulos?

A Los triángulos se pueden clasificar según los segmentos de recta que forman los lados.

Un **triángulo equilátero** tiene 3 lados de la misma longitud.

Un **triángulo isósceles** tiene al menos 2 lados de la misma longitud.

Un **triángulo escaleno** no tiene lados de la misma longitud.

B Los triángulos se pueden clasificar según las medidas de sus ángulos.

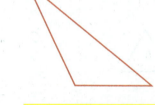

Un **triángulo rectángulo** tiene un ángulo recto.

Un **triángulo acutángulo** tiene tres ángulos agudos. Todos sus ángulos miden menos que un ángulo recto.

Un **triángulo obtusángulo** tiene un ángulo obtuso. Uno de sus ángulos mide más que un ángulo recto.

Los triángulos también se pueden clasificar según la medida de sus ángulos y sus lados. El triángulo rojo es un triángulo obtusángulo escaleno.

¡Convénceme! **Hacerlo con precisión** ¿Puede un triángulo tener más de un ángulo obtuso? Explícalo.

Nombre _____

Práctica guiada

¿Lo entiendes?

1. **Evaluar el razonamiento** Sally clasificó un triángulo como obtusángulo acutángulo. ¿Es posible esa clasificación? Explícalo.

2. ¿Puede un triángulo tener más de un ángulo recto? Si es así, dibuja un ejemplo.

¿Cómo hacerlo?

Clasifica los triángulos según sus lados y, luego, según sus ángulos en los Ejercicios **3** a **6**.

3.   4.

5. 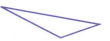   6.

Práctica independiente

Clasifica los triángulos según sus lados y, luego, según sus ángulos en los Ejercicios **7** a **15**.

7.   8.    9.

10.    11.   12.

13. 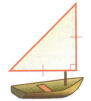   14.    15.

*Puedes encontrar otro ejemplo en el Grupo B, página 859.

Resolución de problemas

16. Generalizar Si el patio que se muestra a la derecha es un triángulo equilátero, ¿qué sabes sobre la longitud de los otros dos lados que no están rotulados?

17. Matemáticas y Ciencias El campo visual de un conejo es tan amplio que puede ver a sus predadores cuando se acercan desde atrás. El diagrama muestra el campo visual de un conejo. Clasifica el triángulo según sus lados y según sus ángulos.

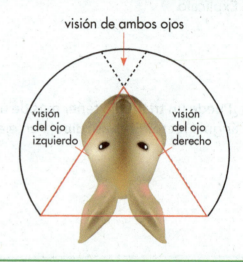

18. Construir argumentos ¿Puede un triángulo obtusángulo ser también un triángulo equilátero? Explícalo.

19. Razonamiento de orden superior Mitch dibujó un triángulo con un ángulo obtuso. ¿Cuáles son todas las maneras posibles de clasificar el triángulo según la medida de sus ángulos y la longitud de sus lados? Explícalo.

Evaluación

20. Dibuja los triángulos en la columna que corresponda según sus ángulos.

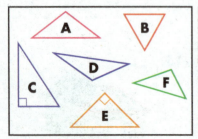

Acutángulo	Obtusángulo	Rectángulo

830 Tema 16 | Lección 16-2

Nombre _____

Tarea y práctica
16-2
Clasificar triángulos

¡Revisemos!

Los triángulos se pueden clasificar según la medida de sus ángulos, la longitud de sus lados o ambas cosas.

Triángulo equilátero
Todos los lados tienen la misma longitud.

Triángulo isósceles
Al menos dos lados tienen la misma longitud.

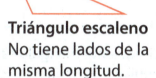
Triángulo escaleno
No tiene lados de la misma longitud.

Triángulo rectángulo
Un ángulo es un ángulo recto.

Triángulo acutángulo
Los tres ángulos son ángulos agudos.

Triángulo obtusángulo
Un ángulo es un ángulo obtuso.

Clasifica los triángulos según sus lados y, luego, según sus ángulos en los Ejercicios **1** a **6**.

1.

2.

3.

4.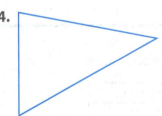

5.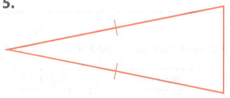

6.

Usa la imagen de la derecha en los Ejercicios **7** y **8**.

7. Hilary voló de Denver a Atlanta por trabajo. Desde Atlanta, voló hasta Chicago para visitar a su tía. De Chicago, voló de vuelta a su casa en Denver. Clasifica el triángulo que representa el recorrido completo de Hilary.

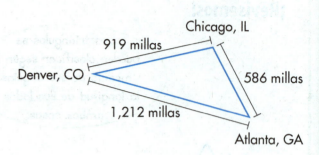

8. ¿Cuántas millas se representan en el triángulo que muestra el recorrido de Hilary?

9. **Álgebra** El siguiente triángulo es un triángulo equilátero. Escribe una ecuación de suma que muestre cómo se halla el perímetro del triángulo, p, si l es la medida de un lado.

10. **Vocabulario** Completa los espacios en blanco para que las oraciones sean correctas:

    Un triángulo _____ no tiene lados de la misma longitud.

    Un triángulo que tiene un ángulo de 90° se llama triángulo _____.

    Un triángulo isósceles tiene ____ lados de la misma longitud.

11. **Evaluar el razonamiento** Sylvia dice que un triángulo rectángulo puede tener solo un ángulo recto. Joel dice que un triángulo rectángulo puede tener más de un ángulo recto. ¿Quién tiene razón? Explícalo.

12. **Razonamiento de orden superior** Dani midió los ángulos de un triángulo y obtuvo 120°, 36° y 24°. Luego, midió la longitud de los lados y obtuvo 25.3 cm, 17.2 cm y 11.8 cm. Dani dijo que su triángulo era un triángulo obtusángulo isósceles. ¿Estás de acuerdo? Explícalo.

Evaluación

13. Dibuja los triángulos en la columna que corresponda según la longitud de sus lados.

Isósceles	Equilátero	Escaleno

Nombre _____

Dibuja tres figuras diferentes que tengan cuatro lados y lados opuestos paralelos. *Resuelve este problema de la manera que prefieras.*

 Resuelve

Lección 16-3
Clasificar cuadriláteros

Puedo...
razonar acerca de los segmentos de recta y los ángulos para clasificar cuadriláteros.

También puedo hacer generalizaciones a partir de ejemplos.

Puedes generalizar y usar lo que sabes sobre rectas paralelas y ángulos para dibujar cuadriláteros. ¡Muestra tu trabajo en el espacio que sigue!

¡Vuelve atrás! **Usar la estructura** ¿Qué atributos en común tienen las figuras que dibujaste?

Pregunta esencial: ¿Cómo se pueden clasificar los cuadriláteros?

A

Los cuadriláteros se pueden clasificar según sus ángulos o según los segmentos de recta que forman los lados. ¿Cuál de los siguientes cuadriláteros tiene solo un par de lados paralelos? ¿Cuál tiene dos pares de lados paralelos?

Un **paralelogramo** tiene 2 pares de lados paralelos.

Un **rectángulo** tiene 4 ángulos rectos. El rectángulo también es un paralelogramo.

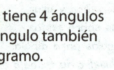
Un **cuadrado** tiene 4 ángulos rectos y todos los lados de la misma longitud. El cuadrado es un paralelogramo, un rectángulo y un rombo.

Todas las figuras de cuatro lados se pueden llamar cuadriláteros.

B

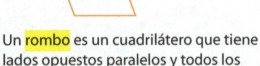
Un **rombo** es un cuadrilátero que tiene lados opuestos paralelos y todos los lados de la misma longitud. El rombo también es un paralelogramo.

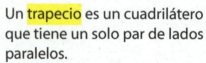
Un **trapecio** es un cuadrilátero que tiene un solo par de lados paralelos.

Los trapecios tienen un solo par de lados paralelos. Los paralelogramos, los rectángulos, los cuadrados y los rombos tienen dos pares de lados paralelos.

¡Convénceme! **Hacerlo con precisión** ¿En qué se parecen los paralelogramos y los rectángulos? ¿En qué se diferencian?

Nombre _____

Otro ejemplo

Los lados perpendiculares forman ángulos rectos. ¿Puede un trapecio tener lados perpendiculares?

Un trapecio puede tener dos ángulos rectos que forman lados perpendiculares. Un trapecio que tiene dos ángulos rectos se llama trapecio rectángulo.

Práctica guiada

¿Lo entiendes?

1. **Usar la estructura** ¿Qué es verdadero para todos los cuadriláteros?

2. ¿Cuál es la diferencia entre un cuadrado y un rombo?

3. Shane dibujó un cuadrilátero que tiene al menos 2 ángulos rectos y al menos 1 par de lados paralelos. Nombra tres cuadriláteros que podría haber dibujado Shane.

¿Cómo hacerlo?

Escribe todos los nombres posibles para los cuadriláteros en los Ejercicios **4** a **7**.

4. 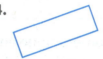 5.

6.   7.

Práctica independiente

Escribe todos los nombres posibles para los cuadriláteros en los Ejercicios **8** a **11**.

8.  9.  10.  11.

*Puedes encontrar otro ejemplo en el Grupo C, página 859.

Resolución de problemas

12. Álgebra Jamie nada en una piscina. La longitud de la piscina es 25 yardas. Jamie nadó un total de 150 yardas. ¿Cuántas veces nadó la longitud de la piscina? Usando el diagrama de barras, escribe y resuelve una ecuación para hallar la respuesta.

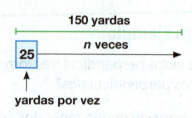

13. Evaluar el razonamiento Nati dice que todos los cuadrados son rectángulos y que todos los cuadrados son rombos; por tanto, todos los rectángulos deben ser rombos. ¿Estás de acuerdo? Explícalo.

14. Construir argumentos ¿Es posible que un cuadrilátero sea un rombo y un paralelogramo? Explícalo.

15. Sentido numérico ¿Qué número sigue en el patrón? La regla es: "Multiplicar la posición del número por sí misma". Describe un atributo del patrón.

1, 4, 9, 16, ☐

16. Razonar Todos los lados de un triángulo equilátero tienen la misma longitud. ¿Un triángulo equilátero también es un rombo? Explícalo.

17. Razonamiento de orden superior ¿Se puede usar la fórmula del perímetro de un cuadrado para hallar el perímetro de un cuadrilátero? Explícalo.

> La fórmula del perímetro de un cuadrado es $P = 4 \times l$.

✓ Evaluación

18. Ben dibujó la figura de la derecha. Dice que la figura se puede clasificar como cuadrilátero, trapecio y paralelogramo. ¿Tiene razón? Explícalo.

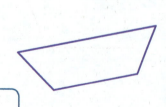

Nombre _____

Tarea y práctica
16-3
Clasificar cuadriláteros

¡Revisemos!

Los cuadriláteros se pueden clasificar según sus ángulos y sus lados.

Cuadrilátero
Es un polígono de 4 lados.

Rectángulo
Hay cuatro ángulos rectos y lados opuestos que son paralelos.

Paralelogramo
Los lados opuestos son paralelos.

Cuadrado
Hay cuatro ángulos rectos. Todos los lados tienen la misma longitud.

Rombo
Los lados opuestos son paralelos y todos los lados tienen la misma longitud.

Trapecio
Hay solo un par de lados paralelos.

Escribe el nombre más específico de los cuadriláteros en los Ejercicios **1** a **4**.

1.   2.    3.   4.

Escribe todos los nombres posibles de las figuras en los Ejercicios **5** a **7**.

5.   6. 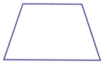   7.

Recursos digitales en PearsonRealize.com   Tema 16 | Lección 16-3   **837**

8. La figura de la derecha se llama cubo de Escher. Se llama así por el artista holandés M. C. Escher. Observa las 7 figuras blancas creadas por este dibujo. Identifica las figuras.

9. **Hacerlo con precisión** El Sr. Meyer dibujó una figura en el pizarrón. La figura tiene 4 lados de la misma longitud y 4 ángulos rectos. Haz una lista con todos los nombres posibles para describir la figura que dibujó el Sr. Meyer.

10. **Generalizar** ¿Por qué un cuadrado nunca puede ser un trapecio?

11. Rick dibujó un rombo. ¿Qué nombres podrían describir la figura según lo que sabes sobre los cuadriláteros? Explícalo.

12. **Razonamiento de orden superior** Hannah tiene 11 palillos de dientes que tienen la misma longitud. Nombra los diferentes tipos de triángulos y cuadriláteros que puede hacer Hannah si usa un solo palillo para cada lado de cada figura.

✓ **Evaluación**

13. Sasha dibuja un cuadrilátero en una hoja de papel. Sasha dice: "Mi cuadrilátero tiene 4 ángulos rectos; por tanto, debe ser un cuadrado". ¿Estás de acuerdo con Sasha? Escribe una explicación sobre la manera de clasificar la figura que dibujó Sasha.

Piensa en qué tipos de cuadrilátero tienen 4 ángulos rectos.

Nombre _____

Lección 16-4
Simetría axial

Resuélvelo y coméntalo ¿De cuántas maneras puedes doblar el cuadrado para que una mitad coincida exactamente con la otra mitad? ¿De cuántas maneras puedes doblar la letra para que una mitad coincida exactamente con la otra mitad? *Resuelve este problema de la manera que prefieras.*

Puedo... reconocer y trazar ejes de simetría e identificar figuras axialmente simétricas.

También puedo escoger y usar una herramienta matemática para resolver problemas.

Puedes usar herramientas apropiadas. ¿Cómo te puede ayudar el borde de una regla a resolver el problema?

¡Vuelve atrás! **Razonar** ¿Qué figuras puedes formar doblando un cuadrado por la mitad?

¿Qué es la simetría axial?

A

Una figura es **axialmente simétrica** si se puede doblar sobre una línea para formar dos partes que coinciden exactamente una sobre la otra. La línea sobre la que se dobla la figura se llama **eje de simetría**. El dibujo del camión tiene trazado un eje de simetría. ¿Cuántos ejes de simetría tienen las figuras de abajo?

Cuenta los ejes de simetría trazados en las siguientes figuras.

B Una figura puede tener más de un eje de simetría.

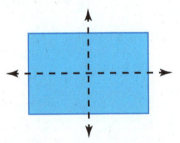

Esta figura es axialmente simétrica. Tiene 2 ejes de simetría. Se puede doblar sobre cada eje para formar partes que coinciden.

C Una figura puede tener muchos ejes de simetría.

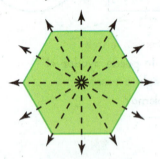

Esta figura es axialmente simétrica. Tiene 6 ejes de simetría. Se puede doblar sobre cada eje para formar partes que coinciden.

D Una figura puede no tener ningún eje de simetría.

Esta figura **NO** es axialmente simétrica. Tiene 0 ejes de simetría. No se puede doblar para formar partes que coincidan.

¡Convénceme! **Buscar relaciones** Halla dos letras mayúsculas que tengan exactamente un eje de simetría. Halla dos letras mayúsculas que tengan exactamente dos ejes de simetría.

Nombre _____

⭐ Práctica guiada

¿Lo entiendes?

1. ¿Cuántos ejes de simetría tiene la letra R?

2. ¿Cuántos ejes de simetría tiene la siguiente figura?

3. **Construir argumentos** ¿Cuántos ejes de simetría puedes hallar en un círculo? ¿Crees que se pueden contar?

¿Cómo hacerlo?

Indica si las líneas son ejes de simetría en los Ejercicios **4** y **5**.

4. 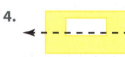   5.

Indica cuántos ejes de simetría tienen las figuras en los Ejercicios **6** y **7**.

6.   7.

⭐ Práctica independiente

Indica si las líneas son ejes de simetría en los Ejercicios **8** a **11**.

8.   9.    10.   11.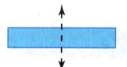

Decide si las figuras son axialmente simétricas en los Ejercicios **12** a **19**. Dibuja los ejes de simetría de las figuras e indica cuántos son.

12.   13.    14.    15.

16.    17.   18.   19.

*Puedes encontrar otro ejemplo en el Grupo D, página 860.

Resolución de problemas

20. El Monumento a Thomas Jefferson está ubicado en Washington, D.C. Usa la foto del monumento de la derecha para decidir si el edificio es axialmente simétrico. Si es así, describe dónde está el eje de simetría.

21. Identifica el tipo de triángulo delineado en verde en la foto del monumento.

22. Construir argumentos ¿Cómo puedes saber si una línea **NO** es un eje de simetría?

23. Razonamiento de orden superior ¿Cuántos ejes de simetría puede tener un paralelogramo? Explícalo.

✓ Evaluación

24. ¿Qué figura tiene seis ejes de simetría? Traza líneas, si es necesario.

25. ¿Qué figura **NO** es axialmente simétrica?

842   Tema 16 | Lección 16-4

Nombre _____

Tarea y práctica 16-4
Simetría axial

¡Revisemos!

Las figuras axialmente simétricas son figuras que se pueden doblar para formar partes que coinciden.

¿Cuántos ejes de simetría tiene un cuadrado?

Si doblas el cuadrado sobre cualquiera de las 4 líneas punteadas, las dos partes coincidirán exactamente una sobre la otra.

Un cuadrado tiene 4 ejes de simetría. Es una figura axialmente simétrica.

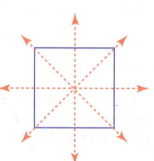

Indica si las líneas son ejes de simetría en los Ejercicios **1** a **4**.

1.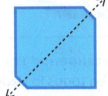
2.
3.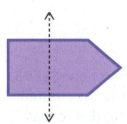
4.

Decide si las figuras son axialmente simétricas en los Ejercicios **5** a **12**. Traza los ejes de simetría de las figuras e indica cuántos son.

5.
6.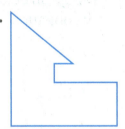
7.
8.

9.
10.
11.
12.

Recursos digitales en PearsonRealize.com Tema 16 | Lección 16-4 843

13. **Construir argumentos** ¿Cuántos ejes de simetría tiene un triángulo escaleno? Explícalo.

14. **Razonar** ¿Puede un triángulo isósceles tener tres ejes de simetría? Explícalo.

15. **Razonar** ¿Cuántos ejes de simetría tiene la rueda de carreta de la derecha? Dibuja o explica dónde están los ejes de simetría.

16. **Sentido numérico** Stuart tiene $23.75. Quiere comprar 2 boletos que cuestan $15.75 cada uno. ¿Cuánto dinero más necesita Stuart? Usa monedas y billetes para resolver el problema.

17. **Razonamiento de orden superior** Los polígonos regulares tienen todos los lados de la misma longitud y todos los ángulos de la misma medida. Un pentágono regular tiene 5 ejes de simetría y un hexágono regular tiene 6 ejes de simetría. Haz una conjetura sobre la cantidad de ejes de simetría que tiene un octágono regular. Dibuja un octágono regular para apoyar tu conjetura.

✓ Evaluación

18. ¿Cuál de los siguientes números tiene exactamente 2 ejes de simetría?

   Ⓐ 1
   Ⓑ 3
   Ⓒ 7
   Ⓓ 8

19. ¿Cuál de las siguientes letras **NO** es axialmente simétrica?

   Ⓐ W
   Ⓑ T
   Ⓒ S
   Ⓓ A

Nombre _____

Resuélvelo y coméntalo

Craig y Julia diseñan cometas. Una cometa volará bien si tiene simetría axial. ¿Tienen simetría axial las cometas de Craig y Julia? Explícalo. Luego, diseña tus propias cometas. Diseña una cometa con 2 ejes de simetría y otra con 3 ejes de simetría. *Resuelve este problema de la manera que prefieras.*

Lección 16-5
Dibujar figuras que tengan simetría axial

Puedo...
dibujar una figura que tenga simetría axial.

También puedo crear argumentos matemáticos.

diseño de Craig

diseño de Julia

Puedes construir argumentos. ¿Qué vocabulario de matemáticas puedes usar para explicar por qué volarán bien las cometas de Craig y Julia?

¡Vuelve atrás! **Entender y perseverar** ¿Las cometas de Craig y Julia se pueden doblar en partes que coincidan? Si una de las cometas no es axialmente simétrica, ¿se puede modificar para que lo sea? Explícalo.

¿Cómo se pueden dibujar figuras que tengan simetría axial?

A

Sarah quiere diseñar una superficie de mesa que tenga simetría axial. Hizo un dibujo de la mitad de la superficie. ¿De qué dos maneras puede Sarah completar el diseño?

La superficie de la mesa es axialmente simétrica si el diseño se puede doblar a lo largo de un eje de simetría en partes que coinciden.

B Una manera

Traza un eje de simetría.

Completa el diseño de Sarah del otro lado del eje de simetría.

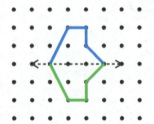

El diseño de la superficie de mesa ahora es axialmente simétrico.

C Otra manera

Traza otro eje de simetría.

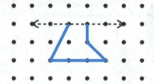

Completa el diseño de Sarah del otro lado del eje de simetría.

El diseño de la superficie de mesa ahora es axialmente simétrico.

¡Convénceme! **Representar con modelos matemáticos** Sarah dibujó otro diseño para una superficie de una mesa más pequeña. Usa los ejes de simetría para dibujar dos maneras en que Sarah puede completar su diseño.

846 Tema 16 | Lección 16-5

Nombre _____

Práctica guiada

¿Lo entiendes?

1. Evaluar el razonamiento Chandler intentó completar el diseño de Sarah de la página anterior. Describe el error que cometió Chandler.

2. ¿Cómo puede ayudar doblar un trozo de papel a determinar si la línea de una figura es un eje de simetría?

¿Cómo hacerlo?

Traza un eje de simetría y completa los diseños en los Ejercicios **3** y **4**.

3.

4.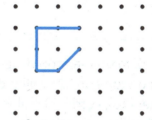

Práctica independiente

Usa el eje de simetría para dibujar una figura axialmente simétrica en los Ejercicios **5** a **10**.

5. 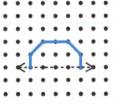   **6.** 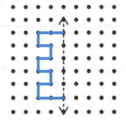   **7.**

8. 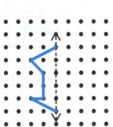   **9.** 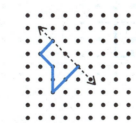   **10.**

*Puedes encontrar otro ejemplo en el Grupo E, página 860.

Resolución de problemas

11. Razonar Dibuja una figura que no tenga ejes de simetría.

12. Razonar Vanesa dibujó una figura que tiene infinitos ejes de simetría. ¿Qué figura pudo haber dibujado Vanesa?

13. Matemáticas y Ciencias Los perros pueden sentir olores que los humanos no pueden. Se puede adiestrar a los perros para que alerten a sus dueños cuando huelen olores relacionados con enfermedades. Si se adiestra un perro 2 horas por día durante 1 semana, ¿cuántas horas se adiestra el perro? ¿A cuántos días equivale la cantidad de horas de adiestramiento? Aproximadamente, ¿cuántas semanas son?

Recuerda que hay 365 días en un año, 24 horas en un día y 7 días en una semana.

14. Clara se entrenó para un maratón de larga distancia. Corrió un total de 225 millas en 3 meses. El primer mes, corrió 50 millas. Si Clare corrió 25 millas más cada mes, ¿cuántas millas corrió en el tercer mes de entrenamiento?

15. Razonamiento de orden superior ¿Puedes dibujar una línea que divida una figura por la mitad pero que **NO** sea un eje de simetría? Usa las siguientes figuras para explicarlo.

Evaluación

16. ¿Cuál de las siguientes figuras es simétrica en torno a la línea punteada?

Ⓐ 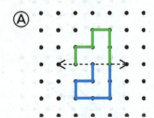   Ⓑ 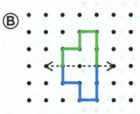   Ⓒ 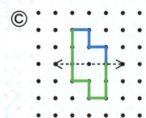   Ⓓ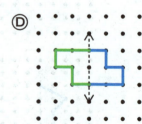

Nombre _____

Tarea y práctica 16-5
Dibujar figuras que tengan simetría axial

¡Revisemos!

Puedes usar papel punteado para dibujar figuras axialmente simétricas.

Cómo se dibuja una figura axialmente simétrica:

Paso 1
Dibuja una figura en papel punteado.

Paso 2
Traza un eje de simetría.

Paso 3
Completa la figura del lado opuesto al eje de simetría.

Usa el eje de simetría para dibujar figuras axialmente simétricas en los Ejercicios **1** a **6**.

1.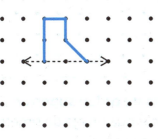

2.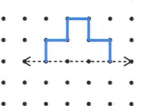

3.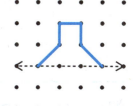

4.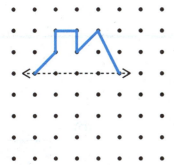

5.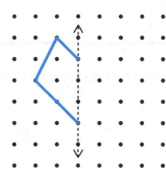

6.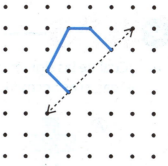

Tema 16 | Lección 16-5   849

7. **Razonar** Dibuja un cuadrilátero que no tenga ejes de simetría.

8. **Representar con modelos matemáticos** Dibuja una figura que tenga exactamente 2 ejes de simetría.

9. En cada casillero del vestuario de un gimnasio caben hasta 7 toallas dobladas. Hay 22 casilleros para guardar toallas. Katie tiene que doblar y guardar 150 toallas. Cuando termine de guardarlas, ¿cuántos casilleros estarán llenos? ¿Cuántas toallas habrá en el casillero que no estará lleno?

10. **Representar con modelos matemáticos** James gastó $175 en accesorios para su consola de videojuegos. Gastó $15 en un cable eléctrico nuevo y el resto de su dinero en 5 videojuegos. Cada videojuego costó la misma cantidad. Escribe dos ecuaciones que puedas usar para hallar el costo de cada videojuego.

11. Crea una figura axialmente simétrica. Dibuja la mitad de la figura. Luego, traza un eje de simetría. Completa la figura del lado opuesto al eje de simetría.

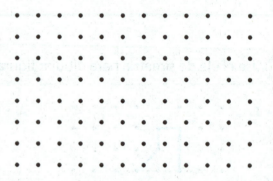

12. **Vocabulario** Describe la diferencia entre *rectas paralelas* y *rectas intersecantes*.

13. **Razonamiento de orden superior** Dibuja una figura que tenga un eje de simetría horizontal y uno vertical.

Evaluación

14. ¿Cuál de las siguientes figuras tiene 4 ejes de simetría? Traza líneas, si es necesario.

Ⓐ   Ⓑ   Ⓒ  Ⓓ

Nombre _____

Resuélvelo y coméntalo Nathan dio la respuesta que se muestra a la siguiente pregunta: ¿Verdadero o falso? Todos los triángulos rectángulos tienen dos lados de la misma longitud. ¿Qué respondes al razonamiento de Nathan?

Resolución de problemas

Lección 16-6
Evaluar el razonamiento

Puedo...
evaluar el razonamiento de otros usando lo que sé sobre las figuras de dos dimensiones.

También puedo clasificar polígonos según sus lados y ángulos.

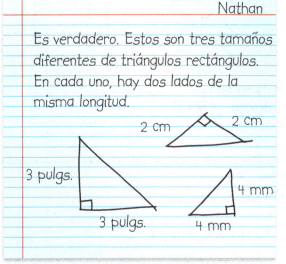

Nathan

Es verdadero. Estos son tres tamaños diferentes de triángulos rectángulos. En cada uno, hay dos lados de la misma longitud.

2 cm, 2 cm
3 pulgs., 3 pulgs.
4 mm, 4 mm

Hábitos de razonamiento

¡Razona correctamente! Estas preguntas te pueden ayudar.

- ¿Qué preguntas puedo hacer para entender el razonamiento de otros?
- ¿Hay errores en el razonamiento de otros?
- ¿Puedo mejorar el razonamiento de otros?

¡Vuelve atrás! **Evaluar el razonamiento** Si Nathan hubiera dibujado más triángulos, ¿habría demostrado que el enunciado es verdadero? Explícalo.

Pregunta esencial: ¿Cómo se puede evaluar el razonamiento de otros?

A

Abby dio la respuesta que se muestra a la siguiente pregunta.

¿Verdadero o falso? Todos los cuadriláteros tienen al menos un ángulo recto.

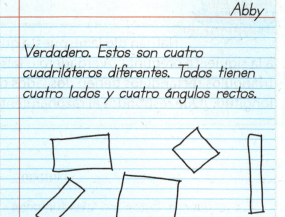

Abby

Verdadero. Estos son cuatro cuadriláteros diferentes. Todos tienen cuatro lados y cuatro ángulos rectos.

¿Cuál es el razonamiento que apoya el enunciado de Abby?

Abby dibujó cuadriláteros que tienen ángulos rectos.

Basta un ejemplo para demostrar que el enunciado es falso.

B

¿Cómo puedo evaluar el razonamiento de otros?

Puedo

- hacer preguntas sobre el razonamiento de Abby.
- buscar errores en su razonamiento.
- decidir si se consideraron todos los casos.

C

Este es mi razonamiento...

El razonamiento de Abby tiene errores.

Abby solo usó clases especiales de cuadriláteros en su argumento. Para esos casos especiales, el enunciado es verdadero.

Este es un cuadrilátero que no tiene ángulos rectos. Demuestra que el enunciado no es verdadero para *todos* los cuadriláteros.

El enunciado es falso.

¡Convénceme! Hacerlo con precisión Indica si el razonamiento de Abby sería correcto si se reemplazara la pregunta anterior por la siguiente: ¿Verdadero o falso? Algunos cuadriláteros tienen al menos un ángulo recto. Explícalo.

Nombre _____

Práctica guiada

Evaluar el razonamiento

Anthony dijo que todos los múltiplos de 4 terminan en 2, 4 u 8. Como ejemplos, Anthony dio 4, 8, 12, 24 y 28.

1. ¿Cuál es el argumento de Anthony? ¿Cómo lo apoya?

2. Describe al menos una cosa que podrías hacer para evaluar el razonamiento de Anthony.

3. ¿Tiene sentido el razonamiento de Anthony? Explícalo.

Práctica independiente

Evaluar el razonamiento

María dijo que los polígonos de la derecha tienen la misma cantidad de ángulos que de lados.

4. Describe al menos una cosa que podrías hacer para evaluar el razonamiento de María.

5. ¿Tiene sentido el razonamiento de María? Explícalo.

> Cuando evalúas el razonamiento, decides si la conclusión de otro estudiante es lógica o no.

6. ¿Se te ocurre algún ejemplo que demuestre que María está equivocada? Explícalo.

*Puedes encontrar otro ejemplo en el Grupo F, página 860.

Resolución de problemas

✓ Evaluación del rendimiento

Corrales para perros

Caleb diseña un corral para perros para el refugio de animales. Tiene 16 pies de vallado incluida la entrada. El diseño y la explicación se muestran a la derecha. Evalúa el razonamiento de Caleb.

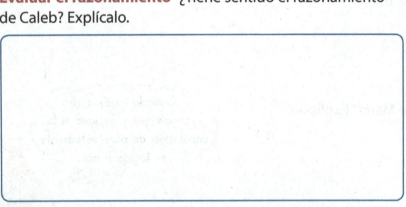

7. **Razonar** ¿Qué cantidades se dan en el problema y qué significan los números?

8. **Evaluar el razonamiento** ¿Qué puedes hacer para evaluar el razonamiento de Caleb?

9. **Hacerlo con precisión** ¿Caleb calculó correctamente el perímetro de cada vallado? Explícalo.

10. **Evaluar el razonamiento** ¿Tiene sentido el razonamiento de Caleb? Explícalo.

Cuando **evalúas el razonamiento**, haces preguntas para ayudarte a entender el razonamiento de otra persona.

11. **Razonar** Explica cómo sabes qué unidades debes usar en la explicación.

Nombre _____

Tarea y práctica 16-6
Evaluar el razonamiento

¡Revisemos!

Alisha dijo que todos los triángulos obtusángulos tienen ángulos agudos porque no se puede dibujar un triángulo obtusángulo con tres ángulos obtusos. Evalúa el razonamiento de Alisha.

Indica cómo puedes evaluar el razonamiento de otros.

- Puedo buscar errores en el razonamiento.
- Puedo decidir si se consideraron todos los casos.

Decide si piensas que el razonamiento de Alisha es verdadero. Luego, explica por qué.

Alisha tiene razón. Todos los triángulos obtusángulos tienen un ángulo obtuso que mide más de 90°. Los ángulos restantes son agudos. Un triángulo obtusángulo no puede tener un ángulo recto.

Cuando evalúas el razonamiento, debes considerar atentamente todas las partes del argumento.

Evaluar el razonamiento

Ronnie dijo que si todos los lados de un polígono tienen la misma longitud, entonces todos los ángulos tendrán la misma medida. Ronnie dibujó las figuras de la derecha.

1. Describe al menos una cosa que podrías hacer para evaluar el razonamiento de Ronnie.

2. ¿Tiene sentido el razonamiento de Ronnie? Explícalo.

Rachel dijo que la suma de tres números impares siempre es un número impar. Dio los ejemplos que se muestran.

3. Describe al menos una cosa que podrías hacer para evaluar el razonamiento de Rachel.

> Rachel
>
> $5 + 3 + 7 = 15$
>
> $21 + 33 + 45 = 99$
>
> $127 + 901 + 65 = 1,093$

4. ¿Tiene sentido el razonamiento de Rachel?

Evaluación del rendimiento

Diseño de logotipos
Tamara debe diseñar un logotipo para el club de escritura. El logotipo debe ser un triángulo escaleno. Tamara razona sobre cómo debe dibujar el logotipo. Evalúa el razonamiento de Tamara.

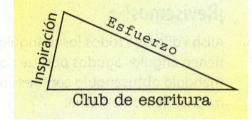

5. **Entender y perseverar** ¿Qué sabes y qué tienes que hacer?

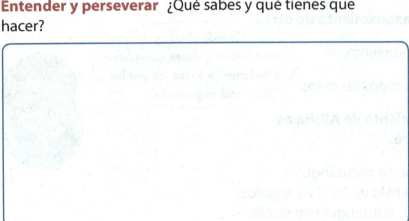

Razonamiento de Tamara
Un triángulo escaleno tiene 3 lados de longitudes diferentes. Todos los ángulos son ángulos agudos porque no se puede dibujar un triángulo con 3 ángulos rectos diferentes o 3 ángulos obtusos diferentes.

6. **Evaluar el razonamiento** Evalúa el razonamiento de Tamara. ¿Qué puedes hacer para mejorar su razonamiento?

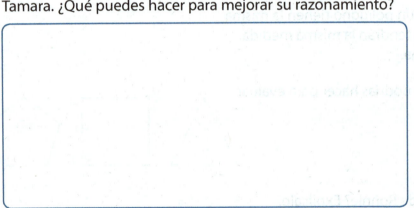

Cuando evalúas el razonamiento, lees con atención el argumento de otra persona.

7. **Usar la estructura** Describe tres diseños posibles de logotipo en los que Tamara podría usar un triángulo escaleno y ángulos agudos, rectos u obtusos.

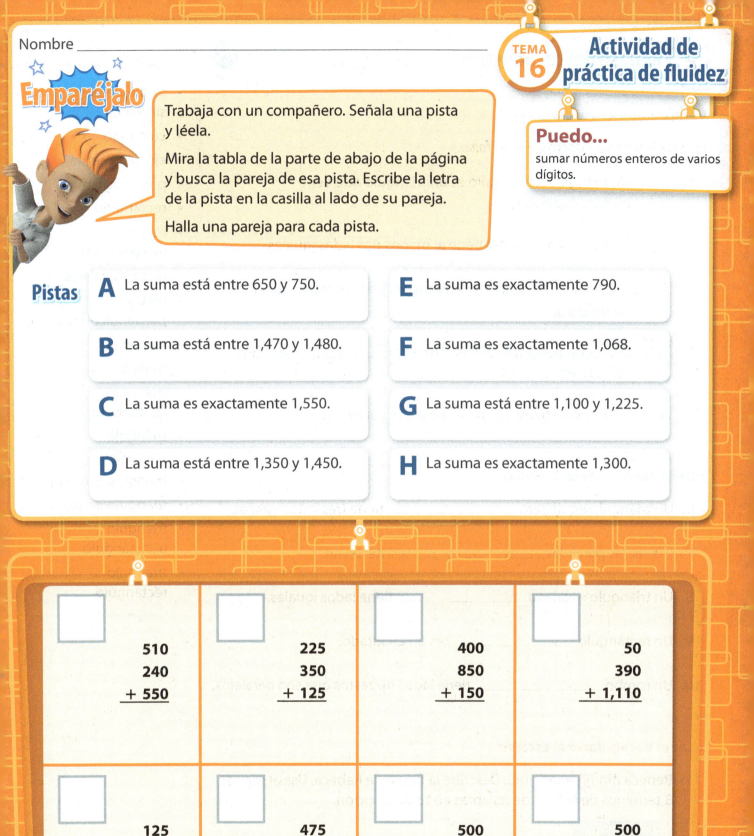

TEMA 16: Repaso del vocabulario

Lista de palabras
- axialmente simétrico
- cuadrado
- eje de simetría
- paralelogramo
- rectángulo
- rectas intersecantes
- rectas paralelas
- rectas perpendiculares
- rombo
- trapecio
- triángulo acutángulo
- triángulo equilátero
- triángulo escaleno
- triángulo isósceles
- triángulo obtusángulo
- triángulo rectángulo

Comprender el vocabulario

Escribe V si es *verdadero* y F si es *falso*.

1. _____ Un triángulo acutángulo es un triángulo que tiene un ángulo agudo.

2. _____ Un triángulo isósceles tiene al menos dos lados iguales.

3. _____ Una figura es axialmente simétrica si tiene al menos un eje de simetría.

4. _____ Las rectas perpendiculares forman ángulos obtusos donde se intersecan.

5. _____ Un trapecio tiene dos pares de lados paralelos.

Escribe *siempre, a veces* o *nunca*.

6. Un triángulo equilátero _____ tiene tres lados iguales.

7. Las rectas paralelas _____ se intersecan.

8. Un triángulo escaleno _____ tiene lados iguales.

9. Un rectángulo _____ es un cuadrado.

10. Un rombo _____ tiene lados opuestos que son paralelos.

Usar el vocabulario al escribir

11. Rebeca dibujó una figura. Describe la figura de Rebeca. Usa al menos 3 términos de la Lista de palabras en tu descripción.

Nombre _____

TEMA 16

Refuerzo

Grupo A páginas 821 a 826

Los pares de rectas tienen nombres especiales: paralelas, intersecantes o perpendiculares.

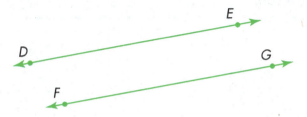

$\overleftrightarrow{DE}$ y $\overleftrightarrow{FG}$ son rectas paralelas.

Recuerda que debes usar términos geométricos cuando describes lo que se muestra.

1.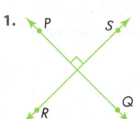

2.

Grupo B páginas 827 a 832

Los triángulos se pueden clasificar según sus lados y sus ángulos.

Dos lados tienen la misma longitud y cada ángulo mide menos que un ángulo recto. Este triángulo es un triángulo isósceles acutángulo.

Recuerda que debes clasificar los triángulos según sus lados y, luego, según sus ángulos.

1.

2.

Grupo C páginas 833 a 838

Identifica el cuadrilátero.

Los lados opuestos son paralelos. No hay ángulos rectos. Los lados no tienen la misma longitud. Este cuadrilátero es un paralelogramo.

Recuerda que un cuadrilátero puede ser un rectángulo, un cuadrado, un trapecio, un paralelogramo o un rombo.

Escribe todos los nombres posibles de los cuadriláteros.

1.

2.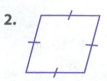

Grupo D   páginas 839 a 844

¿Cuántos ejes de simetría tiene la figura?

Dobla la figura sobre la línea punteada. Las dos mitades son iguales y coinciden una sobre la otra. La figura es axialmente simétrica.

La figura tiene 1 eje de simetría.

Recuerda que las figuras pueden tener varios ejes de simetría.

Dibuja los ejes de simetría de las figuras e indica cuántos son.

1.

2.

Grupo E   páginas 845 a 850

Completa un diseño con un eje de simetría.

Traza un eje de simetría en la figura.

Completa el diseño del otro lado del eje de simetría.

Recuerda que una figura debe tener un eje de simetría para ser axialmente simétrica.

Dibuja un eje de simetría y completa los diseños.

1.   2.

Grupo F   páginas 851 a 856

Piensa en estas preguntas como ayuda para **evaluar el razonamiento** de otros.

Hábitos de razonamiento

- ¿Qué preguntas puedo hacer para entender el razonamiento de otros?
- ¿Hay errores en el razonamiento de otros?
- ¿Puedo mejorar el razonamiento de otros?

Recuerda que solo se necesita un ejemplo para demostrar que un enunciado es falso.

Derek dice: "Todos los triángulos tienen 1 ángulo recto".

1. Usa las figuras para evaluar el razonamiento de Derek.

2. ¿Qué tipos de triángulo **NO** tienen ángulos rectos?

Nombre _____

1. Danica tiene la idea errónea de que un cuadrado es un ejemplo de paralelogramo, rectángulo, rombo y trapecio. Identifica la figura que no se puede clasificar como cuadrado. Explícalo.

2. ¿Qué tipo de triángulo no tiene lados de igual longitud?

Ⓐ Isósceles

Ⓑ Equilátero

Ⓒ Escaleno

Ⓓ Ninguno de los anteriores

3. Gavin trazó rectas de varios colores. Traza una recta que sea paralela a $\overleftrightarrow{S}$.

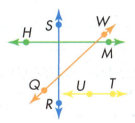

4. Marci describió la luz del sol como una recta que comienza en el sol y continúa indefinidamente. ¿Qué término geométrico se ajusta mejor a la descripción de Marci?

5. Cuatro de los estudiantes de la Sra. Cromwell decoraron el tablero de anuncios con las figuras que se muestran. ¿Quién hizo una figura que tiene 8 ejes de simetría?

Ⓐ Ralph

Ⓑ Liza

Ⓒ Patricia

Ⓓ Dani

6. ¿Todas las rectas intersecantes son perpendiculares? Haz un dibujo para explicar tu respuesta.

7. Escoge Sí o No para indicar qué cuadriláteros tienen siempre lados opuestos paralelos y ángulos rectos en los ejercicios 7a a 7d.

   7a. Cuadrado ○ Sí ○ No
   7b. Rombo ○ Sí ○ No
   7c. Paralelogramo ○ Sí ○ No
   7d. Rectángulo ○ Sí ○ No

8. Fran dibujó un triángulo equilátero y lo rotuló ABC. Si Fran rotuló un lado del triángulo como 4 pulgadas, ¿cuál es la longitud de los otros dos lados del triángulo? Explícalo.

9. ¿Qué grupo de ángulos pueden formar un triángulo?

   Ⓐ Dos ángulos rectos, un ángulo agudo
   Ⓑ Un ángulo obtuso, un ángulo recto, un ángulo agudo
   Ⓒ Dos ángulos obtusos, un ángulo agudo
   Ⓓ Un ángulo recto, dos ángulos agudos

10. Liam rotuló una figura que tiene un ángulo formado por un par de rectas perpendiculares, un par de rectas paralelas y ningún lado de la misma longitud. ¿Qué término geométrico usó Liam para rotular la figura?

11. La maestra de Dina le pidió que describiera los bordes superior e inferior de la regla usando un término geométrico. ¿Qué término podría usar Dina?

12. Tanner escogió estas figuras.

Tanner dijo que las siguientes figuras no corresponden con las que escogió.

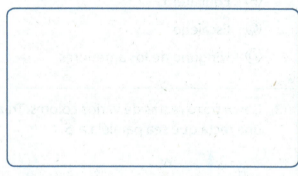

¿Qué generalización se puede hacer sobre las figuras que escogió Tanner?

13. Completa el dibujo para que la figura sea axialmente simétrica.

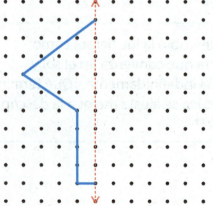

Nombre _____

Arte otomano

El Imperio Otomano existió entre 1299 y 1922. La mayoría del arte de ese período contiene figuras geométricas.

1. Usa la imagen **Imperio Otomano** para responder lo siguiente.

   Parte A

   Identifica un par de rectas paralelas y explica por qué las rectas son paralelas.

   Imperio Otomano

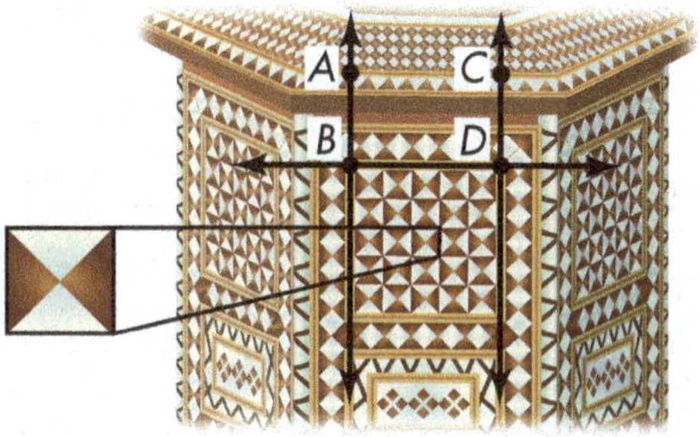

   Parte B

   La parte ampliada de la imagen muestra 4 triángulos del mismo tipo. Clasifica esos triángulos según sus lados y según sus ángulos. Explícalo.

   Parte C

   Olivia dijo que los 4 triángulos estaban dentro de un cuadrado. Cuando le preguntaron otros nombres posibles para el cuadrado, Olivia dijo que el cuadrado era un cuadrilátero, un paralelogramo y un rectángulo. Evalúa el razonamiento de Olivia.

Tema 16 | Evaluación del rendimiento

2. La figura básica usada en la **Pañoleta otomana** es un cuadrilátero. Responde lo siguiente sobre la figura.

Pañoleta otomana

Parte A

¿Cuáles son todos los nombres que puedes usar para este cuadrilátero?

Parte B

Corbin dijo que el triángulo rotulado WXY es acutángulo porque tiene ángulos agudos. Evalúa el razonamiento de Corbin.

Parte C

Traza todos los ejes de simetría del **Plato decorativo.** ¿Cuántos ejes de simetría tiene el plato? Explica por qué el plato es axialmente simétrico.

Plato decorativo

Un paso adelante hacia el Grado 5

Estas lecciones son un vistazo al próximo año y te ayudarán a dar un paso adelante hacia el Grado 5.

Lecciones

1. Valor de posición decimal **867**
2. Comparar números decimales **871**
3. Usar modelos para sumar y restar números decimales **875**
4. Estimar el producto de un número decimal y un número entero **879**
5. Hallar denominadores comunes **883**
6. Sumar fracciones con denominadores distintos **887**
7. Restar fracciones con denominadores distintos **891**
8. Multiplicar fracciones por números enteros **895**
9. Dividir números enteros por fracciones unitarias **899**
10. Representar volumen **903**

Nombre _____

Un paso adelante hacia el Grado 5

Lección 1
Valor de posición decimal

Resuélvelo y coméntalo Un corredor ganó una carrera de 100 metros con un tiempo de 9.85 segundos. ¿Cómo puedes usar el valor de posición para explicar el tiempo? Completa una tabla de valor de posición para mostrar este tiempo.

Puedo... leer y escribir números decimales de distintas maneras.

También puedo hacer generalizaciones a partir de ejemplos.

Generalizar Puedes usar lo que sabes sobre el valor de posición de números enteros como ayuda para entender el valor de posición decimal.

¡Vuelve atrás! **Usar la estructura** En el número decimal 9.85, ¿cuál es el valor del 8? ¿Y el valor del 5?

Un paso adelante | Lección 1   867

Pregunta esencial: ¿Cómo se pueden representar los números decimales?

A

Jo saca una semilla de una flor. La semilla tiene una masa de 0.245 gramos. ¿De qué maneras puedes representar 0.245?

Puedes escribir un número decimal en forma estándar, en forma desarrollada y con el nombre del número de la misma manera que escribes un número entero.

B

unidades	.	décimas	centésimas	milésimas
0	.	2	4	5

Forma estándar: 0.245

El 5 está en el lugar de las milésimas. Su valor es 0.005.

Forma desarrollada:

$\left(2 \times \frac{1}{10}\right) + \left(4 \times \frac{1}{100}\right) + \left(5 \times \frac{1}{1,000}\right)$

Nombre del número: doscientas cuarenta y cinco milésimas

Una tabla de valor de posición te puede ayudar a identificar los lugares de las décimas, las centésimas y las milésimas en un número decimal.

¡Convénceme! **Razonar** ¿Cuántas centésimas hay en una décima? ¿Cuántas milésimas hay en una centésima? Indica cómo lo sabes.

Nombre _____

Otro ejemplo

Los **decimales equivalentes** nombran la misma cantidad.

¿Cuáles son otros dos decimales equivalentes a 1.4?

Uno con cuatro décimas es igual a uno con cuarenta centésimas.
$$1.4 = 1.40$$

Uno con cuatro décimas es igual a uno con cuatrocientas milésimas.
$$1.4 = 1.400$$

Por tanto, $1.4 = 1.40 = 1.400$.

1 centésima es igual a 10 milésimas.

1 entero

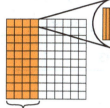
4 columnas = 4 décimas
40 cuadrados pequeños = 40 centésimas
40 centésimas = 400 milésimas

Práctica guiada

¿Lo entiendes?

1. **Razonar** El número 2.452 tiene dos 2. ¿Por qué cada uno de los 2 tiene un valor distinto?

¿Cómo hacerlo?

Escribe los números en forma estándar en los Ejercicios **2** y **3**.

2. $5 + 0.5 + 0.03 + 0.006$

3. dos con sesenta y nueve milésimas

Práctica independiente

Escribe los números en forma estándar en los Ejercicios **4** a **6**.

4. $(3 \times 1) + \left(6 \times \frac{1}{100}\right)$

5. $(7 \times 1) + \left(3 \times \frac{1}{10}\right) + \left(4 \times \frac{1}{1,000}\right)$

6. cinco con veinte centésimas

Escribe dos números decimales que sean equivalentes al número decimal dado en los Ejercicios **7** a **10**.

7. 3.300
8. 9.1
9. 9.60
10. 4.400

Un paso adelante | Lección 1 869

Resolución de problemas

11. Representar con modelos matemáticos El objetivo anual de recaudación de una obra benéfica es $100,000. Hasta ahora se han recaudado $58,743. ¿Cuánto dinero falta para llegar al objetivo?

$100,000

| $58,743 | ? |

12. Trisha tiene una cinta que mide $\left(5 \times \frac{1}{10}\right) + \left(3 \times \frac{1}{100}\right) + \left(5 \times \frac{1}{1,000}\right)$ metros. ¿Cómo se puede escribir esa medida como número decimal?

13. Razonar ¿Cómo puedes saber si 4.620 y 4.62 son decimales equivalentes?

14. Entender y perseverar Durante una asamblea deportiva, 0.555 estudiantes tenían puesto algo azul. El resto de los estudiantes tenían puesto algo rojo. Si había 1,000 estudiantes en la asamblea, ¿cuántos tenían puesto algo azul? ¿Cuántos tenían algo rojo?

15. Collette ubicó de manera incorrecta el punto decimal cuando escribió 0.065 pulgadas para describir el ancho de su tableta digital. ¿Cuál es el número decimal correcto para describir el ancho?

16. Razonamiento de orden superior Meg sombrea 1 entero y $\frac{1}{10}$, Corky sombrea $\frac{1}{2}$ y Derek no sombrea ninguna cuadrícula. Sombrea las cuadrículas para representar las fracciones. ¿Qué número decimal representa la cantidad que sombrea cada estudiante?

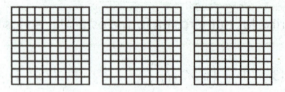

✓ Evaluación

17. Halla dos números decimales que sean equivalentes a $(6 \times 10) + \left(5 \times \frac{1}{100}\right)$. Escribe los números decimales en el recuadro.

| 60.5   60.05   6.5   60.050   6.50   60.50 |

870 Un paso adelante | Lección 1

© Pearson Education, Inc. 4

Nombre _____

Resuélvelo y coméntalo

En un laboratorio, se midieron las longitudes de tres hormigas. Las longitudes fueron 0.521 centímetros, 0.498 centímetros y 0.550 centímetros. ¿Cuál fue la más larga? ¿Y la más corta?

Un paso adelante hacia el Grado 5

Lección 2
Comparar números decimales

Puedo...
comparar números decimales hasta las milésimas.

También puedo buscar patrones para resolver problemas.

¿Cómo puedes usar la estructura para comparar y ordenar números decimales? Indica cómo lo decidiste.

unidades . décimas centésimas milésimas

¡Vuelve atrás! **Hacerlo con precisión** ¿Cuáles son las longitudes de las hormigas de menor a mayor?

Recursos digitales en PearsonRealize.com Un paso adelante | Lección 2 871

Pregunta esencial: ¿Cómo se pueden comparar números decimales?

A

Los científicos reunieron y midieron las longitudes de distintas especies de cucarachas. ¿Qué cucaracha es más larga, la cucaracha roja o la cucaracha negra?

Comparar números decimales es como comparar números enteros.

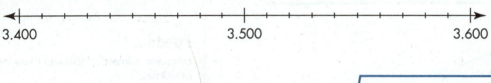

- Cucaracha australiana: 3.582 centímetros
- Cucaracha roja: 3.576 centímetros
- Cucaracha negra: 3.432 centímetros

B Paso 1

Alinea los puntos decimales.

Comienza por la izquierda.

Compara los dígitos del mismo valor de posición.

3.576

3.432

C Paso 2

Halla el primer lugar donde los dígitos sean distintos.

3.576

3.432

D Paso 3

Compara.

5 > 4

0.5 > 0.4

Por tanto, 3.576 > 3.432.

La cucaracha roja es más larga que la cucaracha negra.

¡Convénceme! Evaluar el razonamiento Valeria dijo: "12.68 es mayor que 12.8 porque 68 es mayor que 8". ¿Tiene razón? Explícalo.

872 Un paso adelante | Lección 2

Nombre _____

Otro ejemplo

Ordena las cucarachas de menor a mayor longitud.

Paso 1

Escribe los números y alinea los puntos decimales. Comienza por la izquierda. Compara los dígitos del mismo valor de posición.

3.576
3.432
3.582

3.432 es la menor longitud.

Paso 2

Escribe los números restantes y alinea los puntos decimales. Comienza por la izquierda. Compara.

3.576
3.582

3.582 es mayor que 3.576.

Paso 3

Escribe los números de menor a mayor.

3.432   3.576   3.582

De menor a mayor longitud: la cucaracha negra, la cucaracha roja y la cucaracha australiana.

✰ Práctica guiada

¿Lo entiendes?

1. **Evaluar el razonamiento** Los científicos midieron una cucaracha de Madeira y hallaron que tenía 3.44 centímetros de longitud. Toby dice que la cucaracha de Madeira es más corta que la cucaracha negra porque 3.44 tiene menos dígitos que 3.438. ¿Tiene razón? Explícalo.

¿Cómo hacerlo?

Escribe >, < o = en cada ◯ en los Ejercicios **2** y **3**.

2. 2.345 ◯ 3.509   3. 7.317 ◯ 7.203

Ordena los números decimales de menor a mayor en los Ejercicios **4** y **5**.

4. 4.540, 4.631, 4.625

5. 0.575, 1.429, 1.35, 0.593

✰ Práctica independiente

Compara los dos números en los Ejercicios **6** a **8**. Escribe >, < o = en cada ◯.

6. 0.790 ◯ 0.79   7. 5.783 ◯ 4.692   8. 6.717 ◯ 6.718

Ordena los números decimales de mayor a menor en los Ejercicios **9** y **10**.

9. 606.314, 606.219, 616.208   10. 234.639, 219.646, 234.630

Un paso adelante | Lección 2   873

Resolución de problemas

11. Evaluar el razonamiento Explica por qué no es razonable decir que 6.24 es menor que 6.231 porque 6.24 tiene menos dígitos después del punto decimal que 6.231.

12. Sentido numérico Krystal escribió tres números entre 0.63 y 0.64. ¿Qué números pudo haber escrito Krystal?

13. **Vocabulario** Escribe un *decimal equivalente* para cada decimal dado.

0.85 _____

1.6 _____

2.07 _____

1.02 _____

14. ¿El número decimal 0.6 es mayor o menor que $\frac{7}{10}$? Dibuja una recta numérica para mostrar tu respuesta.

15. Razonamiento de orden superior Los puntajes del grupo de animadoras Espíritu de equipo se publicaron en un tablero en orden del puntaje más alto al más bajo. Uno de los dígitos del puntaje de danzas no se puede ver. Haz una lista de todos los dígitos posibles para el número que falta.

16. El puntaje de saltos de las animadoras de Vamos Equipo es 95.050. ¿Cómo se compara con el puntaje de saltos de Espíritu de equipo?

DATOS

Espíritu de equipo: Puntajes	
Saltos	95.500
Danza	95._66
Pruebas de riesgo	95.133
Pirámide	94.200

✓ Evaluación

17. Un grano de arena fina tiene un diámetro de 0.120 milímetros. ¿Qué números son menores que 0.120?

☐ 0.1
☐ 0.10
☐ 0.121
☐ 0.122
☐ 0.126

18. Carla pesó algunas naranjas en la tienda de abarrotes. Las naranjas pesaron 4.16 libras. ¿Qué números son mayores que 4.16?

☐ 4.15
☐ 4.19
☐ 4.2
☐ 4.24
☐ 4.26

Nombre _____

Resuélvelo y coméntalo Gloria montó 0.75 millas en bicicleta por la mañana y 1.10 millas por la tarde. ¿Cuántas millas montó Gloria en bicicleta en total? *Resuelve este problema de la manera que prefieras.*

Puedes usar herramientas apropiadas, como cuadrículas decimales, como ayuda para calcular cuántas millas montó Gloria en bicicleta.

Un paso adelante hacia el Grado 5

Lección 3
Usar modelos para sumar y restar números decimales

Puedo...
representar sumas y diferencias de números decimales.

También puedo escoger y usar una herramienta matemática para resolver problemas.

¡Vuelve atrás! **Entender y perseverar** ¿Cómo puedes comprobar si tu respuesta es correcta?

Pregunta esencial: ¿Cómo se pueden usar cuadrículas para sumar números decimales?

A

Usa la tabla de la derecha para hallar el costo total mensual de usar el lavaplatos y el reproductor de DVD.

Se puede usar un modelo para sumar números decimales.

Aparato	Costo mensual
Reproductor de DVD	$0.40
Horno de microondas	$3.57
Luz de techo	$0.89
Lavaplatos	$0.85

B

Usa cuadrículas de centésimas para sumar $0.85 + $0.40.

Cuesta $0.85 mensuales usar el lavaplatos.

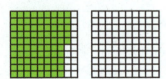

Colorea 85 cuadrados para representar $0.85.

C

Cuesta $0.40 mensuales usar el reproductor de DVD.

Usa otro color para colorear 40 cuadrados más y representar $0.40. Cuenta todos los cuadrados coloreados para hallar la suma.

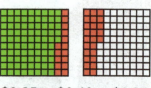

$0.85 + $0.40 = $1.25

El costo mensual de usar el lavaplatos y el reproductor de DVD es $1.25.

¡Convénceme! Evaluar el razonamiento Para el ejemplo anterior, Jesse dijo: "El costo total mensual de usar la luz de techo y el lavaplatos fue $0.74". ¿Tiene razón Jesse? Explícalo.

Nombre _____

Otro ejemplo

Puedes restar números decimales con cuadrículas.

Usa cuadrículas de centésimas para hallar $1.57 - 0.89$.

Paso 1
Colorea 1 cuadrícula y 57 cuadrados para representar 1.57.

Paso 2
Tacha 8 columnas y 9 cuadrados de la cuadrícula coloreada. La diferencia son los cuadrados que están coloreados pero no están tachados.

$1.57 - 0.89 = 0.68$

Práctica guiada

¿Lo entiendes?

1. **Representar con modelos matemáticos** Explica cómo usar cuadrículas para hallar la diferencia entre el costo mensual de usar el reproductor de DVD y el lavaplatos. Luego halla la diferencia.

¿Cómo hacerlo?

Usa cuadrículas de centésimas para sumar o restar en los Ejercicios **2** a **7**.

2. $1.45 + 0.37$ 3. $0.89 + 0.41$

4. $4.89 - 0.94$ 5. $\$1.45 - \$0.76$

6. $0.41 - 0.37$ 7. $2.28 + 0.6$

Práctica independiente

Suma o resta en los Ejercicios **8** a **11**. Usa cuadrículas de centésimas como ayuda.

8. $0.2 + 0.73$ 9. $\$1.33 - \$0.25$ 10. $\$0.37 + \$0.57$ 11. $1.01 + 0.99$

     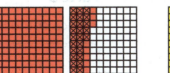   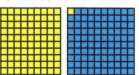

Un paso adelante | Lección 3 877

Resolución de problemas

12. Construir argumentos ¿En qué se parece sumar 5.51 + 2.31 a sumar $2.31 + $5.51?

13. Representar con modelos matemáticos Escribe una expresión que se pueda representar con el siguiente modelo.

14. ¿La suma de 0.57 + 0.31 es menor o mayor que uno? Explícalo.

15. Sentido numérico Haz una estimación para decidir si la suma de 321 + 267 es más o menos de 600.

16. Razonamiento de orden superior ¿Piensas que la diferencia de 1.45 − 0.97 es menor o mayor que uno? Explícalo.

17. Vocabulario Estima 53.7 − 27.5. Encierra en un círculo los *números compatibles* que usarías.

54 − 28   53 − 28   55 − 27   55 − 25

18. Álgebra Escribe una expresión que pueda usarse para hallar el perímetro de la piscina que se muestra a la derecha. Recuerda que el perímetro es la distancia alrededor de una figura.

Evaluación

19. Cada área coloreada en las siguientes cuadrículas representa un número decimal.

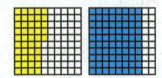

Parte A

¿Cuál es la suma de los números decimales?

Parte B

Explica cómo hallaste la respuesta.

Nombre _____

Resuélvelo y coméntalo

René necesita 32 hebras de cordel para un proyecto de arte. Cada hebra debe medir 1.25 centímetros de longitud. Aproximadamente, ¿cuántos centímetros de cordel necesita? *Resuelve este problema de la manera que prefieras.*

Un paso adelante hacia el Grado 5

Lección 4
Estimar el producto de un número decimal y un número entero

Puedo...
usar el redondeo y los números compatibles para estimar el producto de un número decimal y un número entero.

También puedo hacer generalizaciones a partir de ejemplos.

Generalizar
¿Cómo puedes relacionar lo que sabes sobre hacer estimaciones con números enteros para hacer estimaciones con números decimales? ¡Muestra tu trabajo!

¡Vuelve atrás! **Razonar** ¿Tu estimación es una estimación por exceso o por defecto? ¿Cómo lo sabes?

Pregunta esencial: ¿Cuáles son algunas maneras de estimar productos con números decimales?

A

Un organizador de bodas debe comprar 16 libras de queso cheddar en rebanadas. Aproximadamente, ¿cuánto costará el queso?

Puedes usar diferentes estrategias para estimar un producto.

Las palabras *aproximadamente cuánto* significan que necesitas solo una estimación.

$2.15 la libra

B Una manera

Redondea cada número al dólar más cercano y a la decena más cercana.

$2.15 × 16
↓   ↓
$2   ×   20

$2 × 20 = $40

El queso costará aproximadamente $40.

C Otra manera

Usa números compatibles que puedas multiplicar mentalmente.

$2.15 × 16
↓   ↓
$2   ×   15

$2 × 15 = $30

El queso costará aproximadamente $30.

¡Convénceme! **Razonar** Aproximadamente, ¿cuánto dinero costarán 18 libras de queso si el precio es $3.95 por libra? Usa dos maneras de estimar el producto. ¿Tus estimaciones son estimaciones por exceso o por defecto? Explícalo.

880 Un paso adelante | Lección 4

Nombre _____

Otro ejemplo

Manuel camina un total de 0.75 millas para ir y volver de la escuela cada día. Si hasta ahora hubo 105 días de escuela este año, aproximadamente, ¿cuántas millas caminó en total?

Redondea al número entero más cercano.

105 × 0.75
↓   ↓
105 × 1 = 105

Usa números compatibles.

105 × 0.75
↓   ↓
100 × 0.8 = 80

Asegúrate de ubicar el punto decimal correctamente.

Ambos métodos dan estimaciones razonables de cuánto caminó Manuel.

Práctica guiada

¿Lo entiendes?

1. **Sentido numérico** Hay aproximadamente 20 días de escuela en un mes. Aproximadamente, ¿cuántas millas camina Manuel por mes? Escribe una ecuación para mostrar tu trabajo.

2. **Razonar** Sin multiplicar, ¿qué estimación de Otro ejemplo piensas que está más cerca de la respuesta exacta? Explica tu razonamiento.

¿Cómo hacerlo?

Estima los productos usando el redondeo o números compatibles en los Ejercicios 3 a 8.

3. 2.87 × 412
4. 943 × 1.98
5. 107 × 5.15
6. 4.06 × 73
7. 41.05 × 300
8. 8.95 × 21

Práctica independiente

Estima los productos en los Ejercicios 9 a 16.

9. 119 × 2.8
10. 4.7 × 69
11. 107 × 2.3
12. 35 × 3.5

13. 1.6 × 7
14. 9.1 × 53
15. 39 × 1.22
16. 4 × 7.8

Un paso adelante | Lección 4

Resolución de problemas

17. Aproximadamente, ¿cuánto dinero necesita Isaac para comprar 3 bolsas de globos y 4 paquetes de bolsitas sorpresa?

Artículo para fiestas	Costo
Globos	$3.95 la bolsa
Bolsitas sorpresa	$7.95 el paquete

18. Charlie compra un pastel por $23.99 y 6 bolsas de globos. Aproximadamente, ¿cuánto dinero gasta?

19. Isabel camina 0.83 millas en total para ir a la biblioteca y volver 3 días a la semana. Aproximadamente, ¿cuántas millas camina en 4 semanas?

20. Hacerlo con precisión Una pelota de básquetbol pesa 20.2 onzas. El equipo de básquetbol tiene un total de 15 pelotas. Si cada pelota pesa lo mismo, ¿cuánto pesan las pelotas en total? Explícalo.

21. La longitud de lado de un cuadrado es 25.3 cm. Estima el área del cuadrado.

22. Razonamiento de orden superior Carol maneja 23.5 millas para ir a trabajar y 21.7 millas para ir a la escuela y volver todos los días, de lunes a viernes. ¿Cuántas millas maneja Carol en una semana?

Evaluación

23. Si redondeas a la décima más cercana, ¿qué opciones dan una **estimación por defecto**?

- ☐ 38.45 × 1.7
- ☐ 28.54 × 0.74
- ☐ 9.91 × 8.73
- ☐ 78.95 × 1.25
- ☐ 18.19 × 2.28

24. Si redondeas al número entero más cercano, ¿qué opciones dan una **estimación por exceso**?

- ☐ 11.7 × 9.4
- ☐ 4.48 × 8.3
- ☐ 13.9 × 0.9
- ☐ 0.63 × 1.5
- ☐ 8.46 × 7.39

Nombre _____

Resuélvelo y coméntalo

Sue quiere $\frac{1}{2}$ de un molde rectangular de pan de maíz. Dena quiere $\frac{1}{3}$ del mismo molde de pan de maíz. ¿Cómo deberías cortar el pan de maíz para que cada niña tenga la porción que quiere? *Resuelve este problema de la manera que prefieras.*

Un paso adelante hacia el Grado 5

Lección 5
Hallar denominadores comunes

Puedo...
hallar denominadores comunes para fracciones con distinto denominador.

También puedo representar con modelos matemáticos para resolver problemas.

Representar con modelos matemáticos Puedes hacer un dibujo para representar el molde como 1 entero. Luego, resuelve. ¡Muestra tu trabajo!

¡Vuelve atrás! Construir argumentos ¿Hay más de una manera de dividir el molde de pan de maíz en partes iguales? Explica cómo lo sabes.

Pregunta esencial: ¿Cómo se pueden hallar denominadores comunes?

A

Tyrone dividió un rectángulo en tercios. Sally dividió un rectángulo del mismo tamaño en cuartos. ¿Cómo podrías dividir un rectángulo del mismo tamaño de manera que se vieran tanto los tercios como los cuartos?

Puedes dividir un rectángulo para mostrar tercios o cuartos.

Tercios

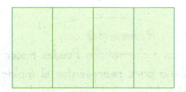
Cuartos

B Este rectángulo está dividido en tercios y cuartos.

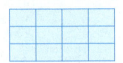
Doceavos

El rectángulo está dividido en 12 partes iguales. Cada parte es $\frac{1}{12}$.

C Las fracciones $\frac{1}{3}$ y $\frac{1}{4}$ pueden expresarse de otra manera con **fracciones equivalentes**.

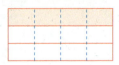 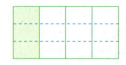

$$\frac{1}{3} = \frac{4}{12} \qquad \frac{1}{4} = \frac{3}{12}$$

Las fracciones que tienen el mismo denominador, como $\frac{4}{12}$ y $\frac{3}{12}$, tienen **denominadores comunes**.

¡Convénceme! **Representar con modelos matemáticos** Dibuja rectángulos como los de arriba para hallar fracciones equivalentes a $\frac{2}{5}$ y $\frac{1}{3}$ que tengan el mismo denominador.

884 Un paso adelante | Lección 5

Nombre _____

Otro ejemplo

Halla un común denominador para $\frac{7}{12}$ y $\frac{5}{6}$. Luego expresa las fracciones con fracciones equivalentes.

Una manera

Multiplica los denominadores para hallar un común denominador: $12 \times 6 = 72$.

Escribe fracciones equivalentes cuyos denominadores sean 72.

$\frac{7}{12} = \frac{7 \times 6}{12 \times 6} = \frac{42}{72}$ $\frac{5}{6} = \frac{5 \times 12}{6 \times 12} = \frac{60}{72}$

Por tanto, $\frac{42}{72}$ y $\frac{60}{72}$ es una manera de expresar $\frac{7}{12}$ y $\frac{5}{6}$ con un común denominador.

Otra manera

Piensa en un número que sea múltiplo del otro.

Sabes que 12 es múltiplo de 6.

$\frac{5}{6} = \frac{5 \times 2}{6 \times 2} = \frac{10}{12}$

Por tanto, $\frac{7}{12}$ y $\frac{10}{12}$ es otra manera de expresar $\frac{7}{12}$ y $\frac{5}{6}$ con un común denominador.

Práctica guiada

¿Lo entiendes?

1. En el ejemplo de la página anterior, ¿cuántos doceavos hay en cada sección de $\frac{1}{3}$ del rectángulo de Tyrone? ¿Cuántos doceavos hay en cada sección de $\frac{1}{4}$ del rectángulo de Sally?

¿Cómo hacerlo?

Halla un común denominador para cada par de fracciones en los Ejercicios **2** y **3**.

2. $\frac{1}{6}$ y $\frac{1}{2}$

3. $\frac{2}{3}$ y $\frac{3}{4}$

Práctica independiente

Halla un común denominador para cada par de fracciones en los Ejercicios **4** a **11**. Luego escribe fracciones equivalentes con el común denominador.

4. $\frac{3}{5}$ y $\frac{3}{8}$

5. $\frac{5}{8}$ y $\frac{3}{4}$

6. $\frac{1}{3}$ y $\frac{4}{5}$

7. $\frac{3}{12}$ y $\frac{9}{8}$

8. $\frac{4}{7}$ y $\frac{1}{2}$

9. $\frac{4}{5}$ y $\frac{3}{4}$

10. $\frac{2}{8}$ y $\frac{7}{20}$

11. $\frac{1}{9}$ y $\frac{2}{3}$

Un paso adelante | Lección 5

Resolución de problemas

12. Evaluar el razonamiento Clara dice que el único común denominador de $\frac{3}{4}$ y $\frac{3}{5}$ es 20. ¿Estás de acuerdo? Explícalo.

13. Razonamiento de orden superior El mínimo común denominador es el mínimo común múltiplo de dos denominadores. ¿Cuál es el mínimo común denominador de $\frac{3}{4}$ y $\frac{5}{6}$? Explícalo.

14. Representar con modelos matemáticos Gemma compró dos pasteles del mismo tamaño. El primer pastel está dividido en 3 secciones iguales. El segundo está dividido en 2 secciones iguales. Gemma quiere cortar los pasteles para que haya 6 porciones en cada uno. Haz un dibujo para mostrar cómo Gemma debería cortar cada pastel.

15. Sentido numérico La tabla muestra el precio de tres sándwiches que se venden en la salchichonería local. ¿Cuáles son los precios de los sándwiches redondeados al dólar más cercano? ¿Y a los diez centavos más cercanos?

DATOS

Menú de almuerzo	
Sándwich	Precio
Jamón	$3.89
Pavo	$4.09
Pollo	$3.79

Evaluación

16. Escoge todos los denominadores comunes de $\frac{1}{3}$ y $\frac{2}{4}$.
- ☐ 8
- ☐ 12
- ☐ 16
- ☐ 36
- ☐ 48

17. Escoge todos los denominadores comunes de $\frac{2}{3}$ y $\frac{4}{5}$.
- ☐ 12
- ☐ 15
- ☐ 30
- ☐ 60
- ☐ 72

Nombre _____

Un paso adelante hacia el Grado 5

Lección 6
Sumar fracciones con denominadores distintos

Resuélvelo y coméntalo

Durante el fin de semana, Eleni comió $\frac{1}{4}$ de caja de cereal y Freddie comió $\frac{3}{8}$ de la misma caja. ¿Qué porción de la caja de cereal comieron en total?

Puedo... sumar fracciones con distinto denominador.

También puedo escoger y usar una herramienta matemática para resolver problemas.

Usar herramientas apropiadas Puedes usar tiras de fracciones para representar la suma de fracciones. ¡Muestra tu trabajo!

¡Vuelve atrás! **Entender y perseverar** ¿Qué pasos seguiste para resolver este problema?

Un paso adelante | Lección 6   887

Pregunta esencial: ¿Cómo se pueden sumar fracciones con distinto denominador?

A

Alex montó su motoneta para ir desde su casa hasta el parque. Más tarde, fue desde el parque hasta la práctica de beisbol. ¿Qué distancia recorrió Alex?

Puedes sumar para hallar la distancia total que Alex recorrió en su motoneta.

B **Paso 1**

Convierte las fracciones en fracciones equivalentes con un común denominador, o el mismo denominador.

Múltiplos de 2: 2, 4, 6, 8, 10, 12, ...

Múltiplos de 3: 3, 6, 9, 12, ...

El número 6 es un múltiplo común de 2 y de 3; por tanto, $\frac{1}{2}$ y $\frac{1}{3}$ pueden volver a escribirse con el común denominador 6.

C **Paso 2**

Escribe fracciones equivalentes con un común denominador.

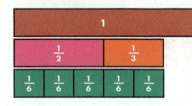

$\frac{1}{2} \times \frac{3}{3} = \frac{3}{6}$

$\frac{1}{3} \times \frac{2}{2} = \frac{2}{6}$

D **Paso 3**

Suma las fracciones para hallar la cantidad total de sextos.

$$\begin{aligned} \frac{1}{2} &= \frac{3}{6} \\ +\frac{1}{3} &= \frac{2}{6} \\ \hline &\frac{5}{6} \end{aligned}$$

Alex recorrió $\frac{5}{6}$ de milla en su motoneta.

¡Convénceme! Construir argumentos En el ejemplo de arriba, ¿obtendrías la misma suma si usaras 12 como común denominador? Explícalo.

888   **Un paso adelante** | Lección 6   © Pearson Education, Inc. 4

Nombre _____

Otro ejemplo

Halla $\frac{5}{12} + \frac{1}{4}$.

$\frac{5}{12} + \frac{1}{4} = \frac{5}{12} + \frac{3}{12}$ Escribe fracciones equivalentes con denominadores comunes.

$= \frac{5+3}{12} = \frac{8}{12}$, o $\frac{2}{3}$ Halla la cantidad total de doceavos sumando los numeradores.

⭐ Práctica guiada

¿Lo entiendes?

1. En el ejemplo de la parte superior de la página 888, si el parque estuviera a $\frac{1}{8}$ de milla de la práctica de beisbol en lugar de a $\frac{1}{3}$ de milla, ¿qué distancia recorrería Alex en total?

2. **Vocabulario** Nico y Nita resolvieron el mismo problema. Nico obtuvo $\frac{6}{8}$ como respuesta y Nita obtuvo $\frac{3}{4}$. ¿Qué respuesta es correcta? Usa el término *fracción equivalente* en tu explicación.

¿Cómo hacerlo?

Halla la suma en el Ejercicio **3**. Usa tiras de fracciones como ayuda.

3. $\frac{1}{2} + \frac{2}{4} = \frac{\square}{\square} + \frac{\square}{\square} = \frac{\square}{\square}$

1			
$\frac{1}{2}$		$\frac{1}{4}$	$\frac{1}{4}$
$\frac{1}{4}$	$\frac{1}{4}$	$\frac{1}{4}$	$\frac{1}{4}$

⭐ Práctica independiente

Halla las sumas en los Ejercicios **4** y **5**. Usa tiras de fracciones como ayuda.

Recuerda que puedes usar múltiplos para hallar un común denominador.

4. $\frac{1}{3} + \frac{1}{4} = \frac{\square}{\square} + \frac{\square}{\square} = \frac{\square}{\square}$

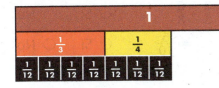

5. $\frac{1}{8} + \frac{1}{4} + \frac{1}{8} =$

$\frac{\square}{\square} + \frac{\square}{\square} + \frac{\square}{\square} = \frac{\square}{\square}$

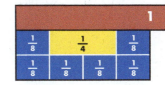

Un paso adelante | Lección 6

Resolución de problemas

6. Construir argumentos Explica por qué el denominador 12 de $\frac{5}{12}$ no cambia cuando se suman las fracciones.

$$\frac{5}{12} = \frac{5}{12}$$
$$+ \frac{1}{3} = \frac{4}{12}$$
$$\overline{\frac{9}{12}}$$

7. Representar con modelos matemáticos Para hacer jugo, Cindy agregó $\frac{5}{8}$ de taza de agua a $\frac{1}{4}$ de taza de jugo concentrado. ¿Cuánto jugo hizo Cindy? Escribe y resuelve una ecuación.

8. Matemáticas y Ciencias De 36 elementos químicos, 2 tienen nombres de mujeres científicas y 25 tienen nombres de lugares. ¿Qué fracción tiene nombres de mujeres? Escribe dos fracciones equivalentes.

9. Razonamiento de orden superior Alicia prepara refresco de frutas tropicales para un picnic. ¿Cuál es la cantidad total de jugo de limón y jugo de naranja que necesitará Alicia? ¿Esa cantidad es mayor que la cantidad de azúcar que necesitará? Explícalo.

DATOS

Receta de refresco de frutas tropicales	
Ingrediente	Cantidad
Jugo de limón	$\frac{1}{3}$ de taza
Agua	4 tazas
Azúcar	$\frac{2}{3}$ de taza
Jugo de naranja	$\frac{1}{2}$ taza

✓ Evaluación

10. Escoge Sí o No para indicar si la fracción $\frac{1}{2}$ haría verdadera cada ecuación.

$\square + \frac{6}{6} = \frac{3}{2}$ ○ Sí ○ No

$\frac{1}{12} + \frac{2}{5} = \square$ ○ Sí ○ No

$\frac{1}{2} + \square = \frac{4}{4}$ ○ Sí ○ No

$\frac{1}{6} + \frac{2}{6} = \square$ ○ Sí ○ No

11. Escoge Sí o No para indicar si la fracción $\frac{4}{8}$ haría verdadera cada ecuación.

$\frac{12}{12} + \square = \frac{9}{6}$ ○ Sí ○ No

$\frac{1}{4} + \frac{2}{3} = \square$ ○ Sí ○ No

$\square + \frac{2}{8} = \frac{6}{8}$ ○ Sí ○ No

$\frac{1}{10} + \square = \frac{6}{10}$ ○ Sí ○ No

Nombre _____

Un paso adelante hacia el Grado 5

Lección 7
Restar fracciones con denominadores distintos

Resuélvelo y coméntalo Rose compró una tubería de cobre de la longitud que se muestra abajo. Usó $\frac{1}{2}$ yarda para reparar una cañería de agua en su casa. ¿Cuánta tubería le sobró? *Resuelve este problema de la manera que prefieras.*

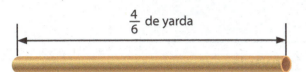
$\frac{4}{6}$ de yarda

Puedo... restar fracciones con distinto denominador.

También puedo buscar patrones para resolver problemas.

Usar la estructura Puedes usar el cálculo mental para hallar fracciones equivalentes, y que $\frac{1}{2}$ y $\frac{4}{6}$ tengan el mismo denominador. ¡Muestra tu trabajo!

¡Vuelve atrás! Generalizar ¿En qué se parece restar fracciones con distinto denominador a sumar fracciones con distinto denominador?

Pregunta esencial: ¿Cómo se pueden restar fracciones con distinto denominador?

A

Laura usó $\frac{1}{4}$ de yarda de la tela que compró para un proyecto de costura. ¿Cuánta tela quedó?

Para hallar cuánta tela quedó, puedes usar la resta.

$\frac{2}{3}$ de yarda

B Paso 1

Halla un múltiplo común de los denominadores.

Múltiplos de 3: 3, 6, 9, 12, ...

Múltiplos de 4: 4, 8, 12, ...

El número 12 es múltiplo de 3 y de 4. Escribe fracciones equivalentes de $\frac{2}{3}$ y $\frac{1}{4}$ cuyo denominador sea 12.

C Paso 2

Usa la propiedad de identidad para expresar de otra manera las fracciones con un común denominador.

$\frac{2}{3} \times \frac{4}{4} = \frac{8}{12}$

$\frac{2}{3} = \frac{8}{12}$

$\frac{1}{4} \times \frac{3}{3} = \frac{3}{12}$

$\frac{1}{4} \times \frac{3}{3} = \frac{3}{12}$

D Paso 3

Resta los numeradores.

$\frac{2}{3} = \frac{8}{12}$
$-\frac{1}{4} = \frac{3}{12}$
$\overline{\frac{5}{12}}$

A Laura le quedaron $\frac{5}{12}$ de yarda de tela.

¡Convénceme! **Evaluar el razonamiento** Supón que Laura tenía $\frac{2}{3}$ de yarda de tela y le dijo a Sandra que usó $\frac{3}{4}$ de yarda. Sandra dice que eso no es posible. ¿Estás de acuerdo? Explica tu respuesta.

Nombre _____

☆ Práctica guiada

¿Lo entiendes?

1. **Razonar** En el ejemplo de la página 892, ¿es posible usar un común denominador mayor que 12 y obtener la respuesta correcta? ¿Por qué?

2. En el ejemplo en la página 892, si Laura hubiese comenzado con 1 yarda de tela y hubiese usado $\frac{5}{8}$ de yarda, ¿cuánta tela quedaría?

¿Cómo hacerlo?

Halla las diferencias en los Ejercicios **3** a **6**.

3. $\frac{3}{4} = \frac{9}{12}$
   $-\frac{1}{3} = \frac{4}{12}$

4. $\frac{5}{12} = \frac{10}{24}$
   $-\frac{1}{8} = \frac{3}{24}$

5. $\frac{2}{3}$
   $-\frac{1}{6}$

6. $\frac{7}{10}$
   $-\frac{3}{8}$

☆ Práctica independiente

Práctica al nivel Halla las diferencias en los Ejercicios **7** a **16**.

7. $\frac{3}{5} = \frac{\square}{10}$
   $-\frac{3}{10} = \frac{\square}{10}$
   $= \frac{\square}{\square}$

8. $\frac{1}{2} = \frac{\square}{6}$
   $-\frac{2}{6} = \frac{\square}{6}$
   $= \frac{\square}{\square}$

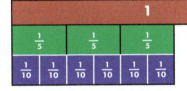
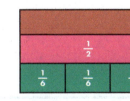

9. $\frac{8}{9}$
   $-\frac{5}{6}$

10. $\frac{5}{6}$
    $-\frac{1}{2}$

11. $\frac{7}{8}$
    $-\frac{2}{3}$

12. $\frac{4}{5}$
    $-\frac{3}{4}$

13. $\frac{7}{10}$
    $-\frac{1}{5}$

14. $\frac{12}{16}$
    $-\frac{2}{4}$

15. $\frac{4}{9}$
    $-\frac{2}{6}$

16. $\frac{5}{5}$
    $-\frac{2}{8}$

Un paso adelante | Lección 7

Resolución de problemas

17. Representar con modelos matemáticos
Escribe y resuelve una ecuación para hallar la diferencia entre la posición del Punto A y la del Punto B en la regla.

18. Álgebra Escribe una ecuación de suma y una ecuación de resta para el diagrama. Luego halla el valor que falta.

$$x$$
$$\frac{1}{6} \quad \frac{1}{3}$$

19. Construir argumentos Seth dijo: "Las fracciones deben tener un común denominador antes de que se puedan sumar o restar". ¿Tiene razón Seth? Explícalo.

20. Sentido numérico ¿Qué error tiene el problema? ¿Cuál es la respuesta correcta?

$$\frac{7}{8} = \frac{7}{8}$$
$$-\frac{1}{4} = \frac{1}{8}$$
$$\overline{\frac{6}{8}}$$

21. Razonamiento de orden superior Halla dos fracciones con una diferencia de $\frac{1}{2}$ pero que no tengan un denominador igual a 2.

✓ Evaluación

22. Escoge las fracciones correctas del recuadro siguiente para completar la resta que está a continuación.

$$\boxed{\frac{5}{6} \quad \frac{2}{3} \quad \frac{1}{30} \quad \frac{6}{7} \quad \frac{3}{6}}$$

$$\Box - \frac{1}{3} = \Box$$

23. Escoge las fracciones correctas del recuadro siguiente para completar la resta que está a continuación.

$$\boxed{\frac{11}{12} \quad \frac{1}{6} \quad \frac{1}{4} \quad \frac{1}{2} \quad \frac{3}{4}}$$

$$\Box - \Box = \frac{9}{12}$$

894 | Un paso adelante | Lección 7

Nombre _____

Resuélvelo y coméntalo

Julia tiene 10 yardas de cinta. Divide la cinta en 3 pedazos iguales y usa 2 pedazos para regalos. ¿Cuánta cinta usa? *Resuelve este problema de la manera que prefieras.*

Resuelve

Un paso adelante hacia el Grado 5

Lección 8
Multiplicar fracciones por números enteros

Puedo...
multiplicar fracciones por números enteros.

También puedo representar con modelos matemáticos para resolver problemas.

Representar con modelos matemáticos Puedes usar palabras, dibujos y ecuaciones para resolver el problema. ¡Muestra tu trabajo en el espacio de arriba!

¡Vuelve atrás! **Razonar** ¿Tu respuesta debe ser menor o mayor que 5? ¿Cómo lo sabes?

Pregunta esencial ¿Cómo se pueden multiplicar fracciones por números enteros?

A

Hal pasó $\frac{3}{4}$ de hora leyendo todos los días durante 7 días. ¿Cuánto tiempo pasó leyendo en total?

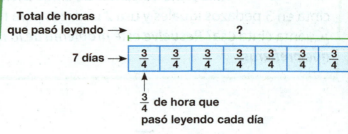

Total de horas que pasó leyendo → ?

7 días → $\frac{3}{4}$ | $\frac{3}{4}$ | $\frac{3}{4}$ | $\frac{3}{4}$ | $\frac{3}{4}$ | $\frac{3}{4}$ | $\frac{3}{4}$

$\frac{3}{4}$ de hora que pasó leyendo cada día

Necesito hallar $7 \times \frac{3}{4}$.

B **Una manera**

Multiplica para hallar la cantidad de cuartos.

$7 \times \frac{3}{4} = 7 \times 3 \times \frac{1}{4}$

$= 21 \times \frac{1}{4}$

$= \frac{21}{4}$

Para expresar $\frac{21}{4}$ de otra manera, divide el numerador por el denominador.

Vuelve a escribir la fracción como un número mixto.

$\frac{21}{4} = 5\frac{1}{4}$

Hal pasó $5\frac{1}{4}$ horas leyendo.

C **Otra manera**

Expresa el número entero como una fracción. Multiplica los numeradores, multiplica los denominadores y, luego, escribe el producto como un número mixto.

$\frac{7}{1} \times \frac{3}{4} = \frac{7 \times 3}{1 \times 4} = \frac{21}{4} = 5\frac{1}{4}$

Hal pasó $5\frac{1}{4}$ horas leyendo.

Cualquier número entero se puede escribir como una fracción con denominador 1.

¡Convénceme! **Hacerlo con precisión** Halla $6 \times \frac{4}{9}$ y, luego, usa la suma repetida para justificar tu respuesta.

896 | Un paso adelante | Lección 8 © Pearson Education, Inc. 4

Nombre _____

☆ Práctica guiada

¿Lo entiendes?

1. **Razonar** En el ejemplo de la parte superior de la página anterior, ¿cómo puede ayudarte hallar $\frac{1}{4}$ de 7 a hallar $\frac{3}{4}$ de 7?

2. Si Hal pasó $\frac{2}{3}$ de hora leyendo todos los días durante 7 días, ¿cuánto tiempo pasó leyendo en total? Muestra cómo hallaste tu respuesta.

¿Cómo hacerlo?

Halla los productos en los Ejercicios **3** a **5**. Escribe el producto como un número mixto.

3. $\frac{1}{3} \times 18 = \frac{\square \times \square}{\square} = \frac{\square}{\square} = \square$

4. $\frac{5}{6} \times 35 = \frac{\square \times \square}{\square} = \frac{\square}{\square} = \square\frac{\square}{\square}$

5. $\frac{2}{3} \times 26 = \frac{\square \times \square}{\square} = \frac{\square}{\square} = \square\frac{\square}{\square}$

☆ Práctica independiente

Práctica al nivel Halla los productos en los Ejercicios **6** a **16**. Escribe el producto como un número mixto.

Recuerda que puedes usar la división para expresar una fracción como un número mixto.

6. $\frac{3}{5} \times 40 = \frac{\square \times \square}{\square} = \frac{\square}{\square} = \square$

7. $\frac{7}{8} \times 56 = \frac{\square \times \square}{\square} = \frac{\square}{\square} = \square$

8. $\frac{2}{3} \times 80 = \frac{\square \times \square}{\square} = \frac{\square}{\square} = \square\frac{\square}{\square}$

9. $\frac{2}{5}$ de 35

10. $\frac{4}{7}$ de 45

11. $\frac{1}{4}$ de 28

12. $\frac{3}{7}$ de 63

13. $\frac{1}{6}$ de 205

14. $\frac{3}{4}$ de 100

15. $\frac{4}{5}$ de 231

16. $\frac{2}{3}$ de 204

Un paso adelante | Lección 8

Resolución de problemas

17. En Marte, tu peso es aproximadamente $\frac{1}{3}$ de tu peso en la Tierra. Si un estudiante de cuarto grado pesa 96 libras en la Tierra, aproximadamente, ¿cuánto pesa en Marte?

18. Sentido numérico ¿Cómo puedes calcular mentalmente para hallar $25 \times \frac{2}{10}$?

19. Durante una caminata de observación de la naturaleza, Mary identificó 24 especies de animales y plantas.

  a Construir argumentos Mary dijo que $\frac{1}{5}$ de las especies que identificó eran animales. ¿Puede ser correcto? Explícalo.

  b Si $\frac{1}{3}$ de las especies que identificó Mary fueron animales, ¿cuántas plantas identificó?

20. Una pintura rectangular mide 3 pies de longitud y $\frac{5}{6}$ de pie de ancho. ¿Cuál es el área de la pintura?

21. Razonamiento de orden superior Una receta de galletas lleva $\frac{1}{3}$ de taza de harina por tanda y la otra lleva $\frac{1}{2}$ taza de harina por tanda. ¿Cuánta harina usará Marcy si hace 12 tandas de cada tipo de galleta?

22. Matemáticas y Ciencias Una molécula de agua está formada por 3 átomos. Un tercio de los átomos son de oxígeno y el resto son de hidrógeno. Si hay 125 moléculas de agua, ¿cuántos átomos de hidrógeno hay? Muestra tu trabajo.

Evaluación

23. ¿Qué opción es el producto de 21 y $\frac{3}{7}$?

  Ⓐ $2\frac{3}{7}$

  Ⓑ 5

  Ⓒ 9

  Ⓓ $32\frac{2}{3}$

24. ¿Qué opción es el producto de $\frac{11}{12}$ y 3?

  Ⓐ $1\frac{1}{4}$

  Ⓑ $2\frac{3}{4}$

  Ⓒ $4\frac{1}{3}$

  Ⓓ 33

Nombre _____

Resuélvelo y coméntalo

Un bollo de masa se puede estirar en un círculo para hacer una pizza. Cuando la pizza está cocida, se corta en 8 porciones iguales. ¿Cuántas porciones de pizza puedes hacer con 3 bollos de masa? *Resuelve este problema de la manera que prefieras.*

Un paso adelante hacia el Grado 5

Lección 9
Dividir números enteros por fracciones unitarias

Puedo...
dividir un número entero por una fracción unitaria.

También puedo escoger y usar una herramienta matemática para resolver problemas.

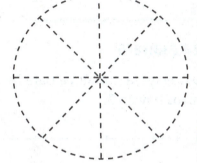

Puedes usar herramientas apropiadas como ayuda para hallar la respuesta. ¡Muestra tu trabajo!

¡Vuelve atrás! **Razonar** ¿En cuántas porciones de pizza se puede dividir cada bollo? ¿Qué fracción de una pizza entera representa una porción?

Pregunta esencial: ¿Cómo se puede dividir por una fracción unitaria?

A

Joyce hace arrollados de sushi. Para cada arrollado, necesita $\frac{1}{4}$ de taza de arroz. ¿Cuántos arrollados de sushi puede hacer Joyce si tiene 3 tazas de arroz?

$\frac{1}{4}$ es una **fracción unitaria**. Una fracción unitaria es una fracción que describe una parte de un todo. Por tanto, su numerador es 1.

B Una manera

Usa un modelo de área para hallar cuántos cuartos hay en 3.

Hay cuatro cuartos en 1 taza entera. Por tanto, hay doce cuartos en tres tazas enteras. Por tanto, Joyce puede hacer 12 arrollados de sushi.

También puedes usar una recta numérica para representar este problema.

C Otra manera

Usa una recta numérica para hallar cuántos cuartos hay en 3.

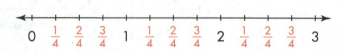

Puedes ver que hay cuatro cuartos entre cada número entero.

Hay cuatro cuartos en 1 entero, ocho cuartos en 2 enteros y doce cuartos en 3 enteros.

Por tanto, $3 \div \frac{1}{4} = 12$.

Joyce puede hacer 12 arrollados de sushi.

¡Convénceme! **Representar con modelos matemáticos** Usa el siguiente diagrama para hallar $4 \div \frac{1}{3}$.

 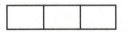 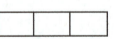 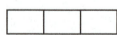

$4 \div \frac{1}{3} = $ _____

900   Un paso adelante | Lección 9

Nombre _____

☆ Práctica guiada

¿Lo entiendes?

1. En el ejemplo de la parte superior de la página 900, si Joyce tuviera 4 tazas de arroz, ¿cuántos arrollados podría hacer?

2. En el ejemplo de la parte superior de la página 900, ¿cómo te ayuda la recta numérica a mostrar que $3 \div \frac{1}{4}$ es igual a 3×4?

¿Cómo hacerlo?

Usa el dibujo para hallar los cocientes en los Ejercicios **3** y **4**.

3. ¿Cuántos tercios hay en 2?

   $2 \div \frac{1}{3} =$ _____

4. ¿Cuántos tercios hay en 3?

   $3 \div \frac{1}{3} =$ _____

☆ Práctica independiente

Práctica al nivel Usa el dibujo para hallar los cocientes en los Ejercicios **5** y **6**.

5. ¿Cuántos sextos hay en 2?

   $2 \div \frac{1}{6} =$ _____

6. ¿Cuántos sextos hay en 3?

   $3 \div \frac{1}{6} =$ _____

Haz un dibujo o usa una recta numérica para hallar los cocientes en los Ejercicios **7** a **14**.

7. $2 \div \frac{1}{4}$
8. $15 \div \frac{1}{5}$
9. $5 \div \frac{1}{6}$
10. $21 \div \frac{1}{7}$

11. $16 \div \frac{1}{5}$
12. $25 \div \frac{1}{2}$
13. $3 \div \frac{1}{8}$
14. $10 \div \frac{1}{5}$

Un paso adelante | Lección 9

Resolución de problemas

15. Representar con modelos matemáticos Silvia hizo 3 panes. Silvia le da $\frac{1}{6}$ de pan a cada persona en la cena. ¿A cuántas personas les puede dar pan? Haz un dibujo como ayuda para hallar la respuesta.

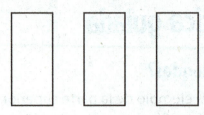

16. Razonamiento de orden superior Explica por qué dividir un número entero por una fracción unitaria da como resultado un número mayor que el número entero.

17. Sentido numérico La distancia desde Virginia Beach, VA, hasta San José, CA, es 2,990 millas. Si quieres recorrer esa distancia en 3 meses, aproximadamente, ¿cuántas millas debes recorrer por mes?

18. Entender y perseverar Carmen usó una bolsa de harina para hacer tres panes. Luego usó la harina restante para hacer 24 pastelitos. ¿Cuánta harina había en la bolsa cuando Carmen comenzó?

Receta	Cantidad de harina necesaria
Pan	$2\frac{1}{4}$ tazas por pan
Pastelitos	$3\frac{1}{4}$ tazas para 24 pastelitos
Pizza	$1\frac{1}{2}$ tazas por pizza

 Evaluación

19. Alonso hace tapas de interruptor con trozos de madera. Cada trozo de madera mide 6 pies de longitud. ¿Cuántas tapas puede hacer si tiene 2 trozos de madera?

Ⓐ 12 tapas
Ⓑ 18 tapas
Ⓒ 36 tapas
Ⓓ 42 tapas

Proyectos de carpintería	
Artículo	Longitud necesaria por unidad
Estante	$\frac{3}{4}$ de pie
Tapa de interruptor	$\frac{1}{3}$ de pie
Teja	$\frac{2}{3}$ de pie

Nombre _____

Resuélvelo y coméntalo

Gina construye un prisma rectangular con cubos de azúcar para el proyecto de su clase de arte. Comenzó haciendo un diagrama de un prisma rectangular que tiene 4 cubos de altura y 4 cubos de longitud. ¿Cuántos cubos usa para hacer el prisma? *Resuelve este problema de la manera que prefieras.*

Un paso adelante hacia el Grado 5

Lección 10
Representar volumen

Puedo...
hallar el volumen de un sólido.

También puedo escoger y usar una herramienta matemática para resolver problemas.

Usar herramientas apropiadas Puedes hacer un dibujo para hallar la cantidad de cubos que caben en un prisma rectangular. ¡Muestra tu trabajo!

Vista lateral   Vista frontal

Vista superior

¡Vuelve atrás! **Razonar** Gina decidió cambiar su proyecto de arte y construir un prisma rectangular que mide 3 cubos de longitud, 4 cubos de ancho y 2 cubos de altura. Usa el dibujo para calcular la cantidad de cubos que usó.

A

¿Cómo se puede medir el espacio que hay dentro de un sólido?

El **volumen** es la cantidad de unidades cúbicas que se necesitan para llenar un sólido sin espacios o sobreposiciones. Una **unidad cúbica** es el volumen de un **cubo** que mide 1 unidad de cada lado. ¿Cuál es el volumen de este **prisma rectangular**?

Cada cubo de un sólido es 1 unidad cúbica.

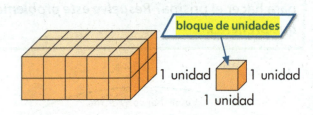

B Usa bloques de unidades para hacer un modelo.

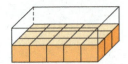

Cuenta la cantidad de bloques.

Hay 15 bloques de unidades en la capa inferior. El volumen de la capa inferior es 15 unidades cúbicas.

C Hay dos capas.

segunda capa

Multiplica el volumen de la capa inferior por 2.

El volumen del prisma es 2 × 15, o 30 unidades cúbicas.

¡Convénceme! **Razonar** En la imagen de abajo, ¿cuántos bloques de unidades se necesitan para armar el prisma rectangular de la izquierda sin espacios o sobreposiciones? ¿Y cuántos bloques de 2 unidades?

bloque de 2 unidades

Nombre _____

Práctica guiada

¿Lo entiendes?

1. Haz un modelo de un prisma rectangular con una capa inferior que mida 4 cubos de longitud por 3 cubos de ancho. Haz una capa superior igual a la capa inferior. Luego dibuja tu modelo. ¿Cuál es el volumen?

2. **Vocabulario** Describe cómo hallar el *volumen* de un *prisma rectangular*.

¿Cómo hacerlo?

Usa bloques de unidades para hacer un modelo de los prismas rectangulares en los Ejercicios **3** y **4**. Halla el volumen.

3.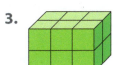

4.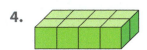

Práctica independiente

Halla el volumen de los sólidos en los Ejercicios **5** a **13**. Usa bloques de unidades como ayuda para resolver los problemas.

5.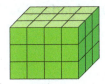

6.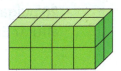

7.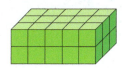

8.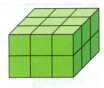

9.

10.

11.

12.

13.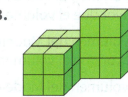

Un paso adelante | Lección 10

Resolución de problemas

> Usa la tabla en los Ejercicios **14** a **18**.

Compara los volúmenes de los prismas.
Escribe >, < o = en cada ◯.

14. Prisma A ◯ Prisma B

15. Prisma B ◯ Prisma C

16. Prisma C ◯ Prisma A

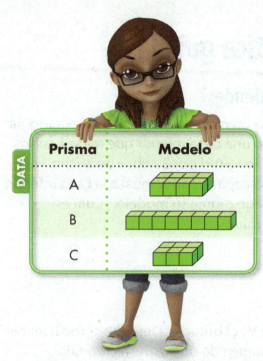

17. Si agregaras otra capa de bloques de unidades sobre el Prisma C, ¿cuál sería el volumen en unidades cúbicas?

18. Si colocaras el Prisma C encima del Prisma A, ¿cuál sería el volumen del nuevo sólido en unidades cúbicas?

19. **Razonar** En una elección, votaron 15,392 personas. El Candidato B recibió 8,205 votos. El Candidato A recibió el resto de los votos. ¿Qué candidato ganó la elección? ¿Por cuántos votos?

20. **Razonamiento de orden superior** Las cajas de la Sra. Smith miden 5 pulgadas de longitud, 5 pulgadas de ancho y 5 pulgadas de altura. ¿Cuántas cajas puede poner en un baúl que mide 20 pulgadas de longitud, 20 pulgadas de ancho y 20 pulgadas de altura? Explícalo.

✓ Evaluación

21. Frank hizo los siguientes sólidos con bloques de unidades. ¿Qué enunciado acerca de estos modelos es verdadero?

    Modelo X   Modelo Y

    Ⓐ El Modelo X y el Modelo Y tienen el mismo volumen.

    Ⓑ El volumen del Modelo X es 7 unidades cúbicas mayor que el volumen del Modelo Y.

    Ⓒ El volumen del Modelo X es 15 unidades cúbicas mayor que el volumen del Modelo Y.

    Ⓓ El volumen del Modelo X y el Modelo Y juntos es 55 unidades cúbicas.

Glosario

A

algoritmo Conjunto de pasos que se usan para resolver un problema de matemáticas.

ángulo Figura formada por dos semirrectas que tienen el mismo extremo.

ángulo agudo Ángulo que está menos abierto que un ángulo recto.

ángulo de un grado sexagesimal Ángulo que ocupa $\frac{1}{360}$ de un círculo y mide 1°.

ángulo llano Ángulo que forma una línea recta.

ángulo obtuso Ángulo cuya abertura es mayor que la de un ángulo recto pero menor que la de un ángulo llano.

ángulo recto Ángulo que forma una esquina recta.

año Unidad de tiempo igual a 365 días, o 52 semanas, o 12 meses.

año bisiesto Año que ocurre cada cuatro años y que tiene un día más que se agrega en febrero. El año bisiesto tiene 366 días.

área Cantidad de unidades cuadradas que se necesitan para cubrir una región.

C

capacidad Cantidad que cabe en un recipiente, medida en unidades de medida para líquidos.

centésima Una de las 100 partes iguales de un entero.

centímetro (cm) Unidad métrica usada para medir la longitud. 100 centímetros = 1 metro

centro Punto dentro de un círculo que está a la misma distancia de todos los puntos del círculo.

círculo Plano cerrado en el cual todos los puntos están a la misma distancia de un punto llamado centro.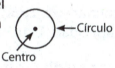

clave Parte de una gráfica que indica lo que significa cada símbolo.

cociente Respuesta de un problema de división.

cocientes parciales Manera de dividir hallando cocientes por partes hasta que solo quede el residuo, si es que lo hay.

comparar Decidir si un número es mayor que, menor que o igual a otro número.

compensación Escoger números cercanos a los números de un problema para facilitar el cálculo y luego ajustar la respuesta a los números escogidos.

Glosario G1

componer Combinar partes.

común denominador Número que es el denominador de dos o más fracciones.

conjetura Enunciado que se considera verdadero pero no se ha demostrado.

contar hacia adelante Contar desde el número menor hasta el número mayor para hallar la diferencia de dos números.

cuadrado Cuadrilátero que tiene cuatro ángulos rectos y todos los lados de la misma longitud.

cuadrilátero Polígono de 4 lados.

cuarto (cto.) Unidad usual de capacidad. 1 cuarto = 2 pintas

cubo Sólido con seis caras que son cuadrados idénticos.

cucharada (cda.) Medida usual de capacidad. 1 cucharada = 3 cucharaditas

cucharadita (cdta.) Medida usual de capacidad. 3 cucharaditas = 1 cucharada

datos Información reunida.

década Unidad de tiempo que equivale a 10 años.

décima Una de diez partes iguales de un entero.

decímetro (dm) Unidad métrica de longitud igual a 10 centímetros.

denominador Número que está debajo de la barra de fracción y que representa la cantidad total de partes iguales que hay en un entero.

descomponer Método de cálculo mental usado para expresar un número como la suma de números para crear un problema más sencillo; Separar en partes.

desigualdad Oración numérica en la que se usa el símbolo mayor que (>) o el símbolo menor que (<) para mostrar que dos expresiones no tienen el mismo valor. *Ejemplo:* 5 > 3

día Unidad de tiempo que equivale a 24 horas.

diagrama de barras Herramienta usada para entender y resolver problemas verbales.

diagrama de puntos Manera de mostrar datos en una recta numérica, donde cada punto representa un número de un conjunto de datos.

diferencia Resultado de restar dos números.

dígitos Símbolos usados para escribir un número: 0, 1, 2, 3, 4, 5, 6, 7, 8 y 9.

dividendo El número que se divide.

dividir Realizar una operación para hallar la cantidad que hay en cada grupo o la cantidad de grupos iguales.

divisible Que puede dividirse por otro número sin que quede residuo. *Ejemplo:* 10 es divisible por 2.

divisor El número por el cual se divide otro número.
Ejemplo: 32 ÷ 4 = 8
            ↑
          Divisor

ecuación Oración numérica que usa el signo igual (=) para mostrar que dos expresiones tienen el mismo valor.
Ejemplo: 9 + 3 = 12

eje de simetría Recta sobre la que se puede doblar una figura y se forman dos mitades.

Eje de simetría

encuestar Reunir información haciendo la misma pregunta a varias personas y anotando las respuestas.

equivalentes Números que representan la misma cantidad.

escala Números que muestran las unidades que se usaron en una gráfica.

estimación por defecto Estimación que es menor que la respuesta real.

estimación por exceso Estimación que es mayor que la respuesta real.

expresión Frase matemática.
Ejemplos: $x - 3$ o $2 + 7$

expresión numérica Expresión que contiene números y al menos una operación.
Ejemplo: 35 + 12

factor común Número que es factor de dos o más números dados.

factores Números que se multiplican para obtener un producto.
Ejemplo: 3 × 6 = 18
           ↖ ↗
          Factores

familia de operaciones Grupo de operaciones relacionadas que contienen el mismo conjunto de números.

forma desarrollada Número escrito como la suma de los valores de sus dígitos.
Ejemplo: 2,476 = 2,000 + 400 + 70 + 6

forma estándar Manera de escribir un número que muestra solo los dígitos. Los grupos de tres dígitos, comenzando por la derecha, están separados por comas.
Ejemplo: 613,095

fórmula Ecuación en la que se usan símbolos para relacionar dos o más cantidades.
Ejemplo: $A = \ell \times a$

fracción Un símbolo, como $\frac{2}{3}$, $\frac{5}{1}$ u $\frac{8}{5}$, usado para representar una parte de un entero, una parte de un conjunto o una ubicación en una recta numérica.

fracción de referencia Fracción conocida que se usa comúnmente para hacer una estimación.
Ejemplos: $\frac{1}{4}$, $\frac{1}{3}$, $\frac{1}{2}$, $\frac{2}{3}$ y $\frac{3}{4}$.

fracción unitaria Fracción con un 1 como numerador.
Ejemplo: $\frac{1}{2}$

Glosario **G3**

fracciones equivalentes Fracciones que nombran la misma región, la misma parte de un conjunto o la misma parte de un segmento.

frecuencia La cantidad de veces que aparece una respuesta en un conjunto de datos.

galón (gal.) Medida usual de capacidad.
1 galón = 4 cuartos

generalizar Hacer un enunciado general.

grado (°) Unidad para medir ángulos.
$1° = \frac{1}{360}$ de un círculo. También es una unidad para medir la temperatura.

gráfica de barras Gráfica que muestra datos usando barras.

gráfica de coordenadas Cuadrícula que se usa para representar pares ordenados.

gramo (g) Unidad métrica de masa.
1,000 gramos = 1 kilogramo

hacer una estimación Dar un valor aproximado en vez de una respuesta exacta.

hexágono Polígono de 6 lados.

hora Unidad de tiempo que es igual a 60 minutos.

incógnita Un símbolo o letra, como *x*, que representa un número en una expresión o ecuación.

intervalo Un número que es la diferencia entre dos números consecutivos en la escala de una gráfica.

kilogramo (kg) Unidad métrica de masa igual a 1,000 gramos.
1 kilogramo = 1,000 gramos

kilómetro (km) Unidad métrica de longitud igual a 1,000 metros.
1 kilómetro = 1,000 metros

lado Cada uno de los segmentos de recta de un polígono.

libra (lb) Unidad usual de peso.
1 libra = 16 onzas

litro (L) Unidad métrica de capacidad.
1 litro = 1,000 mililitros

masa Cantidad de materia que contiene una cosa.

matriz Manera de mostrar objetos en filas y columnas.

medida del ángulo Cantidad de grados de un ángulo.

mes Una de las 12 partes en las que se divide un año.

metro (m) Unidad métrica de longitud.
1 metro = 100 centímetros

mil millones Período de tres lugares a la izquierda del período de los millones.

milenio Unidad para medir tiempo que es igual a 1,000 años.

miligramo (mg) Unidad métrica de masa.
1,000 miligramos = 1 gramo

mililitro (mL) Unidad métrica de capacidad.
1,000 mililitros = 1 litro

milímetro (mm) Unidad métrica de longitud. 1,000 milímetros = 1 metro

milla (mi) Medida usual de longitud.
1 milla = 5,280 pies

millones En un número, el período de tres lugares que está a la izquierda del período de los millares.

minuto Unidad de tiempo que es igual a 60 segundos.

múltiplo Producto de un número entero dado y un número entero distinto de cero.

nombre de un número Manera de escribir un número con palabras.
Ejemplo: Cuatro mil seiscientos treinta y dos.

numerador En una fracción, número que está arriba de la barra de fracción y que representa la parte del entero.

número compuesto Número entero mayor que 1 que tiene más de dos factores.

número decimal Número con uno o más dígitos a la derecha del punto decimal.

número mixto Número que tiene una parte de número entero y una parte fraccionaria.

número primo Número entero mayor que 1 que tiene exactamente dos factores, 1 y el número mismo.

números compatibles Números que se pueden calcular mentalmente con facilidad.

números enteros Los números 0, 1, 2, 3, 4 y así sucesivamente.

octágono Polígono de 8 lados.

onza (oz) Medida usual de peso.
16 onzas = 1 libra

Glosario G5

onza líquida (oz líq.) Medida usual de capacidad. 1 onza líquida = 2 cucharadas; 8 onzas líquidas = 1 taza

operaciones inversas Operaciones que se cancelan entre sí.
Ejemplos: Sumar 6 y restar 6; Multiplicar por 4 y dividir por 4.

paralelogramo Cuadrilátero que tiene dos pares de lados paralelos.

pares de factores Números que cuando se multiplican entre sí dan un producto determinado.

patrón que se repite Patrón compuesto por figuras o números que forman una parte que se repite.

pentágono Figura plana de 5 lados.

perímetro La distancia que hay alrededor de una figura.

período En un número, grupo de tres dígitos separados por comas, que comienzan por la derecha.

peso La medida de lo que pesa un objeto.

pie Medida usual de longitud.
1 pie = 12 pulgadas

pinta (pt) Medida usual de capacidad.
1 pinta = 2 tazas

polígono Plano cerrado formado por segmentos de rectas.

prisma rectangular Sólido que tiene 6 caras rectangulares.

producto Respuesta de un problema de multiplicación.

productos parciales Productos que se hallan descomponiendo un factor de una multiplicación en unidades, decenas, centenas y así sucesivamente, y luego multiplicando cada valor de posición por el otro factor.

progresión Conjunto de números que sigue un patrón.

propiedad asociativa de la multiplicación Los factores se pueden reagrupar sin que cambie el producto.

propiedad asociativa de la suma Los sumandos se pueden reagrupar sin que cambie la suma.

propiedad conmutativa de la multiplicación Los factores se pueden multiplicar en cualquier orden sin que cambie el producto.

propiedad conmutativa de la suma Los números se pueden sumar en cualquier orden sin que cambie la suma.

propiedad de identidad de la multiplicación El producto de cualquier número y uno es ese número.

propiedad de identidad de la suma La suma de cualquier número más cero es ese número.

propiedad del cero en la multiplicación El producto de cualquier número y cero es cero.
Ejemplos: 3 × 0 = 0; 5 × 0 = 0

propiedad distributiva Multiplicar una suma (o diferencia) por un número es lo mismo que multiplicar cada número de la suma (o diferencia) por el número y sumar (o restar) los productos.
Ejemplo: (3 × 21) = (3 × 20) + (3 × 1)

pulgada (pulg.) Medida usual de longitud. 12 pulgadas = 1 pie

punto Una ubicación exacta en el espacio.

punto decimal Punto usado para separar los dólares de los centavos en una cantidad de dinero o para separar las unidades de las décimas en un número.

reagrupar Expresar un número entero de otra manera.
Ejemplo: 32 = 2 decenas 12 unidades

recta Camino derecho de puntos que se extiende indefinidamente en direcciones opuestas.

rectángulo Cuadrilátero que tiene cuatro ángulos rectos.

rectas intersecantes Rectas que pasan por el mismo punto.

rectas paralelas Rectas que nunca se intersecan.

rectas perpendiculares Rectas intersecantes que forman ángulos rectos.

redondeo Proceso que determina de qué múltiplo de 10, 100, 1,000, y así sucesivamente, está más cerca un número.

regla Frase matemática que indica cómo se relacionan los números de una tabla.

reglas de divisibilidad Reglas que establecen cuándo un número es divisible por otro número.

residuo Número que sobra después de completar la división.

resolver una ecuación Hallar una solución para una ecuación.

rombo Cuadrilátero que tiene lados opuestos que son paralelos y todos sus lados de la misma longitud.

segmento de recta Parte de una recta que tiene dos extremos.

segundo Unidad de tiempo.
60 segundos = 1 minuto

semana Unidad de tiempo igual a 7 días.

semirrecta Parte de una recta que tiene un extremo y se extiende indefinidamente en una dirección.

Glosario **G7**

siglo Unidad de tiempo que equivale a 100 años.

símbolo mayor que (>) Símbolo que señala en dirección contraria a un número o una expresión más grande.
Ejemplo: 450 > 449

símbolo menor que (<) Símbolo que señala en dirección a un número o una expresión menor.
Ejemplo: 305 < 320

simetría axial Una figura tiene simetría axial si puede doblarse sobre una línea para formar dos mitades que coinciden exactamente una sobre la otra.

sólido Figura tridimensional que tiene longitud, ancho y altura.

solución El valor de la variable que hace que una ecuación sea verdadera.

suma El resultado de sumar números.

suma repetida Manera de escribir una expresión de multiplicación como una expresión de suma.
Ejemplo: 3 × 5 = 5 + 5 + 5

sumandos Números que se suman para hallar una suma.
Ejemplo: 2 + 7 = 9
                 ↖ ↗
              Sumandos

tabla de frecuencias Manera de representar datos que indica cuántas veces aparece una respuesta en un conjunto de datos.

taza (t) Unidad usual de capacidad.
1 taza = 8 onzas líquidas

términos Números de una progresión o variables, como *x* y *y*, en una expresión.

tiempo transcurrido Cantidad de tiempo que hay entre el comienzo y el fin de un suceso.

tonelada (T) Medida usual de peso.
1 tonelada = 2,000 libras

transportador Herramienta usada para medir y trazar ángulos.

trapecio Cuadrilátero que tiene solo un par de lados paralelos.

triángulo Polígono de 3 lados.

triángulo acutángulo Triángulo que tiene tres ángulos agudos.

triángulo equilátero Triángulo que tiene tres lados de la misma longitud.

triángulo escaleno Triángulo que no tiene lados de igual longitud.

triángulo isósceles Triángulo con al menos dos lados iguales.

triángulo obtusángulo Triángulo que tiene un ángulo obtuso.

triángulo rectángulo Triángulo que tiene un ángulo recto.

unidad cuadrada Cuadrado con lados de una unidad de longitud que se usa para medir el área.

unidad cúbica Volumen de un cubo que mide 1 unidad de cada lado.

unidades de medida del sistema usual Unidades de medida que se usan en los Estados Unidos.

unidades métricas de medida Unidades de medida comúnmente usadas por los científicos.

valor de posición El valor del lugar que un dígito tiene en un número.
Ejemplo: En 3,946, el 9 está en el lugar de las centenas. Por tanto, el 9 tiene un valor de 900.

valor extremo Cualquier número de un conjunto de datos que es muy diferente del resto de los números.

variable Símbolo o letra que representa un número.

vértice Punto donde se unen dos semirrectas y forman un ángulo.

volumen Cantidad de unidades cúbicas necesarias para llenar un sólido.

yarda (yd) Medida usual de longitud.
1 yarda = 3 pies

Glosario **G9**

Fotografías

Every effort has been made to secure permission and provide appropriate credit for photographic material. The publisher deeply regrets any omission and pledges to correct errors called to its attention in subsequent editions.

Unless otherwise acknowledged, all photographs are the property of Pearson Education, Inc.

Photo locators denoted as follows: Top (T), Center (C), Bottom (B), Left (L), Right (R), Background (Bkgd)

001 MarclSchauer/Shutterstock; **032** petr84/Fotolia; **043** forkArt Photography/Fotolia; **060** Alexey Usachev/Fotolia; **068** Digital Vision/Thinkstock; **091** John Hoffman/Shutterstock; **108** Stevanzz/Fotolia; **118** Pearson Education; **134CL** Andreanita/Fotolia; **134CR** Algre/Fotolia; **134L** EcoView/Fotolia; **134R** Eduardo Rivero/Fotolia; **138** Bork/Shutterstock; **152** Andrew Breeden/Fotolia; **167** Majeczka/Shutterstock; **184** Pearson Education; **204** Steve Byland/Shutterstock; **210** 2011/Photos To Go; **214** Pearson Education; **222** Rikke/Fotolia; **224** Fotolia; **236L** Neelsky/Shutterstock; **236R** Serg64/Shutterstock; **249** Mark McClare/Shutterstock; **254** Pearson Education; **260** Pearson Education; **274** Pearson Education; **325** ShutterStock; **340** Flashon Studio/Shutterstock; **344** Cbpix/Shutterstock; **348L** JackF/Fotolia; **348R** Smileus/Shutterstock; **365** ShutterStock; **378** Comstock Images/Jupiter Images; **382** Womue/Fotolia; **407** Kletr/Shutterstock; **414** Hamik/Fotolia; **461** Adrio/Fotolia; **468** Oleksii Sagitov/Shutterstock; **470** Africa Studio/Fotolia; **514** Pearson Education; **516** Werner Dreblow/Fotolia; **520** Image Source/Jupiter Images; **524C** Melinda Fawver/Shutterstock; **524L** Yaping/Shutterstock; **524R** Undy/Fotolia; **539** pk7comcastnet/Fotolia; **556** JLV Image Works/Fotolia; **587** NASA; **623** Bork/Shutterstock; **630** Hemera Technologies/ThinkStock; **648** Concept w/Fotolia; **651** StockPhotosArt/Fotolia; **669CL** Donfink/Fotolia; **669CR** Tim elliott/Fotolia; **669L** Proedding/Fotolia; **669R** Petergyure/Fotolia; **670** Redwood/Fotolia; **671** Katrina Brown/Fotolia; **675** Pearson Education; **690** CristinaMuraca/Shutterstock; **694** Duncan Noakes/Fotolia; **696** Viorel Sima/Shutterstock; **706** Sergio Martínez/Fotolia; **708** Pascal Rateau/Fotolia; **728B** LittleMiss/Shutterstock; **728T** Margouillat photo/Shutterstock; **729** Iuchschen/Shutterstock; **750** Justin Black/Shutterstock; **765** James Kingman/Shutterstock; **786** Tom Grundy/Shutterstock; **813** WitR/Shutterstock; **815** Dja65/Shutterstock; **822** Arina P Habich/Shutterstock; **842** Gary Blakeley/Fotolia; **863** EvrenKalinbacak/Shutterstock; **864B** Orhan Cam/Shutterstock; **864T** Thampapon/Shutterstock; **900** Pearson Education.